Ossietzky

ERNSTFALL ANGRIFFSKRIEG

FRIEDEN SCHAFFEN MIT ALLER GEWALT?

ERNSTFALL ANGRIFFSKRIEG

FRIEDEN SCHAFFEN MIT ALLER GEWALT?

JÜRGEN ROSE

mit einem Geleitwort von Werner Ruf
und einem Nachwort von Detlef Bald

Ossietzky

Verlag Ossietzky GmbH
Weidendamm 30B | 30167 Hannover | www.ossietzky.net
1. Auflage 2009

Gesamtherstellung | Interdruck Berger + Herrmann GmbH Hannover
Satz | Stephanie Werner
Titelgestaltung | Andreas Klein
Druck | Lothar Hentschke, Carsten Helms
Buchbindearbeiten | Matthias Berger
Gedruckt auf Munken Book 15, 90 g | Umschlag auf Summertime 240 g

ISBN 978-3-9808137-2-3 | Preis 20 Euro

Gewidmet all jenen
Männern,
Frauen
und
Kindern,
die in den
Globalisierungskriegen
der Reichen
gegen
die Armen
von Bomben und Granaten
zerfetzt und verstümmelt,
von Napalm und weißem Phosphor
verbrannt,
von »Depleted Uranium«
verstrahlt und vergiftet
von Kugeln
durchsiebt,
an Körper und Seele
verwundet,
vergewaltigt,
die Fratze des Terrors
erblickten
und diese
nie wieder
vergessen
können.

J. R.

Inhalt

Geleitwort von Werner Ruf

Deutschlands langer Weg zur Macht: Emanzipation durch Integration

Jürgen Rose ist deutscher Soldat – ein Beruf, der mir fremd ist und zu dem ich eine große innere Distanz habe. Aber er ist aus tiefer Überzeugung Demokrat, er versteht sich als jener oft beschworene und anscheinend in der Bundeswehr gar nicht wohl gelittene »Staatsbürger in Uniform«, der zwar eine Uniform trägt, die Uniformierung des Denkens aber radikal ablehnt, ginge das doch gegen die elementaren Rechte des Staatsbürgers, die zu verteidigen er mit seinem Schwur auf das Grundgesetz der Bundesrepublik Deutschland gelobt hat. Und er will sie nicht nur – schon gar nicht blind gehorsam – verteidigen, sondern beansprucht sie auch für sich selbst.

Er streitet in diesem Buch gegen den Angriffskrieg. Militärische Interventionen, so seine Auslegung des Grundgesetzes, stehen im Widerspruch zum Verfassungsauftrag, der nationales Recht strikt ans Völkerrecht bindet. Interventionen aber werden zunehmend zur Praxis der Staaten – insbesondere der starken Staaten, die sich dann als die »internationale Gemeinschaft« präsentieren, um zu verschleiern, daß sie gerade nicht im Namen der Vereinten Nationen agieren. Interventionen werden schrittweise auch zur Praxis der Bundesrepublik Deutschland, von der Bundeskanzler Kohl noch anläßlich des 2. Golfkriegs gegen den Irak wegen dessen Annexion Kuwaits sagte, die Verfassung verbiete eine Beteiligung Deutschlands – obwohl jener Krieg im Gegensatz zu späteren vom UN-Sicherheitsrat legitimiert war.

Die Verfassung hat sich nicht geändert – wohl aber die Verhältnisse. Nicht unbeteiligt ist daran das Bundesverfassungsgericht mit einem kaum nachvollziehbaren Urteil, demzufolge die NATO, ein klassisches Verteidigungsbündnis, zu einem System gegenseitiger kollektiver Sicherheit umdefiniert wurde (Urteil des Zweiten Senats vom 12. Juli 1994)[1], auf das auch Rose ausführlich eingeht. Hinter der Verfassungskonformität und den Wandlungen in der Interpretation des Grundgesetzes geht es jedoch auch um Interessen. Dieser Frage will ich hier nachgehen.

---

[1] Ein »System gegenseitiger kollektiver Sicherheit« ist eine Organisation, in der auch der potentielle Gegner gleichberechtigtes Mitglied ist, zum Beispiel die Vereinten Nationen. Beispiele regionaler Systeme gegenseitiger kollektiver Sicherheit sind die Afrikanische Union oder auch die Konferenz für Sicherheit und Zusammenarbeit in Europa (KSZE). Vgl. hierzu auch die konsequente Argumentation von *Rose*, S. 79.

Die defizitäre Souveränität der Bundesrepublik Deutschland

Zum konservativen Staatsverständnis des ersten Kanzlers der Bundesrepublik Deutschland, Konrad Adenauer, gehörte ganz selbstverständlich das Militär als wesentliches Attribut von Staatlichkeit. Doch erst sein Nachfolger und Schüler Helmut Kohl konnte in seinem Vorwort zum 1994 erschienen Verteidigungsweißbuch schreiben: »Die Bundeswehr bleibt sichtbarer Ausdruck der Souveränität unseres Landes.« Im Augenblick ihrer Gründung war die Bundesrepublik keineswegs souverän. Die Alliierten fürchteten nach wie vor den deutschen Militarismus, und die westeuropäischen Kriegsgegner Frankreich, Großbritannien und die Benelux-Staaten schlossen vor Gründung der Bundesrepublik vorsorglich den »Brüsseler Pakt« (17. März 1948)[2], der im Falle eines »bewaffneten Angriffs in Europa« einen militärischen Beistandsautomatismus der vertragsschließenden Parteien vorsah – ganz im Gegensatz zu dem ein Jahr später geschlossenen NATO-Vertrag.

Detlef Bald verweist in seiner Analyse der Geschichte der Bundeswehr[3] auf die erste Regierungserklärung Adenauers, in der dieser erklärte, die Bundesrepublik werde sich »zur Wahrung des Friedens im System gegenseitiger kollektiver Sicherheit« einordnen. Ob dies, wie Bald in seiner Rückschau sicherlich zu Recht interpretiert, bereits als Wille zu »staatlicher Unabhängigkeit durch Verbindung mit den Interessen der Besatzungsmächte« gedeutet werden kann, ergibt sich nicht zwangsläufig aus der Formulierung. Zum damaligen Zeitpunkt konnte dieser Passus auch als Ausdruck des Strebens nach Mitgliedschaft in den Vereinten Nationen und damit verbundener Anerkennung des deutschen (Teil-)Staats verstanden werden. Der Kontext[4] jedoch läßt erkennen, daß Adenauer schon sehr früh die Militarisierung der Bundesrepublik anstrebte, dazu die Beschwörung der »kommunistischen Gefahr« im sich herausbildenden Kalten Krieg nutzte und einen Beitrag der BRD zu einer europäischen Streitmacht für möglich, besser: erstrebenswert hielt. Immerhin war 1949 die NATO gegründet worden, Überlegungen über einen Beitritt der fast zeitgleich gegründeten BRD waren jedoch angesichts der Ängste der kontinentalen Westalliierten, vor allem aber Rußlands ausgeschlossen. Auch die innenpolitische Stimmung in Nachkriegsdeutschland hätte einen solchen Schritt nicht zugelassen – hatte doch gerade Franz Josef Strauß noch seinen Wahlkampf mit der Parole geführt: Wer nochmals zur Waffe greife, dem solle der Arm verdorren.

---

[2] Wortlaut des Vertrages in: *Randelzhofer, Albrecht (Hrsg.)*: Völkerrechtliche Verträge, 8. Auflage 1999, S. 37–41.

[3] *Bald, Detlef*: Die Bundeswehr. Eine kritische Geschichte 1955–2005, München 2005, S. 19.

[4] In diesen Kontext gehören die Himmeroder Denkschrift vom 9. Oktober 1950 und drei Wochen danach die Gründung des Amtes Blank, aus dem später das Bundesverteidigungsministerium hervorging.

Der Beginn des Korea-Krieges (25. Juni 1950) hatte geradezu katalysatorische Wirkung auf die Bemühungen Adenauers, eine Militarisierung der BRD zu erreichen, und er erkannte richtig, daß nur die USA diesen Bestrebungen zum Durchbruch verhelfen könnten. Die Himmeroder Denkschrift, Anfang Oktober 1950 von ehemaligen hohen Offizieren der Wehrmacht verfaßt, stand denn auch unter dem Motto, daß ein möglicher deutscher Militärbeitrag die an der Ostfront gemachten Erfahrungen nutzbringend in eine Verteidigung des Westens einbringen könne.[5] In dieser Phase versuchte Frankreich die Flucht nach vorne, indem es im Oktober 1950 den Vorschlag machte, eine Europäische Verteidigungs-Gemeinschaft, die EVG, zu schaffen, an der auch deutsche Truppen beteiligt werden und einem integrierten supranationalen Kommando unterstellt werden sollten. Deutsche Streitkräfte unter nationalem Kommando waren also ausgeschlossen, aber es sollte sie wieder geben! Adenauer erreichte im Mai 1953 gegen den massiven Widerstand der SPD die Ratifizierung des EVG-Vertrags im Bundestag. In der französischen Nationalversammlung scheiterte das Vertragswerk jedoch am 30. August 1954 am Widerstand der Gaullisten und der Kommunisten.

Ein Glücksfall für die Kräfte, die die Remilitarisierung Deutschlands verhindern wollten – oder für jene, die nach der Wiederbewaffnung strebten? Die Debatte hatte immerhin dazu geführt, daß ein deutscher Verteidigungsbeitrag so oder so auf der Tagesordnung stand. Nach dem Scheitern der EVG stand nunmehr der Beitritt zur NATO an. Das Konzept Emanzipation durch Integration wurde weitergeführt: Die Bundesrepublik erhielt im Gegensatz zu den anderen NATO-Mitgliedern keine Truppen unter eigenem Kommando, sondern die nun entstehende Bundeswehr wurde voll dem integrierten Kommando der NATO unterstellt, was die Angst der kontinentalen Westalliierten vor dem Wiederaufleben eines aggressiven deutschen Expansionismus dämpfen sollte.

Die NATO (gegründet 1949) war der militarisierte Ausdruck des nach dem Ende des Zweiten Weltkriegs offen ausgebrochenen Systemkonflikts zwischen zwei unterschiedlichen Gesellschaftsordnungen,[6] wie er in der Truman-Doktrin (12. März 1947) formuliert worden war. Als dann die Mitgliedschaft der unter Verletzung des Potsdamer Abkommens geschaffenen Bundesrepublik Deutschland[7] auf die Tagesordnung kam, versuchte Stalin die Remilitarisierung Deutschlands und seine Eingliederung in die NATO zu verhindern, indem er zwar die Aufstellung – begrenzter – deutscher

---

[5] Vgl. *Bald*, a. a. O., S. 28–37.

[6] *Strutynski, Peter*: Die NATO – illegitimes Kind des Zweiten Weltkriegs; in: *Roithner, Thomas (Hrsg.)*: Globale Armutsbekämpfung – ein Trojanisches Pferd? Wien-Berlin 2008, S. 134–146.

[7] In diesem Abkommen vom August 1945 hatten sich die Siegermächte verpflichtet, Deutschland als Ganzes gemeinsam zu verwalten. Die Schaffung der Bi-Zone und die Währungsunion im Westen waren unter diesem Gesichtspunkt eindeutige Verletzungen dieses Abkommens, die die Sowjetunion dann mit der Berlin-Blockade beantwortete. Die Gründung der BRD, gefolgt von der Gründung der DDR, war die logische Folge dieses Prozesses.

Streitkräfte, die Wiedervereinigung Deutschlands und freie Wahlen anbot, jedoch die Neutralität eines solchen vereinigten Deutschlands forderte. Zusammen mit dem blockfreien Jugoslawien, dem neutralen Österreich, dem neutralen Schweden und dem neutralen Finnland wäre so ein cordon sanitaire zwischen den Blöcken in Europa entstanden – ein Vorschlag, den später der polnische Außenminister Adam Rapacki detailliert entwickelte und 1957 der UN-Vollversammlung präsentierte. Dieses Konzept wurde später vom schwedischen Premier Olof Palme wieder in die Diskussion gebracht.

Selbst in der CDU stießen Stalins Vorschläge damals auf großes Interesse, doch Kanzler Adenauer setzte sich schließlich mit seinem proamerikanischen Kurs durch: Die Stalin-Noten wurden von den westlichen Regierungen geschlossen abgelehnt. Der Beitritt der BRD zur NATO (1955) war im gleichen Jahr Anlaß für die Sowjetunion, ihrerseits einen Militärpakt zu gründen, die Warschauer Vertragsorganisation (WVO). Die Militarisierung des Systemkonflikts war perfekt.

Zwar verschaffte die Aufrüstung beiden Supermächten die Fähigkeit zur (mehrfachen) wechselseitigen Vernichtung. Europa aber blieb das primäre Schlachtfeld: Wie die NATO-Sandkastenmanöver Wintex und Cimex immer wieder zeigten, wäre im Falle einer nuklearen Eskalation vom zu verteidigenden Europa nichts übrig geblieben. Ob die USA von einem solchen Schlagabtausch in gleicher Weise betroffen gewesen wären, muß dahingestellt bleiben. In Europa war eine Situation entstanden, die den französischen Präsidenten General de Gaulle 1966 dazu veranlaßte, die französischen Truppen aus der militärischen Integration der NATO zurückzuziehen.[8] Die BRD aber blieb in der NATO der wohl verläßlichste und militärisch immer stärker werdende Partner.

Von der »Charta von Paris« zur »Neuen NATO«

Mit dem beginnenden Abstieg und allmählichen Zerfall der Sowjetunion und der Außenpolitik Gorbatschows schien das Ende des bipolaren Systems erreicht, und die Unterzeichnerstaaten der Charta von Paris,[9] die den Schlußpunkt der am 1. August 1975 begonnenen »Konferenz für Sicherheit und Zusammenarbeit in Europa« setzte, stellten am 21. November 1990 die an diesem Prozeß beteiligten Staaten unter Berufung auf die Prinzipien der UN-Charta und unter Betonung der Regelungen des Artikels 2 der Charta (Gewaltverbot, Souveränitätsprinzip) fest: »Nun, da Europa am Beginn eines neuen Zeitalters steht, sind wir entschlossen, die freundschaftlichen Beziehungen und die Zusammenarbeit zwischen den Staaten Europas, den Vereinigten Staaten von Amerika und Kanada auszuweiten und zu festigen sowie die Freundschaft

---

8 Unmittelbarer Anlaß war allerdings die US-amerikanische Forderung nach einem Rückzug Frankreichs aus seiner Kolonie Algerien.
9 http://www.kas.de/wf/de/71.4503/ [29-12.07].

zwischen unseren Völkern zu fördern. … In Übereinstimmung mit unseren Verpflichtungen gemäß der Charta der Vereinten Nationen und der Schlußakte von Helsinki erneuern wir unser feierliches Versprechen, uns jeder gegen die territoriale Integrität oder politische Unabhängigkeit eines Staates gerichteten Androhung oder Anwendung von Gewalt oder jeder sonstigen mit den Grundsätzen oder Zielen dieser Dokumente unvereinbaren Handlung zu enthalten … Wir bekräftigen unser Bekenntnis zur friedlichen Beilegung von Streitfällen. Wir beschließen, Mechanismen zur Verhütung und Lösung von Konflikten zwischen den Teilnehmerstaaten zu entwickeln.«

Beschlossen wurde also die Schaffung eines regionalen Systems gegenseitiger kollektiver Sicherheit. Die wechselseitige und gemeinsame Sicherheit sollte gewährleistet werden durch die aus den KSZE-Verhandlungen hervorgegangene Organisation für Sicherheit und Zusammenarbeit in Europa (OSZE). Damit war letztlich die NATO ebenso obsolet geworden wie die WVO, die sich in der Folge dieses Prozesses auflöste. Unter Europa wurde jenes geographische Europa »vom Atlantik bis zum Ural« verstanden, dem Rußland fraglos angehört. Trotz der immer wieder betonten transatlantischen Bindungen und auch der Mitgliedschaft der USA und Kanadas in der zu errichtenden OSZE wurde Europa als eigenständiger Akteur gesehen, denn die Rolle der USA wurde eher als Begleiter denn als Kern dessen verstanden, was dann in den Medien euphorisch als »das gemeinsame Haus Europa« gefeiert wurde, erklärte doch die Charta: »Wir wollen ein Europa, von dem Frieden ausgeht, das für den Dialog und die Zusammenarbeit mit anderen Ländern offen und zum Austausch bereit ist und das mitwirkt an der Suche nach gemeinsamer Sicherheit.«

Die Verwirklichung dieser Prinzipien und Zielvorstellungen hätte eine Zäsur in der Weltgeschichte darstellen können: Europa als eine eigenständige und vor allem als eine friedensorientierte Kraft, in der die ehemaligen europäischen Mitgliedsstaaten der NATO und der WVO ihren Platz gefunden hätten.

Jedoch begann bereits mit dem fast zeitgleich abgeschlossenen 2+4-Vertrag, der selbst Resultat der Auflösung der Blöcke war und gewissermaßen in Erfüllung des Potsdamer Abkommens einen Friedensvertrag der Alliierten mit Deutschland darstellte, die Demontage des erst auf dem Reißbrett entworfenen »gemeinsamen Hauses«: Laut diesem Vertrag wurde die ehemalige DDR, die ja der BRD beitrat, Teil des NATO-Gebiets, auch wenn (zumindest bis 1994) auf ihrem Territorium nur das deutsche Territorialheer, also keine in die NATO integrierten Verbände stationiert werden sollten.[10] Der Adenauersche Begriff »Wiedervereinigung« kaschiert, was hinter dem Vorgang des Beitritts steckt: Eine »Vereinigung« oder »Wiedervereinigung« fand nicht statt, sondern die DDR (und ihr Territorium, das »Beitrittsgebiet«) traten dem Geltungsbereich des Grundgesetzes bei, was nach Artikel 23a GG möglich ist und bereits

---

10 Vgl. *Cremer, Uli*: Neue NATO – neue Kriege? Hamburg 1998, S. 56.

mit dem Beitritt des Saarlandes 1957 praktiziert worden war. So wurde vermieden, daß Artikel 146 GG verwirklicht werden mußte, der für den Fall der »Vollendung der Einheit und Freiheit Deutschlands« vorsah, daß das GG seine Gültigkeit verlieren und eine neue Verfassung in Kraft treten sollte, »die von dem deutschen Volk in freier Entscheidung beschlossen worden ist«. Es war dieser Beitritt, der das Gebiet der ehemaligen DDR in die vertraglichen Verpflichtungen der BRD – also auch die NATO-Mitgliedschaft – überführte.

Schon wenige Monate nach Auflösung der WVO und ein Jahr nach dem Vollzug des Beitritts der DDR (3. Oktober 1990) verabschiedeten die NATO-Staaten auf ihrem Gipfel in Rom im November 1991 ein neues strategisches Konzept. Sie bekräftigten darin die Doktrin der Abschreckung (gegen wen?) und die Option des Bündnisses auf den Ersteinsatz von Atomwaffen.[11] Hier lastet eine schwere Verantwortung auf den Regierungen der europäischen Staaten, die es vorzogen, unter dem Dach der US-Dominanz zu verbleiben, statt die Chance zum Bau eines genuin europäischen Hauses wahrzunehmen, wie es de Gaulle schon Anfang der 60er Jahre mit seiner Vision eines Europa vom Atlantik bis zum Ural postuliert hatte.

Zur Rechtfertigung der Fortexistenz des Bündnisses lieferte dieser Gipfel auch gleich die neuen (potentiellen) Bedrohungen mit:
· Instabilitäten in Mittel- und Osteuropa,
· potentielle Bedrohungen aus dem noch immer über Nuklearwaffen verfügenden osteuropäischen Raum (daß die westlichen Atomwaffen dort als Bedrohung empfunden werden könnten, blendeten die Bündnispartner geflissentlich aus),
· potentielle Bedrohungen aus dem Nahen Osten und dem Mittelmeerraum, von wo »Massenvernichtungswaffen und ballistische Flugkörper ... das Hoheitsgebiet einiger Bündnisstaaten erreichen könnten«.
Damit wurde erreicht:
· Die ost- und mitteleuropäischen Staaten (also vor allem Rußland) wurden als potentielle Bedrohung identifiziert, nicht aber als friedliche Mitbewohner des »Gemeinsamen Hauses«.
· Mittelmeer und Naher Osten wurden – noch vor dem Aufbau des neuen Feindbilds Islam[12] – als latente Bedrohungen ins Visier genommen.
· Bis dahin beschränkte sich die Zuständigkeit der NATO auf das Gebiet der Mitgliedstaaten, Einsätze out of area waren ausgeschlossen. Nun wurde die territoriale Zuständigkeit der NATO weit darüber hinaus ausgedehnt bis in die geographisch nicht näher definierten Weiten des Nahen Ostens.

---

[11] *Ebenda*.
[12] *Ruf, Werner*: Islam: A New Challenge to the Security of the Western World? In: *Ders. (Hrsg.)*: Islam and the West. Judgements, Prejudices, Political Perspectives, Münster 2002, S. 41–54.

- Die NATO beharrte auf ihrer Strategie des Ersteinsatzes von Atomwaffen.
- Die Sicherheit des Bündnisses sollte hinfort »im globalen Rahmen« – also auf planetarischer Ebene – betrachtet werden.[13]
- Schließlich werden in diesem Dokument erstmals jene »neuen Risiken« benannt, die zukünftig die Sicherheit des Bündnisses und seiner Mitglieder gefährden könnten, als da sind: die Verbreitung von Massenvernichtungswaffen, die Unterbrechung der Zufuhr von lebenswichtigen Ressourcen, Terror- und Sabotageakte.

Hier wurden die Weichen gestellt zu jenem »erweiterten Sicherheitsbegriff«, der schließlich all jene Probleme umfaßt, die der kapitalistische Raubbau produziert: ökologische Zerstörung, Migration, internationale Kriminalität, Klimawandel.[14] Die schier endlose Erweiterung der »neuen Risiken« nicht nur im Diskurs der NATO, sondern auch in den Verteidigungsweißbüchern Englands, Frankreichs und Deutschlands aus dem Jahre 1994[15] wird seither weiter sorgsam gepflegt. Die »Versicherheitlichung« sozialer, ökonomischer und ökologischer Probleme impliziert dreierlei:

- »Risiken« dieser Art sind in der Tat global. Ihre Definition als potentielle Bedrohung der Sicherheit der westlichen Welt macht die NATO zum weltweit zuständigen Akteur, die Zuständigkeit *out of area* wird damit besiegelt.
- Phänomene und Prozesse, die ökologischer und sozialer Natur oder allenfalls polizeilicher Relevanz sind, werden nun »versicherheitlicht«,[16] also zum Gegenstand militärischer Bearbeitung gemacht.
- Dies führt geradlinig zur derzeitigen absurden Debatte, die Militärinterventionen als »ultima ratio« bezeichnet: Indem Konflikte gleich welcher Art »versicherheitlicht« werden, wird ihre »Lösung« gewissermaßen automatisch dem Militär übertragen, eine zivile Konfliktbearbeitung wird so schon konzeptionell ausgeschlossen.

Die Krönung dieses Prozesses war dann die Umwandlung der NATO in ein weltweit agierendes militärisches Instrument auf dem NATO-Gipfel in Washington am 24. April 1999, exakt einen Monat nach dem Beginn des Krieges der NATO gegen Jugoslawien, der nicht nur eine völkerrechtswidrige Aggression war, sondern auch der erste Krieg *out of area*. Der NATO-Vertrag wurde unter der Hand radikal verändert, indem

---

13 Siehe die Verweise bei *Cremer*, a. a. O., S. 57.

14 Das Londoner Internationale Institut für Strategische Studien widmete diesem Folgeproblem der industrialisierten Ausbeutung des Globus eine umfangreiche Untersuchung: *Dupont, Alan*: Climate Catastrophe? The Strategic Implications of Climate Change; in: Survival June-July 2008, S. 29–54.

15 *Ruf, Werner*: Europa auf dem Weg zur konstitutionellen Militärmacht? In: *Gießmann, Hans J./Tudyka, Kurt P. (Hrsg.)*: Dem Frieden dienen. Zum Gedenken an Prof. Dr. Dr. Dieter S. Lutz, Baden-Baden 2004, S. 66–81.

16 Siehe dazu *Berndt, Michael*: Die »neue Europäische Sicherheitsarchitektur«, Sicherheit in, für und vor Europa?, Wiesbaden 2007, insbesondere S. 110–112.

die NATO die »Nicht-Artikel-5-Einsätze«[17] erfand, die in Ziff. 29 des »Neuen Strategischen Konzepts« beschrieben werden: Militärische Fähigkeiten, die für das gesamte Spektrum vorhersehbarer Umstände wirksam sind, stellen auch die Grundlage für die Fähigkeit des Bündnisses dar, durch nicht unter Artikel 5 fallende Krisenreaktionseinsätze zur Konfliktverhütung und Krisenbewältigung beizutragen. Diese Einsätze können höchste Anforderungen stellen und in hohem Maße von den gleichen politischen und militärischen Qualitäten wie Zusammenhalt, multinationale Ausbildung und umfassende vorherige Planung abhängen, die auch in einer unter Artikel 5 fallenden Lage von ausschlaggebender Bedeutung wären.[18]

Ohne den Vertrag zu verändern, erklärt sich die NATO damit zum weltweiten Akteur. Artikel 3 des Vertrages, der noch die »eigene und die gemeinsame Widerstandskraft gegen bewaffnete Angriffe« als Kern und Ziel des Bündnisses definiert hatte, wird damit zur Marginalie. Krisenreaktionseinsätze und Krisenbewältigung im globalen Maßstab haben nichts mehr zu tun mit Verteidigung, für die das Bündnis ursprünglich geschlossen worden war. Die neue Aufgabe heißt im Klartext: Intervention – und dies weltweit.

Hier ist der Einsatz in Afghanistan geradezu paradigmatisch, und die immer wieder auftauchende Beschwörungsformel, daß sich das Schicksal der NATO am Hindukusch entscheide, ist keine leere Floskel. Nicht zufällig spielt dieser Einsatz der NATO in den in diesem Band veröffentlichten Texten von Jürgen Rose eine zentrale Rolle: Überzeugend weist er darauf hin, daß interventionistische Kriegführung – in Jugoslawien, Irak (ohne daß dies ein NATO-Einsatz war) und in Afghanistan – zwangsläufig zur Mißachtung des Völkerrechts, vor allem aber des Kriegsvölkerrechts, insbesondere der Genfer Konventionen führen muß. In genauer Analyse der Kriegführung, aber auch der Apologetik, mit der diese legitimiert wird, weist Rose nach, daß von den politisch Verantwortlichen bis zu den im Einsatz befindlichen Soldaten hier Kriegsverbrechen begangen werden. Das ist die logische Konsequenz einer Politik, die arrogant auf das Recht des Stärkeren setzt, die Stärke des Rechts aber zu demolieren versucht, von der Charta der Vereinten Nationen über das Kriegsvölkerrecht bis hin zur Erklärung der Menschenrechte.

---

17 Artikel 5 regelt den Bündnisfall der kollektiven Verteidigung und die Beistandspflicht der Bündnispartner. Allerdings verpflichtet er keine Partei zu militärischen Leistungen, sondern stellt fest, »daß … jede von ihnen … Beistand leistet, indem jede von ihnen unverzüglich für sich und im Zusammenwirken mit den anderen Parteien die Maßnahmen, einschließlich der Anwendung von Waffengewalt, trifft, die sie für erforderlich erachtet …«.
18 http://www.nato.int/docu/pr/1999/p99-065d.htm [05-01-09].

Deutsch-französische Brigade und die Aufwertung der WEU

Doch die NATO war nicht die einzige Ebene, auf der die Bundesrepublik Deutschland agierte, um ihre militärpolitische Emanzipation voranzutreiben. Längst in Vergessenheit geraten ist da jenes Manöver »Kecker Spatz« (frz. *moineau hardi*), das vom 15. bis 25. September 1987 in unmittelbarer Nähe zur österreichischen Grenze abgehalten wurde und an dem auf deutscher Seite das nicht dem NATO-Kommando unterstehende Territorialheer, auf französischer Seite Einheiten der Schnellen Eingreiftruppe (*Force d'Action Rapide*) teilnahmen.[19] Ausgangslage war ein Angriff von Rotland auf das Territorium der Bundesrepublik unter Verletzung der österreichischen Neutralität. Dies und der theoretisch vorgesehene Einsatz von Atombomben auf österreichischem Territorium führte in Österreich zu scharfen Protesten. Zugleich war das Manöver die Geburtsstunde der bis heute bestehenden deutsch-französischen Brigade, die einerseits Symbol der deutsch-französischen Aussöhnung, andererseits aber insofern von exemplarischer Bedeutung ist, da sie militärische Optionen Europas außerhalb der NATO signalisiert.[20]

Politischer Hintergrund des Manövers war zum einen die Aufwertung des 1963 zwischen Adenauer und de Gaulle geschlossenen deutsch-französischen Vertrags, bekannt als »Elysée-Vertrag«, und des darin enthaltenen deutsch-französischen Verteidigungs- und Sicherheitsrats, den Staatspräsident Mitterrand 1988 in einer Rede vor dem deutschen Bundestag feierte. Hans-Peter Schwarz, konservativer Analytiker und zeitweise Berater von Bundeskanzler Kohl, sah im Elysée-Vertrag den Kern einer gemeinsamen deutsch-französischen Außen- und Sicherheitspolitik, die, neben der Entwicklung eines genuin europäischen Gegengewichts gegen die Sowjetunion, vor allem zwei Ziele hatte: europäische Interessen auch gegenüber den USA zu behaupten und die »Frage autonomer Verteidigung der freien Staaten Europas [zu lösen], um die bis heute andauernde Abhängigkeit von amerikanischen Entscheidungen im Krisenfall zu relativieren.«[21]

Etwa zeitgleich betrieben Frankreich und vor allem die Bundesrepublik Deutschland die politische Aufwertung der Westeuropäischen Union (WEU). Sie ist die Nachfolgeorganisation des Brüsseler Pakts (s. o.), dem die BRD 1954 beigetreten war, nachdem die gegen Deutschland gerichteten Passagen im Vertragswerk gestrichen worden waren. Letzteres war durch den Beitritt der BRD (und Italiens) zur NATO notwendig geworden, die WEU übertrug gleichzeitig ihre militärischen Kompetenzen an die NATO und fungierte seither nur noch als ein Organ zur Kontrolle der fortbestehenden

---

[19] Ausführlich siehe *Ruf, Werner*: Kecker Spatz – was nun?; in: *Lendemains*, Nr. 51, 1988, S. 135–147.

[20] *Österreichische Militärische Zeitschrift*, Nr. 2/1988, S. 180.

[21] *Schwarz, Hans-Peter*: Perspektiven der deutsch-französischen Zusammenarbeit; in: *Die politische Meinung* Nr. 1/1988, S. 10–17.

Rüstungsbeschränkungen, die der Bundesrepublik und Italien im Ergebnis des Zweiten Weltkriegs auferlegt worden waren. Schon im Oktober 1984 erklärte der amtierende Vorsitzende der Konferenz der WEU, der deutsche Außenminister Genscher, anläßlich des 30jährigen Bestehens der Organisation: »Die WEU wird sich künftig mit allen wichtigen sicherheits- und verteidigungspolitischen Fragen befassen, in denen sich eine gemeinsame europäische Haltung empfiehlt. ... Wir sind bereit, die damit verbundene Verantwortung zu tragen. Wir wollen aber auch gehört werden.«[22]

Dies war die Stunde der Wiederbelebung der WEU, die sich dann in Artikel J des Maastricht-Vertrags mit der Formulierung einer Gemeinsamen Außen- und Sicherheitspolitik niederschlagen und ihre erste Konkretisierung in den gleichfalls 1992 beschlossenen sogenannten Petersberg-Aufgaben finden sollte, in denen die WEU (inzwischen in die EU überführt) auch die Führung von »Kampfeinsätzen zur Wiederherstellung des Friedens« in eigener Regie beansprucht.

Gemeinsame Außen-, Sicherheits- und Verteidigungspolitik: Neuer Spielraum für Deutschlands militärische Emanzipation

Einerseits pflegt die EU konsequent einen Friedensdiskurs (s. die Erklärung des Gipfels von Laeken, mit der der Verfassungsprozeß auf den Weg gebracht wurde, die Europäische Initiative für Demokratie und Menschenrechte etc.), andererseits baut sie systematisch ihre Interventionsfähigkeit aus. Dies beweisen die Militarisierungsbestimmungen ihres Verfassungsentwurfs beziehungsweise des nach dessen Scheitern geschlossenen Vertrags von Lissabon.

In geradezu verblüffender Weise bringt die am 12. Dezember 2003 beschlossene Europäische Sicherheitsstrategie (ESS) das Dilemma, in dem sich die Welt befindet, in ihrer Lageanalyse auf den Punkt: »Seit 1990 sind fast vier Millionen Menschen – zu 90 % Zivilisten – in Kriegen ums Leben gekommen. Weltweit haben über 18 Millionen Menschen wegen eines Konflikts ihr Heim verlassen. In weiten Teilen der dritten Welt rufen Armut und Krankheiten unsägliches Leid wie auch dringende Sicherheitsprobleme hervor. Fast drei Milliarden Menschen und damit die Hälfte der Weltbevölkerung müssen mit weniger als zwei Euro pro Tag auskommen. Jedes Jahr sterben 45 (Zahlen von 2002; W. R.) Millionen Menschen an Hunger und Unterernährung. ... Die Armut im südlich der Sahara gelegenen Teil Afrikas ist heute größer als vor zehn Jahren.«

Was aber folgt daraus? Nach der lapidaren Feststellung, daß »Sicherheit ... Vorbedingung für Entwicklung« sei, kommt die ESS zur Sache: »Die Energieabhängigkeit gibt Europa in besonderem Maße Anlaß zur Sorge.« Und es folgt die all diesen Papieren gemeinsame, gebetsmühlenhafte Aufzählung der Bedrohungen, die da sind: der

---

[22] *Europa-Archiv*, Folge 24, D 707–710.

Terrorismus, die Weiterverbreitung von Massenvernichtungswaffen, das Scheitern von Staaten, die organisierte Kriminalität. Es ist aber durchaus nicht selbstverständlich, daß die Bekämpfung von Terrorismus und organisierter Kriminalität Sache des Militärs sein kann, sie gehört zu den polizeilichen Aufgaben eines Staates. Der Versuch zur Wiederherstellung von Staatlichkeit in »gescheiterten Staaten« ist primär Aufgabe der Gesellschaften selbst und einer – gerechteren! – Entwicklungs- und Wirtschaftspolitik, nicht aber des Militärs. Was schließlich die Verbreitung der Massenvernichtungswaffen angeht, so fände sie schnell ein Ende, wenn die Atomwaffenstaaten – allen voran die fünf Ständigen Mitglieder des Sicherheitsrats – endlich den Artikel VI des Atomwaffen-Sperrvertrages umsetzten und selbst zu »einer allgemeinen und völligen Entwaffnung« im Bereich dieser fürchterlichen Waffen beitrügen. Statt dessen ist eine massenhafte Proliferation wohl kaum mehr auszuschließen.[23]

Die ESS ist ein Paradebeispiel für die »Versicherheitlichung« der weltweiten Resultate kapitalistischer Entwicklung: Die Auswirkungen des ökonomischen und ökologischen Raubbaus, seine Folgen wie Unterdrückung, Elend und Armut, neuerdings auch Klimawandel, Versteppung und Anstieg des Meeresspiegels werden subsumiert unter den Begriff der »neuen Risiken«, die insgesamt zu Sicherheitsproblemen erklärt werden – womit dann automatisch die Zuständigkeit des Militärs beschworen werden kann. Wenn all diese Folgen kapitalistischen Verwertungszwanges und neoliberaler Deregulierung zu sicherheitspolitischen Problemen erklärt werden, ergibt sich zwingend die Feststellung: »Im Zeitalter der Globalisierung können ferne Bedrohungen ebenso ein Grund zur Besorgnis sein wie näher gelegene. ... Die erste Verteidigungslinie wird oftmals im Ausland liegen.«

Die Empörung über den Satz des ehemaligen deutschen Verteidigungsministers Struck, Deutschlands Sicherheit werde am Hindukusch verteidigt, ist insofern völlig unberechtigt, hat er doch nur die Grundsätze europäischer Sicherheitspolitik in tagespolitisches Deutsch übersetzt!

Der offensive Charakter der ESS wird auch an anderer Stelle deutlich: »Wir müssen fähig sein zu handeln, bevor sich die Lage in Nachbarländern verschlechtert. ... Durch präventives Engagement können schwierigere Probleme in der Zukunft vermieden werden.«

Deutlicher noch als die amerikanische Nationale Sicherheitsstrategie von 2002 (US Government 2002), in der von »präemptiven Maßnahmen«[24] die Rede ist, beansprucht hier die EU ein Recht auf *präventive* Gewaltanwendung in den internatio-

---

[23] *Müller, Harald*: Wider die Aufrüstungsglobalisierung: Plädoyer für eine nachhaltige Abrüstungsinitiative, in: Friedensgutachten 2007, S. 135–146.

[24] Als »präemptiv« gelten militärische Maßnahmen, die dann ergriffen werden, wenn ein Angriff unmittelbar bevorzustehen scheint. Da dies mit Sicherheit nie zu beweisen ist, stehen solche Maßnahmen bei strenger Auslegung des Völkerrechts im Widerspruch zu Artikel 2.4 und Artikel 51 der UN-Charta.

len Beziehungen, die in Artikel 2 Absatz 4 der Charta der Vereinten Nationen eindeutig verboten ist: »Alle Mitglieder unterlassen in ihren internationalen Beziehungen … jede Androhung oder Anwendung von Gewalt.«

Diesem Widerspruch entgeht die ESS durch eine nur scheinbar elegante Formulierung: »Wir sind der Wahrung und Weiterentwicklung des Völkerrechts verpflichtet. Die Charta der Vereinten Nationen bildet den grundlegenden Rahmen für die internationalen Beziehungen.«

Wahrung und Weiterentwicklung des Völkerrechts? Von *Wahrung* kann wohl nicht die Rede sein – also geht es um *Weiterentwicklung.* Diese geht aber genau dort hin, wo die Welt sich vor der Verabschiedung der Charta befand: in die Anarchie der Staatenwelt, wo das *ius ad bellum,* das Recht auf Kriegführung, das vornehmste Attribut von Staatlichkeit war. Nun wird auch klar, weshalb den Vereinten Nationen zwar Referenz erwiesen wird, weshalb aber ein klares Bekenntnis zu ihren Grundsätzen vermieden wird: Die EU verweist auf die Charta der Vereinten Nationen mit der Formel, daß diese »den grundlegenden Rahmen (bildet)«. Sie vermeidet so eine eindeutige Formulierung, die heißen könnte und müßte »im Einklang mit den Bestimmungen der Charta«. Zu bestimmen, was dieser »Rahmen« ist, behält sich die EU für den konkreten Fall selbst vor. Deshalb wird eine der nach innen gerichteten Forderungen, die den noch immer im alten Europa herumgeisternden Pazifismus endlich auf den Müllhaufen der Geschichte befördern soll, deutlich hervorgehoben (in einem Kasten neben dem Text): »Wir müssen eine Strategie-Kultur entwickeln, die ein frühzeitiges, rasches und wenn nötig robustes Eingreifen fördert ... Wir müssen fähig sein zu handeln, bevor sich die Lage in Nachbarländern verschlechtert, wenn es Anzeichen für Proliferation gibt und bevor es zu humanitären Krisen kommt. Durch präventives Engagement können schwierigere Probleme in der Zukunft vermieden werden«.

So fügt sich ineinander, was der damalige deutsche Außenminister Joseph Fischer meinte, als er davon sprach, die EU müsse »auf gleicher Augenhöhe« den USA gegenübertreten. Die EU als *global player* gibt sich nicht damit zufrieden, nur Schrittmacher für globale Unternehmensstandards zu sein und Weltmarktführer zu werden. Der Deregulierung der Märkte entspricht die Deregulierung des Völkerrechts. Dies gilt sowohl für die schleichende Rehabilitierung des Angriffskrieges, wie er in der Europäischen Sicherheitsstrategie und der Nationalen Sicherheitsstrategie der USA zum Ausdruck kommt und wie die NATO ihn seit 1999 praktiziert, wie auch für die vor allem von den reichen Industriestaaten propagierte *Reponsibility to Protect,*[25] die die sogenannte humanitäre Intervention zur moralischen Pflicht der reichen und »zivilisierten« Staaten machen soll. Ihr Ziel ist es, den Artikel 2 Absatz 7 der UN-Charta endgül-

[25] Vgl. *Jöst/Ruf/Strutynski/Zollet*: Krisenlösung durch Intervention? Dossier 60, *Wissenschaft und Frieden*, Nr. 1/2009, S. 6f.

tig zu überwinden, indem das Nichteinmischungsprinzip, der letzte Schutzschild der Souveränität der schwachen Staaten, nun im Namen der Moral zerschlagen wird. Als Interventionsgründe bemühte die EU bisher vor allem Menschenrechtsverletzungen und die angebliche Notwendigkeit, die Demokratie von außen her zu sichern. Außer auf dem Balkan agierte sie vor allem in Afrika: Die »Operation Artemis« in Bunia/Kongo war die erste Intervention, die ohne NATO-Unterstützung ausschließlich mit eigenen Kräften und erstmals unter einem rein europäischen Oberkommando stattfand. Dasselbe gilt für die nochmalige Intervention im Kongo im Jahre 2005, die mit der Sicherung demokratischer Wahlen begründet wurde; die Truppen wurden allerdings nur in die Hauptstadt dieses riesigen Landes entsandt. Die jüngste Intervention (Eufor) begann 2007 im Tschad, an ihr sind neben zahlreichen anderen europäischen Ländern auch 200 österreichische Soldaten beteiligt. Nachdem die USA mit der Gründung von Africom im Februar 2007 ihre militärische Zuständigkeit auch für den afrikanischen Kontinent angemeldet hatten, dürfte die unter französischem Oberbefehl stehende Eufor mehr der demonstrativen Wahrnehmung französischer Interessen in seinem ehemaligen Kolonialraum Westafrika dienen als der Friedenssicherung im bitter armen, aber ölreichen Tschad.

Interventionen sind also längst an der Tagesordnung. Sie sind schon so gängig geworden, daß die Frage einer Legitimation durch die UN immer mehr in den Hintergrund gerät – nicht zuletzt durch die zunehmende Praxis der UN, bestimmte Staaten auf deren Antrag hin gewissermaßen als Subunternehmer mit Missionen zu beauftragen, so beispielsweise Frankreich, das die Mission im Tschad führt und dessen Interventionstruppen in der Elfenbeinküste in Abstimmung der UNOCI agieren. Immer werden solche Missionen in Verbünden durchgeführt, erhalten so den Anstrich supranationaler Neutralität. In Wirklichkeit aber dienen sie immer mehr zur Durchsetzung der Interessen der großen Mächte. Für sie gerüstet zu sein, bedeutet, die militärischen Instrumente (Logistik, Transportkapazitäten, schnelle Eingreiftruppen) ebenso bereitzustellen wie für die Akzeptanz seitens der Bevölkerung der Entsendestaaten, also die zugehörige »Strategie-Kultur«, zu sorgen.

Für Deutschland aber bedeuten die Mitgliedschaft in der NATO einerseits und die militärische Zusammenarbeit mit Frankreich, vor allem aber die Forcierung der Militarisierung der EU eine erhebliche Erweiterung seiner militärischen Handlungsmöglichkeiten: Zwar bleibt Deutschland in allen diesen Konstruktionen immer »im Bündnis«. Aber durch die Zugehörigkeit zu unterschiedlichen Bündnissystemen erweitert sich der Handlungsspielraum. Anders als in der NATO ist die Bundesrepublik innerhalb Europas eine führende Macht. Demonstrativ war das Oberkommando des zweiten Kongo-Einsatzes in Potsdam angesiedelt. Auch über die im Lissabon-Vertrag verankerte »Verteidigungsagentur« übt Berlin entscheidenden Einfluß aus. So läßt sich der Weg messen, den Deutschland inzwischen zurückgelegt hat: War vor fast 60 Jahren die Einbindung in ein Bündnis (EVG, NATO) noch als Fessel gegen das Wiederaufleben eines deutschen Militarismus gemeint, so geben insbesondere die »Gemeinsame Außen- und Sicherheitspolitik« (GASP) und die »Europäische Sicherheitsstrategie« (ESS) Deutschland die Möglichkeit, diese Fesseln abzulegen und eine führende Rolle zu spielen. Die Bündniszugehörigkeit suggeriert einen Entscheidungspluralismus, doch die realen Machtverhältnisse verhelfen der deutschen Position immer mehr zur Dominanz.

Das deutsche Verteidigungsweißbuch

Auch dieses huldigt der Integration, doch macht gerade dieser offizielle Text deutlich, wie sich Deutschland seine Aufgabe im europäischen Verbund vorstellt: »Deutschlands Sicherheit ist untrennbar mit der politischen Entwicklung Europas und der Welt verbunden. Dem vereinigten Deutschland fällt eine wichtige Rolle für die künftige Gestaltung Europas und darüber hinaus zu.« (Vgl. dazu Rose S. 54ff.)

Das ist eine klare Aussage, mit der unmißverständlich eine Führungsrolle beansprucht wird. Wenn es um Interessen geht, wird – wie erstmals schon in den Verteidigungspolitischen Richtlinien vom 26. November 1992 – endlich auch Klartext gesprochen: Dreimal kommt der Begriff »Rohstoffe« im Weißbuch 2006 vor. Stets ist er mit dem Hinweis verbunden, daß Deutschlands Wohlstand vom Zugang zu Rohstoffen abhängt. Hier werden plötzlich die Verbündeten nicht mehr erwähnt. Sicher wird Deutschland, wann immer möglich, im Verbund handeln. Die EU-Mission »Atalanta« am Horn von Afrika zwecks Bekämpfung der Piraterie illustriert dies. Dennoch ist nicht zu übersehen, daß die Formulierungen im Weißbuch zumindest theoretisch erstmals auch die Tür zu möglichen nationalen Alleingängen aufstoßen.

Beispiele für fortschreitende Militarisierung der Politik sind im Weißbuch auch die ausgedehnte Behandlung der »neuen Risiken« und deren Erweiterung über Migration bis hin zu Seuchen, die Verankerung der zivil-militärischen Zusammenarbeit[26] sowohl im Inneren wie im Äußeren, die zum einen die Trennung zwischen Militär und Polizei zunehmend aufhebt, zum anderen nicht nur die Kompetenzen des Auswärtigen Amtes, der Bundesministeriums für wirtschaftliche Zusammenarbeit und des Bundesministeriums der Verteidigung zunehmend verwischt, sondern auch zu erheblichen Etatverschiebungen der beiden erstgenannten Ministerien zugunsten des Militärs führt und damit klar zu erkennen gibt, wo die Prioritäten in Zukunft liegen werden.

Nichts zeigt deutlicher den Klimawandel im internationalen System von den 50er Jahren bis heute: »Es ist das Ergebnis langer und zäher Arbeit der deutschen Diplomatie, die, verankert im alten Denken des »Realismus« und einer gedachten Großmacht-

---

[26] *Ruf, Werner*: Zivil-militärische Zusammenarbeit aus friedenspolitischer Sicht; in: *Luedtke, Ralph-M./Strutynski, Peter (Hrsg.)*: Neue Kriege in Sicht. Kassel 2006, S. 76–85.

politik, es vermocht hat, die Ängste vor einem vereinigten und voll souveränen Deutschland so weit abzubauen, daß dessen Rückkehr auf die Weltbühne widerspruchslos akzeptiert wird. Damit einher geht die Tatsache, daß der im Grundgesetz festgeschriebene Verteidigungsauftrag für deutsche Streitkräfte endgültig aufgegeben wird, wie Sabine Jaberg in ihrer Analyse des Verteidigungsweißbuchs treffend feststellt, …, (daß) nunmehr das militärische Instrument aus seinen bisherigen strikten verteidigungspolitischen Konditionierungen gelöst und ins ›normale‹ Repertoire der Außenpolitik eingespeist worden ist, das der hohen Politik bei geschätztem Bedarf zumindest zur Verfügung steht.«[27]

Dem ist nichts hinzuzufügen. Wir sind wieder wer! Und um diese Rolle wahrnehmen zu können, brauchen wir die Entkernung des Grundgesetzes, die Sprengung der Fesseln des Völkerrechts – und einen neuen Typus des Soldaten, den »archaischen Kämpfer« (Generalleutnant Budde, Inspekteur des Heeres, vgl. Rose S. 177), der endlich befreit wird von jenen demokratischen Mythen des Generals von Baudissin, der vom »Staatsbürger in Uniform« träumte.

Fazit

Was bleiben soll, ist nicht der Staatsbürger, der *citoyen*, sondern eben jene *Uniform*, von der schon das Wort so bedeutungsvoll besagt, daß es sich hier um Einförmigkeit, Gleichförmigkeit, Willenlosigkeit handelt. Das Gespenst des willfährigen Werkzeugs, zu dem die Uniformierten gemacht werden sollen, taucht hier real aus der Vergangenheit auf. Die Kontinuitäten, insbesondere die preußisch-deutschen, die sich dahinter verbergen, werden in Roses Schriften immer wieder deutlich.

Jürgen Rose versteht sich als *homo politicus*. Das ist sein gutes Recht als Staatsbürger. Daß sein Interesse und Engagement gerade die Dinge betrifft, mit denen er auch beruflich konfrontiert ist, ist nicht mehr als normal. Daß er in einer Organisation wie der Bundeswehr damit buchstäblich als Stachel im Fleisch empfunden wird, liegt weniger an ihm als Person als an der Tatsache, daß er dem Selbstverständnis des *Uniformierten* nicht entspricht, das in dieser Organisation lange Tradition hat und dort noch immer vorzuherrschen scheint. Uniform und Pluralismus, Obrigkeit und Demokratie scheinen in unseren Streitkräften noch immer unvereinbare Begriffe zu sein. Als Staatsbürger richtet sich Rose mit seiner publizistischen Tätigkeit primär an die demokratische Öffentlichkeit, an den Souverän, der letztlich, wenn auch parlamentarisch vermittelt, die Kontrolle über die Bundeswehr ausüben soll.

---

[27] *Jaberg, Sabine*: Vernetzte Sicherheit? Phänomenologische Rekonstruktion und kritische Reflexion eines Zentralbegriffs im Weißbuch 2006. Führungsakademie der Bundeswehr. *SOW kontrovers 5*, Hamburg, Januar 2009, S. 38. Ausführlicher zu dieser Problematik: *Dies.*: Abschied von der Friedensnorm? Urteile des Bundesverfassungsgerichts, verteidigungspolitische Grundsatzdokumente und die friedenspolitische Substanz des Grundgesetzes; in: *Schlotter/Nolte/Grasse (Hrsg.)*: Berliner Friedenspolitik? Baden-Baden 2008, S. 83–106.

Und die Ausübung dieser Kontrolle muß sich immer am Verfassungsauftrag und am geltenden Völkerrecht orientieren. Noch immer gilt – trotz des Urteils des Bundesverfassungsgerichts vom 12. Juli 1994 – die Verteidigung als zentrale Aufgabe der Bundeswehr. Diese Sicht Roses erhält durchaus auch Unterstützung von konservativer Seite: So argumentiert der Kölner Staatsrechtslehrer Otto Depenheuer,[28] ausgehend von der Inschrift des Ehrenmals für die Gefallenen der Bundeswehr (»Den Toten unserer Bundeswehr. Für Frieden, Recht und Freiheit«), daß die nach wie vor geltende Priorität der Verteidigung es verfassungsrechtlich verbiete, die Bundeswehr »zur Durchsetzung allgemeinpolitischer Interessen und Zielsetzungen« einzusetzen: »Der Streitkräfteeinsatz zur Verteidigung kann daher weder allgemein auf abstrakte Ziele wie die Gewährleistung von Sicherheit, Frieden, Wohlstand, Demokratie oder Menschenrechte in aller Welt noch gar auf bloß allgemeinpolitische Interessen rekurrieren.«

Der weltweite Einsatz der Bundeswehr im Sinne von *Interventionen*, wie sie in der Europäischen Sicherheitsstrategie gefordert und von der NATO unternommen werden, bleibt moralisch, politisch und rechtlich fragwürdig. Diesen Streit zu führen, obliegt der demokratischen Öffentlichkeit, zu der alle Staatsbürgerinnen und Staatsbürger gehören – auch die in Uniform.

---

[28] *Depenheuer, Otto:* Was wir verteidigen; in: *Frankfurter Allgemeine Zeitung*, 26. Februar 2009, S. 8.

Jürgen Rose

Bundeswehr – wozu?
Ein Übel und seine zweifelhafte Notwendigkeit

> *»Die Menschheit: Mangels Hirn bis an die Zähne bewaffnet.«*
> Werner Mitsch

»Alles Rüsten muß einen politischen Sinn haben«, erklärte im März 1969 der soeben zum Bundespräsidenten gewählte Gustav Heinemann. Und, so der entschiedene Gegner der sogenannten Wiederbewaffnung: »Rüstung kann doch nicht an sich etwas Gutes sein.« Zwingend dann seine Schlußfolgerung aus diesem Befund: »Das heißt, jede Bundeswehr muß grundsätzlich bereit sein, sich um einer besseren politischen Lösung willen in Frage stellen zu lassen.« Bei seinem Amtsantritt im Juli 1969 bekräftigte Heinemann diesen zentralen Gedanken mit den Worten: »Auch die Bundeswehr ist nicht Selbstzweck. Wir wissen, daß sie keine politischen Lösungen zu erzwingen vermöchte. Ihr Auftrag ist, zu verhindern, daß uns Gewaltlösungen von fremder Seite aufgezwungen werden.« Von solcher Nachdenklichkeit ist die politische Klasse dieser Republik inzwischen meilenweit entfernt. Das zeigte sich zum Beispiel 2005, als sie in elender Selbstgefälligkeit das fünfzigjährige Bestehen ihrer »neuen Wehrmacht« feierte, die erst nachträglich mit dem Etikett »Bundeswehr« versehen worden war. Anachronistisch erscheint heutzutage offenbar Heinemanns Vorstellung von Abschreckung und Verteidigung als allein legitimem Daseinszweck von Streitkräften. »Heißa«, schallt dagegen die Parole, »Deutschland wird am Hindukusch verteidigt!« Weltpolitische Großmannsucht der Berliner Republik kommt mit atavistischem Militärbrimborium im Megapack daher.

Vergessen scheint, was Gustav Heinemann der Bundeswehr – und jenen, die über ihren Einsatz zu entscheiden haben! – einst ins Stammbuch schrieb: »Ich sehe als erstes die Verpflichtung, dem Frieden zu dienen. Nicht der Krieg ist der Ernstfall, (...) sondern heute ist der Frieden der Ernstfall, in dem wir alle uns zu bewähren haben. Hinter dem Frieden gibt es keine Existenz mehr.« Statt dessen wird die Bundeswehr entsprechend den Vorgaben der NATO – präziser: auf Kommando der US-amerikanischen Imperialmacht – einem sogenannten »Transformationsprozeß« unterzogen und umgebaut zur »Einsatzarmee«, wie der Orwellsche Neusprech der militärischen Nomenklatura euphemistisch lautet. Im Klartext heißt das, Deutschland legt sich Interventionsstreitkräfte zu, die direkt (Jugoslawien, Afghanistan) oder indirekt (Irak) auch für völkerrechtswidrige Angriffskriege Gewehr bei Fuß stehen. Unumwunden bestätigte der amtierende Generalinspekteur der Bundeswehr, General Wolfgang Schneiderhan, diese Programmatik mit seiner Forderung, »wir müssen so etwas anbieten, was die Briten mit den USA im Irak gemacht haben.«[29] Nun, die Heldentaten der US- und UK-Forces im Zweistromland dürften für sich sprechen: Wohl um die 60.000 während des Blitzkrieges abgeschlachtete irakische Soldaten, bis heute eine Million massakrierte Zivilisten, viereinhalb Millionen Vertriebene, ein bis zwei Millionen Witwen, fünf Millionen Waisenkinder, Folterungen, Vergewaltigungen, Morde hinter den Gittern von Militärgefängnissen, Massenvertreibungen, Terror und Chaos allerorten – sollte die Welt wirklich allen Ernstes erwarten, daß »wir« Deutschen ihr derartige Fähigkeiten offerieren? Sechs Jahrzehnte zuvor hatte die Menschheit leidvoll erfahren, daß deutsche Soldaten in der Lage waren, jegliche zivilisatorische Mindeststandards zu unterbieten. Was einen der Amtsnachfolger Gustav Heinemanns, Richard von Weizsäcker, einmal zu der Bemerkung veranlaßte, die Welt ersehne anderes als den Marschtritt deutscher Soldatenstiefel.

Dabei schien das Militär der Bonner Republik seine historische Lektion zunächst durchaus gelernt zu haben. Am Beginn nämlich stand eine grundlegende Reform der bewaffneten Macht im Staate. Das zentrale Element bildete die Konzeption der »Inneren Führung« mit dem Leitbild vom »Staatsbürger in Uniform«. Dieser sollte seine demokratischen Grundrechte auch innerhalb der Streitkräfte behalten, sich in die moderne pluralistische Gesellschaft integrieren und die Bewahrung des Friedens als existentiellen Auftrag anerkennen. Diese in der Tat völlig neuartige, wenn auch nur unzulänglich mit Leben erfüllte Militärverfassung bildet bis heute den eigentlichen Legitimationskern der Bundeswehr. Zugleich erfüllt sie das Vermächtnis der Widerstandskämpfer des 20. Julis 1944. Deren verzweifeltem Versuch, der menschenverachtenden Tyrannei des Hitlerregimes und einem mörderischen Krieg ein Ende zu setzen, um die Herrschaft des Rechts und die Achtung der Menschenwürde wiederherzustellen, kommt konstitutive Bedeutung für das Traditionsverständnis der Bundeswehr zu. Und deshalb findet alljährlich im Bendlerblock zu Berlin ein verteidigungsministerieller Festakt für die Ermordeten statt, die am Attentat auf den Diktator beteiligt waren. Als leuchtendes Vorbild für die SoldatInnen der Bundeswehr ragt namentlich die Gestalt des Obersts Claus Schenk Graf von Stauffenberg hervor. Er wird gleichsam als Säulenheiliger verehrt – aber auch nur in Sonntagsreden.

Nimmt nämlich heutzutage ein Soldat seinen Diensteid auf das Recht und seine Pflicht zum Widerspruch oder gar Widerstand gegen das Unrecht allzu ernst, läuft er Gefahr, vom Bannstrahl der Militärjustiz getroffen zu werden. So ist es dem Bundeswehrmajor Florian Pfaff widerfahren, der sich, soweit bekannt, als einziger Soldat in

---

[29] Zitiert in *Bundesverwaltungsgericht (Hrsg.)*: Beschluß des 1. Wehrdienstsenats vom 6. April 2005 – BVerwG 1 WB 67.04, Leipzig 2005, S. 16.

den gesamten deutschen Streitkräften Befehlen widersetzt hatte, durch deren Ausführung er sich wissentlich an dem »*völkerrechtlichen Verbrechen*« (so der Rechtsphilosoph Professor Reinhard Merkel) gegen den Irak beteiligt hätte. Zwar sprach ihn das Bundesverwaltungsgericht in Leipzig vom Vorwurf der Gehorsamsverweigerung frei. In der Bundeswehr jedoch wird sein Fall totgeschwiegen, er selbst mit einem Auftrittsverbot belegt – so geschehen unter anderem am »Zentrum für Innere Führung« in Koblenz. Dort fand ein Seminar zum Thema »Soldat und Ethik« statt – aber ohne den Major Pfaff, denn der war dort unerwünscht. Wer solch erbärmlichen Umgang mit einem Offizier pflegt, der sich keine goldene Sollbruchstelle ins Rückgrat hat implantieren lassen, fügt der Bundeswehr immensen Schaden zu. Denn getreu der Devise »Befehl ist Befehl« fördert er unter den SoldatInnen den »Massenschlaf des Gewissens«. Eine solche Bundeswehr aber bietet keinen Grund zum Feiern.

Enttabuisierung des Militärischen und Friedensverrat: Der lange Weg von der Verteidigung zum (angriffs-)kriegerischen Interventionismus

Friedensverrat

Laut Artikel 26 des Grundgesetzes sind jedwede Handlungen, die das friedliche Zusammenleben der Völker stören, insbesondere aber die Vorbereitung eines Angriffskrieges, verfassungswidrig und müssen bestraft werden. Doch seit dem 24. März 1999 ist hierzulande nichts mehr, wie es war. Denn seither wird Deutschland von Friedensverrätern regiert. An jenem denkwürdigen Frühjahrstag nämlich starteten erstmals wieder deutsche Kampfflugzeuge gen Jugoslawien – ganz so wie in jenen glorreichen Tagen, als Reichsmarschall Hermann Görings Bomber ihre todbringende Last über Belgrad abluden, getreu der altbekannten Parole »Serbien muß sterbien«. Doch diesmal waren es überschallschnelle »Tornado«-Jagdbomber, die mit ihren »HARM«-Raketen auf »Unterdrückung feindlicher Luftverteidigung«, wie es im NATO-Luftwaffenjargon heißt, spezialisiert sind. Beiläufig offenbart dieser Terminus technicus zugleich das Essentielle des Vorgangs: wer nämlich Angreifer und wer Verteidiger war. Denn die deutschen Jet-Piloten flogen ihre Luftangriffe – und nicht »Luftschläge«, wie hirnfaule Journalisten den englischen Begriff »Air Strike« euphemistisch ins Dummdeutsche zu übersetzen pflegen – an der Seite ihrer NATO-Kameraden ohne jede völkerrechtliche Legitimation. Geschlagene 78 Tage lang bombten und schossen die NATO-Luftstreitkräfte im Rahmen der Operation »Allied Force« – entsprechend einer kriegsverbrecherisch zu nennenden Luftkriegsdoktrin der U. S. Air Force – vor allem die Infrastruktur Serbiens zu Schutt und Asche, ohne Rücksicht auf menschliche »Kollateralschäden«. Soweit zulässige militärische Ziele – zulässig im Sinne des humanitären Völkerrechts (oder alltagssprachlich Kriegsvölkerrechts) – getroffen werden sollten, war der Erfolg mager: Das »Battle Damage Assessment«[30] in den nach Beendigung des Bombenkriegs angefertigten Erfahrungsberichten der Militärs belegte nämlich, daß nur gut ein Dutzend Panzer und jede Menge geschickt plazierter Panzer-Attrappen getroffen wurden. Zugleich aber krepierten viele Hundert Zivilisten – unterschiedslos Männer, Frauen, Kinder – im NATO-Bomben- und Raketenhagel. Und Tausende an Körper und Seele Verletzte und Verstümmelte leiden noch heute an den Folgen des Luftterrors. Terror? Gewiß doch, Terror, denn wenn Terrorismus gemeinhin bedeutet, unschuldige Menschen für politische Ziele zu opfern, dann erfüllt das Töten von Zivilisten aus dem Cockpit eines Kampfjets zweifellos den Tatbestand des Terrorismus, den des Staatsterrorismus nämlich.

---

[30] Trefferwirkungsanalyse.

Verschärfend kam im Falle des Angriffs auf die Bundesrepublik Jugoslawien, die immerhin ein völkerrechtlich anerkanntes, souveränes Mitglied der Vereinten Nationen war, hinzu, daß der einzig hierzu befugte Sicherheitsrat der Vereinten Nationen der NATO kein Mandat für die Anwendung militärischer Zwangsmaßnahmen erteilt hatte. Auch lag keine Aggressionshandlung der Bundesrepublik Jugoslawien gegen ein anderes Mitglied der Staatengemeinschaft vor, welche dieses berechtigt hätte, von seinem in der UN-Charta verbrieften Notwehrrecht Gebrauch zu machen. Aus völkerrechtlicher Sicht war somit der Bombenkrieg der NATO gegen Jugoslawien ein Angriffskrieg und somit glasklar ein Bruch des Völkerrechts.

Mit diesem Völkerrechtsbruch ging ein zu Zeiten des Bonner Provisoriums undenkbarer, präzedenzloser Akt der Mißachtung des im Grundgesetzartikel 26 verankerten Friedensgebotes als zentraler Verfassungsnorm einher. Auf der Grundlage eines soliden Rechtsnihilismus, wie er nicht allein in den Kreisen der politischen Elite unseres Landes notorisch ist, befahlen die an den Schalthebeln der Berliner Republik sitzenden rot-grünen Friedensverräter: »Germans to the Front!« Sagte ich Friedensverräter? Ja, denn im deutschen Strafgesetzbuch steht der im § 80 geregelte einschlägige Tatbestand der »Vorbereitung eines Angriffskrieges« unter dem Rubrum »Friedensverrat«.

Daß das unter einem sozialdemokratischen Bundeskanzler geschah, sollte uns nicht allzu sehr überraschen, denn in Sachen Verrat am Frieden hat die deutsche Sozialdemokratie, die 1999 den Kanzler stellte, schon eine beeindruckende Bilanz aufzuweisen. Die beginnt mit der Bewilligung der kaiserlichen Kriegskredite anno 1914 und reicht über den Weimarer »Bluthund« Gustav Noske, der die Reichswehr auf deutsche Arbeiter hetzte, zu Rudolf Scharpings Propagandamärchen vom »Hufeisenplan« und den von Serben »gegrillten Föten«; sie führt von Gerhard Schröders Zusicherung »uneingeschränkter Solidarität« bei US-Präsident George W. Bushs globalem Kreuzzug gegen den Terror und der darauf folgenden völkerrechtswidrigen Besetzung Afghanistans über die vorbehaltlose Unterstützung des angloamerikanischen Völkerrechtsverbrechens gegen den Irak und seine Menschen zu der rechtsverräterischen Behauptung von Bundesjustizministerin Brigitte Zypries, das NATO-Bündnis verpflichte zum Bruch des Grundgesetzes[31], sowie zum Westentaschen-Noske Rainer Arnold, dem Militärexperten der SPD im Bundestag, der unbelehrbar die »Operation Enduring Freedom« als völkerrechtskonform verkauft, und endet vorläufig bei der den USA von der schwarz-roten Großkoalition prophylaktisch erteilten Genehmigung, für den von langer Hand geplanten Überfall auf den Iran wiederum umfassend den deutschen

---

31 Vgl. *Klenk, Florian/Klingst, Martin (Interviewer)*: »Schimanski-Methoden gibt's nur im Fernsehen!« Bundesjustizministerin Brigitte Zypries (SPD) über Folter im Rechtsstaat, deutsche Beamte in Guantánamo und notwendige Grauzonen im Antiterrorkampf, in: *Die Zeit*, Nr. 5, 26. Januar 2006, S. 9.

Luftraum sowie die auf deutschem Boden befindliche Transport- und Führungsinfrastruktur zu nutzen.

Das Meisterstück an bellizistischer Perfidie freilich lieferte der vom einstigen Capo der Frankfurter »Putztruppe« nach einem Intermezzo im Auswärtigen Amt mittlerweile zum Princeton-Professor und *Zeit*-Kolumnisten avancierte Joseph Fischer. Gemeinsam mit seinem Spießgesellen Daniel Cohn-Bendit gelang es diesem Friedensverräter par excellence, ohne viel Federlesens den Grundkonsens vom Tisch zu fegen, auf den sich die Bonner Republik verständigt hatte, nachdem die Angloamerikaner im Westen im Bunde mit der Roten Armee im Osten den Deutschen ihren größenwahnsinnigen Militarismus gründlich ausgebombt hatten. »Nie wieder Auschwitz, nie wieder Krieg«, so hatte die Raison d'être der neuen deutschen Demokratie gelautet. Doch Joseph Fischer, der von seiner US-amerikanischen Amtskollegin Madeleine Albright gelernt hatte, die Bombe zu lieben, brachte seine Parteijünger mit der Parole »Nie wieder Auschwitz und deshalb Krieg!« auf Vordermann. Womit vormals Friedensgrüne zu fürderhin Kriegsgrünen mutierten – zur überschäumenden Freude all jener, die seit langem schon den Tag herbeigesehnt hatten, an dem der Marschtritt deutscher Soldatenstiefel wieder durch die Welt hallen würde.

Fortan war in der Berliner Republik keine Rede mehr von der vormals so emphatisch betonten »Kultur der Zurückhaltung«[32], mit der die Deutschen ihre desaströse Politik der kriegerischen Mittel nach 1945 überwunden hätten. In den untersten Schichten des Schutthaufens der Geschichte endgelagert ist der von Franz-Josef Strauß mit triefendem pazifistischen Pathos hingeheuchelte Schwur aus den Gründertagen der Bundesrepublik, daß jedem Deutschen, sollte er jemals wieder ein Gewehr anfassen, der Arm verdorren möge (wenige Jahre bevor Strauß als Verteidigungs- und

---

[32] Dieser Terminus entstammt ursprünglich der Politikwissenschaft und beschreibt ein Axiom der angesichts der Katastrophe zweier Weltkriege grundlegend gewandelten deutschen Außenpolitik nach 1945. Charakteristisch für diese außenpolitische »Kultur der Zurückhaltung« war, daß hierdurch versucht wurde, den Anschein deutscher Führungsansprüche und nationaler Interessenpolitik zu vermeiden und vorzugsweise in engem Schulterschluss mit den Partnern und – wo immer möglich – in institutionellen Kontexten zu handeln (vgl. hierzu beispielsweise *Maull, Hanns W.*: Außenpolitische Kultur, in: *Korte, Karl-Rudolf/Weidenfeld, Werner (Hrsg.)*: Deutschland Trendbuch. Fakten und Orientierungen, Bonn 2001). Nach anfänglicher Skepsis hat sich die politische Klasse der Bundesrepublik Deutschland später dieses Begriffes bemächtigt und bedient. So herrschte, als Hans Dietrich Genscher Ende der 1980er Jahre den Begriff der »Verantwortungspolitik« prägte, allgemeine Übereinstimmung darüber, daß damit vor dem Hintergrund der Geschichte Deutschlands eine militärische Zurückhaltung gemeint war. Noch 1996 bekräftigte der damalige Bundespräsident *Roman Herzog* diese Grundhaltung, als er erklärte: »Zum Konsens unseres Landes gehört aber auch, daß – und hier darf ich Verteidigungsminister Volker Rühe zitieren – eine »Kultur der Zurückhaltung« geübt wird. Ich möchte diese Formulierung noch ergänzen und von einer »Kultur der Zurückhaltung und der Abstimmung mit unseren Verbündeten« sprechen. Wenn es eine zentrale Erfahrung der deutschen Geschichte dieses Jahrhunderts gibt, so kann diese doch nur lauten: keine Alleingänge.« (Ansprache von Bundespräsident Roman Herzog anläßlich des 40. Jahrestages des Bestehens der Deutschen Atlantischen Gesellschaft e.V. im »Wasserwerk« des Deutschen Bundestages in Bonn, 5. März 1996).

Atomminister amtierte). Mit dem unter politischen Entscheidungsträgern mehr und mehr in Mode gekommenen Bellizismus korrespondiert die von SPD-Kanzler Gerhard Schröder mit typischem Aplomb verkündete »Enttabuisierung des Militärischen«. Seit dem Ende des Kalten Krieges werden – mit tatkräftiger Unterstützung durch das Bundesverfassungsgericht! – die in der Charta der Vereinten Nationen kodifizierten Einschränkungen des Rechts zur militärischen Gewaltanwendung immer weiter ausgehöhlt. Gerade die in der NATO verbündeten westlichen Demokratien mißbrauchen ihre Streitkräfte immer häufiger für Einsätze, die mangels völkerrechtlicher Mandate entweder keine hinreichende oder gar keine Rechtsgrundlage haben. In besorgniserregender Weise entwickelt sich ein global ausufernder militärischer Interventionismus, der in Deutschland mit der Rhetorik von der »Normalisierung der deutschen Außenpolitik« legitimatorisch unterfüttert wird. Nahezu unisono konstatiert die politische Klasse dieser Republik – konterkariert allenfalls von der oppositionellen Linkspartei –, daß Deutschland »keinen Sonderstatus« mehr beanspruchen könne. Von der Nation werde fortan erwartet, vermehrt »internationale Verantwortung« zu übernehmen. Darüber hinaus wird proklamiert, daß eine solche »Friedensmacht, die seit langem für Ausgleich und internationale Hilfe«[33] sorge, historisch nunmehr als unbelastet zu gelten habe. Man ist halt wieder wer.

Derlei Worthülsen, mit denen versucht wird, die unrühmlichen Etappen vor allem der jüngeren deutschen Vergangenheit hurtig zu entsorgen, gehören heute zum Dummdeutsch der politischen Klasse in diesem Lande. In ihnen reflektiert sich eine Art pubertärer Unbefangenheit der Berliner Republik. Die Geschichte wird dabei geklittert, wie man sie gerade braucht. Doch die Bundesrepublik Deutschland kann nur im Bewußtsein der deutschen Geschichte ihrer internationalen Verantwortung gerecht werden. Eine Erkenntnis, die wiederum zwingend eine »Kultur der Zurückhaltung« beim militärischen Agieren in der internationalen Politik fordert.

Unter Federführung der USA hat sich in Politik und Armee in geradezu atemberaubender Weise ein fundamentaler Paradigmenwechsel der deutschen Außen- und Sicherheitspolitik vollzogen. Galt zu Zeiten des Kalten Krieges die Parole »Frieden schaffen mit weniger Waffen«, so handeln die schwarz, rot, grün und manchmal gelb gewandeten Hohepriester des globalen Interventionismus getreu der Maxime: Frieden schaffen mit aller Gewalt. Propagandistisch camoufliert wird diese Politik mit Begrifflichkeiten wie »Politischer Pazifismus«, »Krieg gegen den Terrorismus«, »Humanitäre Intervention« oder – wie im jüngsten, 2006 erschienenen »Weißbuch der Bundesregierung zur Sicherheitspolitik und Zukunft der Bundeswehr« – »Responsibility to

---

[33] Vgl. hierzu und zu den vorangegangenen Zitaten *Opel, Manfred*: Die Zukunft der Streitkräfte – Herausforderungen und Optionen, in: *Soldat und Technik* (Zeitschrift für Wehrtechnik, Rüstung und Logistik / hrsg. vom Bundesministerium der Verteidigung, FüS I 4), Nr. 4/2002, S. 7–14.

Protect«. De facto handelt es sich indes vornehmlich um Globalisierungskriege im Interesse des Clubs der Reichen. Anlaß genug also, eine Kampagne gegen Angriffskrieg zu starten, zu der dieses Buch beitragen soll.

Militärischer Humanismus? Zur Funktion des Militärs im Kontext der Globalisierung

„Denn niemandem steht das Amt eines Weltpolizisten zu;
weder einer Vormacht, den USA,
noch einem Militärbündnis wie der NATO.«
Otfried Höffe

„Nichts schlägt so leicht in Barbarei um
wie der selbstgerecht geführte Kreuzzug
gegen vermeintliche oder wirkliche Barbaren.«
Rudolf Walther

Die internationale Politik ist seit dem Ende des Ost-West-Konfliktes zu Beginn der neunziger Jahre zum einen von der immer dichter werdenden Verknüpfung und Interdependenz von Politik, Wirtschaft, Wissenschaft, Technologie, Kultur, Umwelt etc. gekennzeichnet, die man Globalisierung nennt. Zum anderen hat auf dem Feld der Außen- und Sicherheitspolitik das Ende der gegenseitigen Paralysierung der einander mit nuklearer Vernichtung bedrohenden Supermächte eine vollkommen neue Handlungsfreiheit für die UNO, vor allem aber für die USA und ihre westlichen Verbündeten zur Folge.

Mit diesen Veränderungen der weltpolitischen Rahmenbedingungen einhergehend wuchsen die globalen Risiken und Fehlentwicklungen, die den Frieden in der Völkergemeinschaft und die Lebensgrundlagen der gesamten Menschheit gefährden. Das zeigt sich, wenn wir die Faktoren der Globalisierung näher betrachten; dabei handelt es sich vor allem um:

- die ungeheure Beschleunigung des technischen Fortschritts, insbesondere im Verkehr, in der Telekommunikation und im Finanzwesen;
- die sukzessive Ausbreitung bürgerlich-kapitalistischer Wirtschafts- und Rechtssysteme über den Globus;
- die weltweite Liberalisierung des Handels sowie des Geld- und Kapitalverkehrs;
- die Explosion der Weltbevölkerung;
- die Entwicklung der bürgerlichen Gesellschaft zur Weltgesellschaft (»westernization«);

- die Öffnung Osteuropas und der ehemaligen Sowjetunion, Chinas sowie der Staaten Süd- und Südostasiens und deren Integration in die Weltwirtschaft.

Der Prozeß der Globalisierung bringt eine Vielfalt unterschiedlicher Typen von Problemlagen und Konflikten mit sich, welche die Außen- und Sicherheitspolitik berühren und herausfordern:

1. Mit dem Niedergang des Sozialismus rsp. Kommunismus griff vor allem in der ehemals sogenannten 2. und auch der 3. Welt eine *ideologische Desorientierung* um sich, die ihren Ausdruck in der Revitalisierung von Nationalismus, Ethnozentrismus und historischen Konfliktlagen, der Gefahr religiös inspirierter Fundamentalismen, Konflikten um die Grenzziehung zwischen säkularem und religiösem Bereich sowie dem (internationalen) Terrorismus fand.

2. Aus der *Kollision von Tradition und Moderne* (»1. versus 3. Welt«) resultieren Konflikte zwischen traditionalen und bürgerlich-kapitalistischen Lebensweisen. Deren Hauptcharakteristikum besteht darin, daß eine gewaltige Zahl von Menschen in der 3. Welt in einem sklavenartigen Zustand gehalten wird, in dem sie nicht Herren ihres Schicksals, sondern bloße Objekte eines Weltwirtschaftssystems sind, das nicht sie entworfen haben, sondern die 1. Welt[34].

3. Weltweit ist eine *Delegitimation herrschender Eliten* durch Inkompetenz, Korruption und Wertewandel festzustellen. In der vormals 2. und in der 3. Welt wird darauf einerseits mit Repression, andererseits aber auch mit der Demokratisierung überkommener Machtstrukturen reagiert. In den entwickelten Gesellschaften der »1. Welt« nehmen Politikverdrossenheit, Resignation, Privatismus, Jugend- und Drogenkriminalität zu.

4. *Territoriale Grenzkonflikte* – »klassische« Kriege zwischen Staaten – sind insgesamt sehr selten geworden.

5. Dagegen treten *Hegemonialkonflikte zwischen regionalen Mittelmächten* noch häufiger auf. Derartige Konflikte haben seit dem Ende des Kalten Krieges an Brisanz gewonnen, vor allem im Nahen und Mittleren Osten sowie in Zentralasien. Mit dem Heranwachsen von Indien und China zu Großmächten zeichnet sich im Indik und Pazifik ein erhebliches Konfliktpotential ab.

6. *Unabhängigkeits-/Sezessionskonflikte*, die ihren Ausdruck in Bürgerkrieg und Terrorismus finden, stellen die zweithäufigste Konfliktform seit 1945 dar.

7. Schließlich resultieren *geoökonomische und ökologische Konflikte* aus Strukturproblemen eines – wie Alt-Bundeskanzler Helmut Schmidt nicht müde wird zu monieren – Raubtier-Kapitalismus, der ungeahnte Finanz- und Wirtschaftskrisen sowie enorme Arbeitslosigkeit bedingt, sowie aus traditioneller Verteilungs- und

---

34 Vgl. *Jessen, Jens*: Jeder, der bei Vernunft ist, in: *Die Zeit* vom 2. Juli 2009, S. 44.

Ressourcenkonkurrenz, Protektionismus vs. Freihandelspolitik, dem Nord-Süd-Entwicklungsgefälle, der Bevölkerungsexplosion, Umweltverschmutzung und Raubbau an natürlichen Ressourcen.

Die Konflikte, die daraus in den einzelnen Staaten entstehen, werden von der Staatengemeinschaft keineswegs ausschließlich als innere Angelegenheiten der jeweiligen Staaten betrachtet, in die sie sich nicht einmischen dürfen. Gleichwohl haben sich die Staaten bis dato noch nicht auf hinreichende Regelmechanismen verständigen können, um solche Konflikte zu verhindern, einzudämmen oder gar zu lösen.

Da Art. 2, 4 der Charta der Vereinten Nationen ein universell gültiges Verbot der Anwendung von Gewalt in den internationalen Beziehungen normiert, ist die Zulässigkeit der sogenannten »humanitären Intervention« mit militärischen Mitteln unter Völkerrechtlern zu Recht äußerst umstritten. Dessenungeachtet wurden in der Praxis militärische Interventionen in extremen Fällen mehrfach politisch toleriert. Dies führte prompt dazu, daß vor allem unter NATO-Staaten Forderungen laut wurden, das angeblich überkommene Völkerrecht dahingehend »weiterzuentwickeln«, daß es interessierten Militärkoalitionen zukünftig legale Wege eröffnen würde, gewaltsam intervenieren zu können. Soll aber das universelle Gewaltanwendungsverbot der UN-Charta nicht seine Bedeutung für die zwischenstaatlichen Beziehungen verlieren, muß – von der eng begrenzten Möglichkeit des Art. 51 UN-Charta (Recht zur individuellen und kollektiven Selbstverteidigung) abgesehen – die Anwendung militärischer Gewalt als Mittel der internationalen Politik schlechthin der Entscheidungsbefugnis einzelner Staaten, die im Konfliktfall Richter in eigener Sache wären, entzogen bleiben. Der Vorzug ist deshalb eindeutig dem weiteren Ausbau der Funktionsfähigkeit kollektiver Mechanismen zur Konfliktregelung – unter Einschluß eventueller Interventionen – einzuräumen. Einen wichtigen Ansatzpunkt bietet die Charta der Vereinten Nationen mit dem Art. 39, gemäß dem der Sicherheitsrat feststellt, ob eine Bedrohung oder ein Bruch des Friedens oder eine Angriffshandlung vorliegt. Bedrohung rsp. Bruch des Friedens sind unbestimmte Rechtsbegriffe. Bei der Rechtsanwendung eröffnen sich dem Sicherheitsrat weite Ermessensspielräume, die er im Hinblick auf die Legitimation humanitärer Interventionen nutzen kann. Nach der Charta der Vereinten Nationen und nach der politischen Praxis des Sicherheitsrates können auch die inneren Zustände in einem Staat eine objektive Bedrohung des Weltfriedens darstellen und somit im Einklang mit der Charta der Vereinten Nationen eine Intervention rechtfertigen. Derartige Friedensbedrohungen liegen beispielsweise im Falle von Völkermord, von Zerstörungen der Lebensgrundlagen der Menschheit und illegitimer Gewaltanwendung vor, aber auch wenn im Falle von Minderheiten- oder Volksgruppenkonflikten gezielt das bestehende System der friedlichen Konfliktregelung (Kap. VI der Charta der Vereinten Nationen) vom Rechtsbrecher unterlaufen wird.

Von besonderer Brisanz ist seit einigen Jahren der internationale Terrorismus. Der Sicherheitsrat der Vereinten Nationen hat dazu eine Reihe einschlägiger Resolutionen verabschiedet, in denen er die Staaten auffordert, effektive, mit der Charta der Vereinten Nationen im Einklang stehende Aktionen zur Bekämpfung des internationalen Terrorismus zu unternehmen, und er hat zudem eigene Maßnahmen eingeleitet. Indessen läßt sich weder aus diesen Resolutionen noch aus dem kodifizierten Völkerrecht noch aus der Rechtssprechung des Internationalen Gerichtshofs in Den Haag ein Recht ableiten, Staaten, die beschuldigt werden, auf ihrem Territorium die Planung und Organisation terroristischer Aktionen zu dulden, gemeinsam mit ihrer dort lebenden Bevölkerung umstandslos quasi in Geiselhaft zu nehmen. Schon gar nicht ergibt sich daraus ein Recht, sans façon militärische Gewalt anzuwenden – ganz im Gegenteil: Die genannten Resolutionen des UN-Sicherheitsrates stellen expressis verbis »auf das internationale Strafrecht ab, das sich auf individuelle Personen und ihre Verantwortung bezieht«[35], nicht aber auf das völkerrechtliche Sanktionspotential gegen Staaten. Aus völkerrechtlicher Sicht gilt ohne jeden Zweifel, daß, solange keinem einzelnen Staat oder einer Staatengruppe ein bewaffneter Angriff im Sinne des Art. 51 der UN-Charta[36] zuzurechnen ist, eine gesicherte völkerrechtliche Grundlage für militärische Gewaltanwendung nicht existiert.

Kriegerischer Interventionismus im Zeichen von Geopolitik und Geoökonomie

Im März 2000 verlautbarte die *Welt* – nicht zufällig das Leib- und Magenblatt des ›Lodenmantelgeschwaders‹ ehemaliger Generale und Admirale der Bundeswehr – aus Anlaß des ersten Jahrestages der Bombardierung Jugoslawiens durch die NATO ein Stück Rechtfertigungsprosa, verfaßt vom damals amtierenden tschechischen Präsidenten Vacláv Havel. Der ehemals prominente Bürgerrechtler gab unter anderem zu Protokoll:»Aber kein Mensch mit profundem Verstand kann eines leugnen: Dies war der erste Krieg, der nicht im Namen von Interessen, sondern im Namen von Prinzipien und Werten geführt worden ist.«[37]

---

[35] *Stuby, Gerhard*: Internationaler Terrorismus und Völkerrecht, in: *Blätter für deutsche und internationale Politik*, Heft 11/2001, S. 1333.

[36] »Diese Charta beeinträchtigt im Falle eines bewaffneten Angriffs gegen ein Mitglied der Vereinten Nationen keineswegs das naturgegebene Recht zur individuellen oder kollektiven Selbstverteidigung, bis der Sicherheitsrat die zur Wahrung des Weltfriedens und der internationalen Sicherheit erforderlichen Maßnahmen getroffen hat. Maßnahmen, die ein Mitglied in Ausübung dieses Selbstverteidigungsrechts trifft, sind dem Sicherheitsrat sofort anzuzeigen; sie berühren in keiner Weise dessen auf dieser Charta beruhende Befugnis und Pflicht, jederzeit die Maßnahmen zu treffen, die er zur Wahrung oder Wiederherstellung des Weltfriedens und der internationalen Sicherheit für erforderlich hält.«

[37] *Havel, Václav*: Mensch, Staat und Gott, Gastkommentar in: *Die Welt* vom 7. März 2000.

Diese Aussage illustriert das Legitimationsmuster, mit dem der 78tägige Luftkrieg der NATO mit den 38.400 Einsätzen (davon 10.484 Luftangriffe, bei denen 23.614 Abwurfwaffen eingesetzt wurden) gegen Jugoslawien begründet worden war: nämlich als ein Krieg – manche sprechen gar von einem Kreuzzug, der Soziologieprofessor Ulrich Beck von »demokratischen Kreuzzügen« – im Namen der Menschenrechte gegen eine Macht des Bösen, einen »Schurkenstaat« laut der von der atlantischen Hegemonialmacht präferierten Terminologie. Aber hat hier tatsächlich nichts weiter stattgefunden als ein ausschließlich aus moralischen Erwägungen gespeister Interventionskrieg zur Verhinderung einer »humanitären Katastrophe«, bei dem (nationale) Interessen angeblich keine Rolle gespielt haben sollen?

Zu dem Begriff »humanitäre Katastrophe« sei angemerkt, daß er eine Contradictio in adiecto – man könnte auch sagen: groben Unfug – darstellt und vor allem eines illustriert: die intellektuelle Impotenz desjenigen, der ihn benutzt. Eine Katastrophe mag schrecklich, riesig, grauenhaft oder was auch immer sein, eines ist sie auf gar keinen Fall: humanitär.

Im folgenden soll daher am Beispiel des NATO-Krieges gegen Jugoslawien untersucht werden, inwieweit unter dem Rubrum der »humanitären Intervention« beziehungsweise des »militärischen Humanismus« versucht wurde, ein neues Paradigma militärischer Gewaltanwendung zu entfalten und zugleich mit der unabdingbaren politischen Legitimation zu versehen.

Zunächst gilt es, die dem NATO-Krieg gegen Jugoslawien zugrundeliegenden Interessenlagen zu identifizieren. Als notwendig hierzu erweist sich ein Perspektivenwechsel, der bedingt, daß nicht mehr »der Westen« auf der einen Seite als Akteur betrachtet wird und »die Serben« auf der anderen, sondern daß der Focus auf die Konstellation der westlichen Akteure untereinander, insbesondere aber das Verhältnis zwischen den USA und der Europäischen Union, gerichtet wird.

Der Einfluß der USA war entscheidend dafür, daß die NATO im März 1999 einen völkerrechtswidrigen Angriffskrieg aus »humanitären Gründen« gegen die Bundesrepublik Jugoslawien – ein souveränes Mitglied der Vereinten Nationen – eröffnete, nachdem die Vereinigten Staaten die Glaubwürdigkeit desjenigen Instruments in Gefahr gesehen hatten, das sie im Hinblick auf Europa traditionell als das wichtigste und entscheidende ihrer Diplomatie, ihrer Führung und ihres Einflusses sowie der Verteidigung gegen ideologische und militärische Bedrohungen betrachten: die NATO nämlich. Zugleich gelang es den USA, im »Neuen Strategischen Konzept (MC 400/2)« der NATO vom Frühjahr 1999 die unter den europäischen Partnern nicht unumstrittene Kriseninterventionsrolle der Allianz auf Dauer zu verankern, wobei sich die Allianz obendrein das Recht vorbehält, im Ausnahmefall bei zwingender Notwendigkeit und auf der Basis eines Konsensbeschlusses der Bündnispartner auch ohne explizites Mandat des UN-Sicherheitsrates militärisch zu intervenieren. Henry Kissinger, ehemaliger Nationaler Sicherheitsberater von US-Präsident Richard Nixon und nachmaliger Außenminister der USA, spricht von einer »erschreckenden Revolution in der NATO« und kritisiert die neue NATO-Strategie auf folgende Weise: »Das Bündnis hat seine historische Selbstdefinition einer streng defensiven Koalition aufgegeben. Dieser abrupte Abschied vom Konzept der nationalen Souveränität, verbunden mit der Beschwörung universeller moralischer Slogans, markierte einen neuen außenpolitischen Stil.«

Analysiert man den Interventionskrieg, den die Nordatlantische Allianz unter Regie der USA gegen Jugoslawien geführt hat, so läßt sich unter der weichen Schale humanitärer und moralischer Legitimationsmuster, mit denen eine zumeist nur oberflächlich informierte Öffentlichkeit abgespeist wurde, ein harter Kern realpolitischer Kalküle identifizieren, die das Handeln der amerikanischen Administration determinierten.

Erstmalig war es auf Druck der USA gelungen, eine kriegerische Intervention der Nordatlantischen Allianz ohne ein Mandat der UNO oder der OSZE ins Werk zu setzen. Damit war die auf Multilateralismus angelegte UNO, insbesondere der laut Charta der Vereinten Nationen für die internationale Friedenssicherung allein zuständige Sicherheitsrat, in dem »nach der Verschiebung der Machtbalance nach dem Kalten Krieg Rußland und China ein der neuen Kräftekonstellation unziemliches Veto-Recht ... behielten«[38], entmachtet. Wie Noam Chomsky scharf kritisierte, hatte die »Verachtung der Führungsmacht gegenüber dem Regelwerk internationaler Ordnung« dramatische Ausmaße angenommen: »Der Internationale Gerichtshof, die UNO und andere Institutionen seien unerheblich geworden, erklärten die obersten US-Behörden unumwunden, weil sie nicht länger den US-Vorgaben folgen würden, wie dies noch in den ersten Nachkriegsjahren der Fall war.« Der Präsident des American Enterprise Institute und ehemalige Undersecretary of State (Staatssekretär) John Bolton vertrat gar die Auffassung, daß »laut US-Verfassung ... internationale Verträge für die USA höchstens politisch, niemals aber rechtlich bindend [seien]: Wenn sich Washington trotzdem an multinationale Vereinbarungen halte, dann nur aus eigenem Interesse.«

Die Vereinigten Staaten betrieben somit rigoros ihre Politik des Unilateralismus, die auf eine Befreiung von der Einbindung in die Regelwerke internationaler Organisationen Hand in Hand mit der Maximierung des autonomen Entscheidungsspielraums für die amerikanische Außenpolitik abzielte. Der ehemalige Generalsekretär der Vereinten Nationen Boutros-Ghali merkte an, daß »die USA keine Diplomatie brauchen; Macht genügt«, und wies anschließend darauf hin, daß »das Römische Imperium ... keine Diplomatie [brauchte]. Und die USA auch nicht. Diplomatie wird von einer

---

[38] Vgl. *Schmidt-Eenbom*, Erich: Kosovo-Krieg und Interesse. Einseitige Anmerkungen zur Geopolitik, in: *Bittermann, Klaus/Deichmann, Thomas (Hrsg.)*: Wie Dr. Joseph Fischer lernte, die Bombe zu lieben, Berlin 1999, S. 99.

imperialen Macht als Zeit- und Prestigeverlust, als Zeichen von Schwäche wahrgenommen.« Nach den Terroranschlägen von New York und Washington am 11. September 2001 aber mußten die USA plötzlich feststellen, daß sie zur Bekämpfung des Netzwerkes des internationalen Terrorismus doch auf internationale Kooperation im Rahmen der UNO und anderer Regelwerke angewiesen waren. Die Kritiker des bisherigen Kurses amerikanischer Außenpolitik konnten sich auf grausame Weise bestätigt fühlen.

Parallel zur Suspendierung der Vereinten Nationen schuf der Beschluß der NATO zum Angriff auf die Bundesrepublik Jugoslawien einen Präzedenzfall für die Selbstmandatierung dieses zentralen Instruments amerikanischer Machtprojektion für internationale Krisen- und Kriegsinterventionseinsätze in künftigen Konflikten.

Während des Luftkrieges gegen Jugoslawien wurden sowohl die Kohäsion und Solidarität der Atlantischen Allianz, inklusive ihrer gerade erst beigetretenen Neumitglieder, als auch die militärische Effektivität und technologische Suprematie des mächtigsten Militärbündnisses der Welt eindrucksvoll demonstriert. Daß die NATO später die Effizienz und Effektivität ihrer Luftkriegsoperationen in ihren eigenen Analysen wesentlich kritischer bewertete, steht nicht im Widerspruch zu vorstehender Einschätzung, denn hätten die NATO und insbesondere die amerikanischen Militärs der Öffentlichkeit und vor allem den für den Verteidigungshaushalt verantwortlichen Politikern eine umfassende Darstellung des sogenannten Kosovo-Krieges präsentiert, wären wesentliche Legitimationsgründe für die exorbitanten Budgetforderungen zur Weiterentwicklung der ohnehin schon weit überlegenen Rüstungstechnologien und zum Ausbau der gigantischen Waffenarsenale entfallen.

Zudem übersahen diejenigen, welche die angeblich mangelnde Effektivität der NATO-Luftkriegführung gegen die serbischen Streitkräfte und paramilitärischen Einsatzkommandos monierten, daß ihre Kritik eine implizite Prämisse enthielt: daß nämlich der Kampf gegen die gegnerischen Streitkräfte auf dem Gefechtsfeld eine tatsächliche Priorität in der NATO-Zielplanung eingenommen hatte. In der Tat wäre unter dem Aspekt der Ökonomie des Krieges der Einsatz horrend teurer Luftkriegsmittel gegen einzelne, vergleichsweise billige bodengebundene Waffensysteme oder kleine Kampfverbände aufgrund der miserablen »cost exchange ratio«[39] reichlich ineffizient gewesen. Viel vorteilhafter fällt die »cost exchange ratio« indessen im Hinblick auf die Zerstörung von Infrastrukturzielen aus: Hier übersteigt der angerichtete Schaden in aller Regel bei weitem die für die Zerstörung aufzuwendenden Kosten und Risiken. Unter dieser Perspektive vermag daher die Strategie der NATO für die Luftkriegführung gegen Jugoslawien, welche mit Priorität auf die flächendeckende und umfassende Zerstörung von infrastrukturellen »high value targets« abzielte, nicht zu verwundern. Bestätigt wird dieser Befund durch die Tatsache, daß von insgesamt 10.484

---

[39] Kosten-Nutzen-Relation.

Luftangriffseinsätzen, die von der NATO während des 78tägigen Luftkrieges geflogen wurden, nur 2.155 gegen gepanzerte und ungepanzerte Fahrzeuge sowie Artilleriestellungen, also militärische Ziele unmittelbar auf dem Gefechtsfeld, erfolgten – gerade einmal 20 Prozent.

In diesem Kontext ist es unabdingbar, einen Blick auf die Luftkriegsdoktrin der U.S. Air Force zu werfen, will man den Verlauf des Luftkriegs erschließen. Formuliert hat jene, anknüpfend an vorangegangene Überlegungen aus den 20er und 30er Jahren des letzten Jahrhunderts, wie sie von dem Italiener Giulio Douhet, dem Briten Hugh Trenchard, dem Amerikaner Billie Mitchell oder dem deutschen General Walther Wever angestellt worden waren, ab 1987 der Colonel der U.S. Air Force John A. Warden III, der später zum Kommandeur des Air Command and Staff College an der Air University, Maxwell AFB, Alabama aufstieg. Seinen Ideen gelang im Krieg gegen den Irak 1991 der Durchbruch, und sie prägen bis heute die gültige US-Luftkriegsdoktrin. Letztere bildete auch die konzeptionelle Grundlage für die Luftkriegsoperationen gegen Jugoslawien 1999, gegen Afghanistan 2001/2002 und erneut gegen den Irak 2003.

Den Kern des strategischen Ansatzes Wardens stellt sein »Fünf-Ringe-Modell« dar: Ausgehend von einer systemtheoretischen Betrachtungsweise beschreibt Warden einen potentiellen Gegner als ein System konzentrisch angeordneter Ringe, deren strategische Relevanz von innen nach außen abnimmt.

Angewendet auf einen feindlichen Staat definiert Warden dieses System der gestaffelten Ringe folgendermaßen: Im Zentrum befindet sich die politische und militärische *Führungsspitze*. Darum herum gruppieren sich die *Schlüsselindustrien*[40], worunter primär die Stromerzeugung, Wasserversorgung, die petrochemische Industrie und interessanterweise auch der Finanzsektor eines Staates fallen, als dritter Ring die *Transport-Infrastruktur*, dann die *Zivilbevölkerung* und zuletzt ganz außen das *Militär*. Aus der Wichtigkeit dieser Elemente für die Überlebensfähigkeit des Staates sowie aus ihrer Verwundbarkeit bei Luftangriffen leiten sich direkt die Zielprioritäten für den strategischen Luftkrieg ab. Ganz bewußt ist diese Luftkriegsdoktrin auf die Zerstörung der Lebensgrundlagen eines Staates und einer Gesellschaft ausgerichtet, und ausdrücklich wird die Zivilbevölkerung selbst zum Ziel erklärt: Durch Luftangriffe auf die Zivilbevölkerung und deren Existenzgrundlagen soll die Gefolgsbereitschaft gegenüber der politischen Führung unterminiert werden.

Der jahrelange Luftkrieg gegen Afghanistan bestätigte dies erneut in exemplarischer Weise. Während der Weltöffentlichkeit suggeriert wurde, daß die U.S. Air Force selektiv und präzise die Infrastruktur von Osama bin Ladins Al-Quaida sowie das rudimentäre Militärpotential der Taliban zertrümmerte, meldete der amerikanische Fernsehsender NBC unter Berufung auf einen hochrangigen Offizier der US-Streitkräfte, daß die amerikanische Luftwaffe die entsprechend völkerrechtlicher Regularien deutlich gekennzeichneten Lager des Internationalen Komitees vom Roten Kreuz (IKRK) in Afghanistan vorsätzlich bombardiert habe, um die dort deponierten Lebensmittel und Hilfsgüter nicht in die Hände der Taliban fallen zu lassen. Nach der Genfer Konvention inklusive Zusatzabkommen gelten vorsätzliche Angriffe auf humanitäre Einrichtungen als Kriegsverbrechen. In kürzester Zeit sollen im Herbst 2001 mehr als achtzig Prozent der IKRK-Strukturen in Afghanistan zerstört worden sein.

Andererseits rückt das gegnerische Militär auf der Liste der Zielprioritäten ganz nach hinten. Die von Warden gelieferte Begründung folgt eisig kalter Rationalität: »Contrary to Clausewitz, destruction of the enemy military is not the essence of war; the essence of war is convincing the enemy to accept our position, and fighting his military forces is at best a means to an end and at worst a total waste of time and energy.«[41] Eine Kriegführungsstrategie freilich, welche bewußt und vorsätzlich die Zivilbevölkerung ins Visier nimmt, verstößt eklatant gegen jegliche Normen des humanitären Völkerrechts.

---

[40] Im Zuge der Weiterentwicklung seines Ansatzes modifizierte Warden diese ursprünglich mit dem Terminus »key production« bezeichnete Kategorie mittlerweile zu »organic essentials«, um den Unterschied zu »normal production« und »infrastructure« deutlicher herauszuarbeiten.

[41] »Im Gegensatz zu Clausewitz besteht das Wesen des Krieges nicht in der Vernichtung des feindlichen Militärs; das Wesen des Krieges besteht darin, den Gegner davon zu überzeugen, daß er unsere Position zu akzeptieren hat; seine Streitkräfte zu bekämpfen, ist bestenfalls Mittel zum Zweck, schlimmstenfalls aber totale Zeit- und Energieverschwendung.«

Der Enthemmung bei der Zielauswahl folgt die Enthemmung bei der Zielbekämpfung auf dem Fuße. In der Realität des modernen Luftkrieges scheint nunmehr im Grunde jedes Mittel erlaubt, um zu siegen. Ob lasergesteuerte Präzisionsbomben auf Wohnblocks, Streubomben auf Dörfer, Munition aus abgereichertem Uran, »Fuel-Air-Explosives« (Aerosolbomben, die schlagartig einen gewaltigen Überdruck erzeugen und jegliches Leben in unmittelbarer Nähe der Explosion auslöschen) oder gar Weißer Phosphor gegen »weiche Ziele«, wie der zynische Jargon der Luftkriegsplaner ungeschützte Menschen nennt. Derartige Methoden der Kriegführung sind gemäß der Genfer Konvention von 1949 inklusive der Zusatzprotokolle von 1974 bis 1977 sowie nach dem »Internationalen Abkommen über ein Verbot für den Einsatz unterschiedslos wirkender konventioneller Waffen« vom 10. Oktober 1980 schlechterdings völkerrechtswidrig. Mittlerweile übersteigt die Zahl der zivilen Todesopfer – üblicherweise mit dem Euphemismus »Kollateralschaden« belegt – der angeblich »chirurgisch« geführten Luftkriege die militärischen Verluste regelmäßig um ein Vielfaches.

Im übrigen handelt es sich bei der These von der angeblichen Minimierung der sogenannten Kollateralschäden durch den Einsatz von Präzisionswaffen um nichts weiter als einen Mythos, denn entscheidend für das Resultat eines Waffeneinsatzes ist nicht allein die Treffgenauigkeit, sondern vor allem auch der Wirkradius einer Munition. So läßt sich beispielsweise eine satellitengesteuerte 900-Kilogramm-Bombe zwar mit einer durchschnittlichen Genauigkeit von etwa zehn Metern in ihr Ziel steuern, dabei beträgt allerdings der Durchmesser der durch die Explosion ausgelösten Druck- und Hitzewelle rund 30 Meter und der Durchmesser der tödlichen Splitterwirkung circa 1000 Meter, das heißt jede Person, die sich in einem Umkreis von 500 Metern um den Detonationspunkt aufhält, geht ein potentiell tödliches Risiko ein. Im Hinblick auf die Wahrscheinlichkeit von Kollateralschäden spielt demnach die Treffgenauigkeit einer Waffe eine 100-mal geringere Rolle als die Explosions- und Splitterwirkung.

Analysiert man die NATO-Luftkriegsführung gegen Jugoslawien unter Zugrundelegung der skizzierten Luftkriegsdoktrin der USA, so offenbart sich deren nahezu vollständige Übereinstimmung. Zugleich wird deutlich, daß die Kritik an der angeblich mangelnden Effektivität der NATO-Luftangriffe gegen die militärischen und paramilitärischen Verbände der Serben im Kosovo ins Leere läuft.

Die siegreiche Beendigung des Krieges zu den von der NATO diktierten Konditionen untermauerte darüber hinaus die Führungsrolle und den absoluten Dominanzanspruch der Vereinigten Staaten im Bündnis selbst. Die USA hatten nahezu alle Schlüsselressourcen bereitgestellt, angefangen von Mitteln strategischer Aufklärung über Luftbetankung, elektronische Kriegführung bis hin zu präzisionsgelenkter Munition. Darüber hinaus wurde der Prozeß der Zielaufklärung, Zielauswahl und Zielplanung für den Luftkrieg völlig von amerikanischen Akteuren kontrolliert.

Den USA war es mit Hilfe ihrer beispiellos überlegenen Rüstungstechnologie gelungen, ein neues Paradigma der Kriegführung in der NATO zu etablieren, welches Doktrinen entsprach, die zuvor in den amerikanischen Streitkräften unter den Termini »Revolution in Military Affairs«, »Joint Vision 2010«, »Concept for Future Joint Operations« und »Force XXI« entwickelt worden waren. Die strategische Zielsetzung dieser Konzeptionen bestand im Kern darin, »[to] provide America with the capability to dominate an opponent across the range of military operations. This Full Spectrum Dominance will be the key characteristic we seek for our Armed Forces in the 21st century.«[42]

Die Kriege des 21. Jahrhunderts werden primär mittels High-Tech-Waffensystemen, auf welche die USA und ihre Rüstungsindustrie ein Quasi-Monopol besitzen, aus der Distanz mit überlegenen weltraum- und luftgestützten Aufklärungsmitteln, modernster Informations- und Führungstechnologie sowie konkurrenzlos überlegenen Luftkriegsmitteln geführt, wobei eigene Verluste vermieden und gegnerische minimiert werden sollen. Da die Verfügungsgewalt über derartige Waffensysteme nahezu ausschließlich bei den amerikanischen Streitkräften liegt, wird die Federführung für die Fortentwicklung der Strategie und der operativen Konzeptionen der NATO auf absehbare Zeit bei den USA verbleiben.

Bodengebundene amerikanische Streitkräfte, die, wenn überhaupt, dann in geringer Stärke zum Einsatz kommen, dienen vornehmlich der Unterstützung des Luftkrieges mittels Aufklärung und Zielbeleuchtung sowie sonstigen Spezial- oder Kommandooperationen. Die USA streben an, daß ihre europäischen Alliierten und jeweiligen Mitglieder von ad-hoc-Koalitionen Streitkräfte für den stets mit massiven Verlustrisiken verbundenen Einsatz am Boden bereitstellen. Hervorzuheben ist, daß dessenungeachtet das Kommando im Rahmen der NATO stets bei einem US-General oder Admiral, dem Supreme Allied Commander Europe (SACEUR), verbleibt und auch die jeweiligen Koalitionsstreitkräfte in der Regel von einem amerikanischen Kommandeur befehligt werden.

Generell gilt für den Einsatz bodengebundener Streitkräfte unter dem Aspekt der Ökonomie des Krieges und im Kontext massenmedialer Omnipräsenz, daß jene tunlichst nicht in Massenschlächtereien traditioneller Art zum Einsatz kommen sollen, sondern, abgesehen von begrenzten Aktionen sogenannter »Special Forces«, in größerem Umfang vorzugsweise erst nach der gegnerischen Kapitulation dazu herangezogen werden sollen, die Lage zu stabilisieren, eine Waffenstillstandsvereinbarung oder Friedensregelung abzusichern und für die »Kriegsfolgenbereinigung« zu sorgen (*Randow, Gero von/Stelzenmüller, Constanze* in: *Die Zeit*, 16. März 2000).

---

[42] »... Amerika die Fähigkeit zu verschaffen, einen Gegner auf dem Feld militärischer Operationsführung zu beherrschen. Diese Rundum-Überlegenheit wird das Schlüsselmerkmal sein, nach dem wir für unsere Streitkräfte im 21. Jahrhundert streben.«

Wie effektiv dieses neue Paradigma der Kriegführung in die Tat umgesetzt wurde, demonstrierte der Bombenkrieg gegen Jugoslawien, der sogenannte Kosovokrieg, und wiederum der Irak-Krieg 2003 (wo allerdings die Bemühungen der Bushisten, eine große Koalition der Willfährigen zusammenzuschirren, um eigene Bodentruppen einzusparen, weitgehend scheiterten). Auch der Verlauf der Invasion Afghanistans 2001/2002 bestätigte erneut die Wirkungsmächtigkeit einer solchen Kriegführung.

Neben der Etablierung neuartiger Militärstrategien und zukunftsträchtiger Kriegführungsdoktrinen lag aus Sicht der USA ein nicht zu unterschätzender Effekt des Krieges gegen Jugoslawien darin, daß von ihm vor allem die amerikanische Rüstungsindustrie profitierte. Während des Luftkriegs kamen überwiegend enorm teure Präzisionswaffen zum Einsatz, die nahezu ausschließlich aus US-amerikanischer Produktion stammten. So verschossen beispielsweise die deutschen und amerikanischen Luftstreitkräfte etwa 800 »AGM-88 HARM« Anti-Radar-Lenkflugkörper zum damaligen Stückpreis von circa 284.000 Dollar; die Wiederauffüllung der Arsenale brachte der Firma Texas Instruments, dem Produzenten dieser Waffe in den USA, demnach knapp 230 Millionen Dollar ein. Zudem erhöhten sich – welch ein Zufall! – nach dem Kriegsende die Preise für amerikanische Lenkflugkörper drastisch.

Ein entscheidender Faktor für die strategische Konzeption der US-amerikanischen Südosteuropa-Politik war das Verhältnis der Vereinigten Staaten von Amerika zur aufstrebenden Europäischen Union. In den Jahren seit dem Ende des Kalten Krieges hatte der europäische Integrationsprozeß mit der Vollendung des europäischen Binnenmarktes sowie der Wirtschafts- und Währungsunion ungeheuer an Dynamik gewonnen. Schon vor der Osterweiterung der EU durch Beitritt von einem runden Dutzend Staaten war die Europäische Union zum größten Binnenmarkt der Welt geworden, und der Euro besaß bereits das Potential, dem Dollar als Weltleitwährung Konkurrenz zu machen.

Unter geoökonomischen Aspekten ist den USA in der Europäischen Union mittlerweile ein ernsthafter und, wie die Vergangenheit gezeigt hat, auch äußerst widerspenstiger Konkurrent erwachsen:»Undoubtedly the single most important move toward an antihegemonic coalition, however, antedates the end of the Cold War: the formation of the European Union and the creation of a common European currency. ... Clearly the euro could pose an important challenge to the hegemony of the dollar in global finance.«[43] Unter einer längerfristigen Perspektive dürfte demnach die Wirtschafts-

---

[43] »Der zweifellos bedeutendste Einzelschritt in Richtung einer antihegemonialen Koalition jedoch erfolgte vor dem Ende des Kalten Krieges: Die Gründung der Europäischen Union und die Schaffung einer gemeinsamen europäischen Währung. ... Ganz klar könnte der Euro eine bedeutende Herausforderung für die Hegemonie des Dollars in der Finanzwelt bewirken.« (*Huntington, Samuel P.*: The Lonely Superpower, in: *Foreign Affairs*, vol. 78, no. 2, 1999, p. 45).

macht Europa zu einer ernsthaften Herausforderung für die Hegemonialansprüche der Supermacht USA werden. Zudem treibt die Europäische Union, nachdem die USA während des Luftkrieges gegen Jugoslawien weitgehend ohne Rücksichtnahme auf die Interessen ihrer europäischen NATO-Alliierten agiert hatten, seither unter dem Rubrum der »Europäischen Sicherheits- und Verteidigungspolitik« den Aufbau eigenständiger militärischer Kapazitäten und Optionen immer stärker voran (siehe unten, S. 65ff).

Der Krieg gegen Jugoslawien bestätigte zudem ein weiteres strategisches Kalkül, welches die Politik der amerikanischen Administration determiniert: »Für die Handelsgroßmacht USA bietet [die] Anprangerung von ›Schurkenstaaten‹ in wirtschaftlich interessanten Regionen die Möglichkeit, sich mit Hilfe von Schutzgarantien für die besorgte Restregion die Kontrolle über Märkte zu sichern.« (*Wimmer, Willy* in: *Die Zeit*, 9. September 1999). Die europäische Interessenlage im Hinblick auf Südosteuropa wiederum war zur damaligen Zeit unter anderem dadurch bestimmt, daß kurzfristig der Gefahr massiver Flüchtlingsströme vorgebeugt werden sollte. Auf längere Sicht galt es, der europäischen Wirtschaft neue Märkte zu erschließen, die Region für die Integration in die Europäische Union vorzubereiten und nicht zuletzt den Migrationsdruck in die hochentwickelten Regionen Europas abzumildern.

Mit dem Interventionskrieg gegen Jugoslawien ist es den USA gelungen, die Europäische Union intensiv und auf lange Sicht in die Konfliktlagen auf dem Balkan zu verstricken, denn indem die USA die Kompetenz für die operationelle Durchführung dieses Krieges reklamierten, schoben sie zugleich den Europäern die Verantwortung für den Wiederaufbau und die zukünftige Entwicklung der Region zu: »The US has carried out most of the destruction, the EU will be footing the bill for reconstruction – a tremendous burden on the EU.«[44]

Im Vergleich zu den Wiederaufbaukosten (der vormalige UN-Beauftragte für den Kosovo, Bernard Kouchner, bezifferte sie auf mindestens 60 Milliarden Dollar, während sowohl die jugoslawische Regierung als auch eine Studie der Universität der Bundeswehr München von 100 Milliarden Dollar sprachen) waren die seitens der USA in diesen Krieg investierten Aufwendungen (Schätzungen lauten auf vier Milliarden Dollar) nur Peanuts. Besonders deutlich wird der komparative Vorteil für die USA, vergleicht man die Kosten (in Dollar), die auf amerikanischer Seite für die Zerstörung eines Zieles, beispielsweise der Donaubrücken von Novi Sad oder der Autofabrik von Kragujevac, mit lasergesteuerten Bomben oder Cruise Missiles aufgebracht werden mußten, mit denjenigen, die danach (in Euro) auf Seiten der Europäischen Union für

---

[44] »Die USA haben für die Masse der Zerstörung gesorgt, die EU wird die Rechnung für den Wiederaufbau begleichen – eine ungeheure Belastung für die EU.« (*Oberg, Jan*: The Horrendous Price of G8 Peace, PressInfo#69, 9 June 1999).

den Wiederaufbau dieser in Schutt und Asche gelegten Einrichtungen anfallen (wobei anzumerken ist, daß bislang die EU-Mittel bevorzugt in das Kosovo und nicht an die obstinaten Serben fließen). Den USA kommt es primär darauf an, hierdurch die Entfaltung der Europäischen Union zur potentiellen Supermacht zu verzögern. Bezeichnend ist in diesem Zusammenhang die Agitation der amerikanischen Administration im Vorfeld der Beschlüsse zum Aufbau eigenständiger Interventionsstreitkräfte, welche die Europäische Union im Dezember 1999 in Helsinki traf. Marc Grossman, Staatssekretär für europäische Angelegenheiten, überbrachte Warnungen des State Department, die »reflect growing unease in Washington that European Union attempts to develop an autonomous defense capability could undermine trans-Atlantic cooperation in NATO ... .«[45] Des weiteren drängten hohe Abgesandte der amerikanischen Administration die Europäer »to guarantee that NATO, not the EU, be the option of first resort in responding to any future crisis like the conflict in Kosovo ... .«[46]

An dieser Stelle, wo die Rolle der NATO als wichtigsten Instruments US-amerikanischer Interessenwahrung gegenüber den europäischen »Vasallen und Tributpflichtigen«, (so der ehemalige Nationale US-Sicherheitsberater Zbigniew Brzezinski) deutlich wird, scheint zugleich die geostrategische Interessenlage der USA auf dem Balkan auf. Der »einzigen Weltmacht« mußte es darum zu tun sein, mittels des Engagements der Atlantischen Allianz auf dem Balkan ihr militärisches Dispositiv zum einen näher an das nach wie vor als militärstrategischer Konkurrent definierte Rußland heranzuschieben, zum anderen aber die Möglichkeiten für die Projektion US-amerikanischer Militärmacht in die Regionen des Kaukasus sowie des Nahen und Mittleren Ostens entscheidend zu verbessern. Sichtbar geworden ist dieses Kalkül unter anderem in Gestalt einer der weltweit größten Militärbasen, welche die USA auf dem Balkan errichtet haben, Camp Bondsteel, sowie durch die Aufnahme zunächst Sloweniens und Kroatiens und später Albaniens und Makedoniens in die Atlantische Allianz.

In diese Betrachtung muß auch die Russische Föderation als ein weiterer Akteur einbezogen werden. Rußland besitzt traditionell nicht unerhebliche Interessen auf dem Balkan, wie gerade auch im Verlaufe des Krieges gegen Jugoslawien und der darauf folgenden Besetzung des Kosovos durch die internationalen Truppen deutlich wurde. Die Europäische Union und Rußland werden dadurch in einer aus amerikanischer Sicht durchaus vorteilhaften Konkurrenzsituation gehalten, wodurch die Option, Rußland zum prioritären strategischen Partner für Europa zu entwickeln, nach-

---

[45] »... den wachsenden Unmut Washingtons darüber widerspiegelten, daß die Europäische Union versuchte, autonome Verteidigungskapazitäten zu entwickeln, welche die transatlantische Kooperation in der NATO unterminieren konnten.«
[46] »... zu garantieren, daß die NATO und nicht aber die EU die erste Wahl darstellen würde, um auf eine zukünftige Krise wie den Konflikt im Kosovo zu reagieren.«

haltig beeinträchtigt wird. Zugleich bleibt damit eine potentielle Ausbalancierung der Supermacht USA durch eine mögliche europäisch-russische Interessengemeinschaft oder gar eine Partnerschaft zwischen der Europäischen Union und der »Shanghai Cooperation Organisation« (SCO), die den amerikanischen Hegemonialanspruch effektiv konterkarieren könnte – was Brzezinskis schlimmster Alptraum ist –, ausgeschlossen.

Der Interventionskrieg der NATO gegen Jugoslawien war also mitnichten jener aus rein humanitären Motiven geführte »Kreuzzug für die Menschenrechte«, als der er der Weltöffentlichkeit verkauft wurde, sondern durchaus von harten realpolitischen Interessen determiniert. Letztere wurden allerdings von den beteiligten Akteuren systematisch mit den Argumentationswolken universeller Moral verschleiert: »Der Tarnbegriff, unter dem man die Realität des Krieges, seine unausweichliche Schmutzigkeit und unberechenbaren Folgen zu verbergen trachtete, waren die Menschenrechte.« (*Jessen, Jens* in: *Die Zeit*, 6. April 2000). Unter den Bedingungen der »Revolution in Military Affairs« werden Journalisten und Kriegsberichterstatter immer mehr zu Kombattanten an der Medienfront, welche die Realität ins Virtuelle verkehren. Der von allen Seiten mit Desinformation und Propaganda überflutete Medienkonsument vermag kaum noch die geringen Anteile der Wahrheit zu erkennen. Am Beginn steht jeweils das Arrangement eines zumindest nationalen, bevorzugt aber internationalen Konsenses zur Kriegführung in der Öffentlichkeit, den nationalen Parlamenten sowie fakultativ auch in den Vereinten Nationen. Vorgebliche Sachzwänge, semantische Manöver und das sedative Versprechen, es werde keine oder kaum Opfer in den eigenen Reihen geben, befördern den Konsens. Im Falle des Angriffskrieges gegen Jugoslawien bedeutete dies die Mobilisierung der »Man-muß-etwas-tun-Brigade« der Medienintellektuellen, wie sich ein britischer Außenminister auszudrücken beliebte, mittels der üblichen Bilder von Elend, Flucht und Vertreibung. Danach scheute die NATO in Brüssel keine Mittel und keine Tricks, um die Fiktion vom sauberen und fehlerfreien Krieg zu erzeugen und aufrechtzuerhalten. Zum wiederholten Male erwies sich damit, daß es stets die »Schlacht der Lügen« ist, die einen Krieg entscheidend prägt (s. das Buch von *MacArthur, John R.*: Die Schlacht der Lügen, München 1993).

Wie der »Kosovo-Krieg« beispielhaft zeigte, läuft Militär Gefahr, in den Dienst einer pervertierten Interessen- und Machtpolitik gestellt zu werden, ohne einem solchen Mißbrauch wirksam Widerstand entgegensetzen zu können. Zugleich werden damit auch jene Ansätze desavouiert, die darauf abzielen, das Militär Schritt für Schritt aus seiner überkommenen Rolle als Instrument nationaler Interessenpolitik herauszulösen und statt dessen zu einer Art »Weltpolizei« unter der Autorität der Vereinten Nationen im Rahmen zukünftiger Weltinnenpolitik weiterzuentwickeln.

Eine demokratische Öffentlichkeit müßte Politikern, die rücksichtslos nationale Interessenpolitik unter dem Deckmantel der Menschenrechte betreiben, in den Arm fallen, will sie nicht der Fiktion eines »militärischen Humanismus« und einer »moral-gewissen Interventionsideologie« (womit sich *Cora Stephan* Ende der 1990er Jahre wiederholt in der *Zeit* befaßt hat) anheim fallen und dadurch die grenzenlose Ausufe-rung militärischer Gewaltanwendung riskieren. Sollte es, wie Norman Mailer warnte, nicht gelingen, weitere Anfälle von »programmatischem Mitleid« einzudämmen und die »Manipulation von Tugend auf nationaler und internationaler Ebene« zu vereiteln, werden die Chancen für weitere Katastrophen wie im Kosovo bestens gedeihen. Henry Kissinger unterstreicht diese Prognose, wenn er in Bezug auf die Nordatlantische Alli-anz konstatiert: »Sollte sich die NATO-Doktrin der ›universellen Intervention‹ ver-breiten und sollten konkurrierende Wahrheiten erneut in einen offenen Wettstreit tre-ten, droht uns eine Welt, in der die Tugend Amok läuft.« Den Kulminationspunkt ei-ner derartigen Entwicklung wird dann die Wiederkehr der Ideologie vom »gerechten Krieg« darstellen, welche die Option eröffnen wird, gerechte Angriffskriege zur Vertei-digung (!) einer gerechten Sache, wie zum Beispiel der tatsächlich oder vorgeblich mißachteten Grundrechte von Bevölkerungsgruppen in souveränen Staaten, zu füh-ren. Die Fragwürdigkeit einer solchen Konzeption liegt zum einen darin begründet, daß Angriff und Verteidigung immer »Siegerbegriffe« sind (*Lutz, Dieter S.* in: *Vor-wärts*, 12/1999), die Legitimation derartiger Kriege daher a priori prekär bleiben muß. Zum anderen birgt die moralische Überhöhung militärischer Gewaltanwendung zur Herstellung von Gerechtigkeit immense Gefahren, wenn zugleich der Anspruch, aus humanitären Motiven zu handeln, schon durch die Praxis der Kriegführung verletzt wird, denn »nichts schlägt so leicht in Barbarei um wie der selbstgerecht geführte Kreuzzug gegen vermeintliche oder wirkliche Barbaren.« (*Walther, Rudolf* in: *Die Zeit*, 2. August 2001).

Eine weitere Gefahr besteht darin, daß eine Interventionspolitik mit militärischen Mitteln von Fall zu Fall auf ihre Protagonisten zurückschlägt, wie zum Beispiel die Terroranschläge vom 11. September 2001 zeigen könnten. Nur zu gut läßt sich die Skepsis gegen Militärinterventionen damit begründen, »daß die Angegriffenen mit Terroranschlägen auf das Heimatland der Interventionstruppen reagieren könnten. Eine Sicherheitspolitik, die auf Militärinterventionen in aller Welt setzt, gefährdet die Zivilbevölkerung der Staaten, aus denen die Soldaten kommen.« (*Lafontaine, Oskar* in: *Die Zeit*, 11. Oktober 2001) Wenn also überhaupt mit militärischen Mitteln inter-veniert wird, müssen die Vereinten Nationen, so wie es die UN-Charta vorsieht, als Weltpolizei fungieren und nicht einzelne Staaten oder Staatenbündnisse. Sonst wird sich zuletzt jeder Staat oder jede Staatengemeinschaft oder, in einer weniger globalen Variante, jede Großmacht oder Staatenallianz innerhalb der Region, für die sie eine Ordnungsfunktion reklamiert, für berechtigt erklären, Interventionskriege auch ohne Autorisierung durch die Vereinten Nationen zu führen. Selbstredend wird jeder zur Intervention entschlossene Akteur autonom – je nach individueller Interessenlage –

definieren, wann für ihn der Anlaß für einen »gerechten Krieg« gegeben ist.

In diesem Zusammenhang ist zu bedenken, daß jegliches Handeln, das den Anspruch moralischer Legitimität erhebt, dem Kategorischen Imperativ Immanuel Kants genügen muß, der da lautet: »Handle nur nach derjenigen Maxime, durch die du zugleich wollen kannst, daß sie ein allgemeines Gesetz werde.« Dieser zwingenden Forderung nach der Universalisierbarkeit der jeweiligen Handlungsmaximen widersprach das Handeln der NATO gerade im Falle des Krieges gegen Jugoslawien: Wenn jeder beliebige Akteur im internationalen System das Recht besitzen sollte, jederzeit einem anderen Akteur gewaltsam seinen Willen aufzuzwingen, wäre das globale Chaos, der permanente Krieg jedes gegen jeden die Folge.

Was zum Beispiel ließe sich unter dieser Prämisse dagegen einwenden, wenn die Arabische Liga beschließen würde, ihren seit Jahrzehnten entgegen allen bestehenden UNO-Resolutionen weiterhin von Israel in den besetzten Gebieten unterdrückten palästinensischen Brüdern mit militärischen Mitteln zur Hilfe zu eilen? Wer sollte über das Recht zur legitimen Gewaltanwendung entscheiden wenn nicht der Sicherheitsrat der Vereinten Nationen? Diejenigen, die einer Politik der »humanitären Intervention« oder des »militärischen Humanismus« das Wort reden, bleiben stets die Antwort auf die Frage schuldig, nach welchen Kriterien und mit Hilfe welcher Entscheidungsinstanzen die westlichen Demokratien ihren humanitären Interventionismus praktizieren sollen.

Außerdem vermag der schillernde Begriff der »humanitären Intervention« keinesfalls darüber hinwegzutäuschen, daß zwar die Ziele humanitär sein mögen, die Mittel es aber mitnichten sind. Im Krieg gegen Jugoslawien meinte die NATO, die Moral ihrer Vorgehensweise werde aus der intendierten Wirkung resultieren. Jens Jessen drückte es ein Jahr nach dem Krieg in der Wochenzeitung *Die Zeit* unter der Überschrift »Geistige Kollateralschäden« so aus: »Der lautere Zweck sollte die schmutzigen Mittel, nämlich die Gewaltanwendung, heiligen. Was aber ist von einer Moral zu halten, die sich nur im Erfolgsfalle zeigt, bei Mißerfolg sich aber in ihr Gegenteil verkehrt?« Noch evidenter wird die Haltlosigkeit einer solchen Moral bei der Analyse des Begründungsmusters, mit dem die NATO ihre Bombardements als »humanitäre Maßnahme« deklariert und sich über elementares Völkerrecht hinweggesetzt hat. Die eigentliche Handlungsmaxime nämlich lautet in einer zugespitzten Formulierung des Juristen Helmut Kramer: »Es ist erlaubt, unschuldige Dritte (dies auch in großer Zahl) zu töten oder, was dasselbe ist, ihre Tötung einzukalkulieren, um andere von der Tötung oder Vertreibung bedrohte Menschen (vielleicht) zu retten.«[47] Auf solche absurde Logik antwortete der ehemalige Präsident des Internationalen Komitees des Roten Kreuzes,

---

47 *Kramer, Helmut:* »Strafrecht ist schlichtweg nicht politisch«. Anmerkungen zur Fahnenflucht-Prozesserie in Berlin, in: *4/3 – Fachzeitschrift zu Kriegsdienstverweigerung, Wehrdienst und Zivildienst*, Nr. 1, März (1. Quartal) 2000, S. 37.

Cornelio Sommaruga: »Welche Motive auch immer vorgebracht werden, von einem ›humanitären Krieg‹ kann man nicht wirklich sprechen.«

Daß sich mit inadäquaten – nämlich militärischen – Mitteln auch noch so hehre Ziele nicht erreichen lassen, demonstrieren gerade die Folgewirkungen des NATO-Interventionskrieges sehr eindrücklich:

- Mit ihren massiven Luftangriffen erreichte das Bündnis das genaue Gegenteil dessen, was angeblich intendiert war: Hunderttausende Albaner flüchteten oder wurden vertrieben[48]. »Armee und Polizei errichteten Sperrlinien. Weitere Offensiven drückten die Flüchtlingsströme und die mitziehende UÇK gegen diese Kontrollen.«[49] »In strategischen Gebieten siedelnde Albaner sind mit Gewalt vertrieben worden … Auch aus den Städten an der Grenze im Westen sind Albaner gewaltsam vertrieben worden. Dort kam es zu einem Chaos. Da die einzelnen Phasen der Vertreibung nicht gleichzeitig, sondern hintereinander erfolgten, zogen viele Flüchtlingskonvois in einer Irrfahrt durch das Land. Von Bomben der NATO und von rachedurstigen Serben bedroht. … Im Drama von Flucht und Vertreibung kam ein Prinzip zur Geltung, das schon Tito forciert hatte: Wer sich als Albaner in Jugoslawien nicht zu Hause fühle, möge gehen. Er habe ein Mutterland: Albanien.« (*Olschewski, S. 373*).

---

[48] Um an dieser Stelle auch nicht das geringste Mißverständnis aufkommen zu lassen: Die Tatsache, daß jede Menge Kriegsverbrechen und Verbrechen gegen die Menschlichkeit auf das Konto der serbischen Konfliktpartei ebenso wie auf das der albanischen UÇK gehen, vermag der Völkerrechtswidrigkeit des von der NATO geführten Angriffskrieges gegen die Bundesrepublik Jugoslawiens – eines souveränen Mitglieds der Vereinten Nationen – selbstredend keinerlei Abbruch zu tun.

[49] Der Balkan-Experte *Malte Olschewski* nennt insgesamt rund 500.000. (Vgl. *Olschewski, Malte*: Von den Karawanken bis zum Kosovo. Die geheime Geschichte der Kriege in Jugoslawien, Wien 2000, S. 371). *Predrag Jurekovič* gibt an, daß »bis Ende Mai 1999 etwa 800.000 Albaner aus dem Kosovo entweder von serbischen Sicherheitskräften vertrieben wurden oder aus Angst vor ihnen geflüchtet waren.« (Vgl. *Jureković, Predrag*: Die politische Dimension des Krieges im Kosovo und in der BR Jugoslawien: Konfliktentwicklung, politische Initiativen der Staatengemeinschaft, Auswirkungen auf das Umfeld, in: *Reiter, Erich (Hrsg.)*: Der Krieg um das Kosovo 1998/99, Mainz 2000, S. 61).

Flucht und Vertreibung gingen im übrigen auch schon lange vor dem NATO-Angriff vonstatten: »… bereits im Sommer 1998 haben massive Vertreibungen begonnen, nachdem sich bereits im Frühjahr 1998 der SR [Sicherheitsrat der Vereinten Nationen, J.R.] genötigt sah, eine erste Resolution zum Kosovo zu verabschieden. …« Mitte März 1999 erfolgte im Kosovo ein erheblicher zusätzlicher Truppenaufmarsch der Jugoslawischen Volksarmee und nach anhaltenden Übergriffen schwoll der Flüchtlingsstrom binnen Tagen laut UNHCR auf über 450.000 Menschen an. Mit 24. März setzten dann die Lufteinsätze der NATO ein. (Vgl. *Stadler, Christian M.*: Rechtsethische Aspekte des Internationalen Militäreinsatzes, in: *Reiter, Erich (Hrsg.)*: a.a.o., S. 184).

»Tatsache ist, daß schon vor den Luftangriffen Albaner geflüchtet waren. … Es waren dies meist wohlhabende Albaner aus grenznahen Städten, die gewußt hatten, wenn die NATO bombardieren würde, so würde die Rache der Serben folgen.« (*Olschewski*, a.a.o., S. 371).

- Tausende[50] Albaner wurden von serbischem Militär, Sonderpolizei, Paramilitärs und Milizen wie den berüchtigten »Frenkijevici«[51] oder schlicht kriminellen Banden und bewaffneten serbischen Zivilisten ermordet, ohne daß der Luftkrieg daran etwas ändern konnte – im Gegenteil: vieles spricht dafür, daß dies allererst unter dem Eindruck des NATO-Luftkrieges geschah. »Die meisten Exekutionen sind zwischen 25.3. und 5.4.1999 geschehen. Die Bombardierung Jugoslawiens hatte am 24.3. begonnen. Das Motiv ist klar: Die Serben nahmen Rache für die Luftangriffe. Kein Funktionär der NATO hat je begriffen, welche Racheorgie die Luftangriffe auslösen würden.« (*Olschewski, S. 373*). Insbesondere »die Sonderpolizei [hatte] während der Luftangriffe Rache an den führenden Clans der UÇK genommen …« (*Olschewski, S. 394*). Dabei »kam [es] zu Selektionen. Hatte die Sippe der UÇK viele Soldaten oder gar Kommandanten gestellt, so wurden ihre wehrfähigen Männer von den Traktoren geholt und zur Seite geführt. Sie sind nicht mehr wieder gesehen worden.«
- Auf der Gegenseite nutzten die irregulären albanisch-kosovarischen Kämpfer der UÇK, die teilweise direkt von den NATO-Luftstreitkräften unterstützt wurden, die Gelegenheit, um nunmehr ihrerseits auf breiter Front brutal gegen die Serben vorzugehen, die nun selbst in großer Zahl zu Opfern von Mord und Vertreibung wurden.[52] Ohnehin hatte die UÇK zuvor jahrelang systematisch – und am Ende mit Erfolg – darauf hingearbeitet, die NATO zu einem Eingreifen zu ihren Gunsten zu provozieren, indem sie mit Angriffen sowohl auf die serbischen Sicherheitskräfte als auch auf die serbische Zivilbevölkerung gezielt die Eskalation des Bürgerkrieges im Kosovo betrieb. Dabei schreckte die ursprünglich auf der Liste terroristischer Vereinigungen geführte Guerilla nicht einmal davor zurück, eigene albanische Lands-

---

50 *Olschewski* verweist darauf, daß »die Jugoslawen zum Angriff über[gingen]. Im Kosovo traten 15.000 Mann Sonderpolizei und 10.000 Soldaten ohne ernsthafte Bedrohung aus der Luft zum Generalangriff auf die UÇK an. … »Es war die Stunde der Rache gekommen. Wenn die Albaner einer bestimmten Region die Kontrollen zu passieren hatten, standen am Straßenrand meist einige serbische Zivilisten.« (*Olschewski, a.a.o., S. 370f*).
Schätzungen reichten bis zu 10.000 Todesopfern bei mehr als 100 Massakern; (vgl. hierzu *Feichtinger, Walter*: Die militärstrategische und operative Entwicklung im Konfliktverlauf, in: *Reiter, Erich (Hrsg.)*: a.a.o., S. 125 sowie *Jureković, Predrag*: a.a.o., S. 78).
Präziser lauten die Angaben des Internationalen Komitees des Roten Kreuzes (IKRK): Diesen zufolge waren seit Januar 1998 fast 5.000 Menschen im Kosovo von ihren Familienangehörigen als vermißt gemeldet worden. Von 3.368 dieser Menschen fehlte Anfang Juni 2000 noch jede Spur, so daß das IKRK davon ausgeht, daß diese umgebracht und irgendwo verscharrt worden sind; (vgl. *Anonym*: Von 3368 Menschen fehlt in Kosovo jede Spur, in: Frankfurter Rundschau, 8. Juni 2000).
51 »Ein Großteil der während des Luftkrieges wütenden Milizen aber waren die ›Frenkijevici‹. Es waren ›Frankies Burschen‹, die mit australischen Buschhüten am Kopf nach Beratung durch die Hilfssheriffs die Exekutionen ausgeführt haben. Sie nannten sich nach ihrem Führer Franko Simatovic.« (*Olschewski, a.a.o., S. 378.*).
52 Vgl. *Richter, Wolfgang/Schmähling, Elmar/Spoo, Eckart (Hrsg.)*: Die Wahrheit über den NATO-Krieg gegen Jugoslawien, 2 Bände, Schkeuditz 2000 und 2001.

leute, die den jugoslawischen Behörden gegenüber loyal geblieben waren, unter dem Vorwurf der Kollaboration zu entführen und umzubringen; bis zu fünfhundert sollen vor Beginn der NATO-Luftangriffe ermordet worden sein (*Olschewski, S. 311*).

- Durch die Luftangriffe der NATO kamen nach Recherchen der Menschenrechtsorganisation Human Rights Watch zwischen 489 und 528 Nichtkombattanten ums Leben, was eindeutig gegen die Regeln des Humanitären Völkerrechts verstößt[53].

- Im einzelnen wurden der NATO Verletzungen des Humanitären Völkerrechts vorgeworfen, die darin bestehen, daß sie:
  - »conducted air attacks using cluster bombs near populated areas;
  - attacked targets of questionable military legitimacy, including Serb Radio and Television, heating plants, and bridges;
  - did not take adequate precautions in warning civilians of attacks;
  - took insufficient precautions identifying the presence of civilians when attackin convoys and mobile targets; and

---

[53] Die Schwankungsbreite der Opferzahl resultiert aus der nicht mit letzter Sicherheit feststellbaren Zahl der Opfer dreier Luftangriffe der NATO auf einen Flüchtlingstreck auf der Straße von Djakovica nach Klina (12. April 1999), den Nis-Expres-Bus bei Luzani (1. Mai 1999) und auf die Ortschaft Korisa (13. Mai 1999). Die jugoslawische Regierung reklamiert zwischen 1.200 und 5.700 Tote; vgl. hierzu *Human Rights Watch (ed.)*: Civilian Deaths in the NATO Air Campaign (im Internet unter http://www.hrw.org/hrw/reports/ 2000/nato/).
Die maßgeblichen Regeln des Humanitären Völkerrechts finden sich nicht in der Charta der Vereinten Nationen, sondern in den vier Genfer Abkommen von 1949 und in den zwei Zusatzprotokollen von 1977. Diese Abkommen – Genfer Recht genannt – sind von den meisten Mitgliedstaaten der Vereinten Nationen ratifiziert worden und gelten weithin nicht mehr nur als Völkervertragsrecht, sondern als Völkergewohnheitsrecht; vgl. *Kröning, Volker*: Humanitäres Recht: Lehren aus dem Kosovo-Krieg, Berlin/Bremen, September 1999 (unveröffentlichtes Manuskript); der Jurist und Bundestagsabgeordnete wirft an dieser Stelle bohrende Fragen nach der Legalität und Legitimität des NATO-Interventionskrieges unter dem Aspekt der Konsequenzen der Kriegführung auf. Vgl. zu dieser Thematik auch den bestechenden Beitrag von *Merkel, Reinhard*: Nach dem Kosovo-Krieg: Können Menschenrechtsverletzungen militärische Interventionen rechtfertigen?, in: *Marburger Institut Recht und Zukunftsverantwortung e.V. (Hrsg.)*: Discussion-Paper No. 4, Marburg 2000.
Die Chefanklägerin des »International Criminal Tribunal for the former Yugoslavia (ICTY)« in Den Haag, Carla del Ponte, hat bis Mitte des Jahres 2000 geprüft, ob und inwieweit gegen die Initiatoren und Beteiligten am Interventionskrieg der NATO gegen Jugoslawien wegen der Verstöße gegen das Humanitäre Völkerrecht Anklage erhoben werden mußte; vgl. *Trueheart, Charles*: Tribunal Reviews Anti-NATO Charges, in: *International Herald Tribune*, no. 36, 353, Frankfurt, January 20, 2000, p. 1 and 6. Aufgrund unzureichend gesicherter Daten, nicht eindeutiger Rechtslage und mangelnder Erfolgsaussichten im Falle einer Anklage empfahl ein eingesetzter Untersuchungsausschuß schließlich die Einstellung der Ermittlungen; vgl. hierzu *International Criminal Tribunal for the former Yugoslavia (ICTY) (ed.)*: Final Report to the Prosecutor by the Committee Established to Review the NATO Bombing Campaign Against the Federal Republic of Yugoslavia.

– caused excessive civilian casualties by not taking sufficient measures to verify, that military targets did not have concentrations of civilians (such as Korisa).«[54]

- Neben der militärischen Infrastruktur wurde auch die zivile sowohl im Kosovo als auch in Serbien flächendeckend und nachhaltig zerstört. »Unter höchster Geheimhaltung hatten NATO-Generalsekretär Solana und der NATO-Oberbefehlshaber Clark die Grenze zur Zielkategorie ›drei‹ überschritten: Bomben auf eindeutig zivile Ziele in Serbien.«[55] Die NATO hat durch diese Art der Kriegführung eindeutig die Regeln des Kriegsvölkerrechts verletzt.

- Auch die Auswahl der eingesetzten Munition, wie Streubomben und DU-Geschosse, gab unter kriegsvölkerrechtlichen Aspekten zu erheblichen Zweifeln Anlaß.

- Unter den Augen der auf Grundlage der UN-Resolution 1244 unter NATO-Kommando zur Stabilisierung der Lage im Kosovo einmarschierten internationalen Schutztruppe KFOR führten die in ihre Heimat zurückgekehrten Albaner eine ethnische Säuberung durch. »Albanische Kommandos begannen einen Rachefeldzug. Sie gingen mit Raffinesse vor. Sie unternahmen kaum Aktionen, nach denen man Leichenberge serbischer Opfer hätte filmen können. Im Verborgenen wurden jene ermordet, die unter jugoslawischer Herrschaft Funktionen gehabt hatten.« (*Olschewski, S. 394*). Vertrieben wurden nun rund 235.000 Serben (rund 204.000 nach Serbien, knapp 31.000 nach Montenegro) sowie 120.000 Roma und Ashkali, wobei viele von ihnen ermordet wurden. Ihre Häuser und Kirchen wurden massenweise gebrandschatzt.

- Das Ziel, ein friedliches, multiethnisches Zusammenleben im Kosovo als integralem Bestandteil der Republik Jugoslawien zu gewährleisten, ist gescheitert – sofern das überhaupt ernsthaft ein Kriegsziel war; inzwischen haben viele NATO-Staaten die 2008 unter Mißachtung völkerrechtlicher Regularien erklärte »Unabhängigkeit« des Kosovo anerkannt; faktisch ist das Kosovo indes ein UN-, EU- und NATO-Protektorat.

---

[54] »- Luftangriffe mit Streubomben in der Nähe von besiedelten Gebieten durchführte;
- nicht zweifelsfrei legitime militärische Ziele einschließlich serbischer Rundfunk- und Fernsehsender, Heizwerke und Brücken angriff;
- keine angemessenen Vorsichtmaßnahmen traf, um die Zivilbevölkerungen vor Angriffen zu warnen;
- unzureichende Vorsichtmaßnahmen ergriff, um die Anwesenheit von Zivilisten zu ermitteln, bevor Konvois und bewegliche Ziele angegriffen wurden, und
- exzessive zivile Opfer verursachte, indem sie keine hinreichenden Maßnahmen ergriff, um zu verifizieren, daß sich in der Nähe militärischer Ziele (wie bei Korisa) keine Konzentrationen von Zivilisten befanden.« (*Human Rights Watch (ed.)*: Civilian Deaths in the NATO Air Campaign.) Von anderer, vor allem serbischer Seite wurde die NATO noch vieler weiterer und schwererer Menschenrechtsverletzungen beschuldigt.
[55] *Blome, Nikolaus/Middel, Andreas*: »Warum haben wir den Krieg gewonnen?« Die Kosovo-Bilanz der Nato bringt immer neue Details ans Licht. Mit der »Operation Matrix« und dem »Geheimkommando Solo« sollte Milošević besiegt werden, in: *Die Welt*, 22. März 2000, S. 12.

- Im und nach dem Krieg breiteten sich im Kosovo Korruption, Schmuggel, Drogen- und Waffenhandel sowie alle Arten organisierter Kriminalität wie eine Seuche aus.
- Sowohl führende europäische Politiker als auch militärische Befehlshaber halten ein dauerhaftes Engagement der Europäischen Union über weitere Jahre, wenn nicht Jahrzehnte, für erforderlich, um Frieden und Ordnung im Kosovo zu gewährleisten.
- Dem ziemlich autokratisch regierenden jugoslawischen Präsidenten Milošević gelang es, sich noch nahezu zwei Jahre im Sattel zu halten, da die ohnehin zersplitterte serbische Opposition in ihrer mißlichen Lage durch den Krieg der NATO eher geschwächt denn gestärkt worden war; seine Auslieferung im Juni 2001 an das »International Criminal Tribunal for the former Yugoslavia« (ICTY) erfolgte erst, nachdem der neuen demokratischen Regierung Jugoslawiens in Anbetracht der katastrophalen Wirtschaftslage und der unverhohlenen Drohung seitens der USA und der EU, jegliche ökonomische Hilfe einzustellen, keine Alternative geblieben war.

Insgesamt zeigt dies zum wiederholten Male, daß das militärische Instrumentarium zur Lösung politischer Probleme zumeist das untauglichste Mittel darstellt. Mit Fug und Recht läßt sich wohl die These begründen, daß das Militär im Falle des Interventionskrieges der NATO gegen Jugoslawien mißbraucht worden ist.

Schließlich taucht im Kontext eines moralisch fundierten Bellizismus das Problem eines, wie Cora Stephan schreibt, »sich zum Totalen hin wendenden Kriegsgeschehens [auf]. Die moralische Aufladung, die Dämonisierung des Gegners und die Ausweitung von Kriegszielen über die eigenen Interessen hinaus widerspricht einer uralten Kriegsökonomie, wonach es in Kriegen nicht um die Ausrottung des Gegners geht, sondern auf eine möglichst schnelle und möglichst wenig blutige Entscheidung in strittigen Fragen ankommt. Moral, das ist das entscheidende Argument gegen sie, macht Kriege tendenziell unendlich.« Da der »von der Moral der Sache überzeugte Bürger in Waffen«, das »gefährlichste Kriegsmittel« ist, stellen moralische Missionen, wie sich am Krieg der NATO gegen Jugoslawien erneut erwies, das beste Mittel dar, einen Krieg über alle Schranken der Mäßigung hinauszutreiben. Gerade auch deshalb ist die Auffassung, daß es im Falle massiver Menschenrechtsverletzungen nicht mehr auf die Einhaltung der in der Charta der Vereinten Nationen enthaltenen prozeduralen Beschränkungen ankomme, ebenso falsch wie riskant.

Dieser verfehlten Auffassung ist das Prinzip entgegenzusetzen, daß, wer den Frieden will, das Recht wollen muß und, wer den internationalen Frieden will, das internationale Recht wollen muß. Immanuel Kant bekräftigt dies mit seinem Diktum: »Wenn nie eine Handlung der *Gütigkeit* ausgeübt, aber stets das *Recht* anderer Menschen unverletzt geblieben wäre, so würde gewiß kein großes Elend in der Welt sein«

(Streit der Fakultäten, 1798), und widerlegt damit zugleich die moralisierende Rhetorik vom »militärischen Humanismus«.

Aus dem Desaster, das der Interventionskrieg der NATO unter politischen, militärischen und humanitären Aspekten darstellt, resultiert die dringende Notwendigkeit, einerseits das System der Vereinten Nationen zu stärken und weiterzuentwickeln, andererseits die Hybris der von der amerikanischen Hegemonialmacht zum Zwecke nationaler Interessenwahrung vermittels globaler Machtprojektion dominierten Nordatlantischen Allianz einzudämmen.

Angriff global

Als nach dem Ende des Kalten Krieges der Boden mit solch imposanten Manifestationen bellizistischer Diarrhöe reichlich gedüngt worden war wie jener von der »postnationalen Politik des militärischen Humanismus«[56], den der Mode-Soziologe Ulrich Beck sich nicht entblödet hatte zu propagieren, schossen die neumodischen Doktrinen vom Gebrauch militärischer Macht prächtig ins Kraut: vom »Peace Enforcement« bis hin zur »Responsibility to Protect«. Das jüngste Gewächs dieser Sorte stellt hierzulande das nach jahrelangen zähen Bemühungen von der Bundesregierung am 25. Oktober 2006 verabschiedete neue »Weißbuch zur Sicherheitspolitik Deutschlands und zur Zukunft der Bundeswehr« dar. Festgeschrieben wird darin der unter dem euphemistischen Rubrum »Transformation« betriebene Umbau der Bundeswehr von einer klassischen Abschreckungs- und Verteidigungstruppe zur postmodernen Interventions- und Angriffsarmee mit globalem Auftrag – vorgedacht bereits im 1994 unter der Ägide des damaligen Bundesverteidigungsministers Volker Rühe herausgegebenen Vorgängerdokument. Das Schlüsselwort zum Verständnis dieser Entwicklung lautet: *Entgrenzung*, und zwar in vielfacher Hinsicht. Die Entgrenzung des militärischen Auftrags tritt zunächst in einem geographisch wie inhaltlich globalisierten Sicherheitsbegriff zutage, zu dem im Weißbuch 2006 ausgeführt wird: »Deutschlands Sicherheit ist untrennbar mit der politischen Entwicklung Europas und der Welt verbunden. Dem vereinigten Deutschland fällt eine wichtige Rolle für die künftige Gestaltung Europas und darüber hinaus zu.« Im Wehrmagazin *Europäische Sicherheit*, wo der höchste deutsche Soldat, Generalinspekteur Wolfgang Schneiderhan, wenig später die neue deutsche Sicherheitspolitik aus seiner Sicht in einem Grundsatzartikel mit dem bezeichnenden Titel »Soldat im Zeitalter der Globalisierung« erläuterte, hieß es zu dem entgrenzten Aktionsradius deutscher Militärmacht lakonisch: »Als Konsequenz

---

[56] *Beck, Ulrich*: Über den postnationalen Krieg, in: *Blätter für deutsche und internationale Politik*, Nr. 8/1999, S. 987; vollständig lautet das Zitat: »Es entsteht eine neuartige, postnationale Politik des militärischen Humanismus – des Einsatzes transnationaler Militärmacht mit dem Ziel, der Beachtung der Menschenrechte über nationale Grenzen hinweg Geltung zu verschaffen. ... Und Krieg wird zur Fortsetzung der Moral mit anderen Mitteln.«

hat sich die räumliche Dimension unseres Sicherheitsdenkens in den letzten Jahren spürbar vergrößert.« In der Tat.

Nahezu beliebig, quasi allumfassend dehnen die Weißbuch-Verfasser das Verständnis von Sicherheit aus: »Nicht in erster Linie militärische, sondern gesellschaftliche, ökonomische, ökologische und kulturelle Bedingungen, die nur in multinationalem Zusammenwirken beeinflußt werden können, bestimmen die künftige sicherheitspolitische Entwicklung. Sicherheit kann daher weder rein national noch allein durch Streitkräfte gewährleistet werden. Erforderlich ist vielmehr ein umfassender Ansatz, der nur in vernetzten sicherheitspolitischen Strukturen sowie im Bewußtsein eines umfassenden gesamtstaatlichen und globalen Sicherheitsverständnisses zu entwickeln ist.« Mit diesem rhetorischen Kunstgriff einer tautologischen Ausweitung des Sicherheitsbegriffs wird versucht, dem angesichts der real existierenden weltpolitischen Problemlagen ernüchternd ineffektiven militärischen Instrumentarium eine Legitimität zu bewahren, die eigentlich längst obsolet geworden ist.

Zugleich werden die vom Grundgesetz bislang vorgegebenen strikten verfassungsrechtlichen Schranken, denen die Sicherheitspolitik Deutschlands unterworfen ist, im Weißbuch zu lediglich noch zu beachtenden »Orientierungspunkten« relativiert. Problematisch ist das besonders im Hinblick auf die unabdingbar geltenden Verfassungsnormen der unmittelbaren Völkerrechtsbindung sowie des Friedensgebotes. Gegen verfassungsrechtliche Bedenken vermag indes ein gefestigtes manichäisches Weltbild ungemein gute Dienste zu leisten. Zweifellos verfügt der gegenwärtig amtierende Generalinspekteur über ein solches, gibt er doch zu Protokoll: »Vor allem aber wird die Asymmetrie dadurch bestimmt, daß sich eine Seite an Recht, Gesetz und allgemeine Moralvorstellungen bindet und damit die Ausübung von Gewalt legalisiert und reglementiert, dies auf der anderen Seite aber unterbleibt.« Zweifel daran, wer auf welcher Seite steht, sind aus Sicht des Generals selbstverständlich vollkommen unangebracht.

Ebenfalls entgrenzt werden im aktuellen Weißbuch die »Interessen deutscher Sicherheitspolitik«. In diesem Kontext ist unter anderem die Rede von »globalen Herausforderungen, vor allem der Bedrohung durch den internationalen Terrorismus und die Weiterverbreitung von Massenvernichtungswaffen«, der zu begegnen ist, der »Stärkung der internationalen Ordnung« sowie last not least vom »freien und ungehinderten Welthandel als Grundlage unseres Wohlstands«, den es zu fördern gilt. An dieser Stelle freilich scheint unser Generalinspekteur zu einer gewissen nostalgischen Larmoyanz zu neigen, denn in seinen Augen »erwächst in Deutschland wie im gesamten Westen der Entschluß zu einem Einsatz nicht selten aus dem verpflichtenden Gefühl internationaler Verantwortung und weniger aus der nüchternen Analyse nationaler Interessen. Söhne und Töchter an den Großmut zu verlieren, ist für eine freie und kinderarme Gesellschaft aber nur schwer zu akzeptieren.«

Unbeeindruckt von solcher Phraseologie leiten die verteidigungsministeriellen Weißbuchautoren ganz nüchtern aus der von ihnen definierten Interessenlage den neuen Auftrag für die deutschen Streitkräfte ab. Auch der ist globalisiert. So sichert die Bundeswehr primär die »außenpolitische Handlungsfähigkeit«, was auch immer darunter zu verstehen sein mag, und leistet einen »Beitrag zur Stabilität im europäischen und globalen Rahmen«. Der klassische Auftrag zur Landes- und Bündnisverteidigung entfällt zwar nicht völlig, hat indes unmißverständlich lediglich sekundäre Bedeutung. Konsequent findet sich an oberster Stelle des im aktuellen Weißbuch definierten Aufgabenkatalogs für die deutschen Streitkräfte die »internationale Konfliktverhütung und Krisenbewältigung einschließlich des Kampfes gegen den internationalen Terrorismus«, und erst dahinter rangiert der »Schutz Deutschlands und seiner Bevölkerung«. Warum dies so sein muß, erklärt uns Generalinspekteur Schneiderhan: »Der Terrorist entzieht sich jeder logischen Berechenbarkeit, kennt keine Beschränkung auf Kombattanten, kennt keine Beschränkung auf herrschende Eliten und keine Verschonung so genannter ›kleiner Leute‹ oder Unbeteiligter.« Unwillkürlich drängt sich an dieser Stelle die Assoziation mit der von den NATO-Kampfpiloten auf dem Balkan, im Irak und in Afghanistan extensiv praktizierten Luftkriegführung auf. Ein entgrenztes Feindbild scheint hier letztlich die totale Entgrenzung des militärischen Auftrags zu rechtfertigen. Daß man freilich den internationalen Terrorismus, gäbe es ihn nicht bereits, unbedingt erfinden müßte, legen die Durchhalteparolen des immer noch amtierenden Heeresinspekteurs Generalleutnant Hans-Otto Budde nahe, der während seines Besuches im US-amerikanischen Militärkrankenhaus im pfälzischen Landstuhl folgendes zum besten gegeben hat: »Auch wenn wir irgendwann sagen können, die Schlachten in Afghanistan oder woanders sind beendet, wird der Kampf gegen den Terrorismus ewig weitergehen. Der Terrorismus wird überall unser Feind sein. Wir müssen das zur Kenntnis nehmen und dürfen den Kampf gegen ihn nie aufgeben. Er wird nicht in vierzehn Tagen und auch nicht in vierzehn Wochen zu Ende sein, sondern ewig dauern. Wir sind stark genug, ... und ... werden den Krieg gegen diesen Feind gewinnen. Ich habe keinen Zweifel daran, daß wir das tun werden.« Unwillkürlich drängt sich angesichts derartiger Sentenzen die Frage auf, ob die Beherrschung der Sprachlogik überhaupt zum Qualifikationsprofil eines Bundeswehrgenerals gehört.

Die »Kultur der Zurückhaltung« wird aufgegeben

> *»Wir werden mehr Opfer auf allen Seiten sehen.«*
> Jaap de Hoop Scheffer,
> Generalsekretär der NATO zum Krieg in Afghanistan, Juni 2009

Im November 2001, zweieinhalb Jahre nach dem Krieg gegen Jugoslawien, beschlossen Sozialdemokraten und Bündnisgrüne zum zweiten Mal, deutsche Soldaten mit einem expliziten Kampfauftrag in ein fremdes Land zu entsenden, nach Afghanistan – nötigenfalls zum Töten und zum Sterben. Unter den Vorzeichen einer sogenannten »Normalisierung der deutschen Außenpolitik« schien die Beteiligung der Bundesrepublik Deutschland an kriegerischen Interventionen zur Regel zu werden. Vergessen offenbar die einstmals emphatisch betonte »Kultur der Zurückhaltung«, als Konsequenz aus den Lektionen einer in der Katastrophe kulminierten deutschen Politik mit kriegerischen Mitteln. Der aus der Hochzeit imperialistischer Weltmachtpolitik nur zu gut bekannte Wahlspruch »Germans to the Front!« feiert seit geraumer Zeit fröhliche Urständ in deutschen Landen.

Als nach dem Ende des Kalten Krieges der Auftrag der deutschen Streitkräfte neu definiert wurde, formulierte der damalige Außenminister Klaus Kinkel im *NATO-Brief* (Oktober 1994) einen Katalog politischer Prinzipien für eine Beteiligung der Bundeswehr an internationalen Militäraktionen, welcher den damaligen, nunmehr offenbar überholten sicherheitspolitischen Grundkonsens der Bundesrepublik Deutschland widerspiegelte. Im wesentlichen hatte sich diese Republik in einem langwierigen, bis vor das Bundesverfassungsgericht getragenen Disput auf folgende Prämissen verständigt, die erfüllt sein müßten, bevor die Bundeswehr in den Einsatz geschickt würde:

Erstens käme eine Beteiligung an internationalen Militäreinsätzen nur dann in Frage, wenn sie völkerrechtlich eindeutig zulässig wäre. Nur so wäre sichergestellt, daß durch solche Einsätze das Recht gewahrt und nicht neues Unrecht geschaffen würde.

Zweitens würde Deutschland solche Einsätze niemals allein unternehmen, sondern sich nur im Verbund mit Partnern daran beteiligen, primär im Rahmen bestehender internationaler Institutionen wie zum Beispiel UNO, OSZE, NATO oder WEU.

Drittens müßten folgende Fragen befriedigend beantwortet sein: Gibt es ein klares Mandat? Ist die militärische Aktion in sinnvoller Weise in ein umfassendes politisches Lösungskonzept eingebettet? Sind die verfügbaren Mittel hinreichend, um einer solchen Mission zum Erfolg zu verhelfen? Ist die Verhältnismäßigkeit zwischen dem erstrebten Ziel und den möglicherweise in Kauf zu nehmenden Zerstörungen gewahrt? Gibt es eindeutige Erfolgskriterien und damit eine absehbare zeitliche Begrenzung? Bestehen Überlegungen für den Fall, daß der angestrebte Erfolg sich wider Erwarten doch nicht erreichen läßt?

Viertens müßten, je mehr es in Richtung Kampfeinsätze ginge, desto zwingender die Gründe sein, die eine deutsche Beteiligung erforderten. Je höher das Risiko für die Soldaten, um so höher müßten die Werte sein, die es zu verteidigen gälte. Das geforderte Risiko, unter Umständen auch für das eigene Leben, müßte für die eingesetzten Soldaten, aber auch für die Bevölkerung zu Hause, als sinnvoll und zumutbar empfunden werden.

Fünftens bedürfe die Teilnahme deutscher Streitkräfte an internationalen Militäreinsätzen gemäß der Entscheidung des Bundesverfassungsgerichtes der parlamentarischen Zustimmung. Angesichts der politischen Tragweite solcher Einsätze und der möglichen Gefährdung der Soldaten sei ein parteiübergreifender Konsens anzustreben. Der »Dienst am Frieden« solle einigend wirken und nicht Anlaß zu neuen Kontroversen geben.

Sechstens dürfe eine deutsche Beteiligung nicht konfliktverschärfend wirken, wie es vor allem geschehen könne, wenn in den Einsatzregionen aus der Zeit der deutschen Besetzung während des Zweiten Weltkrieges noch besondere Animositäten lebendig seien (so *Kinkel* im *NATO-Brief* 10/1994, S. 7).

Diese Prinzipien wurden im Krieg gegen Jugoslawien weitgehend ignoriert. Und auch wenn man diesen Kriterienkatalog an den im November 2001 angeordneten Kampfeinsatz der Bundeswehr in Afghanistan anlegt, drängen sich Zweifel auf. Zwar schien auf den ersten Blick eine klare völkerrechtliche Grundlage für den Krieg gegen Afghanistan zu existieren, hatte doch der Sicherheitsrat der Vereinten Nationen nach den Terroranschlägen von New York und Washington in mehreren Resolutionen das Recht auf Selbstverteidigung nach Art. 51 der UN-Charta bekräftigt und die NATO den Bündnisfall nach Art. 5 des NATO-Vertrages konstatiert. Eine genauere Analyse der einschlägigen Resolutionen Nr. 1368 vom 12. September 2001 sowie Nr. 1373 vom 28. September 2001 ergibt indessen, daß diese mitnichten einen Freibrief zum uneingeschränkten Bombenkrieg gegen Afghanistan ausstellten. Ganz im Gegenteil: Statt die Staaten zu einem solchen Krieg zu ermächtigen, forderte der Sicherheitsrat der Vereinten Nationen sie auf, zusammenzuarbeiten, um die Täter, Organisationen und Förderer der Terroranschläge von New York und Washington der Strafjustiz zuzuführen. Nicht völkerrechtliche Sanktionen gegen Staaten, sondern das internationale Strafrecht, bezogen auf Einzelpersonen, erachtete demnach der Sicherheitsrat in jenen Resolutionen als adäquates Instrumentarium der Terrorismusbekämpfung. Eindeutig stellte er in ihnen darauf ab, daß die Bekämpfung des internationalen Terrorismus in Übereinstimmung mit den Regelungen der UN-Charta und ausschließlich unter Anwendung rechtmäßiger Mittel zu geschehen habe.

Zweifellos waren die terroristischen Akte vom 11. September 2001 Verbrechen – Helmut Schmidt, der frühere Bundeskanzler, nannte sie zu Recht »Mammut-Verbrechen« –, begangen von kriminellen Tätern. Deren Ergreifung und Aburteilung indes fällt unter die Prärogative von Polizei und Justiz, nicht aber die des Militärs. Wer demgegenüber auf eine Terrorbekämpfung zuvörderst mittels militärischer Gewaltanwendung setzt, entwertet das Instrumentarium ziviler Konfliktregelung und kompromittiert die Idee von der Verrechtlichung der internationalen Beziehungen[57]. Noch größere Irritationen muß in diesem Kontext auslösen, daß gerade die US-Administration, die so betont das Wort Gerechtigkeit im Munde führte – man erinnere sich, daß der Anti-Terrorkrieg ursprünglich »Infinite Justice« heißen sollte –, mit aller Macht die Etablierung des 1998 in Rom beschlossenen Internationalen Strafgerichtshofes der Vereinten Nationen zu hintertreiben versuchte. Der amerikanische Gesetzgeber scheute nicht davor zurück, auch die engsten Verbündeten gerade in dem Moment zu brüskieren, wo die USA deren uneingeschränkte Solidarität genossen. Eine Nation, die sich strikt weigert, im Falle des Völkermordes, schwerster Kriegsverbrechen oder Verbrechen gegen die Menschlichkeit die Aburteilung eines eigenen Staatsbürgers vor einem Internationalen Strafgerichtshof der Vereinten Nationen zuzulassen, beanspruchte zugleich das Recht, die Auslieferung eines von ihr terroristischer Verbrechen Beschuldigten herbeizubomben, noch dazu ohne der Weltöffentlichkeit stichhaltige, gerichtsfeste Beweise vorgelegt zu haben.

Eine gesicherte völkerrechtliche Legitimation für die militärischen Interventionen in Afghanistan bestand also nicht – und zwar weder für die USA noch für die NATO.

Im Hinblick auf die erste der oben genannten Voraussetzungen für Bundeswehreinsätze bleibt demnach festzuhalten, daß der Kampfeinsatz in Afghanistan auf einer völkerrechtlich schwankenden Grundlage steht und jedenfalls nicht, wie gefordert, eindeutig zulässig ist.

Das Kriterium zwei ist erfüllt, da die Bundesrepublik Deutschland mit ihren Streitkräften im NATO-Bündnis und darüber hinaus im Kontext einer geradezu weltumspannenden Koalition gegen den Terror agiert. Allerdings bleibt zu monieren, daß sich in dieser vielzitierten Koalition einige schillernde Figuren befinden oder immer wieder aus Schurken Alliierte werden[58].

In Bezug auf das dritte Kriterium drängen sich die gravierendsten Einwände gegen die Teilnahme deutscher Soldaten am Anti-Terrorkrieg auf. Nicht nur das völkerrechtliche Mandat für einen solchen Einsatz, sondern auch die politische Zielsetzung dieses Krieges war von Anfang an unklar. Stand in den ersten Kriegswochen noch die In-

---

[57] Vgl. *Garzón, Baltasar*: Die einzige Antwort auf den Terror – Bomben auf Kabul, Spezialkommandos, Jagd auf die Taliban: Das dient zuerst dem Wunsch nach Rache für den 11. September. Erfolg aber verheißen nur die Sprache des Rechts und der Richter, in: *Die Zeit*, Nr. 44, 25. Oktober 2001, S. 11.

[58] So hat beispielsweise der als Erzfeind der USA geltende Iran jenen unmittelbar nach 9/11 seine Unterstützung in der Terrorismusbekämpfung angeboten und beim Sturz des auch in Teheran äußerst unbeliebten Taliban-Regimes in Kabul tatkräftig mitgeholfen. Mittlerweile zählt der Iran unter seinem Präsidenten Mahmud Ahmadinejad indes bekanntlich wieder zu den ganz besonders üblen Schurken.

frastruktur von Osama bin Ladins al-Qaida im Zentrum der militärischen Maßnahmen, wechselten die USA alsbald ihre Strategie, weil die direkten Angriffe nicht den beabsichtigten Erfolg brachten. Aus dem Anti-Terrorkrieg der Phase eins wurde ein ganz traditioneller Krieg gegen einen Staat, nämlich Afghanistan, und sein Regime in Phase zwei, als sich die USA dafür entschieden hatten, das Taliban-Regime als Unterstützer Osama bin Ladins, des mutmaßlich Hauptschuldigen an den Terrorakten vom 11. September 2001, zu vernichten und die Vertreter der sogenannten Nord-Allianz zurück an die Macht zu bomben. Die Paradoxie dieses Vorgehens illustriert der Umstand, daß die USA selbst gemeinsam mit Pakistan und Saudi-Arabien die Taliban Mitte der neunziger Jahre an die Macht gebracht hatten. Damals meinte man, den Bürgerkrieg, der Afghanistan in ein unerträgliches Chaos aus Gewaltherrschaft, Mißachtung jeglicher Menschenrechte, nahezu vollständiger Zerstörung der ohnehin armseligen Infrastruktur, Hunger und Armut sowie großangelegtem Drogen- und Waffenhandel gestürzt hatte, beenden zu können, indem man mit Hilfe der Taliban eben jene Warlords, Stammesfürsten und Clanchefs von der Macht vertrieb, die man inzwischen wieder in Amt und Würde gebombt hat. Welch absurde Logik, zunächst Beelzebub mit Satan zu vertreiben und jetzt wieder Satan mit Beelzebub.

Trotz der schnellen und effektiven Zerstörung einiger militärischer Ziele von strategischer Bedeutung in den ersten Kriegswochen erwies sich das Taliban-Regime als äußerst widerstandsfähig, wie das Pentagon zu seiner Überraschung zuzugeben genötigt war. Die U.S. Air Force ging daher dazu über, den Truppen der Nordallianz den Weg durch die Stellungen der Taliban freizubomben – teilweise mit Flächenbombardements und mit Clusterbomben. Darüber hinaus kamen auch die berüchtigten »Fuel-Air-Explosives« des Typs BLU 82, bekannt geworden unter der zynischen Bezeichnung »Daisy Cutters«, zur Anwendung: Aerosolbomben, die eine enorme Druckwelle erzeugen. Menschen – im Jargon der Militärs als »weiche Ziele« bezeichnet –, die sich im Wirkbereich dieser Bomben befinden, sterben daran, daß ihre inneren Organe zerfetzt werden. Da die Kämpfe nicht etwa in einer menschenleeren Wüstenei stattfanden, sondern auch Siedlungen im Kampfgebiet lagen, führte diese Veränderung der operativen Konzeption dazu, daß mitunter ohne Rücksicht auf die örtliche Zivilbevölkerung ganze Dörfer umgepflügt und eingeäschert wurden. So haben in den ersten Kriegswochen nach Berichten der britischen Zeitung *The Independent* amerikanische Bomben in mehreren afghanischen Städten bis zu 500 Zivilisten getötet. In dem Ort Khanabad nahe dem nordafghanischen Kundus sollen allein 100 Menschen in einem Hagel von Streubomben ums Leben gekommen sein. Derartige Methoden der Kriegführung sind gemäß der Genfer Konvention von 1949 inklusive der Zusatzprotokolle von 1974 bis 1977 sowie nach dem Internationalen Abkommen über ein Verbot für den Einsatz unterschiedslos wirkender konventioneller Waffen vom 10. Oktober 1980 völkerrechtswidrig.

Ein weiterer Effekt des Krieges gegen Afghanistan bestand darin, daß Millionen Flüchtlinge bei desaströser Ernährungslage und einsetzendem Winter wissentlich dem Hunger und der Kälte ausgesetzt wurden, da die humanitären Hilfsorganisationen angesichts der Kriegshandlungen zunächst zur Untätigkeit verurteilt waren. Nach Schätzungen des Hohen Flüchtlingskommissars der Vereinten Nationen hatten nach den ersten Kriegswochen fünf Millionen Menschen zu wenig zu essen.

In der Konsequenz bedeutete die Art der Kriegführung in Afghanistan, daß die gesamte afghanische Bevölkerung – Männer, Frauen, Kinder, Alte – quasi in Geiselhaft genommen wurden für eine Gruppe von Terroristen, die auf afghanischem Territorium operierten. Indem solchermaßen die Verhältnismäßigkeit von intendiertem Zweck und selektierten Mitteln schlechterdings ignoriert wurde, war der Krieg gegen Afghanistan, so wie er geführt wurde, mit dem Völkerrecht und dem Humanitären (»Kriegs-«)Völkerrecht nicht zu vereinbaren. Selbst wenn der Krieg sich in seinem Anfangsstadium als Notwehr gegen eine unbestreitbare terroristische Bedrohung hätte qualifizieren lassen, so war spätestens zu dem Zeitpunkt, als der Krieg gegen Afghanistan selbst und seine politische Führung ausuferte, der Tatbestand des Notwehrexzesses erfüllt.

Aber auch unter moralischen Aspekten ließ der Krieg gegen Afghanistan sich nicht rechtfertigen, weil er der Maxime folgte, daß es erlaubt sei, Unschuldige zu töten, um andere Unschuldige zu rächen und um potentielle Opfer zukünftiger terroristischer Anschläge zu retten. Ein derartiges Kalkül ist absurd. Wer für uneingeschränkte Solidarität mit Amerika im Krieg gegen Afghanistan plädierte, mußte wissen, daß er damit einer unhaltbaren moralischen Maxime folgte.

Neben dem unermeßlichen Leid, das der mit den beschriebenen Methoden geführte Krieg gegen den Terrorismus hervorbrachte und -bringt, ist er zudem unter politischen Aspekten völlig kontraproduktiv, da er nämlich das Gegenteil dessen bewirken wird, was er nach regierungsamtlichen Darstellungen eigentlich bewirken soll. Jeder von der westlichen Kriegsmaschinerie getötete Zivilist nährt den Haß in der islamischen Welt und treibt terroristischen Gruppen neue Gefolgsleute zu. Militärische Gewaltanwendung ändert nicht das Geringste an den Ursachen für das Entstehen von Denkschablonen und Handlungsmustern, gemäß denen die Protagonisten im Heiligen Krieg gegen eine als gottlos und zutiefst ungerecht empfundene Welt ihre heldenhafte Selbstaufopferung unter Maximierung feindlicher Verluste zum höchsten Ziel erheben. Wie man es auch dreht und wendet: Mit Bomben und Raketen läßt sich die Spaltung der Welt in Arm und Reich nicht überwinden, mit einem »Kreuzzug gegen den Terrorismus« kein gerechter Frieden schaffen, mit militärischer Gewalt der Kampf um die Köpfe und Herzen der Menschen in der islamischen Welt nicht gewinnen.

Die in Klaus Kinkels Katalog enthaltene Frage nach den Erfolgskriterien der militärischen Intervention ist nach wie vor nicht zufriedenstellend beantwortet. Darüber hinaus läßt sich auch überhaupt kein Ende des »Krieges gegen den Terrorismus« absehen, ganz im Gegenteil wird von offizieller Seite stets betont, daß der Kampf gegen den internationalen Terrorismus von sehr langer Dauer sein wird. Schon bald wurden andere Staaten genannt, die auf der Zielliste der USA und ihrer Verbündeten standen und teilweise immer noch stehen: ganz vorne der Irak, aber auch Somalia, der Jemen, der Sudan oder Syrien und Iran.

Zusammengefaßt ergibt die Analyse von Kriterium Nummer drei des Prinzipienkatalogs, daß sich für keine der dort genannten Fragen eine zufriedenstellende Antwort finden ließ oder läßt. Eine Entsendung von Bundeswehrsoldaten in den Krieg gegen Afghanistan war somit weder zweckmäßig noch gerechtfertigt.

Ad 4: Waren die Gründe für das eventuelle Opfer deutscher Soldaten auf dem Schlachtfeld in Afghanistan wirklich zwingend? Rechtfertigten die terroristischen Attacken in den USA, wie grauenhaft und menschenverachtend sie sich auch immer darstellten, zweifelsfrei einen Kampfauftrag für die Bundeswehr, und gab es tatsächlich keinerlei Dissens über die Sinnhaftigkeit eines derartigen Kampfeinsatzes? Mit der Fortdauer des Krieges und dem Bekanntwerden seiner Folgen für die afghanische Bevölkerung wuchsen in der demokratischen Öffentlichkeit Skepsis und Kritik am Krieg der USA und Großbritanniens in Afghanistan. Zudem ließ die von der Bundesregierung deklarierte Politik nach der Devise »uneingeschränkter Solidarität« mit den USA oder dem Slogan »Heute sind wir alle Amerikaner« den Verdacht aufkeimen, daß es gar nicht so sehr die USA waren, die unbedingt einen militärischen Beitrag der Bundeswehr eingefordert hatten, sondern Gerhard Schröder und Joseph Fischer ihn den USA geradezu aufgenötigt hatten, damit Deutschland im »Kampf gegen den internationalen Terrorismus« Einfluß und Mitsprachemöglichkeiten bekäme. Heribert Prantl konstatierte in der *Süddeutschen Zeitung* in diesem Zusammenhang »eine übereifrig-begierige Solidarität des Endlich-dabei-sein-Wollens«. Wenn man dies für politisch durchaus klug und zweckmäßig hielt, dann hätte man es getreu dem Gebot der Wahrhaftigkeit der bundesrepublikanischen Öffentlichkeit und den Soldaten der Bundeswehr auch so erklären müssen.

Zur fünften Forderung des Prinzipienkataloges ist zu sagen, daß nur eine äußerst knappe Mehrheit des Deutschen Bundestages dem Kampfeinsatz der Bundeswehr in Afghanistan zugestimmt hat. Die Art und Weise, wie der Bundeskanzler diesen Beschluß dem Parlament abpreßte, bedeutete tendenziell ein Unterlaufen des vom Bundesverfassungsgericht mit Bedacht in seinem Urteil vom 12. Juli 1994 formulierten Parlamentsvorbehaltes für den Einsatz der Bundeswehr jenseits der Landesgrenzen. Ohnehin ist bei der politischen Kontrolle des deutschen Militärs eine fortwährende Machtverschiebung weg von der Legislative und hin zur Exekutive zu beobachten, die zu großer Besorgnis Anlaß gibt. Aus der heftigen Kontroverse um den Kampfeinsatz deutscher Soldaten resultierten Belastungen für die Legitimation des Bundeswehreinsatzes und für die Moral der Truppe.

Das letzte Kriterium, daß nämlich eine Beteiligung Deutschlands an einem Konflikt sich unter Berücksichtigung der historischen Spezifika deutscher (Militär-)Geschichte nicht verschärfend auswirken dürfte (wie im Krieg gegen Jugoslawien), erschien im afghanischen Kontext eher irrelevant, da die Horden des Dritten Reiches bis in jene fernen Regionen des Hindukuschs nicht vorgedrungen waren.

Insgesamt nahmen die deutschen Politiker auch im Fall Afghanistan die einstmals so explizit reklamierten Prinzipien für einen Einsatz deutscher Streitkräfte wenig ernst. Die Perspektive, auf dem Altar ominöser nationaler Interessen geopfert zu werden, hat in den Streitkräften bereits jetzt erhebliche Zweifel sowohl am Sinn als auch an der Legitimität militärischen Dienens aufkommen lassen und wird dies – trotz neuer Tapferkeitsorden und Kriegerdenkmal zu Berlin – absehbar auch in der Zukunft tun.

Mythos Landesverteidigung

Der Kalte Krieg gebar viele Mythen. Einer der hartnäckigsten besagte, die westdeutsche »neue Wehrmacht«, die später »Bundeswehr« getauft wurde, sei ausschließlich zum Zwecke der Landesverteidigung aufgestellt worden. Diese These erweist sich indes weder aus historischer Perspektive noch, wie an späterer Stelle zu zeigen sein wird, in verfassungsrechtlicher Hinsicht als haltbar.

Die sogenannte Wiederbewaffnung Westdeutschlands nahm in der Abgeschiedenheit des Eifelklosters Himmerod ihren Lauf. Dort waren im Herbst 1950 auf Geheiß Konrad Adenauers und mit Billigung des amerikanischen Hohen Kommissars John Jay McCloy fünfzehn ehemalige Wehrmachtoffiziere, darunter zehn Generale und Admirale, zusammengekommen, um den militärischen Grundkonsens für eine deutsche Wiederbewaffnung im Kalten Krieg zu definieren. Als Resultat legten sie am 9. Oktober 1950 unter dem Titel »Denkschrift des militärischen Expertenausschusses über die Aufstellung eines Deutschen Kontingents im Rahmen einer übernationalen Streitmacht zur Verteidigung Westeuropas« die Gründungsakte der Bundeswehr vor. Bereits dieser Titel verweist auf den Umstand, daß die Gründung der Bundeswehr nur im europäischen Kontext denkbar war, also gerade nicht allein zum Zweck der Landesverteidigung.

Zu Beginn der Klostertagung hatte Herbert Blankenhorn, außenpolitischer Berater des Bundeskanzlers Konrad Adenauer und ab 1951 Leiter der Politischen Abteilung des Auswärtigen Amtes, den allgemeinpolitischen Rahmen für die Arbeit des Gremiums abgesteckt. Er legte dar, daß die übergeordnete Zielsetzung der deutschen Politik darin bestand, die Bundesrepublik in Westeuropa zu integrieren und im Zuge der Wiederaufrüstung ihre Souveränität zu erlangen. Die Abgabe von Teilen der Souveränität an Organe einer europäischen Föderation war im Grundgesetz (Artikel 24) vorgesehen. Unklar war allerdings noch, ob es eine integrierte Armee im Rahmen einer (west-)europäischen Föderation geben würde. Die Bundesregierung neigte einer europäischen Armee zu, weil sie die beste Voraussetzung für den europäischen Einigungsprozeß böte. Schon dieses Leitziel der Regierung, so Blankenhorn, würde die Aufstellung einer nationalen Armee verbieten.

Das Himmeroder Dokument spiegelt diese Vorgaben Adenauers wider: Es strotzt geradezu von europäischen Bezügen. So wurde der »westdeutschen Bundesregierung« unter dem Topos »Militärpolitische Grundlagen und Voraussetzungen« unter anderem folgender »politischer Vorschlag« unterbreitet: »Verpflichtung des deutschen Soldaten auf das deutsche Volk ... unter Betonung des gesamteuropäischen Gedankens, solange die westeuropäische Föderation noch keine überstaatliche Form gefunden hat.« Außerdem forderte der »Expertenausschuß«, das »deutsche Kontingent« dürfe »nur innerhalb Europas« eingesetzt werden. Im Abschnitt »Das innere Gefüge« formulierte die Klosterrunde als politische Zielsetzung des zukünftigen deutschen Soldaten: »Der Soldat des Deutschen Kontingents verteidigt zugleich Freiheit im Sinne der Selbstbestimmung und soziale Gerechtigkeit. Diese Werte sind für ihn unabdingbar. Die Verpflichtung Europa gegenüber, in dem diese Ideen entstanden sind und fortwirken sollen, überdeckt alle traditionellen nationalen Bindungen.« Zudem bestanden die Militärexperten auf einem »Vorrang europäischen Zusammengehörigkeitsgefühls«. Unter der Überschrift »Erzieherisches« forderte der Expertenausschuß: »Durch Schaffung eines europäischen Geschichtsbildes und Einführung in die politischen, sozialen und wirtschaftlichen Fragen der Zeit kann von der Truppe aus über den Rahmen des Wehrdienstes hinaus ein entscheidender Beitrag für die Entwicklung zum überzeugten Staatsbürger und europäischen Soldaten geleistet werden.« In ihrer Schlußbemerkung definierten die militärischen Experten dann noch, »... daß die Beteiligung an der Verteidigung Europas die einzige Aufgabe des Deutschen Kontingentes sein muß«.

Militärpolitisch wurde die Bundeswehr demzufolge als »Zweckverband« für die gemeinsame europäische Gesamtverteidigung konzipiert. Dieser sollte in seiner Gesamtheit lediglich über eine Organisationsspitze des Bundes in eine noch zu schaffende europäische Armee eingebracht werden, was konkret hieß: Die politischen Beratungs- und Entscheidungsgremien sowie die höheren militärischen Stäbe waren supranational zu organisieren, während die Truppe selbst national homogen aufgestellt werden sollte. Freilich ließ sich aufgrund der historischen Rahmenbedingungen der frühen 1950er Jahre die europäisch-föderative Konzeption der deutschen Sicherheitspolitik nicht wie von Adenauer und seinem militärischen Expertenstab in Gestalt der »Europäischen Verteidigungsgemeinschaft« (EVG) angestrebt realisieren. Ersatzweise wurde infolgedessen eine europäisch-atlantische Verteidigung nach den Vorgaben der

US-amerikanischen Hegemonialmacht innerhalb der Strukturen der Nordatlantischen Allianz organisiert, aber auch dort stets im internationalen Rahmen, also nicht im Sinne einer Verteidigung eines Staates mit ungeschmälerten Souveränitätsrechten. Tatsächlich bildete die Bundeswehr daher von Anfang an keine auf die Verteidigung der Bundesrepublik Deutschland begrenzte nationale Armee, sondern eine international integrierte Streitmacht zur Bündnisverteidigung in den Weiten des »nordatlantischen Gebietes nördlich des Wendekreises des Krebses«, wie im Artikel 6 des NATO-Vertrages geregelt.

Die Legende von der Landesverteidigung als Raison d´être der Bundeswehr war zum einen den politischen Legitimationszwängen der anfänglich extrem unpopulären Wiederbewaffnung geschuldet und fand andererseits ihre Begründung in der damaligen sicherheitspolitischen Bedrohungslage: der Konfrontation zweier waffenstarrender Militärblöcke, die sich am »Eisernen Vorhang«, der Europa teilte, feindselig gegenüberstanden. Nichtsdestoweniger verlautete schon 1955 aus der Dienststelle Blank, Vorgängerin des heutigen Bundesministeriums der Verteidigung, unter der zukunftweisenden Überschrift »Vom künftigen deutschen Soldaten« die programmatisch Ansage: »Der Soldat hat daher als Teilhaber der freiheitlichen Lebensordnung zugleich eine über die nationalen Grenzen hinausgehende Verpflichtung.« Unverblümt dechiffrierten Scharfmacher vom Schlage Franz Josef Strauß oder Kai-Uwe von Hassel die in solch wohltönenden Sentenzen transportierte Ideologie mit Parolen wie: »Dafür sind wir Soldaten, daß die Macht aus atheistischen Händen wieder in christliche Hände übergeht.« Auch besaßen von der NATO ersonnene außenpolitische Strategien wie die des »Roll-back« oder auch spätere operative Planungen wie die der »Vorwärtsverteidigung« einen weit über jene Idee von der Landesverteidigung, wie sie in der Bundesrepublik mit Verve propagiert wurde, hinausweisenden Horizont. Die nach dem Ende des Kalten Krieges dann systematisch in Szene gesetzte Globalisierung des militärischen Auftrags, vulgo »Transformation«, war – wenn auch zunächst noch nicht über Europa hinaus – der Bundeswehr somit schon in die Wiege gelegt.

Verteidigungsunion und Friedensmacht
Anmerkungen zu einer sicherheitspolitischen Strategie für Europa
Nach dem Scheitern der EVG und der daraufhin erfolgten Westintegration im Rahmen der Nordatlantischen Allianz erfuhr der Ansatz einer eigenständigen europäischen Sicherheitspolitik eine ernstzunehmende Revitalisierung erst nach den zutiefst frustrierenden Erfahrungen, welche die europäischen NATO-Mitglieder mit einer bereits in der Endphase der Clinton-Administration zunehmend unilateral ausgerichteten Außenpolitik der USA machen mußten. Nachdem die USA während des Luftkrieges gegen Jugoslawien im Frühjahr 1999 weitgehend ohne Rücksichtnahme auf die Interessen ihrer europäischen NATO-Alliierten agiert hatten, bestimmten die europäi-

schen Staats- und Regierungschefs noch im selben Jahr Javier Solana zum Beauftragten für ihre »Gemeinsame Außen- und Sicherheitspolitik« (GASP) und beschlossen, auf dem eingeschlagenen Weg zur Militärmacht Europa schneller voranzuschreiten, wobei gelegentlich auch immer wieder Rufe nach einer gemeinsamen europäischen Armee laut werden. Ebenfalls 1999 wurde auf den Europäischen Räten von Helsinki und Köln eine Verbesserung der militärischen Fähigkeiten der EU vereinbart. Gemäß dem damals beschlossenen »European Headline Goal« sind die Mitgliedstaaten seit 2003 imstande, innerhalb von 60 Tagen bis zu 60.000 Soldaten der Landstreitkräfte sowie lageabhängig See- und Luftstreitkräfte in einem Einsatzgebiet verfügbar zu machen. Deutschland stellt hierzu ein Kontingent mit maximal 18.000 Soldaten. Diese Truppen sind befähigt, die Petersberg-Aufgaben (s. S. 18) in ihrem ganzen militärischen Umfang zu erfüllen und Einsätze über einen Zeitraum von mindestens einem Jahr durchzuführen.

Im Dezember 2000 beschloß der Europäische Rat von Nizza, im Rahmen der bereits bestehenden »Gemeinsamen Außen- und Sicherheitspolitik« (GASP) die »Europäische Sicherheits- und Verteidigungspolitik« (ESVP) zu etablieren. Die Verabschiedung einer eigenständigen »Europäischen Sicherheitsstrategie« (ESS) erfolgte im Dezember 2003. Im Juni 2004 gründete der Europäische Rat die »Europäische Verteidigungsagentur« (European Defence Agency, EDA) und entwickelte die militärische Zielvorgabe des »European Headline Goal« weiter. Gemäß dem neuen »Headline Goal 2010« sind die Streitkräfte nicht mehr auf eine einzige große Operation ausgerichtet, sondern sie sollen nun gleichzeitig verschiedene Einsätze zur Konfliktverhütung und Krisenbewältigung unterschiedlicher Größenordnungen durchführen können. Zwecks schneller Krisenreaktion werden »Battle Groups« gebildet, die einen multinationalen Umfang von jeweils 1.500 Soldaten haben und laut regierungsamtlicher Verlautbarung »zur schnellen und entschiedenen Aktion im gesamten Aufgabenspektrum der Europäischen Union« konzipiert sind. Am besten geeignet sind diese Gefechtsverbände für den Einsatz als Kampftruppe im Rahmen des Krisenmanagements. Sie sollen in der Lage sein, innerhalb von zehn Tagen nach einem politischen Beschluß mit der Mission im Einsatzgebiet zu beginnen, und unterliegen dabei grundsätzlich keinen geographischen Einschränkungen. Die Europäische Union hat sich zum Ziel gesetzt, gleichzeitig zwei Krisenmanagement-Operationen mit je einer »Battle Group« durchführen zu können« (Weißbuch zur Sicherheitspolitik Deutschlands und zur Zukunft der Bundeswehr 2006). Dazu müssen ständig zwei »Battle Groups« in höchster Verfügbarkeit gehalten werden. Seit Anfang 2005 verfügt die Europäische Union über die ersten eingeschränkt einsatzbereiten »Battle Groups«. Die für die Aufstellung einer »Battle Group« benötigten Streitkräfteelemente kommen entweder aus einem einzelnen EU-Mitgliedstaat oder werden multinational bereitgestellt. Die Bundeswehr beteiligte sich von Beginn an substantiell an der Umsetzung des Konzepts.

Wie notwendig diese grundlegende Neubestimmung der europäischen Sicherheits- und Verteidigungspolitik war, bestätigte sich aufs Neue, als sich nach dem Amtsantritt des US-Präsidenten George W. Bush das transatlantische Verhältnis tiefgreifend veränderte und sich zugleich ein fundamentaler Bedeutungs- und Funktionswandel innerhalb der NATO vollzog.

Die imperiale Zumutung

Als sicherheitspolitische Antwort auf den Unilateralismus der USA, die Arroganz ihrer militärischen Machtentfaltung, die das Völkerrecht verachtende Präventivkriegsideologie und den globalen Hegemonieanspruch der in Washington herrschenden Neokonservativen entwickelt das alte Europa seit einiger Zeit mit Nachdruck seine »Gemeinsame Außen- und Sicherheitspolitik«. Im Anschluß an das Völkerrechtsverbrechen des Irak-Krieges wurden gar Forderungen nach einer autonom handlungsfähigen »Europäischen Verteidigungsunion« laut, die letztlich auf eine Emanzipation Europas von der qua NATO perpetuierten Präponderanz der USA hinausliefe.

Solch Ansinnen ruft jedoch heftige Reaktionen aus disparaten Fraktionen des politischen Spektrums der Bundesrepublik hervor. Zum einen wittern in der Wolle gefärbte Atlantiker und NATO-Maniacs prompt Anti-Amerikanismus und malen die Schrecken »schlechtester gaullistischer Tradition« an die Wand. Zum anderen scheint die Vision einer gaullistisch inspirierten Europäischen (Verteidigungs-)Union den fundamentalpazifistischen Nerv zu treffen, und es kommen dann Forderungen nach der »Wiedererweckung des Völkerrechts«, der »weltweiten Stärkung der UNO-Rechtsstrukturen« und nach friedlichem Interessenausgleich auf. Dahinter steckt gemeinhin die Vorstellung, eine internationale Rechtsordnung und der Frieden schlechthin ließen sich schaffen und bewahren, ohne notfalls auf das Mittel der Gewalt zurückgreifen zu können – gewaltfrei also.

Prinzip Gewaltfreiheit?

Doch handelt es sich bei dieser Vorstellung lediglich um einen schönen Traum, wie schon im Jahre 1795 der Königsberger Philosoph Immanuel Kant in seiner epochalen Schrift »Zum ewigen Frieden« dargelegt hat. Denn: »Der Friedenszustand unter Menschen, die nebeneinander leben, ist kein Naturzustand ... Er muß also gestiftet werden ...«. Kant verweist hier auf zweierlei: Erstens darauf, daß dort, wo mehrere Akteure in einer endlichen Raum-Zeit-Sphäre mit begrenzten Ressourcen leben und handeln, unvermeidlich die Möglichkeit von Konflikten existiert. Und zweitens auf die unabdingbare Notwendigkeit, den barbarischen, weil rechtlosen Naturzustand zwischen den Menschen, in dem Konflikte durch die Macht des Stärkeren – mittels Faustrecht – entschieden werden, dadurch zu überwinden, daß alle sich gemeinschaftlich der Herrschaft des Rechts unterwerfen. Einzig eine Rechtsordnung ermöglicht die Regulierung von Konflikten auf zivilisierte Weise, nämlich mittels der Anwendung und Durchsetzung allgemeinverbindlicher Rechtsregeln. Das Recht sichert demnach den Frieden, indem es den Naturzustand des *bellum omnium in omnes* zwischen den Menschen, wie ihn der englische Philosoph Thomas Hobbes analysiert hat, überwindet. Frieden ist daher ohne Rechtsordnung schlechterdings nicht denkbar.

Zur Stiftung des Friedens und zur Durchsetzung der Rechtsordnung gegenüber demjenigen, der sich ihr widersetzt – dem Regelbrecher also –, bedarf es der Möglichkeit zur Anwendung von Zwang und Gewalt. Die entscheidende, ja zwingende Konklusion lautet daher, daß Frieden nicht identisch ist mit einem Zustand der Gewaltfreiheit oder Gewaltlosigkeit. Nicht durch das Maß, sondern durch die Rechtmäßigkeit oder Unrechtlichkeit von Zwang und Gewaltanwendung unterscheiden sich Krieg und Frieden. »Fiat iustitia, pereat mundus«, zitierte Kant einen »sprichwörtlich in Umlauf gekommenen, aber wahren Satz« und machte ihn sich zu eigen. Er paraphrasierte dieses Diktum im Deutschen mit dem Satz: »Es herrsche Gerechtigkeit, die Schelme der Welt mögen auch insgesamt darüber zugrundegehen.« Die Möglichkeit von Frieden überhaupt basiert auf der Wirkungsmächtigkeit einer Rechtsordnung, die von der Fähigkeit abhängt, sie notfalls mit staatlichen Macht- und Gewaltmitteln auch gegen Widerstreben durchzusetzen.

Staatsgewalt

Diese eher abstrakten rechtsphilosophischen Überlegungen besitzen durchaus praktische Relevanz, wie ein Blick auf den Artikel 1 des deutschen Grundgesetzes (GG) zeigt. Dort heißt es: »Die Würde des Menschen ist unantastbar. Sie zu achten und zu schützen ist Verpflichtung aller staatlichen Gewalt.« Auch die Bundesrepublik Deutschland konstituiert sich entsprechend der Definition Kants als »Versammlung von Menschen unter Rechtsgesetzen«. Um diesen die Menschenwürde garantierenden Rechtsnormen Geltung zu verschaffen, bedient sich der demokratische und soziale Rechtsstaat zwar nicht ausschließlich und nicht einmal in erster Linie, aber eben auch der Instrumentarien institutionalisierter Gewaltanwendung in Gestalt von Polizei und Justiz oder sogar, im Falle des inneren Notstandes (Art. 91 i.V.m. Art 87, 4 GG), des Militärs. Bei Erfüllung ihrer vornehmsten Aufgabe – nämlich Frieden unter den StaatsbürgerInnen zu stiften – ist die Staatsgewalt zwar stets an das Verhältnismäßigkeitsgebot, nicht aber an das Prinzip der Gewaltlosigkeit gebunden.

UN-Gewalt

Was in Bezug für die innerstaatliche Friedensstiftung unter StaatsbürgerInnen als individuellen Rechtssubjekten gilt, ist analog auch durch eine internationale Friedensordnung zwischen den Staaten als kollektiv konstituierten Völkerrechtssubjekten zu gewährleisten. Den Kristallisationskern des gegenwärtigen Völkerrechts bildet die Charta der Vereinten Nationen. Unbestreitbar macht die friedliche Beilegung von Konflikten zwischen den Staaten und das Gewaltverbot in den internationalen Beziehungen die Raison d'être der UNO aus. Doch eine Idealisierung der Vereinten Nationen als einer Institution der organisierten Gewaltlosigkeit würde meilenweit an der Realität vorbeigehen. Ebenso wie die innerstaatliche Rechtsordnung birgt nämlich auch die völkerrechtliche Ordnung in Form der UN-Charta ein ausgefeiltes Instrumentarium von Sanktionsmitteln, um ihr Geltung zu verschaffen – vorausgesetzt der Sicherheitsrat der Vereinten Nationen bringt den Willen, den Mut und die Einigkeit hierfür auf.

Die einschlägigen Kautelen finden sich im Kapitel VII der Charta der Vereinten Nationen. In dreizehn Artikeln wird dort detailliert und akribisch geregelt, welche »Maßnahmen bei Bedrohung oder Bruch des Friedens und bei Angriffshandlungen« der Sicherheitsrat zur »Wahrung oder Wiederherstellung des Weltfriedens und der internationalen Sicherheit« ergreifen darf. Diese reichen von der »Feststellung der Friedensgefährdung« (Art. 39) über »friedliche Sanktionsmaßnahmen« (Art. 41) bis hin zu »militärischen Sanktionsmaßnahmen« (Art. 42). Des weiteren ist dort festgelegt, daß alle UN-Mitgliedstaaten verpflichtet sind, »... dem Sicherheitsrat auf sein Ersuchen Streitkräfte zur Verfügung [zu] stellen, Beistand [zu] leisten und Erleichterungen einschließlich des Durchmarschrechts [zu] gewähren« (Art. 43). Darüber hinaus sind die UN-Mitglieder verpflichtet, »Kontingente ihrer Luftstreitkräfte zum sofortigen Einsatz bei gemeinsamen internationalen Zwangsmaßnahmen bereitzuhalten, um die Vereinten Nationen zur Durchführung dringender militärischer Maßnahmen zu befähigen« (Art. 45). Auch ein ständiger Generalstabsausschuß ist vorgesehen, der den Sicherheitsrat bei der Aufstellung von Plänen für die Anwendung von Waffengewalt unterstützen soll (Art. 46). Im einzelnen gehört es zu den Aufgaben des ständigen Generalstabsausschusses, »den Sicherheitsrat in allen Fragen zu beraten und zu unterstützen, die dessen militärische Bedürfnisse zur Wahrung des Weltfriedens und der internationalen Sicherheit, den Einsatz und die Führung der dem Sicherheitsrat zur Verfügung gestellten Streitkräfte, die Rüstungsregelung und eine etwaige Abrüstung betreffen« (Art. 47). Die UN-Charta hält also für den Sicherheitsrat der Vereinten Nationen, der völkerrechtlich als einzige Instanz legitimiert ist, militärische Gewaltmaßnahmen zum Zwecke der Durchsetzung des Völkerrechts anzuwenden, ein umfangreiches und ausgeklügeltes Arsenal an militärischen Gewaltmitteln bereit. So wird deutlich, daß die UNO mitunter in sehr martialischem Gewande aufzutreten vermag.

Wer nun die Geltung der UN-Charta in der internationalen Politik wieder erzwingen will – und dieser Forderung ist vorbehaltlos zuzustimmen –, muß sich ergo im Klaren sein, daß er damit zugleich und unvermeidlich auch für die Anwendung militärischer Gewalt gemäß den in der Satzung der Vereinten Nationen fixierten Regularien plädiert – aber eben auch ausschließlich im Rahmen und gemäß den Regeln dieser Charta!

Die transatlantische Allianz – ein Auslaufmodell

Diese Überlegung weist die Richtung hin zur Konzeption einer zukünftigen »Europäischen Sicherheits- und Verteidigungsunion«. Wenn die These zutrifft, daß es sich bei den USA nicht nur unter Bush sen., Clinton und Bush jun., sondern auch unter Obama um eine imperialistisch agierende Weltmacht handelt, die

- unter dem Tarnbegriff des Krieges gegen den globalen Terrorismus nichts weiter als die ökonomische Kolonialisierung des Planeten mit militärischen Mitteln betreibt,
- den Völkerrechtsbruch in Serie nach dem Motto »Quod licet Iovi non licet bovi« zum Prinzip erhebt und sich
- seit der von George W. Bush verkündeten nationalen Präventivkriegsdoktrin als mittlerweile dramatischste Bedrohung für den Weltfrieden und die internationale Sicherheit entpuppt hat,

dann liegt es im existentiellen Interesse Europas, eine tragfähige sicherheitspolitische Alternative gegen diese Form von Amok-Politik zu entwickeln. Im Kern geht es dabei um nichts Geringeres als die Frage, ob das »Alte Europa«, wie der damalige US-Kriegsminister Donald Rumsfeld vor dem Irak-Desaster selbstgerecht höhnte, angesichts der hegemonialen Attitüden der militärischen »Hypermacht« USA unter einer globalen »Pax Americana« zu leben gewillt ist – so wie es die alten Griechen im Imperium Romanum ertragen mußten. Daraus folgt zwingend, eine zukünftige »Europäische Verteidigungsunion« nicht als Abziehbild US-amerikanischer Militärmacht zu entwerfen – auch nicht im Kleinen, wie es so manchem bellizistisch tönenden Wilhelm Zwo im Westentaschenformat aus dem politischen Establishment der Bundesrepublik vorschweben mag.

Zur Bewältigung der zukünftigen Sicherheitsprobleme Europas ist die NATO nicht mehr geeignet. Zum einen, weil sich die Verteidigungsallianz durch Wegfall der Geschäftsgrundlage überlebt hat – eine ernstzunehmende militärische Bedrohung für das Bündnis existiert nämlich gegenwärtig nicht und zeichnet sich auch für die Zukunft nicht ab. Zum anderen war schon im Verlaufe des Krieges gegen Afghanistan 2002 offenbar geworden, daß die NATO aus amerikanischer Sicht ihre Schuldigkeit während des Kalten Krieges und der anschließenden turbulenten Post Cold War Period getan hatte. Denn die USA wollen ihre globale Dominanz auf Dauer festschreiben. Dazu gehört die Option, überall und jederzeit intervenieren zu können und dies allein, unbehindert von kleinmütigen Alliierten, langatmigen Konsultationen und komplizierten Konsensprozeduren. Aus Sicht der USA darf das Atlantische Bündnis die eigene Handlungsfreiheit – A und O der geostrategischen Konzeption des außenpolitischen Establishments der Vereinigten Staaten – keinesfalls schwächen. Vor allem den Bushisten erschien danach allenfalls eine NATO akzeptabel, die sich auf eine strategische Arbeitsteilung verpflichten ließ, gemäß der die USA die Kriege führten und die Europäer die Trümmerbeseitigungstruppe stellten, die man zum Aufräumen auf die Schlachtfelder schickte, nachdem die »tough guys« ihren blutigen Job erledigt hatten. Wobei Europa beides auch noch finanzieren sollte – ganz getreu dem Motto: »The US fights, the EU feeds, the UN funds.«[59] Folglich erachten die USA die militärische Effektivität der Allianz in Anbetracht der neuartigen Risikoszenarien als eher nachrangig, da sie ohnehin von der Vorstellung ausgingen, die verbündeten Truppen würden künftig in jeweils aktuell zu formierenden Ad-hoc-Koalitionen unter amerikanischer Führung agieren.

Viel interessanter war und ist aus dieser Sicht die Nutzung der NATO als eines politischen Gremiums zur Legitimationsbeschaffung für die von der Vormacht angezettelten globalen Kriege. Zugleich sollen möglichst viele potentielle Koalitionäre im »Krieg gegen den Terror« oder gegen die jeweils aktuellen »Schurkenstaaten« eingebunden werden. Darüber hinaus bietet eine derartige Organisation vielfältige, flexibel gestaltbare Kooperationsmöglichkeiten, die vom geheimdienstlichen Informationsaustausch über die Unterbindung illegaler Finanztransaktionen bis hin zu logistischer Unterstützung und rüstungstechnologischem Transfer reichen. Von nicht zu unterschätzender Attraktivität ist für die atlantische Führungsmacht zudem die Option, die von Fall zu Fall recht disparaten Interessenlagen der europäischen Verbündeten nach dem Motto *divide et impera* rücksichtslos zur Durchsetzung eigener Interessen gegeneinander auszuspielen. Die Schroffheit, mit der die Administration George W. Bushs diese Linie gegenüber ihren Verbündeten vertreten hat, ist unter Barack H. Obama einer moderateren Tonlage gewichen – was indes an der grundsätzlichen Interessenlage wenig ändert. Aus europäischer Sicht hat also das transatlantische Bündnis angesichts eines in den letzten Jahren geradezu autistisch agierenden Militärgiganten USA seinen Charakter dergestalt verändert, daß sein Charme immer begrenzter erscheint. Ob und inwieweit diese Entwicklung durchgreifend revidierbar sein könnte, erscheint höchst fraglich.

Überlagert wird Bündnispolitik durch die geoökonomische Konkurrenz zwischen den Weltwirtschaftsgiganten USA und EU. Die Europäische Union als bedeutendste Wirtschaftsmacht der Welt kann die von den USA mit militärischen Mitteln betriebene ökonomische Kolonialisierung des Planeten auf Dauer nicht hinnehmen und muß ein existentielles Interesse daran haben, dieser Entwicklung entgegenzuwirken.

---

[59] Die USA kämpfen, die Europäische Union füttert und die UNO zahlt.

Beispiel Irak: Mit dem Eroberungskrieg im Zweistromland versuchten sich die USA eine unschätzbare geoökonomische und -strategische Schlüsselposition in einer der ölreichsten Regionen der Erde zu sichern. Zukünftig wollten sie entscheidend auf die Preis- und Lieferpolitik der OPEC Einfluß nehmen und bestimmen können, wer auf dem Weltmarkt wieviel Öl zu welchem Preis in welcher Währung bekommen wird – im Hinblick auf die Sicherung der Wettbewerbsfähigkeit der eigenen Wirtschaft gegenüber den europäischen und asiatischen Hauptkonkurrenten auf dem Weltmarkt eine höchst komfortable Position. Mittlerweile wird irakisches Öl, das Saddam Hussein nur noch gegen Euro verkauft hatte, wieder ausschließlich in US-Dollar fakturiert – ganz so wie in dem 1974 zwischen den USA und der OPEC geschlossenen Geheimabkommen festgelegt. Und diese Dollars müssen in den Konkurrenzökonomien erst einmal durch Export primär in die USA verdient werden. Dazu kommt, daß eine erfolgreiche Absicherung der irakischen Eroberung den US-Energiekonzernen die ungestörte Ausbeutung der Öl-Bonanza für die kommenden Jahrzehnte garantieren würde, wie überhaupt die US-Wirtschaft sich am Wiederaufbau des darniederliegenden Landes eine goldene Nase verdienen darf.

Gelänge es dagegen der Europäischen Union, mittels adäquater Wirtschafts- und Handelsstrategien das nach dem Nahostkrieg von 1973 etablierte Petrodollar-Kartell der USA aufzusprengen, wäre der Anfang vom Ende des *Imperium Americanum* eingeläutet. Die Konsequenz bestünde im Abschwellen des Kapitalstroms in Richtung USA – 2008 lag er bei mehr als zweieinhalb Milliarden Dollar pro Tag (!) –, weil der US-Dollar dann an Attraktivität verlieren würde. Damit wiederum gerieten die USA als weltgrößter Schuldner in eine äußerst prekäre ökonomische Abhängigkeit von ihren Gläubigern in Europa und Asien. Nach über einem halben Jahrhundert globaler ökonomischer Dominanz der USA seit dem Ende des Zweiten Weltkrieges böte sich der Europäischen Union erstmals die reale Aussicht, den Spieß umzudrehen und nunmehr ihrerseits maßgeblich die Außen- und Wirtschaftspolitik der USA zu beeinflussen. Nicht mehr die Federal Reserve mit Benjamin Shalom Bernanke, sondern die Europäische Zentralbank mit Jean-Claude Trichet fungierte dann als Taktgeber der internationalen Finanz- und Währungspolitik.

Der überragende Effekt einer solchen Entwicklung indessen resultiert aus dem Umstand, daß der Status der USA als unangefochtener militärischer Supermacht unmittelbar von der Aufrechterhaltung der gegenwärtigen Weltwirtschaftsordnung abhängt – sie allein generiert die unverzichtbaren ökonomischen Ressourcen für den gigantischen US-Militärapparat. So betrug das jährliche Leistungsbilanzdefizit, das die USA im weltweiten Austausch von Waren, Dienstleistungen und Kapital aufwiesen, im Jahr 2008 über 800 Milliarden US-Dollar, während zugleich das amerikanische Rüstungsbudget etwa 500 Milliarden US-Dollar verschlang (ohne die Kosten für die laufende Kriege im Irak und Afghanistan sowie exklusive derjenigen Kosten für das

Atomwaffenarsenal, die im Haushalt des »Department of Energy« veranschlagt sind; insgesamt liegt im Jahr 2009 der Militäretat bei 830 Milliarden US-Dollar, über vier Prozent vom Bruttoinlandsprodukt). Etwas simplifiziert ausgedrückt finanziert demnach der Rest der Welt die Militärmaschinerie, welche die USA für ihre imperiale Machtentfaltung benötigen, und legt sogar noch weitere Hunderte Milliarden US-Dollar oben drauf, um die Kosten der Kolonialkriege zu berappen, die das US-Imperium zur Perpetuierung der bestehenden Weltwirtschaftsordnung führt. In dem Maße, wie es gelingt, die ausbeuterischen und parasitären Strukturen einer gemäß US-Muster globalisierten Weltwirtschaft, die einseitig zum Vorteil der USA funktioniert, zu verändern, wird die Fähigkeit der USA zur globalen militärischen Machtentfaltung dahinschwinden wie Schnee in der Sonne.

Für eine Europäische Union, die sich vom Vasallenstatus gegenüber der atlantischen Hegemonialmacht befreien will, folgt daraus, daß der Königsweg zur Unabhängigkeit mitnichten im eigenen Streben nach Status und Potenz einer globalen Militärmacht bestehen kann, sondern im klugen Gebrauch von Diplomatie und wirtschaftlicher Stärke im Rahmen einer eigenen geoökonomisch fundierten Globalstrategie.

Europäische Sicherheits- und Verteidigungsunion – ein Alternativmodell

Welchem Maßstab aber müßte eine zukünftige »Europäische Verteidigungsunion« genügen und nach welchen Kriterien wäre sie zu konstruieren? Die Conditio sine qua non stellt fraglos die strikte Verpflichtung auf und die Bindung an das Völkerrecht dar – und zwar des in der Charta der Vereinten Nationen definierten, nicht des von juristischen Zuhältern nach der jeweiligen Interessenlage des US-Hegemons zurechtgebogenen. Im Klartext: Eine zukünftige »Europäischen Verteidigungsunion« dürfte militärische Gewalt ausschließlich entweder auf der Grundlage eines eindeutigen, gemäß Kap. VII UN-Charta erteilten Mandates des UN-Sicherheitsrates oder der OSZE als regionaler Abmachung der Vereinten Nationen (Kap. VIII) anwenden oder aber im Rahmen individueller beziehungsweise kollektiver Selbstverteidigung gemäß Art. 51 der Charta. Ausgeschlossen bleiben müßte jegliche Form der Selbstermächtigung, wie sie in der Vergangenheit mehrfach durch die US-dominierte NATO praktiziert wurde.

Darüber hinaus wären die Mitgliedstaaten der Europäischen Union gefordert, ihre gemeinsamen außen- und sicherheitspolitischen Interessen, also Gegenstand und Geltungsbereich einer zukünftigen »Europäischen Verteidigungsunion«, zu definieren. Mindestens zwei Faktoren wären dabei zu beachten: Erstens müßten sich die Europäer davor hüten, einer verengten militärischen Sichtweise anheim zu fallen und in der Folge dann nach dem Muster USA jedes politische Problem als Nagel zu definieren, bloß weil man über einen schlagkräftigen militärischen Hammer verfügt. Zweitens wäre zu berücksichtigen, daß der militärische Interessenhorizont der Europäischen Union keinesfalls globale Dimension besitzt, sondern regional begrenzt bleibt. Die für Europa sicherheitspolitisch relevanten Problemlagen existieren an seiner Peripherie.

Während sich im Osten mittlerweile auf der Grundlage einer komplementären Interessenkonstellation mit der Russischen Föderation der Beginn einer langwährenden strategischen Partnerschaft abzeichnet, bedarf die Situation auf dem Balkan und in Südosteuropa sicherlich bis auf weiteres eines stabilisierenden Engagements mittels außen-, wirtschafts- und sicherheitspolitischer Instrumente. Darüber hinaus hat die Europäische Union mit der Eingliederung der ost-und südosteuropäischen Beitrittsländer eine Herkulesaufgabe vor sich, der sich absehbar als nächstes die nicht minder gewaltige Herausforderung einer unbedingt notwendigen Integration des restlichen Südosteuropas sowie der Türkei anschließen wird.

Des weiteren bestimmen die teils hochbrisanten Problem- und Konfliktlagen der nahöstlichen und nordafrikanischen Mittelmeeranrainerstaaten die Interessenlage der Europäischen Union und betreffen sie unmittelbar.

All diese politischen, ökonomischen, demographischen und ökologischen Probleme und Konflikte entziehen sich a priori einer Lösung mit militärischen Mitteln. Deshalb gilt es besonderes Augenmerk auf die traditionellen Stärken der Europäischen Union zu richten, nämlich geduldige Diplomatie, multilaterale Konfliktlösung, Stärkung der Vereinten Nationen, kurz: mühsame Friedensarbeit. Dabei käme ihr das erhebliche ökonomische Potential zugute, das sie in die Waagschale werfen kann und das den Vergleich mit demjenigen der USA nicht zu scheuen braucht. Nicht die »Enttabuisierung des Militärischen« ist in diesem Kontext gefragt, sondern die Rückbesinnung auf eine der Vernunft und der Humanität verpflichtete »Kultur der Zurückhaltung«, gerade was die Anwendung militärischer Macht angeht.

Nichtsdestoweniger kann es Situationen geben, in denen der Rückgriff auf das militärische Potential einer zukünftigen »Europäischen Verteidigungsunion« die letzte Option darstellt, um einen Konflikt, der bereits eskaliert ist oder unmittelbar zu eskalieren droht, soweit zu sedieren, daß Diplomatie überhaupt wieder eine Chance hat, sich im Sinne einer politischen Konfliktlösung mit friedlichen Mitteln auszuwirken – die unter der Ägide der Europäischen Union in Mazedonien durchgeführte »Mission Concordia« im Jahr 2003 oder auch die 2006 in der Demokratischen Republik Kongo erfolgte Mission zur Absicherung der demokratischen Wahlen (EUFOR RD Congo) mag einen Eindruck hiervon vermitteln.

Der konzeptionelle Schlüsselbegriff für eine zukünftige »Europäische Verteidigungsunion« muß demnach lauten: Begrenzung – und zwar in mehrfacher Hinsicht:

Erstens kann und darf es nicht um Hegemonie oder gar Imperialismus durch militärische Machtentfaltung nach dem abschreckenden Beispiel der USA gehen, sondern im Gegenteil um die friedenssichernde und friedensverträgliche Beschränkung der militärstrategischen Ambitionen der Europäischen Union. Nicht »Frieden schaffen mit aller Gewalt«, sondern »Der Frieden ist der Ernstfall« sei die Devise.

Zweitens wird die Sicherheit der Europäischen Union gerade nicht durch sicherheitspolitische Ersatzhandlungen »am Hindukusch« verteidigt, wie ein bundesdeutscher Verteidigungsminister dem staunenden Publikum weiszumachen versuchte, sondern im Verteidigungsfall an ihrer Peripherie, so wie es eine im klassischen Sinne defensive Strategie gebietet. Der Aktionsradius der zukünftigen »Europäischen Verteidigungsunion« und der von ihr betriebenen Sicherheitspolitik muß also auch geographisch vernünftig limitiert bleiben, beispielsweise auf das Mittelmeer und seine Küsten.

Und *schließlich* gilt, daß militärisches Dominanzstreben oder gar militaristischer Größenwahn à la USA der Raison d'être einer zukünftigen »Europäischen Verteidigungsunion« völlig zuwiderlaufen würde, zeigt sich doch mittlerweile immer deutlicher, daß die Absurdität einer derartigen Politik gerade diejenigen Probleme generiert, die zu bewältigen sie vorgibt. Das koloniale Abenteuer der USA im Irak, dessen vorbehaltlose Unterstützung hohen Blutzoll unter den Vasallenstreitkräften forderte, illustriert, wo die Gefahren liegen. Und auch in Afghanistan sind die europäischen Hilfstruppen der Amerikaner inzwischen schneller und massiver als erwartet unter Feuer geraten. Generell gilt für die Europäer, daß für sie das Risiko, ins Fadenkreuz islamistischen Terrors zu geraten, um so größer wird, je mehr sie sich an der Seite der Imperialmacht exponieren. Großbritannien, Spanien, Italien und auch die Türkei haben diese bittere Lektion bereits erfahren müssen. Für die Europäische Union ergibt sich daraus die Konsequenz, Abstand zu den USA zu halten, sich gegenüber den islamischen Staaten als eigenständiger Akteur zu präsentieren sowie glaubwürdige politische und ökonomische Alternativen anzubieten.

Im Hinblick auf die angestrebte »Europäische Verteidigungsunion« kann daher lediglich ein militärisches Residualpotential als legitim erscheinen, das gleichwohl einer strategisch begrenzten Zielsetzung operativ genügen muß – soll heißen: Aus bitterer historischer Erfahrung klug geworden hat das alte Europa vor allem der Maxime zu folgen: »Frieden schaffen mit möglichst wenigen Waffen«. Wenn der deutschen und der europäischen Öffentlichkeit an einem solchermaßen konzipierten Projekt einer Friedensmacht Europa gelegen ist, die sich auf den langen Marsch zu einem demokratischen, sozialen und ökologischen Universalismus begibt, so scheint sie gut beraten, das Projekt einer »Europäischen Sicherheits- und Verteidigungsunion« ständig kritisch, fast möchte ich sagen: mißtrauisch zu begleiten. Fatalerweise wird jedoch eine derartige Denk- und Handlungsoption durch die nicht nur in Deutschland, sondern auch im übrigen Europa vorherrschende Fixierung des sicherheitspolitischen Diskurses auf das Nordatlantische Bündnis mit seiner Vormacht USA bislang noch weitgehend blockiert.

Verteidigung und Grundgesetz

Angesichts der skizzierten hochproblematischen Entwicklung der deutschen Sicherheits- und Verteidigungspolitik sowie der »Transformation« der Bundeswehr zur postmodernen Interventionsarmee scheint es – im Sinne des unverändert gültigen Imperativs Immanuel Kants, der anno 1798 im »Streit der Fakultäten« postuliert hatte: »Das Recht muß nie der Politik, wohl aber die Politik jederzeit dem Rechte angepaßt werden« – dringend angebracht, den Blick auf die völker- und verfassungsrechtlichen Grundlagen der Bundeswehr zu richten.

Dabei empfiehlt es sich, die althergebrachte Juristenweisheit zu beherzigen, derzufolge ein Blick ins Gesetzbuch – im vorliegenden Falle das Grundgesetz der Bundesrepublik Deutschland – die Rechtsfindung ungemein zu erleichtern pflegt. Gleichwohl bestätigt die Suche nach einer verfassungsrechtlich fixierten Aufgabenstellung der deutschen Streitkräfte erneut, daß keine Regel ohne Ausnahme gilt. Lediglich recht lakonisch und vage nämlich formulierten die Verfassungsgeber im einschlägigen Artikel 87a des Grundgesetzes: »Der Bund stellt Streitkräfte zur Verteidigung auf. Ihre zahlenmäßige Stärke und die Grundzüge ihrer Organisation müssen sich aus dem Haushaltsplan ergeben«, und sie ergänzten noch: »Außer zur Verteidigung dürfen die Streitkräfte nur eingesetzt werden, soweit dieses Grundgesetz es ausdrücklich zuläßt.«

Zuvörderst weist diese Verfassungsvorschrift die Kompetenz für die Aufstellung von Streitkräften dem Bund zu. Damit zieht sie eine Konsequenz aus der deutschen Militärgeschichte, denn bis in die Zeit des Ersten Weltkrieges existierten im Deutschen Reich Armeen der Länder. Darüber hinaus gründet in dem hier verankerten Budgetrecht des Bundestages der Status der Bundeswehr als einer Parlamentsarmee. Und schließlich konstituiert Art. 87a GG die verfassungsrechtliche Grundsatzentscheidung zugunsten einer militärischen Organisation der Verteidigung Deutschlands: Der Bund ist zur Aufstellung von Streitkräften zum Zwecke der Verteidigung berechtigt – ohne daß sich indessen aus den einschlägigen Bestimmungen des Grundgesetzes eine zwingende Verpflichtung zur Aufstellung von Streitkräften herleiten ließe.

Im Hinblick auf den bereits unter historischer Perspektive abgehandelten Mythos von der Landesverteidigung als konstitutivem Auftrag der Bundeswehr muß bei der Betrachtung des Artikels 87a des Grundgesetzes geradezu ins Auge springen, daß es dort lediglich heißt: »Der Bund stellt Streitkräfte zur *Verteidigung* auf.« Nicht aber: »Der Bund stellt Streitkräfte zur *Landesverteidigung* auf«. Was nun konkret unter jener Zweckbestimmung – der »Verteidigung« – zu verstehen ist, läßt die Verfassung an dieser Stelle offen.

Oft wird der Artikel 115a des Grundgesetzes, wo vom *Verteidigungsfall* die Rede ist, als vermeintliche Option der Sinndeutung genannt. Dieser Artikel bildet zusammen mit den Artikeln 115b bis 115l den Abschnitt »X a. Verteidigungsfall« des Grundgesetzes, welcher für den speziellen Fall der dann in der Tat gegebenen Landes-Verteidigung

– wenn nämlich »das Bundesgebiet mit Waffengewalt angegriffen wird oder ein solcher Angriff unmittelbar droht« – die dann zu ergreifenden Maßnahmen auflistet und
die dafür erforderliche Kompetenzverteilung zwischen den Verfassungsorganen – die
sogenannte »Notstandsverfassung« – regelt. Letztere wurde erst 1968 nach inner- und
außerparlamentarisch lange und erbittert geführtem Kampf ins Grundgesetz eingefügt. Demnach werden im Verteidigungsfall die in Friedenszeiten geltenden Rechtsnormen außer Kraft gesetzt – ab dann gilt »Kriegsrecht«. Aus dem Umstand, daß der
Verteidigungsfall ausschließlich dann eintreten kann, wenn das Territorium der Bundesrepublik Deutschland selbst angegriffen wird, nicht aber wenn beispielsweise nur
ein NATO-Verbündeter attackiert wird, ohne daß davon das Bundesgebiet betroffen
ist, wird ersichtlich, daß es sich bei dem in Artikel 115a bis 115l aufgeführten Ausdruck »Verteidigungsfall« lediglich um einen spezifischen Unterbegriff des viel weiter
gefaßten Terminus »Verteidigung«, wie er in Artikel 87a des Grundgesetzes auftaucht,
handelt. So reicht es beispielsweise aus, daß der NATO-Rat den Bündnisfall erklärt
hat, um die Bundeswehr im Rahmen des Art. 87a GG zur Verteidigung von NATO-
Verbündeten einzusetzen, ohne daß hierzu gemäß Art. 115a GG die Feststellung des
Verteidigungsfalls durch den Deutschen Bundestag erforderlich wäre.

Im Artikel 26 des Grundgesetzes stellt der Verfassungsgeber immerhin klar, was er
unter gar keinen Umständen unter »Verteidigung« verstanden wissen will. Dort nämlich steht unmißverständlich geschrieben: »Handlungen, die geeignet sind und in der
Absicht vorgenommen werden, das friedliche Zusammenleben der Völker zu stören,
insbesondere die Führung eines Angriffskrieges vorzubereiten, sind verfassungswidrig. Sie sind unter Strafe zu stellen.« Der Angriffskrieg ist der Bundeswehr demnach
qua Grundgesetz kategorisch untersagt.

Er ist auch durch das Völkerrecht geächtet, dem wiederum Artikel 25 des Grundgesetzes hierzulande unumschränkte und prioritäre Geltung einräumt: »Die allgemeinen Regeln des Völkerrechtes sind Bestandteil des Bundesrechtes. Sie gehen den Gesetzen vor und erzeugen Rechte und Pflichten unmittelbar für die Bewohner des Bundesgebietes.« Diese Verfassungsnorm bindet auch alle Angehörigen der Bundeswehr,
vom einfachen Soldaten bis zum höchsten General, strikt an das Völkerrecht, das sei-
nerseits den Angriffskrieg verbietet.

Daß Friedenswahrung und -sicherung in Europa und der Welt den fundamentalen
Daseinszweck der deutschen Streitkräfte zu bilden haben, folgt wiederum aus Artikel
24 des Grundgesetzes, der festlegt, daß der »Bund ... sich zur Wahrung des Friedens
einem System gegenseitiger kollektiver Sicherheit einordnen [kann]; er wird hierbei in
die Beschränkungen seiner Hoheitsrechte einwilligen, die eine friedliche und dauer-
hafte Ordnung in Europa und zwischen den Völkern der Welt herbeiführen und sichern.«

Als Fazit dieses kursorischen Blicks ins Grundgesetz läßt sich festhalten, daß der Verteidigungsauftrag der Bundeswehr dort nicht abschließend definiert wird, sondern innerhalb der verfassungsrechtlichen Grenzen interpretationsoffen ist. Er bleibt einerseits den Restriktionen des Völkerrechts unterworfen, andererseits entsprechend der sicherheitspolitischen Lage zu konkretisieren. Die höchstrichterliche Rechtsprechung hat diese Interpretationsspielräume in der jüngeren Vergangenheit auf sehr unterschiedliche Weise ausgefüllt. Wie nachfolgend aufgezeigt wird, muß in dieser Hinsicht die seit 1994 gepflegte Urteilspraxis des Bundesverfassungsgerichtes in Karlsruhe als nachgerade verheerend bezeichnet werden, während das Bundesverwaltungsgericht zu Leipzig mit einem Urteilsspruch im Jahre 2005 tiefe Weisheit an den Tag gelegt hat.

Höchstrichterliche Interpretation

Eingespannt ins Prokrustesbett des Kalten Krieges hatte die Bonner Republik nicht den geringsten Anlaß, eine extensive Auslegung des im Grundgesetz normierten Verteidigungsauftrages der deutschen Streitkräfte auch nur in Erwägung zu ziehen. Die exponierte Lage Deutschlands an der vordersten Front zweier sich feindselig gegenüberstehender Militärblöcke, die beide über ein Arsenal an Nuklearwaffen verfügten, das ausreichte, die Welt gleich mehrfach in eine radioaktive Wüste zu verwandeln, zwang dazu, die sicherheitspolitischen Ambitionen geographisch wie strategisch eng umgrenzt zu halten. Noch 1982 beschied daher Bundeskanzler Helmut Schmidt nach geheimer Sitzung des Bundessicherheitsrates eine Anfrage der Bündnisvormacht USA, die um die Entsendung von Minenräumbooten der Bundesmarine in den während des ersten Golfkrieges von Iran und Irak verminten Persischen Golf gebeten hatte, negativ. Die offizielle Begründung damals lautete, das Grundgesetz verbiete den Einsatz der Bundeswehr außerhalb des im Artikel 6 des NATO-Vertrages definierten Bündnisgebietes und beschränke ihren Aktionsradius auf die sogenannte »erweiterte Landesverteidigung« im Rahmen der nordatlantischen Allianz. Doch mußte bereits zum damaligem Zeitpunkt jedem, der das Grundgesetz zu lesen imstande war, klar sein, daß es sich hierbei lediglich um eine verfassungs*politische* Aussage handeln konnte, deren Klugheit in Anbetracht der auf dem Siedepunkt befindlichen Konfliktlage zwischen den west-östlichen Antipoden zwar außer Zweifel stand, nichtsdestoweniger verfassungs*rechtlich* nicht zu halten war.

Dieser Befund bestätigte sich durchschlagend, als am 12. Juli 1994 das Bundesverfassungsgericht in Karlsruhe sein Grundsatzurteil betreffend den »Einsatz bewaffneter Streitkräfte im Rahmen eines Systems gegenseitiger kollektiver Sicherheit« sprach. Vorangegangen war ein jahrelanger innenpolitischer Streit über die ersten Auslandseinsätze der Bundeswehr, die bereits unmittelbar nach Ende des Kalten Krieges im Jahre 1990 begonnen hatten – nicht zuletzt auf Betreiben des damals amtierenden NATO-Generalsekretärs und ehemaligen Starfighter-Piloten der deutschen Luftwaffe, Manfred Wörner, der für das atlantische Bündnis die schneidige Parole ausgegeben hatte: »Out-of-area or out-of-business«.

An jenem denkwürdigen Tag bundesrepublikanischer Vorkriegsgeschichte konstatierten die Richter in den roten Roben: »Art. 87a GG steht der Anwendung des Art. 24 Abs. 2 GG als verfassungsrechtliche Grundlage für den Einsatz bewaffneter Streitkräfte im Rahmen eines Systems gegenseitiger kollektiver Sicherheit nicht entgegen. Nach Art. 87a Abs. 1 Satz 1 GG stellt der Bund ›Streitkräfte zur Verteidigung‹ auf; nach Art. 87a Abs. 2 GG dürfen diese Streitkräfte ›außer zur Verteidigung‹ nur eingesetzt werden, soweit das Grundgesetz es ausdrücklich zuläßt. Die mannigfachen Meinungsverschiedenheiten darüber, wie in diesem Zusammenhang die Begriffe der ›Verteidigung‹ und des ›Einsatzes‹ auszulegen sind und ob Art. 87a Abs. 2 GG als eine Vorschrift zu verstehen ist, die nur den Einsatz der Streitkräfte ›nach innen‹ regeln will, bedürfen in den vorliegenden Verfahren keiner Entscheidung. Denn wie immer dies zu beantworten sein mag, jedenfalls wird durch Art. 87a GG der Einsatz bewaffneter deutscher Streitkräfte im Rahmen eines Systems gegenseitiger kollektiver Sicherheit, dem die Bundesrepublik Deutschland gemäß Art. 24 Abs. 2 GG beigetreten ist, nicht ausgeschlossen.« (2 BvE 3/92, 5/93, 7/93, 8/93 – BVerfGE 90, 286 –, S. 355f).

So stichhaltig das Argument, daß es von Verfassungs wegen erlaubt sei, deutsches Militär im Auftrag von zur Wahrung des Weltfriedens autorisierten Institutionen bei zugleich strikter Beachtung der Normen des Völkerrechts einzusetzen, so problematisch der Umstand, daß zwar prinzipiell die Verfassungskonformität der sogenannten out-of-area-Einsätze der Bundeswehr bestätigt wurde, die verfassungsrechtlich gebotene Klärung des Verteidigungsbegriffs indes nach wie vor ausblieb. Als schlechthin verheerend erwies sich in der Folgezeit freilich, daß die Verfassungsrichter die zum Zweck der kollektiven Verteidigung gegründeten Militärbündnisse Nordatlantikpakt-Organisation (NATO) und Westeuropäische Union (WEU) zu Systemen gegenseitiger kollektiver Sicherheit wie UNO und OSZE umdeklarierten. Zwar hatten beide Verteidigungsallianzen in ihren Statuten verankert, daß sie strikt innerhalb des völkerrechtlichen Normenrahmens der Charta der Vereinten Nationen agieren würden, doch erwies sich dies im Falle der NATO als Muster ohne Wert.

Im Jahre 1999 nämlich führte das atlantische Bündnis, ohne daß hierzu der Sicherheitsrat der Vereinten Nationen eine Ermächtigung erteilt hatte, einen dem Grunde nach völkerrechtswidrigen Aggressionskrieg gegen die Bundesrepublik Jugoslawien und besaß auch noch die Chuzpe, während der Luftkrieg weiterhin tobte, zum fünfzigsten Jahrestag seines Bestehens eine novellierte Militärstrategie zu verabschieden, in der expressis verbis zu Protokoll gegeben wurde, daß es auch fürderhin ohne UNO-Mandat militärisch zu intervenieren gedenke, wo immer und wann immer dies erforderlich schiene – ganz nach dem Motto: Eine Allianz »lupenreiner Demokraten«

kann nicht fehlgehen. Genauso gut hätten freilich die Paten der Mafia den Bankraub ex cathedra für legal erklären können.

Transatlantische Sirenengesänge

Die Bundestagsfraktion der PDS nahm mit dem Gang nach Karlsruhe den bitter notwendigen Versuch auf sich, die gefällige Mitwirkung der Berliner Komplizen der einzig verbliebenen Supermacht bei der systematisch vorangetriebenen Metamorphose der vormaligen Nordatlantischen Verteidigungsallianz zum nunmehr global agierenden Interventionskriegsbündnis zu stoppen. Den springenden Punkt der beim Bundesverfassungsgericht eingereichten Verfassungsklage bildete der Einwand, daß mit dem neuen Strategischen Konzept von 1999 der im NATO-Vertrag ursprünglich niedergelegte Bündniszweck in seinem Wesensgehalt verändert worden sei, und hierzu hätte laut Grundgesetz zuvor der Bundestag seine Zustimmung erteilen müssen.

Doch mit seiner Entscheidung vom 22. November 2001 (2 BvE 6/99) ließ das Bundesverfassungsgericht die Kläger eiskalt abblitzen. Danach konnte kein Zweifel mehr daran bestehen, daß die Verfassungsrichter nicht im Traume daran dachten, den außen- und sicherheitspolitischen Handlungsspielraum der Exekutive in irgendeiner Form einzuschränken – ganz im Gegenteil: Sie stießen die Tür zur künftig weltweiten Entfaltung deutscher Militärmacht sperrangelweit auf.

In Teilen trägt die höchstrichterliche Urteilsbegründung Züge einer Realsatire. Hatten die Rotröcke einführend zum wiederholten Male betont, daß »das Grundgesetz ... sich einer näheren Definition dessen, was unter Friedenswahrung zu verstehen ist, [enthalte]«, machten sie im Anschluß von ihrer exklusiven Deutungshoheit hemmungslosen Gebrauch. Das liest sich dann so: »Schon die tatbestandliche Formulierung des Art. 24 Abs. 2 GG schließt aber auch aus, daß die Bundesrepublik Deutschland sich in ein gegenseitiges kollektives System militärischer Sicherheit einordnet, welches nicht der Wahrung des Friedens dient« – als könne nicht sein, was nicht sein darf. »Auch die Umwandlung eines ursprünglich den Anforderungen des Art. 24 Abs. 2 GG entsprechenden Systems in eines, das nicht mehr der Wahrung des Friedens dient oder sogar Angriffskriege vorbereitet, ist verfassungsrechtlich untersagt und kann deshalb nicht vom Inhalt des auf der Grundlage des nach Art. 59 Abs. 2 Satz 1, Art. 24 Abs. 2 GG ergangenen Zustimmungsgesetzes zum NATO-Vertrag gedeckt sein.« In Klartext übersetzt: Es ist schon deshalb völlig ausgeschlossen, daß die NATO sich völkerrechtswidrig betätigt, weil widrigenfalls die Bundesrepublik Deutschland qua Grundgesetz dort gar nicht Mitglied sein dürfte. Da die Bundesrepublik Deutschland jedoch nach wie vor Bündnispartner ist, können demzufolge an der Völkerrechtstreue der Allianz keinerlei Zweifel bestehen – ein klassischer Zirkelschluß!

Und als hätte der völkerrechtswidrige Luftkrieg gegen Jugoslawien nie stattgefunden, bescheinigte das oberste Gericht dieser Republik der ehrenwerten Gesellschaft

von transatlantischen Interventionskriegern in Sachen Friedenswahrung eine blüten-
reine Weste: »Schließlich verläßt die mit der Zustimmung zum neuen Strategischen
Konzept 1999 eingeleitete und bekräftigte Fortentwicklung des NATO-Vertrags nicht
die durch Art. 24 Abs. 2 GG festgelegte Zweckbestimmung des Bündnisses zur Friedenswahrung ... Die im Konzept konkretisierten Einsatzvoraussetzungen der NATO-
Streitkräfte sollen ausweislich des Wortlauts nur in Übereinstimmung mit dem Völkerrecht erfolgen. Nicht in Frage gestellt werden daher dessen zwingendes Gewaltverbot (Art. 2 Ziff. 4 UN-Charta), die anerkannten Voraussetzungen für den Einsatz militärischer Macht, die von der Mandatierung von Staaten (Art. 42 i.V.m. Art. 48 UN-
Charta) bzw. Regionalorganisationen (Art. 53 UN-Charta) durch die Vereinten Nationen über die kollektive Verteidigung auch dritter Staaten bis zum Eingreifen auf Ein-
ladung reichen, sowie die Proportionalität solchen Handelns.«

Je süßer Brüssel seine Sirenentöne von humanitärer Intervention und militärischem Humanismus zum höheren Segen des Weltfriedens säuselt, desto vertrauensse-
liger die Verfassungshüter in Karlsruhe. So etwas nennt man Realitätsverleugnung.

Die Doktrin vom euro-atlantischen Internationalismus

Den bisherigen Tiefpunkt einer unheilvollen höchstrichterlichen Entscheidungspra-
xis, die in buchstäblich letzter Instanz die ausschlaggebende Verantwortung für die
fatale Entgrenzung deutscher Militärmacht trägt, markierte das Bundesverfassungsgericht am 3. Juli 2007, als es eine Organklage der Fraktion DIE LINKE gegen den Einsatz von »Tornado«-Waffensystemen der Bundesluftwaffe in Afghanistan abwies (2
BvE 2/07). Treffend kommentierte in der *Süddeutschen Zeitung* Heribert Prantl, selbst
ehemaliger Staatsanwalt: »Die Richter haben der Politik, der NATO und der Bundeswehr eine Carte Blanche ausgestellt. Sie haben das heiße Eisen Afghanistan-Krieg nicht
angefaßt, sondern es nur distanziert betrachtet. Sie haben solchen Militär-Aktionen
keine Grenzen gesetzt. Die dritte Gewalt zieht sich zurück und überläßt der exekutiven
Gewalt und dem Militär das Terrain und die Offensive.«

Mit ihrem nach 1994 und 2001 dritten Urteil zu den Auslandseinsätzen der Bundeswehr begründen die Verfassungsrichter, vermutlich ohne es überhaupt zu merken,
eine Doktrin des »euro-atlantischen Internationalismus«, die letztlich nicht anderes
darstellt als das mit umgekehrten Vorzeichen versehene Prinzip des »proletarisch-so-
zialistischen Internationalismus«, das im November 1968 der Generalsekretär der
Kommunistischen Partei der Sowjetunion, Leonid Breschnew, deklariert hatte, um
nachträglich den Einmarsch von Truppen des Warschauer Vertrages in die damalige
Tschechoslowakische Sozialistische Republik (CSSR) zu rechtfertigen. Im Westen besser bekannt als »Breschnew-Doktrin«, beschränkte jene außenpolitische Direktive die
innere und äußere Souveränität der Warschauer Vertragsstaaten auf die »sozialistische
Selbstbestimmung« und formulierte – frei nach der Devise: »Wo der Sozialismus

gesiegt hat, ist der Prozeß unumkehrbar« – einen Anspruch auf Intervention in deren innere Angelegenheiten. Für den Fall des Abweichens vom rechten Pfad des Sozialismus nämlich sollte den betreffenden Ländern »brüderliche Hilfe«, gegebenenfalls auch mit Waffengewalt, zuteil werden. Im Jahre 1985 bereitete Michail Gorbatschow als Generalsekretär der KPdSU Breschnews Chimäre ihr verdientes Ende auf dem Schuttplatz der Geschichte. Nun aber hat das Bundesverfassungsgericht zu Karlsruhe die Mumie exhumiert und ideologisch neu ausstaffiert – und freundlich grüßt darob Genosse Leonid aus seiner Moskauer Gruft.

Der globale Hegemonieanspruch der NATO, den das Bundesverfassungsgericht in seinem wahrlich bahnbrechenden Urteilsspruch konstituiert, entspringt aus zwei Prämissen. Zum einen, so die Richter, »können, wie der 11. September 2001 gezeigt hat, Bedrohungen für die Sicherheit des Bündnisgebiets nicht mehr territorial eingegrenzt werden«. Soll heißen: Da sich die Risiken globalisiert haben, darf demzufolge auch die atlantische Allianz global agieren und intervenieren. Zur Rechtfertigung militärischer Gewaltanwendung genügt nach Auffassung des Gerichts stets ein wie auch immer gearteter »Bezug zur eigenen Sicherheit im euro-atlantischen Raum« – und mag dieser auch noch so sehr an den Haaren herbeigezogen sein, wie etwa die Erklärung, von Afghanistan aus sei ein bewaffneter Angriff gegen die USA erfolgt. Kurzum: Immer wenn die NATO ihre Sicherheitsinteressen tangiert sieht, ist sie nach Auffassung des Bundesverfassungsgerichts weltweit automatisch zur Intervention befugt – die bloße Behauptung genügt. Keineswegs sei, so die Verfassungsrichter, hiermit eine strukturelle Veränderung des ursprünglichen Vertrages über ein »klassisches Verteidigungsbündnis« verbunden, dem der Deutsche Bundestag 1955 zugestimmt hatte. Denn andere militärische Einsätze als den gegenseitigen Beistand im Bündnisfall regle der NATO-Vertrag nicht ausdrücklich, und daher seien »auch Krisenreaktionseinsätze erlaubt, ohne daß dadurch der Charakter als Verteidigungsbündnis in Frage gestellt würde«.

Zudem erkannte das höchste deutsche Gericht wie schon im Jahr 2001 nicht, daß sich das atlantische Bündnis von seiner friedenswahrenden Zwecksetzung abgekoppelt hatte. Denn nach Ansicht der Verfassungshüter »manifestiert sich in den Erklärungen der Staats- und Regierungschefs der Allianz anläßlich des NATO-Gipfels in Riga vom 28. und 29. November 2006 der Wille der NATO, auch ihre Operation in Afghanistan auf das Ziel der Wahrung und Stabilisierung des Friedens auszurichten« – und an solcher Zusicherung lupenreiner Demokraten waren Zweifel schließlich völlig unangebracht. Die höchstrichterliche Eloge auf das nordatlantische Friedensbündnis gipfelte in der abschließenden Feststellung: »Auch in den Teilen der Erklärungen, die über das Engagement der NATO in Afghanistan hinausgehen, finden sich keine Anhaltspunkte für eine Abkehr der NATO von ihrer friedenswahrenden Ausrichtung, zumal auch dort betont wird, die NATO halte unverrückbar an den Zielen und Prinzipien der Vereinten Nationen fest.« Wo Frieden draufsteht, ist auch Frieden drin, lautete demnach die Maxime der blauäugigen Verfassungshüter. Von der Existenz sogenannter Mogelpackungen schien man in Karlsruhe noch nie etwas gehört zu haben – ganz im Gegensatz zu den Opfern jener »Bomben für den Frieden«, die weit hinten in Afghanistan und anderswo tagtäglich sterben.

Was schlußendlich dem Faß den Boden ausschlug, war der Umgang der Verfassungsrichter mit dem Völkerrecht. So begründeten nach Auffassung des Gerichts »Völkerrechtsverletzungen durch einzelne militärische Einsätze der NATO, insbesondere die Verletzung des Gewaltverbots, nicht bereits für sich genommen einen im Organstreitverfahren rügefähigen Verstoß«. Auch nahm das Bundesverfassungsgericht »keine allgemeine Prüfung der Völkerrechtskonformität von militärischen Einsätzen der NATO« vor. De facto erteilte es mit seinem Urteilsspruch der atlantischen Allianz eine Lizenz zum Völkerrechtsbruch. Nach dem frivolen Motto »Ein bißchen Völkerrechtsbruch kann nicht schaden« konstatierten die höchsten deutschen Richter allen Ernstes, daß »selbst wenn man von einer punktuellen Zurechnung einzelner Völkerrechtsverstöße ausginge, sich damit jedenfalls keine Abkehr der NATO von ihrer friedenswahrenden Zielsetzung begründen ließe«. Und weiter hieß es im Urteil: »Um mit dem ISAF-Einsatz einen systemrelevanten Transformationsprozeß der NATO weg von der Friedenswahrung belegen zu können, müßte dieser Einsatz insgesamt als Verstoß gegen das Völkerrecht erscheinen.«

Im Klartext folgt daraus: Solange weder die Bundesregierung noch die NATO selbst dumm genug sind zu erklären, sie führten einen völkerrechtswidrigen Angriffskrieg, so lange läßt das Bundesverfassungsgericht sie ohne Vorbehalt gewähren, so lange dürfen sie die Bundeswehr für die weltweite »Friedenssicherung« mit Militärgewalt mißbrauchen. Auf die Frage »Wollt ihr den globalen Krieg?« antwortet das oberste Gericht der Republik und zugleich Hüter des Grundgesetzes inbrünstig: NATO befiehl, wir folgen!

Was von der in solcher »Rechtsprechung« aufscheinenden richterlichen Attitüde zu halten ist, brachte Christian Bommarius in der *Berliner Zeitung* mit spitzer Feder auf den Punkt: »Gäbe es den Straftatbestand der richterlichen Desertion, dann hätte ihn das Bundesverfassungsgericht mit seiner Entscheidung über die Tornado-Einsätze in Afghanistan erfüllt. Die Richter sind dem Verfassungsrecht von der Fahne gegangen. ... Das juristische und intellektuelle Niveau dieser Entscheidung ist bedrückend. Aber beschämend ist, daß kein einziger der acht Richter der Versuchung der verfassungsrechtlichen Fahnenflucht in einem abweichenden Votum widerstand.« Dem bleibt nichts hinzuzufügen.

»Dressed to Kill«
Die Bundeswehr im Krieg am Hindukusch

„Krieg bedeutet Frieden
Freiheit ist Sklaverei
Unwissenheit ist Stärke«
George Orwell

»Ich will Ihnen eindeutig widersprechen, daß in Afghanistan Krieg ist – es ist dort eine andere Situation.« Mit diesen Worten beschied Franz Josef Jung eine kritische Reporterfrage, zu sehen zur besten Sendezeit am 29. Juli 2008 im *ZDF*-Politmagazin Frontal 21. Solch realsatirische Sentenzen aus dem Munde des Bundesverteidigungsministers legen die Frage nahe, ob im Berliner Bendlerblock fürderhin der »Bundessituationsminister« amtiert.

Bedeutend ernsthafter bemüht sich da schon einer von Jungs Vorgängern im Amte des Verteidigungsministers, Volker Rühe, um Klärung der Sachlage. Der nämlich ließ daraufhin verlauten: »Tatsächlich sind wir im Krieg gegen aufständische Taliban, und unsere Soldaten sind Kämpfer in diesem Krieg« (*Süddeutsche Zeitung* vom 22. August 2008). Unmißverständlich plädierte Rühe zudem für die Ausweitung der deutschen Kampfzone auch in den heftig umkämpften Süden Afghanistans und verkündete seine Durchhalteparole: »Der Kampf gegen die Taliban muß weitergehen, es steht für die ganze Welt viel auf dem Spiel.«

Von solchem Realismus indes hielt die schwarz-rote Bundesregierung nicht das Geringste. Wie der Teufel das Weihwasser scheute sie die vorbehaltlose Aufklärung der bundesdeutschen Bevölkerung über das, was am fernen Hindukusch tatsächlich abläuft. Mit geradezu autistischer Sturheit bestritt sie, daß Deutschland sich in dem zentralasiatischen Land in einem immer blutiger geführten Guerilla- und Kolonialkrieg befindet. So schwadronierte Deutschlands Strategiegenie Christian Schmidt, seines Zeichens Parlamentarischer Staatssekretär im Bundesministerium der Verteidigung, davon, daß es sich in Afghanistan lediglich um Scharmützel, nicht aber um einen formidablen Krieg handele. Verzweifelt klammerten sich die Offiziellen im Berliner Regierungsbezirk an ihre Parole von der »bewaffneten Entwicklungshilfe«, mit der sie schon seit den Zeiten der »Petersberger Konferenz« im Dezember 2001 die deutsche Öffentlichkeit über die Risiken und Gefahren der militärischen Mission am Hindukusch hinwegzutäuschen versuchen.

Die doppelte Agenda

Doch hinter der publikumswirksam verkündeten Suggestion von »zivil-militärischer Zusammenarbeit«, Brunnenbohren, Schul- und Brückenbau unter der Obhut internationaler Schutztruppen, »bewaffneter Entwicklungshilfe« eben, verbirgt sich eine ganz andere Agenda – diejenige der US-amerikanischen Imperialmacht nämlich. Der ausgewiesene Afghanistan-Kenner Willy Wimmer, vormals Staatssekretär auf der Hardthöhe und stellvertretender Generalsekretär der OSZE, hat nach einem persönlichen Besuch bei Washingtons Satrapen Hamid Karzai im August 2007 berichtet, daß die USA den Krieg am Hindukusch schon drei Jahre zuvor, also 2004, hätten beenden können, dies freilich nicht wollten (*Freitag*, 3. August 2007). Äußerungen britischer Militärs, denen zufolge man sich auf 40 Jahre Präsenz in Afghanistan einrichten müsse, bekräftigen Wimmers Aussage.

Über die Hintergründe für die auf Dauer angelegte Besatzungspolitik der »einzigen Supermacht« bedarf es keiner Spekulation, sie liegen klar zutage. Kein Geringerer als der ehemalige Nationale US-Sicherheitsberater Zbigniew Brzezinski, hat unverblümt zu Protokoll gegeben, daß es um nichts anderes als die globale Hegemonie der USA geht[60]. Unabdingbar hierfür ist die Beherrschung Eurasiens oder, in Brzezinskis Worten, des »eurasischen Schachbretts«. Aus geostrategischer Interessenlage geht es den USA um die Einkreisung des »Schurkenstaates« Iran, die Kontrolle und Einflußnahme auf die zentralasiatischen Republiken (des, so Brzezinski, »eurasischen Balkans«), die Isolierung Rußlands und die Eindämmung der aufstrebenden Supermacht China. Unter geoökonomischen Aspekten wiederum sind für das Imperium Americanum der Zugang zu den Energie- und Rohstoffressourcen Eurasiens sowie die Kontrolle über deren Transportwege unverzichtbar. In beiderlei Hinsicht brauchen die USA den Krieg in Afghanistan, das nach Brzezinski ein Teilelement des »eurasischen Balkans« bildet, weil allein dessen Fortdauer die Rechtfertigung zur Stationierung amerikanischer Truppen in dieser Region (der, O-Ton Brzezinski, »zentralasiatischen Front«) liefert. Zu diesem Zweck betreiben die USA eine Doppelpolitik dergestalt, daß sie den Krieg am Hindukusch heimlich befördern, um ihn offen ausweiten zu können.[61] Konkret bedeutet das geheimdienstliches Terrormanagement: »Die CIA weiß nicht nur, daß der ISI die Taliban unterstützt. Sondern sie fördert das. Das glauben übrigens auch die meisten Afghanen: daß die USA ihre Feinde nähren, damit sie nicht abziehen müssen.«[62]

---

[60] *Brzezinski, Zbigniew*: Die einzige Weltmacht. Amerikas Strategie der Vorherrschaft, Frankfurt a. M. 2001⁴.

[61] Vgl. *Hörstel, Christoph R.*: »Brandherd Pakistan – Wie der Terrorkrieg nach Deutschland kommt«, Berlin 2008, S. 282.

[62] *Winkelmann, Ulrike*: Ex-Afghanistankorrespondent Hörstel. »Taliban sind keine Marsbewohner«. Die Amerikaner unterstützen die Taliban und afghanische Terroristen, sagt der frühere Auslandskorrespondent Christoph Hörstel. Ein Gespräch über westliche Doppelmoral und Geheimdienste, in: *taz*, 11. Dezember 2008, S. 13. Hinter dem Kürzel ISI verbirgt sich der »Inter Services Intelligence« genannte pakistanische Geheimdienst.

Es ist die eiskalte Realität dieser geostrategischen und -ökonomischen Interessenlage, welche den Konfliktverlauf in Afghanistan determiniert, nicht das Märchen von Wiederaufbau und Entwicklung aus philanthropischen Motiven. Und fatalerweise sind es eben die USA, die im Atlantischen Bündnis den Ton angeben und somit auch die ISAF-Mission bestimmen, nicht aber ihre willfährigen europäischen »Vasallen und Tributpflichtigen« (*Brzezinski*).

Ebenjener Zbigniew Brzezinski aber fungiert nun als einer der einflußreichen außen- und sicherheitspolitischen Berater des messianisch gefeierten Barack Hussein Obama[63]. Sowohl die Politik, die Obama in seinen Wahlkampfreden propagierte, als auch erste außenpolitische Entscheidungen nach seiner Amtsübernahme folgten ganz offensichtlich der Blaupause, die Brzezinskis in seinem jüngsten Buch mit dem Titel »Second Chance« an die aktuellen Gegebenheiten adaptiert hat[64]. So konnte es schwerlich überraschen, daß der neue US-Präsident mehr als 20.000 zusätzliche amerikanische Soldaten nach Afghanistan entsenden will. Dasselbe gilt für Obamas Entschluß, den verheerenden Krieg am Hindukusch noch zu intensivieren und auszuweiten, nämlich nach Pakistan mit seinen 170 Millionen Einwohnern. Denn darin besteht das wirklich Neue an der öffentlichkeitswirksam propagierten »AfPak-Strategy«, die Obama und die NATO für den afghanisch-pakistanischen Kriegsschauplatz verkündet haben: Statt das nunmehr schon mehr als acht lange Jahre andauernde Gemetzel in Afghanistan endlich zu stoppen, soll ein neuer Krieg gegen das benachbarte Pakistan begonnen werden[65]. Als willfähriges Exekutivorgan hierfür wurde auch das pakistanische Militär eingespannt, das im Frühjahr 2009 im Auftrag von Barack Obama, Hillary Clinton und Richard Holbrooke gemäß der Devise »Tod den Taliban« damit begonnen hat, die Zivilbevölkerung im gar nicht mehr idyllischen pakistanischen Swat-Tal zu massakrieren und zu vertreiben. Tausende Tote, Zehntausende Verletzte und Verstümmelte sowie etwa 3,4 Millionen Vertriebene, so lautete wenig später die Schreckensbilanz dieser Aktion des Staatsterrorismus gegen die eigene Bevölkerung. Die Folgen dieses Irrsinns, einen politisch ohnehin fragilen und obendrein nuklear gerüsteten Staat noch weiter zu destabilisieren, erscheinen unabsehbar. Aber für Präsident Obama ist der Krieg in Afghanistan der »richtige«, der »gerechte« Krieg – und der muß nun mal gewonnen werden. Aufschlußreich, wie hierzu Ulrich Ladurner in der ansonsten anti-amerikanischer Umtriebe völlig unverdächtigen Hamburger Wochenzeitung *Die Zeit* (14. Mai 2009) kommentierte: »Der Bush in Obama«.

---

[63] Vgl. *Ritz, Hauke*: Die Welt als Schachbrett. Der neue Kalte Krieg des Obama-Beraters Zbigniew Brzezinski, in: *Blätter für deutsche und internationale Politik*, Nr. 7/2008, S. 53f.

[64] Vgl. *Effenberger, Wolfgang*: Berater Zbigniew Brzezinski und der fernöstliche Diwan, in: *NRhZ-Online - Neue Rheinische Zeitung* vom 10. Juni 2009.

[65] Vgl. *Ladurner, Ulrich*: Der Bush in Obama. Auch der neue US-Präsident ist ein Krieger: In Pakistan tritt er das Erbe seines Vorgängers an – mit aller Gewalt, in: *Die Zeit*, Nr. 15, 2. April 2009, S. 7.

Indes werden mit dem Tod am Hindukusch, sowohl dem von Bundeswehrsoldaten als auch dem unbeteiligter ziviler Opfer, die Widersprüche zwischen der offiziellen und der verborgenen Agenda immer offenkundiger. Während sich die Politik weiterhin in Selbst- und Wählertäuschung übt, wird das Militär diesbezüglich schon deutlicher. »Auch wenn wir irgendwann sagen können, die Schlachten in Afghanistan oder woanders sind beendet, wird der Kampf gegen den Terrorismus ewig weiter gehen. ... Wir sind stark genug, ... und ... werden den Krieg gegen diesen Feind gewinnen«, bekannte der deutsche Heeresinspekteur Generalleutnant Hans-Otto Budde schon im Dezember 2006 anläßlich seines Besuches des US-Militärhospitals im rheinland-pfälzischen Landstuhl (*LRMC Public Affairs*, 15. Dezember 2006).

Mit der von US-Präsident Obama betriebenen Eskalation des Krieges am Hindukusch wird auch hierzulande der Ton immer martialischer. »Die bisherige Taktik war *hit and run*, schießen und wegrennen. Das ist jetzt etwas anders«, ließ der Generalinspekteur der Bundeswehr, General Wolfgang Schneiderhan, verlauten (*Die Zeit*, 7. Mai 2009), während sein Verteidigungsminister markig zu Protokoll gab: »Jeder, der unsere Soldaten und die unserer Alliierten in Afghanistan angreift, muß wissen, daß er bekämpft und zur Verantwortung gezogen wird.« (*Süddeutsche Zeitung*, 8. Mai 2009). Aus solchen Worten trieft offensichtlich der »Bush in Jung«.

Deutschland im Anti-Terror-Krieg

Begonnen hat das militärische Abenteuer der Bundeswehr in Zentralasien im Jahre 2001, nachdem der damalige Bundeskanzler Gerhard Schröder (SPD) am Tag nach den »Mammutverbrechen«, wie Helmut Schmidt die Terroranschläge des 11. Septembers nannte, Deutschlands »uneingeschränkte Solidarität mit den USA« zugesichert hatte, wobei ihm sein Verteidigungsminister Peter Struck beflissen mit dem Sprüchlein sekundierte: »Heute sind wir alle Amerikaner.« Wenige Wochen später, am 16. November, preßte der Brioni-Kanzler daraufhin dem Bundestag das Mandat ab, die Bundeswehr unter Kommando des Imperiums der Barbarei in dessen »Kreuzzug gegen den Terror« einzusetzen – in einer Region, die nicht weniger umfaßt als »das Gebiet gemäß Artikel 6 des Nordatlantikvertrags, die arabische Halbinsel, Mittel- und Zentralasien und Nord-Ost-Afrika sowie die angrenzenden Seegebiete« (Bundestagsdrucksache 14/7296 vom 7. November 2001).

An der »Operation Enduring Freedom«, abgekürzt OEF, beteiligen sich etwa 70 Nationen; geführt wird sie vom amerikanischen Regionalkommando USCENTCOM mit Hauptquartier in Tampa/Florida. Deutschland war bereit, für dieses Unternehmen bis zu 3.900 SoldatInnen bereitzustellen. Völlig überstürzt und auf, was die Einsatzregeln anging, äußerst brüchiger Rechtsgrundlage (s. S. 232) wurden bis zu 100 Elitekämpfer des Kommandos Spezialkräfte (KSK) aus dem schwäbischen Calw entsandt, um ihren in Afghanistan kämpfenden Waffenbrüdern der U.S. Special Forces Schützenhilfe zu leisten. Die deutschen Geheimkrieger gelangten inzwischen mehrmals zum Einsatz, alle Details unterliegen striktester Geheimhaltung (s. hierzu das Kapitel »Deutschlands Schattenkrieger«, S. 222ff). Seitdem also wird, wie der vormalige Bundesminister der Verteidigung, Peter Struck, einem erstaunten Publikum mit seinem wahrhaft genialen Geistesblitz weiszumachen versuchte, die Bundesrepublik Deutschland auch am Hindukusch verteidigt.

Wurde der Einsatz der Bundeswehr in Afghanistan anfänglich von der Mehrheit der Deutschen durchaus erwartungsvoll mitgetragen, so ist mittlerweile weitgehende Ernüchterung eingekehrt. Sowohl im fernen Einsatzland als auch zuhause an der Heimatfront ist die Lage zunehmend prekär geworden. Denn die völkerrechtliche Legitimität dieses »Anti-Terror-Krieges« war von Anfang an höchst umstritten. Während sich die Kriegsallianz, eingeschlossen die Berliner Republik, gebetsmühlenhaft auf das in der Charta der Vereinten Nationen verankerte Selbstverteidigungsrecht beruft, bestreiten ganze Legionen von Völkerrechtsprofessoren genau diese Argumentation und bezeichnen die »Operation Enduring Freedom« schlicht als völkerrechtswidrig. Denn für die OEF hat der Sicherheitsrat der Vereinten Nationen zu keinem Zeitpunkt ein explizites Mandat erteilt, das allein zur militärischen Gewaltanwendung ermächtigen würde. Auch gibt es kein Abkommen mit der afghanischen Regierung, welches die Stationierung von OEF-Kampftruppen im Lande erlauben würde. Demzufolge hat der sogenannte »Global War on Terror« keine völkerrechtliche Grundlage. Selbst der ehemalige Leiter des Planungsstabes im Bundesministerium der Verteidigung, Hans Rühle, mußte einräumen: »Die Beteiligung der Bundeswehr am Krieg in Afghanistan ist – die Klage der Linksfraktion und zweier Unionsabgeordneter vor dem Bundesverfassungsgericht belegt dies – verfassungsrechtlich und völkerrechtlich umstritten. Dabei ist die Völkerrechtswidrigkeit des Krieges in Afghanistan längst keine esoterische Mindermeinung vermeintlich konfuser deutscher Berufsquerulanten mehr, sondern eine in der internationalen Völkerrechtslehre durchaus verbreitete Sicht der Dinge. Auch die Kriegführung der US-Streitkräfte ist inzwischen Gegenstand intensiver völkerrechtlicher Debatten« (*Süddeutsche Zeitung*, 28. März 2007).[66]

Nicht zuletzt aufgrund der zunehmenden Kritik am militärisch geführten Anti-Terror-Kampf reduzierte die Bundesregierung ab November 2008 die Höchstzahl der für die »Operation Enduring Freedom« vorgesehenen BundeswehrsoldatInnen auf bis zu 800 und beendete zugleich die bis zu diesem Zeitpunkt laufende direkte Beteiligung an der OEF in Afghanistan (Bundestagsdrucksache 16/10720, 29. Oktober 2008). Freilich handelt es sich, was den KSK-Einsatz betrifft, bei dem nun getroffenen

---

[66] Vgl. meine Replik auf Rühles in seiner alarmistischen Diktion überzogenen Artikel: *Rose, Jürgen*: Massenflucht aus dem soldatischen Gehorsam? Macht und Ohnmacht des Gewissens. Es gibt keinen Anlaß für Hysterie bei der Bundeswehrführung. Befehlsverweigerung bleibt ein riskantes Unterfangen, in: *Freitag*, 13. April 2007, S. 6.

Bundestagsbeschluß um eine klassische Mogelpackung, da die Kommandosoldaten auch unter dem Mandat der ISAF eingesetzt werden können, was in der Vergangenheit auch schon geschah.

»Sicherheitseinsatz« im UNO-Auftrag

Im Rahmen jener »International Security Assistance Force« (ISAF) erfüllen die deutschen Truppen ihren Auftrag in Afghanistan seit Januar 2002. Wenige Wochen vorher, am 22. Dezember 2001, hatte die ISAF ihre Tätigkeit zunächst unter britischem Oberkommando in Kabul aufgenommen, nachdem sie vom Sicherheitsrat der Vereinten Nationen zwei Tage zuvor mandatiert worden war. Der Umfang des deutschen Kontingentes an dieser Sicherungstruppe war anfänglich gemäß dem erteilten Bundestagsmandat auf 1.200 Soldaten begrenzt (Bundestagsdrucksache 14/7930, 21. Dezember 2001). Mit der schrittweisen Ausweitung von Mandat und Auftrag wuchs der Kräfteansatz kontinuierlich an und beträgt auf Grundlage des am 16. Oktober 2008 fortgeschriebenen ISAF-Mandats (Bundestagsdrucksache 16/10473) maximal 4.500 BundeswehrsoldatInnen. Mit dem im Juli 2009 mandatierten Einsatz deutscher Luftwaffensoldaten an Bord der AWACS-Luftraumüberwachungsflugzeuge der NATO aus Geilenkirchen über Afghanistan (Bundestagsdrucksache 16/13377, 17. Juni 2009) nähert sich deren Zahl rapide der 5.000er-Marke.

Gemäß Sicherheitsratsresolution 1833 (2008) vom 22. September 2008 hat der ISAF-Einsatz unverändert zum Ziel, Afghanistan bei der Aufrechterhaltung der Sicherheit so zu unterstützen, »daß sowohl die afghanischen Staatsorgane als auch das Personal der Vereinten Nationen und anderes internationales Zivilpersonal, insbesondere solches, das dem Wiederaufbau und humanitären Aufgaben nachgeht, in einem sicheren Umfeld arbeiten können.«

Für die Bundeswehr ergeben sich im Rahmen des ISAF-Einsatzes daraus hauptsächlich folgende Aufgaben:

· Unterstützung der Regierung von Afghanistan bei der Aufrechterhaltung der Sicherheit;
· Mitwirkung an der Führung von ISAF in Afghanistan, einschließlich eines Beitrages bei der Erstellung eines Lagebildes;
· Taktischer Verwundetenlufttransport (AIRMEDEVAC);
· Sicherung des Arbeitsumfeldes des Personals, das zur Vollendung des Übergangsprozesses und zur weiteren Unterstützung der Stabilisierung und des Wiederaufbaus Afghanistans von den Mitgliedstaaten der Vereinten Nationen, den Vereinten Nationen und internationalen Hilfsorganisationen in den hierfür bestimmten Gebieten eingesetzt wird;
· Eigensicherung und im Bedarfsfall Evakuierung;

- Unterstützung bei der Reform des Sicherheitssektors, insbesondere Unterstützung im Aufbau funktionsfähiger afghanischer Sicherheitskräfte (Afghan National Army – ANA, Afghan National Police – ANP), einschließlich der Entwaffnung illegaler Milizen;
- Beitrag zur zivil-militärischen Zusammenarbeit;
- Mitwirkung bei der Absicherung von Wahlen.

Gemäß dem Beschluß des Sicherheitsrates der Vereinten Nationen sowie den zwischen der NATO und der Regierung von Afghanistan getroffenen Vereinbarungen ist die ISAF und damit auch die Bundeswehr autorisiert, Waffengewalt zur Durchsetzung des Mandats sowie zu ihrer eigenen Verteidigung wie auch zum Schutz der afghanischen Regierung und der Bevölkerung anzuwenden.

Diesem Einsatz der ISAF haben die Gesandten des afghanischen Volks im sogenannten Bonner »Petersberg-Abkommen« vom 6. Dezember 2001 sowie später dann die Regierung Afghanistans im »Afghanistan Compact« vom 31. Januar 2006 in London die politische Zustimmung erteilt.

Während anfänglich einzelne Staaten (zuerst Großbritannien, dann die Türkei, gefolgt von Deutschland gemeinsam mit den Niederlanden) auf Grundlage der Resolutionen des UN-Sicherheitsrats die ISAF-Mission implementierten, wurde in Brüssel beschlossen, deren Führung ab 9. August 2003 der NATO zu übertragen. Seitdem liegt die Koordination, Planung und Unterstützung sämtlicher ISAF-Kontingente vollständig in der Verantwortung der Atlantischen Allianz.

Operationell wird ISAF durch das »Allied Joint Force Command Brunssum« (JFC Brunssum) in den Niederlanden geführt, dessen Führung 2009 der deutsche General Egon Ramms innehatte. Vor Ort in Afghanistan wird die ISAF seit 15. Juni 2009 von US-General Stanley A. McChrystal geführt, der zuvor als Befehlshaber des »United States Special Operations Command« (SOCOM) gedient hatte. Während sein Vorgänger im Amt, der Panzergeneral David D. McKiernan, erfolglos auf klassische militärische Methoden der Kriegführung gesetzt hatte, um den afghanischen Widerstand zu bekämpfen, soll der als erfahrener Spezialist für sogenannte »Counter Insurgency Operations«, also Aufstandsbekämpfung, geltende McChrystal in Afghanistan jenes vom Oberbefehlshaber des CENTCOM, US-General David H. Petraeus, formulierte strategische Konzept für den Guerilla-Krieg umsetzen, mit dem dieser zuvor im Kampf gegen die irakische Widerstandsbewegung gewisse Erfolge erzielt zu haben schien.

Im Juni 2009 beteiligten sich an der ISAF-Mission 42 Nationen, sowohl aus NATO- als auch aus Nicht-NATO-Staaten, mit rund 61.960 SoldatInnen. Die größten Truppensteller für ISAF waren zu diesem Zeitpunkt die USA mit etwa 28.850 (plus rund 10.000 für Ausbildung und Terroristenhatz im Rahmen der OEF), Großbritannien mit ungefähr 8.300 und Deutschland mit 3.720 Uniformierten. Darüber hinaus hat US-Präsident Obama die Stationierung weiterer 21.000 Militärs angekündigt und wollte befristet nochmals bis zu 10.000 Soldaten zur Sicherung der für den August 2009 terminierten Präsidentschaftswahl am Hindukusch stationieren (*FAZ.NET* vom 12. Juni 2009). Bis dahin ist demnach mit einer Truppenstärke von wenigstens 70.000 GIs zu rechnen. Insgesamt werden zukünftig dann mehr als 100.000 fremde Truppen in Afghanistan kämpfen.

Das ISAF-Hauptquartier befindet sich in der afghanischen Hauptstadt Kabul und dient als operatives Kommando für die gesamte Mission. Mehr als 1.800 SoldatInnen aus 39 unterschiedlichen Nationen dienen hier. Das Hauptquartier und seine untergeordneten Einheiten arbeiten eng mit der afghanischen Regierung und deren Sicherheitsinstitutionen zusammen und koordinieren ihre Tätigkeiten mit internationalen Organisationen und verschiedenen Nichtregierungsorganisationen. Auch findet von dort aus eine enge Koordination mit dem »Combined Forces Command – Afghanistan« (CFC-A) statt, das die »Operation Enduring Freedom« in Afghanistan führt. Wie intensiv miteinander verzahnt OEF und ISAF mittlerweile sind, illustriert auch der Umstand, daß am 10. Oktober 2008 dem damaligen ISAF-Oberkommandierenden US-General David D. McKiernan zugleich als US-Kommandeur der US-Streitkräfte in Afghanistan die bisherigen OEF-Anteile »Combined Security Transition Command AFG« (CSTC-A) für Ausbildung und »Combined Joint Special Operation Task Force AFG« (CJSOTF-A) als nationale Truppen unterstellt wurden; dabei handelt es sich um Streitkräfte in der Größenordnung von immerhin rund 10.000 SoldatInnen. Vor dieser Änderung der Kommandostruktur der US-Streitkräfte in Afghanistan wurde die OEF in Personalunion vom Befehlshaber des Regionalkommandos Ost der ISAF, das stets einem US-General unterstand, geführt. Freilich operieren parallel zu den beiden Missionen auch noch völlig autonome Akteure wie beispielsweise die unter Totalgeheimhaltung vom Special Forces Command in Tampa, Florida, geführte US »Task Force Counter Terrorism«, von der weder die übrigen US-Amerikaner, geschweige denn die ISAF etwas erfahren; der Bundestagsabgeordnete Winfried Nachtwei berichtete darüber im September 2008.

In diesen auf dem afghanischen Kriegsschauplatz herrschenden Führungsstrukturen spiegelt sich die realiter gegebene enge Verflechtung von OEF und ISAF wider. Letztere läuft indes der formal gegebenen Mandatslage, derzufolge die ausschließlich unter nationalem US-Kommando geführte – und eben völkerrechtswidrige! – OEF-Mission strikt von der ISAF zu trennen ist, diametral entgegen. Die aufgrund des vom UN-Sicherheitsrat erteilten Mandats zweifellos vorhandene völkerrechtliche Legitimation der International Security Assistance Force wird dadurch nachhaltig beschädigt.

Die schleichende Eskalation des Kriegseinsatzes

Im Oktober 2003 autorisierte der UN-Sicherheitsrat die Ausweitung der bis dahin auf Kabul und Umgebung beschränkten ISAF-Mission auf ganz Afghanistan. In vier Schritten übernahm die NATO daraufhin nacheinander den Norden (Oktober 2004), den Westen (September 2005) sowie den Süden (Juli 2006) und Osten (Oktober 2006) des Landes.

Acht Jahre nach dem mit Militärgewalt erzwungenen Regime Change ist somit das gesamte Land in nunmehr fünf Besatzungszonen[67] (sogenannte *Regional Commands*) aufgeteilt, in denen wiederum 26 sogenannte »*Provincial Reconstruction Teams*« (PRTs) für Sicherheit und Wiederaufbau sorgen sollen. Mit dieser landesweiten Expansion des Tätigkeitsbereiches einher geht eine fortschreitende Veränderung des Einsatzprofils der ISAF: von einer ursprünglich eher defensiven, reaktiven und stabilisierenden Vorgehensweise hin zu immer offensiveren und kriegerischen Taktiken, die vornehmlich auf die Bekämpfung und Vernichtung der sogenannten »Organized Militant Forces« (OMF) abzielen, insbesondere seit die ISAF ihr Operationsgebiet ab Sommer 2006 in die Paschtunengebiete im Süden und Osten Afghanistans ausdehnte. Wenig überraschend kann von Stabilität und Sicherheit am Hindukusch daher keine Rede sein, im Gegenteil: immer deutlicher zeichnet sich die »Irakisierung« Afghanistans ab. Konkret bedeutet dies, daß der Konflikt am Hindukusch zu einem asymmetrischen und dauerhaften Abnutzungskrieg wird, der nicht zu gewinnen ist, das Land aber dauerhaft destabilisieren könnte, so daß es erneut zur Brutstätte für islamistischen Terrorismus werden könnte. Wegen dieser Gefahr sah sich die Obama-Administration gezwungen, ihre Strategie für den Kampf gegen den afghanischen Widerstand zu ändern. Can Merey berichtete von einem Treffen von US-Sicherheitsexperten, das im Juni 2009 in New York stattgefunden hatte (*Aachener Nachrichten*, 5. Juli 2009). In einem internen Gesprächsvermerk hierzu hieß es, daß die USA den Krieg zwar nicht verlören, ihn aktuell aber auch »sicherlich nicht gewinnen« würden. Das Zeitfenster schließe sich. Erfolge müßten in den nächsten eineinhalb Jahren, d. h. bis Ende 2010, sichtbar werden. »Danach (...) werden die Regierungen und Bürger der derzeitigen internationalen Koalition alle zu dem Schluß kommen, daß die Angelegenheit hoffnungslos ist, und für einen Rückzug werben.« In diesem Fall, so hieß es in der Gesprächsnotiz weiter, wäre die einzige Handlungsoption ein begrenztes US-Programm mit Anti-Terror-Operationen, um die Kabuler Zentralregierung noch an der Macht zu halten. Es gebe aber »keine realistische Hoffnung«, daß ein solches Programm zu jenen

---

[67] In Kabul droht sogar das Parlament, die ausländischen Truppen offiziell als Okkupanten zu bezeichnen, nachdem die US-Bomben so viele Opfer hinterlassen wie seit Jahren nicht mehr (vgl. *Ruttig, Thomas*: Die Wahlen unter Feuer nehmen. Afghanistan. 2009 wollen die Taliban Hamid Karzais unvollendete Demokratisierung definitiv beenden. Pakistan könnte dabei ungerührt zusehen, in: *Freitag*, Nr. 37 vom 12. September 2008, S. 7).

fundamentalen gesellschaftlichen, wirtschaftlichen und politischen Änderungen führen würde, die das Ziel der Amerikaner in Afghanistan seien.

Unter ihrem neuen ISAF-Befehlshaber General Stanley A. McChrystal zielt die ab Sommer 2009 geänderte Vorgehensweise der Besatzungstruppe auf zweierlei, nämlich die »Rückeroberung von Territorien und auf die Rückgewinnung der Herzen« (Lau, Jörg in: *Die Zeit*, 9. Juli 2009). Deshalb sollen die Truppen nicht mehr als arrogante, distanzierte Besatzer auftreten, sondern fortan in kleinen Stützpunkten in den Dörfern und Städten Seite an Seite mit der lokalen Bevölkerung zusammenarbeiten. »Weniger schießen und mehr Tee trinken«, so lautet die von US-General David H. Petraeus ausgegebene Parole. Trotzdem können kaum Zweifel daran bestehen, daß die von US-Präsident Obama angeordneten Truppenverstärkungen zunächst zu einer Eskalation der Gewalt führen werden, bevor sie möglicherweise zu einer Stabilisierung oder gar zur Entspannung der Lage beitragen. Deshalb ist beabsichtigt, daß sich die Soldaten vor allem um die Absicherung eines verstärkten zivilen Wiederaufbaus kümmern sollen. Zugleich wird die Ausbildung der afghanischen Sicherheitskräfte intensiviert. Denn die sollen sobald wie möglich jene Aufgaben übernehmen, die im achten Jahr nach dem Sturz der Taliban immer noch vorrangig von ausländischen Soldaten erledigt werden. Die Operation »Khanjar« (Krummdolch), die 4.000 US-Marines gemeinsam mit gerade einmal 650 afghanischen Soldaten im Juli 2009 in der Provinz Helmand gestartet haben, diente als erster Testfall für Washingtons neue Strategie – ob diese allerdings je von Erfolg gekrönt sein wird, kann sich allenfalls langfristig erweisen. Zunächst einmal steht diese nach Angaben der *Washington Post* größte Offensive amerikanischer Marine-Infanteristen seit der im irakischen Falludscha 2004 lediglich für einen weiteren Schritt der Gewalteskalation und für den verzweifelten Versuch der Obama-Administration, den »richtigen Krieg« in Afghanistan doch noch militärisch zu gewinnen.

Unbeeindruckt von solchen Bedenken hat die Bundesregierung Schritt für Schritt den Kriegseinsatz der Bundeswehr ausgeweitet. Im Juli 2009 führen Bundeswehr und Afghan National Army gemeinsam eine Offensive gegen den afghanischen Widerstand im Raum Kundus, bei der in großem Maßstab Schützenpanzer Marder und 120 mm Mörser zum Einsatz kommen. Tage zuvor hatten Bundeswehrsoldaten an einem Checkpoint einen unbewaffneten afghanischen Jungen erschossen und zwei Begleiter schwer verletzt. Die mit der Verstärkung der ausländischen Besatzungstruppen einhergehende Eskalation des Krieges bedeutet zwangsläufig, daß die Zahl der Opfer unter der Zivilbevölkerung steigen und infolgedessen dem afghanischen Widerstand, der gegen die fremden Besatzer kämpft, in Massen neue Kämpfer zutreiben wird. Der Krieg nährt sich selbst.

Tornados überm Hindukusch

Den Beginn der direkten Beteiligung der Bundeswehr an der Kriegführung in Afghanistan markiert der erstmalig im März 2007 beschlossene Einsatz von sechs Tornado-Waffensystemen des Aufklärungsgeschwaders 51 »Immelmann« (Bundestagsdrucksache 16/6460 vom 19. September 2007). Diese Luftaufklärer erstellen Bildmaterial für die Überwachung Afghanistans, und zwar nicht nur im ihnen zugewiesenen Operationsgebiet Nordafghanistan, sondern auf dem gesamten Staatsgebiet.

Laut Bundestagsmandat trägt Deutschland mit diesem »Einsatz von Aufklärungsflugzeugen vom Typ Tornado-RECCE zur Luftaufklärung in ganz Afghanistan« zum Gesamterfolg von ISAF bei. War im ursprünglichen Beschluß vom 9. März 2007 noch vermerkt, daß »im ISAF-Operationsplan eine restriktive Übermittlung von Aufklärungsergebnissen an OEF« vorgesehen sei, so ist diese Einschränkung mittlerweile entfallen. Im Hinblick auf die Nutzung der gewonnenen Luftaufklärungsergebnisse wird nur noch äußerst nebulös formuliert, diese dienten »auch einem angemessenen und verhältnismäßigen Einsatz der militärischen Mittel« – und untere letztere fallen gemäß ISAF-Operationsplan eben auch die im Rahmen der »Operation Enduring Freedom« eingesetzten Kräfte. Im Ergebnis bedeutet dies, daß der Bundestag der Bundesregierung quasi Carte blanche für den Einsatz der Tornados in Afghanistan erteilt hat.

Diese Maschinen – bei der Luftwaffe als RECCE (von englisch Reconnaissance = Aufklärung) bezeichnet – sind mit optischen und Infrarot-Kamerasystemen ausgestattet und können Tag und Nacht eingesetzt werden. Die dabei gemachten Bilder werden nach der Landung ausgewertet. Aufklärungsergebnisse können aber auch per Sprechfunk übermittelt werden. Durch ihre Reichweite können die Flugzeuge rund 90 Prozent des afghanischen Territoriums abdecken. Im nordafghanischen Mazar-i-Sharif werden ständig sechs Maschinen einsatzbereit gehalten. Für die Erfüllung dieses Luftaufklärungs- und Überwachungsauftrages werden zusätzlich zum ursprünglich für ISAF vorgesehenen Personalumfang bis zu 500 Soldaten mit entsprechender Ausrüstung eingesetzt; an sogenannten einsatzbedingten Zusatzausgaben für das Einsatzmodul Tornado RECCE sind laut Antrag der Bundesregierung jährlich rund 44 Millionen Euro veranschlagt.

Da sämtliche Einsätze westlicher Kampfflugzeuge – und dazu zählen eben auch die deutschen Tornados – vom »Combined Air Operation Center« (CAOC) in Al Udeid (Qatar) gesteuert werden, sind OEF und ISAF, sowohl was die taktisch-operative Kampfführung vor Ort als auch was die Kommandostrukturen angeht, ineinander verschränkt. Realiter bedeutet das, die Bundeswehrmaschinen klären auf, damit die anderen bomben können.

Nicht zuletzt deshalb und weil nicht gewährleistet war und ist, daß die Aufklärungsergebnisse über das amerikanische Oberkommando nicht zu anderen als den im Bundestagsmandat genannten Zwecken verwendet werden, nämlich im Rahmen der völkerrechtswidrigen »Operation Enduring Freedom«, wurden mehrere Organklagen gegen die Entsendung der Tornado-Waffensysteme angestrengt. Ich selbst beantragte am 15. März 2007, aus Gewissensgründen von meinem dienstlichen Auftrag, zur logistischen Unterstützung des Tornado-Einsatzes in Afghanistan beizutragen, und darüber hinaus auch von allen weiteren Aufträgen im Zusammenhang mit der »Operation Enduring Freedom« entbunden zu werden (s. S. 160ff). Den aus den Reihen des Parlaments vorgetragenen Versuchen, mit Hilfe des Bundesverfassungsgerichts der von der Bundesregierung ohne Sinn und Verstand betriebenen Ausweitung des Kriegseinsatzes am Hindukusch einen Riegel vorzuschieben, versperrten sich die NATO-ergebenen Hüter des Grundgesetzes (s. S. 162ff).

Eine Eingreiftruppe fürs Grobe

Die Gewaltspirale drehte sich, wie zu erwarten war, unaufhaltsam weiter. Und so wurden ein Jahr später rund 200 Panzergrenadiere aus dem nordrhein-westfälischen Augustdorf zum Kampfeinsatz nach Afghanistan entsandt, die erstmals im Juli 2008 die sogenannte »Quick Reaction Force« (QRF) bildeten. Nicht zuletzt deshalb erwies es sich als unumgänglich, die Personalobergrenze für den ISAF-Beitrag der Bundeswehr auf 4.500 SoldatInnen zu erhöhen (Bundestagsdrucksache 16/10473 vom 16. Oktober 2008). Die QRF dient als Kampftruppe und Einsatzreserve des Regionalbefehlshabers Nord. Abgesehen davon, daß es aufgrund der militärtechnischen Ausrüstung der Streitmacht im Fall des Falles um eine wirklich »schnelle« Reaktion eher mau bestellt sein und demgemäß ihr militärischer Wert eher zweifelhaft bleiben dürfte, werfen der Auftrag und die Legitimation dieses deutschen Kampfverbandes weitaus gravierendere Zweifel auf.

Auf den Punkt gebracht hat diese Problematik der Abgeordnete Werner Hoyer (FDP), als er während einer »Aktuellen Stunde« im Bundestag zu Protokoll gab: »Bei dem, was jetzt von der Bundeswehr mit übernommen werden muß – Quick Reaction Force –, kommt es sehr auf die präzise Definition des Auftrages an, um nicht unmittelbar in die OEF hineinzurutschen. Hier zeigt sich, daß die Dinge sehr nahe beieinander liegen ...« Aber exakt das, wovor Hoyer im Hinblick auf die »Operation Enduring Freedom« in weiser Voraussicht gewarnt hat, ist zwischenzeitlich prompt eingetreten, wie die Antwort der Bundesregierung auf eine Kleine Anfrage im Bundestag zum Thema »Aufgabe und Bedeutung der Quick Reaction Force für die Einsatzstrategie der ISAF und die Implikationen für den Bundeswehreinsatz in Afghanistan« erweist (Bundestagsdrucksache 16/8279 vom 26. Februar 2008). Zu der dort aufgeführten Frage 16 (»Können Quick Reaction Forces gemeinsam mit OEF-Einheiten eingesetzt werden, und wenn ja, unter welchen Bedingungen?«) läßt die Bundesregierung verlauten, daß ihrer Auffassung nach »Situationen möglich [sind], in denen die QRF in gemeinsamen Operationen mit der ANA eingesetzt werden, die selbst ggf. durch integrierte Ausbilderteams begleitet werden, die nicht Teil von ISAF sind. Unbenommen davon ist die Möglichkeit der Unterstützung von OEF-Einheiten im Rahmen der Nothilfe.« Bei der »ANA« handelt es sich um die »Afghan National Army«, die von US-Militärberatern, welche im Rahmen der »Operation Enduring Freedom« agieren, instruiert und ins Gefecht geführt wird. Der gemäß NATO-Anforderung definierte militärische Auftrag der QRF deckt zudem Einsatzoptionen zur Unterstützung der OEF voll und ganz ab, indem er unter anderem »Evakuierungsoperationen« sowie »offensive Operationen gegen regierungsfeindliche Kräfte im Zusammenwirken mit den afghanischen Sicherheitskräften« umfaßt. Demnach steht zweifelsfrei fest, daß die QRF der Bundeswehr nicht nur unter dem völkerrechtlich nicht substantiell zu beanstandenden Mandat der ISAF, sondern auch zur Unterstützung der OEF zum Einsatz gelangen kann. Prompt entbrannte wenig später eine Debatte um eine Verdreifachung der »Quick Reaction Force« auf 600 Mann, als Ende November 2008 die deutsche Besatzungszone im Norden zusätzlich um den vom Regional Command West kaum zugänglichen Unruhedistrikt Ghormach erweitert worden war, wo sich die NATO-Truppen schon mehrfach heftigste Kämpfe mit afghanischen Aufständischen geliefert hatten (*Frankfurter Allgemeine Zeitung* vom 8. Dezember 2008).

Fliegende Gefechtsstände zur Optimierung von Luftangriffen

Eine neue Eskalationsstufe wurde erreicht, als die NATO sich im Juni 2009 nach monatelangem Tauziehen darauf geeinigt hatte, vier AWACS-Flugzeuge des in Geilenkirchen stationierten Verbandes für den Einsatz an den Hindukusch zu entsenden. Da etwa 40 Prozent des AWACS-Personals von der Bundeswehr gestellt wird, beschloß das Bundeskabinett im Juni 2009, bis zu 300 Soldaten der Luftwaffe mit den fliegenden Radarsystemen der NATO in den Einsatz zu schicken; sämtliche Bundestagsfraktionen mit Ausnahme der LINKEN stimmten diesem Antrag zu. Die AWACS-Aufklärer sollen vom türkischen Stützpunkt Konya aus operieren, um die internationale Schutztruppe ISAF am Hindukusch zu unterstützen. Aller Voraussicht nach wird deshalb der Personalumfang für den deutschen ISAF-Beitrag neuerlich erhöht werden müssen.

Bei dem »Airborne Early Warning and Control System« (AWACS) handelt es sich um ein flugzeuggestütztes Radarsystem, das zur Luftraumaufklärung, Luftlagerstellung und als Einsatzleitzentrale dient. Laut eigener Angaben des AWACS-Verbandes können die High-Tech-Maschinen »auch Aufgaben der taktischen Gefechtsführung wahrnehmen, z. B. Unterstützung und Leitung eigener Luftfahrzeuge bei offensiven oder defensiven Operationen im Kampf gegen das gegnerische Luftkriegspotential, Luftnahunterstützung, Abriegelung des Gefechtsfeldes aus der Luft, Such- und Rettungsdienst für Kampfeinsätze, Aufklärung, taktischer Lufttransport und Luftbetankungseinsätze«.

Suggeriert wird der deutschen Öffentlichkeit von Bundesverteidigungsminister Franz Josef Jung, daß die AWACS-Maschinen vornehmlich deshalb nach Afghanistan entsandt würden, um den wachsenden zivilen Luftverkehr zu überwachen und Aufgaben der Flugsicherung zu übernehmen. Weder die NATO noch die Bundesregierung konnten allerdings bislang verläßliche Informationen über den Anstieg des zivilen Flugverkehrs präsentieren und begründen, warum die afghanischen Luftfahrbehörden dessen Koordinierung nicht selber bewältigen können, zum Beispiel durch die seit Juli 2008 funktionsfähige zivile afghanische Flugsicherung auf dem Internationalen Flughafen Kabul[68]. Bundesregierung und NATO sind deshalb bemüht, das Leistungsspektrum der AWACS kleinzureden. Hervorgehoben wird vor allem, daß diese in der gebirgigen Topographie Afghanistans Erfassungslücken im Luftraum sicher ausschließen und deswegen einen unabdingbaren Beitrag zur Gewährleistung der zivilen Flugsicherheit in Afghanistan leisten können.

Ob allerdings allein diese Aufgabe den nicht nur finanziell erheblichen Aufwand, der mit dem AWACS-Einsatz verbunden ist, rechtfertigen kann, erscheint mehr als zweifelhaft. Denn diese NATO-Mission ist im Kontext der von der Obama-Regierung formuliert AfPak-Strategie zu betrachten, die eine systematische Ausweitung und Intensivierung des von den Besatzungstruppen geführten Krieges gegen die»Organized Militant Forces« (OMF) vorsieht. Damit wird auch die Zahl der von den AWACS-Flugzeugen zu leitenden Luftangriffe weiter kräftig steigen. Da die USA die Mehrzahl ihrer bislang im Rahmen von OEF geführten Streitkräfte dem US-amerikanischen ISAF-Kommandeur als US-Forces Afghanistan unterstellt haben und somit die NATO im Rahmen der von ihr geführten ISAF immer stärker in die Aufstandsbekämpfung verwickelt wird, kommt das Bündnis nicht umhin, mehr eigene Kapazitäten für die Planung und Durchführung dieser Operationen nach Afghanistan zu verlegen. Hierunter fallen auch die bislang von den USA und Großbritannien im Rahmen von OEF bereitgestellten Mittel für die Luftraumkontrolle über dem zentralasiatischen Kriegsschauplatz. Denn für die Koordination und Steuerung der militärischen Lufteinsätze sowohl über Afghanistan als auch über Pakistan, deren Zahl sich immens erhöht hat und weiter steigt, sind die fliegenden Gefechtsstände unentbehrlich. Luftangriffe (»air strikes«)[69] nämlich spielen in der militärischen Operationsführung von NATO und USA zur Bekämpfung des bewaffneten afghanischen Widerstandes eine zentrale Rolle. Bereits von 2006 auf 2007 stieg deren Zahl um 1.000 auf insgesamt 2.764 an und lag damit zweieinhalb mal so hoch (!) wie die der zur selben Zeit im Irak geflogenen Mis-

---

[68] Vgl. zum folgenden *Schäfer, Paul*: AWACS-Einsatz in Afghanistan, Berlin, Oktober 2008.

[69] In der Luftwaffenterminologie wird zwischen »strike« und »sortie« differenziert. Die Zahl der Einsätze (»sorties«) ergibt sich aus der Zahl der im Rahmen einer Luftangriffsmission (»strike«) beteiligten Kampfflugzeuge. Für einen »strike« sind oftmals mehrere »sorties« notwendig.

sionen[70]. Nach NATO-Angaben ist die Zahl der Einsätze (»sorties«) zur Luftnahunterstützung (CAS), die von Kampfflugzeugen des »Coalition Forces Air Component Command« (CFACC)[71] für OEF und ISAF geflogen worden sind, exponentiell angestiegen:

2004 – 6.495

2005 – 7.421

2006 – 10.519

2007 – 13.965

2008 – 19.603

2009 – 8.049 schon in den ersten vier Monaten.

Entsprechend vergrößerte sich die abgeworfene Bomben- und Raketenlast. Tatsächlich geht es also primär darum, mit Hilfe der AWACS die enorm gestiegene Zahl der militärischen Luftraumbewegungen zu koordinieren und vor allem die Effektivität der von der NATO geflogenen Luftangriffe zu erhöhen. Da paßt es genau ins Bild, daß, bevor noch der Bundestag über deren Entsendung beschlossen hatte, zusätzliche Forderungen laut wurden, bei dieser Gelegenheit auch noch Kampfhubschrauber und Eurofighter der Bundeswehr in Afghanistan zu stationieren.

Bei den Luftangriffen arbeiten die fliegenden AWACS-Gefechtsstände eng mit den Bodentruppen der ISAF- und oder OEF-Verbände zusammen. Letztere fordern bei Bedarf über die ihnen zugeordnete sogenannte »Tactical Air Control Party« (TACP) beim übergeordneten »Combined Air Operation Center« (CAOC) in Qatar Luftunterstützung an und übermitteln die entsprechenden Zielkoordinaten dorthin. Das CAOC wiederum übermittelt die Daten an die Kampfflugzeuge und das AWACS. Dort werden dann die An- und Abflugrouten festgelegt und die benötigten Luftkorridore freigehalten. Die Zieleinweisung für den Endanflug sowie gegebenenfalls die Zielbeleuchtung übernehmen wiederum die Spezialisten der TACP direkt am Boden. Zudem sind die AWACS technisch in der Lage, als Relais für die Kommunikation zwischen den Kampfflugzeugbesatzungen und dem für die Luftoperationen verantwortlichen CAOC oder der für die Zieleinweisung verantwortlichen TACP zu fungieren, falls eine direkte Kommunikation zwischen den Betreffenden nicht möglich ist. Auch wenn im Prinzip die zentrale Anweisungsbefugnis und Einsatzkontrolle beim CAOC liegt, können die AWACS – wie in Afghanistan bereits geschehen – dezentral die Kontrolle übernehmen und selbst Feuerleitaufgaben übernehmen, das heißt die Kampfflugzeuge zum Ziel führen. In jedem Fall werden die AWACS mitsamt ihren deutschen Besatzungsanteilen unweigerlich in die Führung der Luftangriffe eingebunden sein.

---

70 Vgl. *Ehrhart, Hans-Georg/Kaestner, Roland*: Afghanistan: Scheitern oder Strategiewechsel?, in: Hamburger Informationen zur Friedensforschung und Sicherheitspolitik, Ausgabe 43/2008, Hamburg, Mai 2008, S. 3.

71 Kommando der Koalitionsluftstreitkräfte.

Einige Nebeneffekte des AWACS-Einsatzes haben strategische Bedeutung. Aufgrund der Reichweite ihres Radars ermöglichen die Maschinen die Ausweitung der NATO-Luftoperationen in den pakistanischen Luftraum hinein. Nicht zu unterschätzen sind auch die Möglichkeiten, tief nach Rußland, die zentralasiatischen Republiken, China und vor allem auch in den Iran hineinzublicken. Selbst wenn die NATO sich im Falle eines Angriffs der USA auf den Iran nicht direkt selbst beteiligen würde, so setzen ihre AWACS die bislang gebundenen Kapazitäten der U.S. Air Force frei und ermöglichen deren Verwendung im Rahmen nationaler US-Luftkriegsoperationen.

Hervorzuheben ist schließlich, daß der AWACS-Einsatz in Zentralasien für die weitere Verquickung von völkerrechtskonformen und völkerrechtswidrigen Einsätzen steht. Bislang wurde – vor allem aus Rücksicht auf Deutschland – in der Regel von einem »gemeinsamen Pool« gesprochen: Aufklärungs-, Überwachungs- und Kampfflugzeuge standen je nach Bedarf für die jeweiligen Militäroperationen zur Verfügung. In der Praxis wurde den OEF-Verbänden, die im Gegensatz zu ISAF einen eindeutigen Kampf- und Vernichtungsauftrag gegen den afghanischen Widerstand besaßen, sowohl bei der Aufklärung als auch bei Luftangriffen zur Nahunterstützung (CAS) Priorität eingeräumt. Mit der AWACS-Mission der NATO übernimmt der Befehlshaber ISAF in Zukunft auch die Koordination und Abstimmung sämtlicher Luftunterstützungsmissionen für den gesamten Kriegsschauplatz. Diese Luftangriffe wiederum werden mitnichten nur zur Unterstützung der am Boden operierenden Truppen der ISAF geflogen, sondern auch für alle anderen im Auftrag und unter nationalem Kommando der US-Regierung agierenden bewaffneten Kräfte. Dazu zählen unter anderem die OEF-Verbände, die Einheiten der US-Drogenbekämpfungsbehörde DEA, die Geheimkommandos der CIA und anderer US-Geheimdienste, nicht zuletzt auch die Schwadronen privater Söldnerunternehmen (nach Angaben des Pentagons stieg die Anzahl der von der Obama-Regierung unter Vertrag genommen privaten »Sicherheitskräfte« im ersten Quartal 2009 um 29 Prozent). Da letztere nicht mit einem Mandat der Vereinten Nationen ausgestattet sind, operieren sie ohne die völkerrechtlich unabdingbare Grundlage, also schlicht völkerrechtswidrig. Folglich wird auch der zukünftig von den AWACS geleistete Beitrag hierzu das Völkerrecht brechen. Erschwerend kommt hinzu, daß sich der Einfluß der afghanischen Regierung auf all diese Missionen hauptsächlich auf die ebenso regelmäßige wie vergebliche Kritik des Präsidenten Hamid Karzai an den horrenden Zahlen der Kriegsopfer unter der afghanischen Zivilbevölkerung beschränkt.

Die Opfer

Ungewöhnlich scharf kritisierte der von Juli 2006 bis August 2008 in Kabul tätige deutsche Militärattaché, Oberstleutnant Jürgen Heiducoff, diese fatale Entwicklung in einem internen Schreiben an Außenminister Frank-Walter Steinmeier. Der militärpolitische Berater der Bundesregierung brandmarkte darin die »Eskalation der militärischen Gewalt in Afghanistan«. Es sei »unerträglich, daß unsere Koalitionstruppen und ISAF inzwischen bewußt Teile der Zivilbevölkerung und damit erhoffte Keime einer Zivilgesellschaft bekämpfen. Westliche Jagdbomber und Kampfhubschrauber verbreiten Angst und Schrecken unter der Zivilbevölkerung. Dies müssen die Paschtunen als Terror empfinden.« Weiter hieß es in dem Brief an den deutschen Außenminister: »Wir sind dabei, durch diese unverhältnismäßige militärische Gewalt das Vertrauen der Afghanen zu verlieren.« Dabei sei »bekannt, daß es um die Verletzung des Kriegsvölkerrechts« gehe. Das Schreiben warnte vor einer schleichenden, völkerrechtswidrigen Ausweitung des ISAF-Mandats: »Das Militär droht sich zu verselbständigen und von den politischen und völkerrechtlichen Vorgaben zu lösen.« Deutliche Kritik übte der militärpolitische Berater auch an der Informationspolitik der ISAF-Führung. Politikern und Parlamentariern gegenüber werde »die militärische Lage unzulässig geschönt dargestellt. Auch deutsche Generäle beschönigen oder verschweigen eigene Probleme.« Dabei sprächen »die ständigen Forderungen nach Truppenverstärkung, die steigenden Kosten des militärischen Engagements, das Anwachsen eigener Verluste und die wachsende Zahl ziviler Opfer eine eigene Sprache«, die »die Ungeeignetheit und Ausweglosigkeit militärischer Gewalt als Lösung der inneren und äußeren Probleme Afghanistans« zum Ausdruck bringe. Argumentativen Flankenschutz erhielt der deutsche Stabsoffizier vom UN-Sonderbeauftragten für Afghanistan, Kai Eide, der bekräftigte: »Wir alle wissen, daß wir (den Krieg) militärisch nicht gewinnen können. Er muß im politischen Sinne gewonnen werden. Das bedeutet politischen Dialog.«

Eine zutreffende Lagebeurteilung. In der Tat ist die Lage in dem zentralasiatischen Land trotz des von den NATO-Militärs mitunter unverhältnismäßig und ohne Rücksicht auf zivile Opfer geführten »Anti-Terrorkrieges« immer unsicherer geworden. Besonders augenfällig wurde dies, als es Taliban-Kämpfern Mitte Juni 2008 mit einem spektakulären Handstreich gelang, das Sarpossa-Gefängnis in Kandahar zu stürmen und 400 ihrer Mitstreiter zusammen mit ein paar hundert Kriminellen zu befreien, wobei nicht nur die rudimentäre afghanische Staatsmacht, sondern auch die internationalen Besatzungstruppen regelrecht vorgeführt wurden.

Angesichts solcher Vorkommnisse erstaunt es nicht, daß die UNAMA-Konferenz eine ernüchternde Bilanz des NATO-Militäreinsatzes am Hindukusch zog. Sie tagte im Juni 2008 in Paris, um über die Umsetzung des in London beschlossenen »Afghanistan Compact« zu befinden. Wörtlich befand die Konferenz: »Die Sicherheitslage ist seit Anfang 2006 deutlich instabiler geworden, vor allem im Süden und Osten des Landes, einige Distrikte sind nach wie vor größtenteils unzugänglich für afghanische Amtsträger und Helfer. Etwa sechs Prozent aller Schulen wurden niedergebrannt oder geschlossen, wodurch etwa 200.000 Kinder nicht unterrichtet werden können (220

Schüler und Lehrer kamen durch militärische Gewalt ums Leben). Vorzeigeprogramme wie das Nationale Solidaritätsprogramm (NSP) haben im Laufe des letzten Jahres ihre Arbeit in über 1.000 Gemeinden vorübergehend eingestellt. Die Unsicherheit in Teilen des Landes hat nicht nur zu Verzerrungen in Bezug auf den Haushalt und die Verteilung von Hilfen und zu einem Gefühl der Ungleichheit zwischen den einzelnen Provinzen geführt, sondern wirkt sich auch auf die Fähigkeit des Staates aus, auf der Ebene von Provinzen und Distrikten handlungsfähig zu bleiben. Durch die Unsicherheit entstehen hohe Zusatzkosten für Hilfeleistungen, und viele Projekte, denen finanzielle Unterstützung zugesagt wurde, können nicht durchgeführt werden oder verzögern sich erheblich.«

Die Zahl der sicherheitsrelevanten Ereignisse verdoppelte sich von 2.440 im Jahr 2005 auf 6.350 im Jahr 2006, diese Entwicklung verschärfte sich nochmals im Jahr 2007, und 2008 verzeichnete allein die ISAF mehr als 250 »Vorfälle« wöchentlich gegenüber knapp 50 im Jahr 2004 (*Spiegel Online* vom 12. Juni 2009). Aufsummiert waren das 2008 mehr als 12.000, darunter Sprengstoffanschläge, Raketenbeschuß und Gefechte. Am gefährlichsten für die Besatzer sind die Angriffe mit Sprengfallen (IEDs). 2008 waren es 3.276, was einer Zunahme von 45 Prozent gegenüber dem Jahr zuvor entspricht. Von Januar bis April 2009 nahm die Zahl der IED-Attacken nach Angaben der ISAF um verheerende 80 Prozent zu. In den ersten zwei Monaten 2009 verdreifachte sich die Zahl der bei Sprengstoffanschlägen getöteten Besatzungssoldaten gegenüber dem Vorjahreszeitraum. Darüber hinaus erhöhte sich die Zahl der Selbstmordattentate – ein in Afghanistan anfänglich nahezu unbekanntes Phänomen: Im ersten Quartal 2009 waren es 31 gegenüber 19 im Vergleichszeitraum 2008 (Global Research, 1. Mai 2009).

In einem Bericht, den UN-Generalsekretär Ban Ki Moon dem Weltsicherheitsrat Ende Juni 2009 vorgelegt hat, heißt es, daß Afghanistan »die wohl intensivste Kampfsaison« seit dem Sturz des Taliban-Regimes Ende 2001 durchlebe. Im Mai 2009 hatte die Zahl der »Sicherheitsvorfälle« erstmals die Tausender-Marke überschritten. Im Juni 2009 erreichte die Gewalt in Afghanistan mit 400 Attacken auf die Besatzungstruppen in einer einzigen Woche einen weiteren Höhepunkt. Einem ISAF-Report zufolge war die Zahl der Angriffe durch den afghanischen Widerstand in den ersten fünf Monaten des Jahres im ganzen Land um 59 Prozent gestiegen, im besonders umkämpften Süden sogar um 78 Prozent. Der US-Oberkommandierende des CENTCOM, General David H. Petraeus, kommentierte dies mit den Worten: »Ohne Frage, die Situation hat sich verschlechtert.«

Getragen wird der afghanische Widerstand von unterschiedlichsten Akteuren, zu denen islamistische oder nationalistische Paschtunen, Drogenhändler, lokale Miliz-Kommandeure, Al-Qaida-Terroristen, ausländische Jihadisten, religiöse Fundamentalisten, Antizentralisten und autonome Kräfte zählen. Insgesamt ging die UNO im Jahr

2006 von 1.200 bis 2.200 illegalen bewaffneten Gruppen mit insgesamt 120.000 bis 200.000 Bewaffneten und mehr als 3,5 Millionen leichten Waffen aus[72]. Solche Gruppen sind in unterschiedlicher Stärke mittlerweile in ganz Afghanistan präsent. Der in London ansässige »International Council on Security and Development« (ICOS), vormals Senlis Council, verzeichnete in einer im Dezember 2008 veröffentlichten Studie in 21 Prozent des Landes beträchtliche (»substantial«) und in weiteren 72 Prozent sogar enorme (»heavy«) Aktivitäten des afghanischen Widerstandes, während nur in den restlichen sieben Prozent ganz im Norden Afghanistans geringe (»light«) Widerstandtätigkeit zu verzeichnen war. Im Vergleich zum Vorjahr hatte die Intensität des Guerillakrieges um ein Drittel zugenommen. Die Forschungsleiterin von ICOS, Norine MacDonald, stellte klar: »Derzeit haben die Taliban die politische und militärische Dynamik in Afghanistan unter Kontrolle.«

Wie intensiv der Krieg zwischen der afghanischen Guerilla und den westlichen Besatzungstruppen tobt, läßt sich exemplarisch an der Zahl der in Afghanistan geflogenen NATO-Luftangriffe ablesen (s. S. 98). Laut Angaben aus dem US-CENTAF Airpower Summary fliegen NATO-Kampfflugzeuge täglich 50 – 80 Luftangriffe (»strikes«), wobei darin allerdings die Attacken von Kampfhubschraubern oder sogenannten »Gunships« der Special Forces ebensowenig eingerechnet sind wie Tiefflugangriffe mit Bordwaffen oder kleinen Raketen. Trotz dieser massiven Kampfeinsätze gestaltet sich der Guerillakrieg am Hindukusch für die fremden Besatzungstruppen immer verlustreicher. Das Jahr 2008 war mit insgesamt 294 Getöteten das tödlichste für die ausländischen Truppen seit der US-Invasion 2001 und setzte den seit 2003 kontinuierlich ansteigenden Trend fort. Frappierende Zahlen sind dem »Afghanistan Report 2009« der NATO zu entnehmen: Während die Zahl der »offensive operations« um 31 Prozent zunahm, erhöhte sich die Zahl der gefallenen SoldatInnen um exakt dieselben 37 Prozent, um welche die ISAF-Truppenstärke im Jahr 2008 erhöht worden war. Augenfälliger könnte der Zusammenhang von militärischer Eskalation und Opferzahlen kaum sein, zumal derselbe Report auch einen Anstieg der zivilen Verluste um 40 bis 56 Prozent vermeldet. Insgesamt belief sich die Zahl der seit Beginn des Krieges am Hindukusch Gefallenen in den Reihen der Besatzungstruppen bis zum 14. Juli 2009 auf 1.221. Die höchsten Verluste hatten dabei die US-Streitkräfte mit 712 Toten, gefolgt von den Briten mit 184 sowie den Kanadiern mit 122 zu verzeichnen, während die Bundeswehr in Afghanistan nicht nur durch gegnerische Aktionen, sondern auch durch Unfälle bis Mitte 2009 in ihren Reihen offiziell 35 tote Kameraden und dazu noch einige Suizide beklagen mußte.

---

[72] Vgl. *Ruttig, Thomas*: Afghanistan: Institutionen ohne Demokratie. Strukturelle Schwächen des Staatsaufbaus und Ansätze für eine politische Stabilisierung, in: *SWP-Studie* S 17, Stiftung Wissenschaft und Politik – Deutsches Institut für Internationale Politik und Sicherheit, Berlin, Juni 2008, S. 21.

Aber nicht nur die Zahl der getöteten Besatzungssoldaten, sondern auch die der zivilen Opfer erreicht Höchststände, wobei sich vor allem die US-Militärs durch exzessive Gewaltausübung gegen unbeteiligte Zivilisten hervortun. Der afghanische Politologe und Buchautor Matin Baraki schätzt die Zahl der afghanischen Opfer des Krieges am Hindukusch auf bis zu 50.000 (*Freitag* vom 24. August 2007). Doch hierüber informieren weder NATO noch Bundesregierung die Öffentlichkeit adäquat – man wolle keinen »Body Count« betreiben, lautet die offizielle Begründung. So erklärte die Bundesregierung gegenüber dem Bundestag in ihrer Antwort vom 19. Juni 2007 auf eine Kleine Anfrage: »Die operativen Details der ISAF-Operationsführung unterliegen der Geheimhaltung. Der Bundesregierung liegen keine belastbaren Erkenntnisse über die Anzahl der zivilen Opfer in Afghanistan vor« (Bundestagsdrucksache 16/5711, 19. Juni 2007).

Konkreter wurde allerdings der stellvertretende UN-Generalsekretär für humanitäre Fragen, John Holmes, als er am 9. Juli 2008 in einer Sitzung des UN-Sicherheitsrates zu Afghanistan ausführte: »Der Konflikt übt einen wachsenden Druck auf die Zivilbevölkerung aus. … Seit dem Zeitpunkt der Intensivierung der Kampfhandlungen ist die Gesamtzahl der Opfer des Konfliktes (einschließlich an den Kampfhandlungen Beteiligter) gewachsen.« Besonders hob Holmes hervor, daß zahllose Schulen angegriffen und dabei viele Kinder getötet und verletzt worden seien.

Laut dem UNAMA-Jahresbericht 2008 wurden in diesem Zeitraum mindestens 2.118 Zivilisten getötet, das sind 40 Prozent mehr als im Jahr zuvor. 828 davon fielen dem Feuer der internationalen Truppen oder deren afghanischen Verbündeten zum Opfer. Diese Angaben korrelieren mit den Zahlen der »Afghanistan Rights Monitor Group«, die 1.100 Opfer von NATO und US-Einsätzen nennt, während die offizielle NATO-Propaganda lediglich 248 zivile »Kollateralschäden« einräumt[73]. In den ersten fünf Monaten 2009 sind wiederum zwischen 387 und 472 zivile Tote zu verzeichnen, womit unter der Ägide von US-Präsident Obama die Zahl der im Monatsdurchschnitt von ausländischen Truppen getöteten Zivilisten mit 96 ihren bisherigen Höchststand erreicht hat. Besondere Empörung freilich verdient der Umstand, daß mittlerweile 70 Prozent der Opfer, die auf das Konto der mit ihrer total überlegenen Luftwaffe ja so ungeheuer tapfer und zivilisiert kämpfenden westlichen Truppen gehen, Frauen und Kinder sind. Und welch eine Heuchelei, in Anbetracht dessen im selben Atemzug den stereotyp als »radikalislamische Taliban« apostrophierten afghanischen Widerständlern die »Feigheit« und »Hinterhältigkeit« ihrer Angriffe auf die fremden Besatzungstruppen vorzuwerfen – während namentlich die CIA mit unbemannten, ferngesteuerten Drohnen vornehmlich Ziele in den von Paschtunen bewohnten pakistanischen

---

[73] Vgl. die präzisen Angaben von *Prof. Marc W. Herold*, der als einziger Analyst nicht-aggregierte und damit nachprüfbare Daten liefert, bei *Global Research* (www. globalresearch.ca).

Grenzgebieten angreift. Bei sechzig derartigen Attacken im Zeitraum vom 14. Januar 2006 bis 8. April 2009 kamen 687 zivile Dorfbewohner ums Leben; nur zehn Drohnen trafen und töteten insgesamt vierzehn Mitglieder der Al Qaida-Führung (*Global Research*, 12. Juni 2009). Für jeden getöteten Paschtunen schließen sich drei bis fünf Stammesangehörige dem Widerstand an, um entsprechend den Regeln des traditionellen Stammesgesetzes, des »Paschtunwali«, Blutrache an den Tätern zu nehmen. Die effektivste Art, den Krieg in Zentralasien anzuheizen, besteht demnach darin, möglichst viele Unschuldige zu töten. Immerhin hat angesichts dieses fatalen Mechanismus der Befehlshaber der ISAF eine geänderte taktische Direktive erlassen, die im O-Ton der NATO dazu dienen soll »to minimise the risk of harming civilians and reduce behaviour which offends Afghans«[74] (*NATO Afghanistan Report 2009*). Es scheint demnach nicht ganz ausgeschlossen, daß die NATO-Militärs doch noch begreifen könnten, daß ihre Mission am Hindukusch überhaupt nur dann eine Chance haben kann, wenn die fremden Truppen als Beschützer und nicht als Zerstörer der afghanischen Familien auftreten (s. S. 93f).

Für die teilweise kriegsverbrecherischen, zumindest aber unverhältnismäßigen Luftangriffe und die massiven Artillerieattacken, denen Zivilisten in großer Zahl zum Opfer fallen, sind sowohl die ISAF als auch die unter nationalem US-Kommando agierenden Verbände der OEF verantwortlich, die keiner Kontrolle durch das internationale Hauptquartier in Kabul unterliegen. Dieser Umstand unterstreicht wiederum nicht nur die ohnehin offenkundige Völkerrechtswidrigkeit des sogenannten Anti-Terror-Krieges, sondern beschädigt darüber hinaus auch die Legitimität der vom UN-Sicherheitsrat mandatierten ISAF-Mission.

Im Verhältnis zu den Aktionen der Streitkräfte am Boden sind die von der Luftwaffe vorgetragenen Angriffe vier- bis fünfmal tödlicher. So wurden am 3. Juli 2008 bei einem Luftangriff in der Provinz Bamiyan 22 Zivilisten getötet und weitere acht verletzt. Zwei Tage später kamen bei einem Luftangriff der NATO drei Zivilisten in der Provinz Ghazni ums Leben. Am 6. Juli 2008 griffen NATO-Kampfflugzeuge versehentlich eine Hochzeitsgesellschaft im Dorf Ka Chona in der Provinz Nangarhar an. 47 Zivilisten starben, darunter 39 Frauen und Kinder. Auch im Jahr 2009 setzten sich die Massaker aus der Luft fort: In einem besonders eklatanten Fall bombardierte die U.S. Air Force am 4. Mai zwei Dörfer in der Provinz Farah, wobei nach Angaben der »Afghan Independent Human Rights Commission« elf Männer, 21 Frauen und 65 Kinder (31 Mädchen und 34 Jungen) umkamen. Hierbei gelangte auch noch in kriegsverbrecherischer Weise weißer Phosphor zum Einsatz (*Global Research*, 12. Mai 2009). Während danach aus Karzais Präsidentenpalast die ultimative Forderung nach einem völligen

---

74 »Das Risiko zu minimieren, Zivilisten zu verletzen, und beleidigendes Verhalten gegenüber Afghanen zu reduzieren.«

Stopp der Luftangriffe auf afghanische Dörfer erscholl, kommentierte der Nationale Sicherheitsberater der USA, James Jones, man könne von den USA nicht erwarten, daß sie mit einer auf den Rücken gebundenen Hand kämpfen würden.

Schon im Herbst 2008 sah sich der Bundestagsabgeordnete Hans Christian Ströbele angesichts der verheerenden Bombenangriffe auf zivile Ziele veranlaßt, schriftlich bei der Bundesregierung anzufragen, ob sie »nach Erkenntnissen all ihrer Ressorts ausschließen [könne], daß Aufklärungs-Meldungen von Bundeswehr-Tornados für US-Luftangriffe ... verwendet wurden«. Grund für sein Schreiben vom 2. September war zum einen ein Luftangriff auf das afghanische Dorf Asis Abad in der Provinz Herat am 21. August 2008, bei dem laut dem UN-Beauftragten Eide sowie Ministerpräsident Karsai »89 unschuldige Zivilisten, überwiegend Frauen und Kinder« getötet worden waren, zum anderen ein ISAF-Artillerieangriff im Bezirk Gajan in der Provinz Paktika am 1. September, bei dem in einem Haus zehn Zivilisten verletzt wurden, davon drei Kinder tödlich.

Des weiteren forderte Ströbele die Bundesregierung zur Stellungnahme auf, inwieweit es zutreffe, »daß Bundeswehrsoldaten in Afghanistan laut dem Polizeichef der Provinz Badachschan am 19.8.2008 nahe Feisabad einen unbewaffneten Schäfer vor seiner Herde töteten sowie am 28.8.2008 nahe Kundus Bundeswehrausbilder der afghanischen Polizei an einer Kontrollstelle entgegen ihren Einsatzregeln – wonach nur afghanische Ko-Posten hätten schießen dürfen sowie bei Flüchtenden allenfalls auf die Autoreifen – eine Frau sowie zwei Kinder durch das Fenster deren Autos erschossen«. Auch für den SPD-Verteidigungsexperten Kolbow sind die Folgen des Vorfalls am Kontrollpunkt dramatisch. Kolbow wörtlich: »Jetzt hat uns auch die Täterrolle erreicht.« (*NDR Info*, 6. September 2008).

Auch im Umgang mit gefangengenommenen Widerstandskämpfern können Soldaten zu Tätern werden. Die USA behandeln Gefangene unter Zugrundelegung einer vollkommen willkürlichen Rechtsauffassung, die international auf erhebliche Kritik stieß, einfach als sogenannte »illegale Kämpfer« und verwehren ihnen den Schutz der Genfer Konvention über die Behandlung von Kriegsgefangenen. Kurzerhand verschleppen die US-Streitkräfte in enger Kooperation mit den Geheimdiensten jeden Verdächtigen, dessen sie habhaft werden, in über die ganze Welt verteilte Folterlager wie Guantánamo, Bagram, Camp Bondsteel (Kosovo) und andere. Wie das vor sich ging, schildert eindrucksvoll der Deutschtürke Murat Kurnaz, der fünf Jahre Lagerhaft in Guantánamo erleiden mußte (s. sein Buch »Fünf Jahre meines Lebens. Ein Bericht aus Guantánamo«). Die Bundeswehr hat sich bis zum Frühjahr 2007 mit einem formaljuristischen Trick aus der Affäre gezogen: In Gewahrsam genommene Widerstandskämpfer wurden nämlich lediglich »festgehalten«, bis die US-Kameraden kamen, an die sie dann zur »Festnahme« übergeben wurden. Erst auf Weisung des Verteidigungsministeriums wurde diese Praxis dahingehend revidiert, daß »in Gewahrsam genommene Personen nur dann an Sicherheitskräfte von Drittstaaten übergeben werden dürfen, wenn die Beachtung menschenrechtlicher Mindeststandards gewährleistet ist« (s. S. 235f).

Desolater Wiederaufbau

Abgesehen von der trotz immensen militärischen Aufwandes seit 2006 deutlich verschlechterten Sicherheitslage hat sich auch die humanitäre Situation weiter Teile der afghanischen Bevölkerung, vor allem in den umkämpften südlichen und östlichen Regionen, kaum verbessert. Es herrschen dort chronische Mangelernährung und in Teilen der Bevölkerung sogar Hungersnot, mangelhafter Zugang zu sauberem Trinkwasser und medizinischer Versorgung. »Gut fünf Jahre nach der US-Invasion gehört Afghanistan noch immer zu den ärmsten Ländern der Welt, zahllose Menschen leben wie Sklaven in Abhängigkeit von Kriegsfürsten oder Feudalherren«, berichtete Susanne Koelbl im *Spiegel* 11/2007. In der Armuts-Statistik gemäß dem UN-Armutsindex rutschte das Land in den letzten Jahren noch weiter ab, nämlich von Platz 173 im Jahr 2004 auf Platz 174 im Jahr 2007 (jeweils von 178 Ländern). So beträgt das jährliche Pro-Kopf-Einkommen gerade einmal 355 US-Dollar, also weniger als einen Dollar pro Tag, und bis zu 43 Prozent der Menschen leben unter der Armutsgrenze (*Freitag* vom 12. September 2008). Katastrophal ist die Analphabetenrate von 80 Prozent. Auch hat sich die Lebenssituation von Frauen nicht wesentlich verbessert. Amnesty International konstatierte im Juni 2009: »Auch acht Jahre nach dem Sturz der Taliban ist die Lage der Frauen trostlos. Überall im Land begegnen afghanische Frauen und Mädchen unterschiedlichsten Formen von Gewalt: Sie werden entführt, vergewaltigt, im eigenen Haus mißhandelt, gegen ihren Willen verheiratet oder zur Beilegung von Konflikten wie eine Ware gehandelt.« Die durchschnittliche Lebenserwartung afghanischer Frauen liegt bei 44 Jahren, 70 bis 80 Prozent sind zwangsverheiratet, jede bekommt im Durchschnitt 6,6 Kinder, wobei die Müttersterblichkeit sieben Prozent beträgt, und nach wie vor gibt es das grauenhafte Phänomen des »Feuertodes«, der Selbstverbrennung drangsalierter Ehesklavinnen. Obwohl Afghanistan das Übereinkommen zur Beseitigung jeder Form von Diskriminierung der Frau unterzeichnet hat und die Verfassung eigentlich gleiche Rechte für Frauen und Männer garantiert, fehlt es der von der NATO gestützten Regierung am politischen Willen, die Menschenrechte von Frauen und Mädchen durchzusetzen, moniert Amnesty International.

Erhebliche Schwierigkeiten bereitet darüber hinaus die Integration von Flüchtlingen, die durch forcierte Ausweisungspolitik aus den Nachbarländern Pakistan und Iran zurückgeschickt werden und in besonderer Weise auf humanitäre Hilfe angewiesen sind.

Zugleich ist unter dem Schutz der NATO-Truppe Afghanistan zum weltgrößten Exporteur von Rohopium und Heroin aufgestiegen, haben Korruption und Bestechung endemische Ausmaße angenommen:»... eine parasitäre Oberschicht kassiert die Milliardenhilfe der westlichen Geber für Prunkpaläste, von afghanischer *Narcotektur* ist die Rede«, wie Thomas Ruttig im *Freitag* vom 12. September 2008 schrieb. Das U.N. International Narcotics Control Board informierte in seinem im Februar 2009 vorgelegten Jahresbericht, daß die Mohnanbaufläche 2008 zwar um 20 Prozent reduziert wurde, die Produktion aber nur um sechs Prozent auf 7.700 Tonnen zurückging. Damit versorgte Afghanistan 90 Prozent des illegalen Weltmarkts mit Opium und Heroin. Angesichts dessen bezeichnete Präsident Obamas Sonderbeauftragter für Pakistan und Afghanistan, Richard Holbrooke, im März 2009 die für die Drogenbekämpfung eingeplanten 800 Millionen US-Dollar als das »nutzloseste und ineffektivste Programm, das [er] in 40 Jahren gesehen« habe. Und so erwartet das U.N. International Narcotics Control Board auch für 2009 wieder eine Rekordernte für die Drogenproduktion.

Völlig disparat stellt sich die Finanzierung der *Mission Impossible* am Hindukusch dar. So haben allein die USA seit dem Sturz des Taliban-Regimes im Jahr 2001 mehr als 154 Milliarden Dollar für den Krieg in Afghanistan ausgegeben, aber nur lumpige 4,4 Milliarden für den zivilen Wiederaufbau; die Obama-Administration hat nun angekündigt, die Mittel für letzteren auf drei Milliarden Dollar pro Jahr erhöhen zu wollen. Doch vorerst pumpt das Pentagon zwölfmal soviel, nämlich täglich etwa 100 Millionen Dollar, in den Krieg (*Die Zeit*, 9. Oktober 2008). Im Vergleich dazu stellen alle Geberländer zusammen nur etwa sieben Millionen Dollar pro Tag für den zivilen Wiederaufbau zur Verfügung. Insgesamt wurden Afghanistan seit 2001 25 Milliarden Dollar an Hilfsgeldern zugesagt, von denen bis Sommer 2009 lediglich 15 Milliarden ausbezahlt waren. Das Ergebnis dieses grotesken Mißverhältnisses: Die Taliban sind so stark und siegessicher wie nie zuvor.

Von dem spärlichen Rinnsal der jährlich knapp zwei Milliarden US-Dollar an Hilfsgeldern kommt der Großteil nicht den Afghanen selbst zugute, sondern landet zunächst einmal in den Töpfen der internationalen Hilfsorganisationen. Auf diese Weise fließen etwa 40 Prozent der Gelder zurück in die heimischen Betriebe beziehungsweise an eine Elite superreicher Ausländer aus den intervenierenden Staaten im Kriegsgebiet. UN-Angaben zufolge erreichen nicht einmal 19 Prozent der auswärtigen Hilfsgelder den beabsichtigten Zweck.

Was die Bundesrepublik Deutschland angeht, so schlug der Afghanistan-Einsatz der Bundeswehr in der Vergangenheit mit rund 500 Millionen Euro im Jahr zu Buche. Nach der zuletzt beschlossenen neuerlichen Aufstockung der Einsatzstärke wurden 688,1 Millionen Euro für den Vierzehn-Monate-Zeitraum von Oktober 2008 bis November 2009 veranschlagt. Hinzu kommen noch die Kosten für die deutsche Beteiligung an der Operation Enduring Freedom, die jährlich etwa 100 Millionen Euro betragen – bis November 2007 waren hierfür insgesamt 842 Millionen Euro aufgelaufen.

Demgegenüber hat das Auswärtige Amt von 2001 bis 2007 nur lächerliche 73 Millionen Euro an humanitärer Hilfe geleistet. Insgesamt hat die Bundesrepublik seit 2002 lediglich 345,5 Millionen Euro für den Wiederaufbau gezahlt. Laut dem Afghanistan-Konzept der Bundesregierung vom 9. September 2008 liegt das für die Jahre 2002 bis 2010 geplante Gesamtausgabevolumen bei etwa 1,1 Milliarden Euro, was noch nicht einmal den Kosten für zwei Jahre Bundeswehreinsatz entspricht. Für die Jahre 2008 – 2010 hat die Bundesregierung gerade einmal etwas mehr als 420 Millionen Euro für den zivilen Aufbau in Afghanistan eingeplant. Dennoch entspricht die von der Bundesregierung in ihrem im Oktober 2008 im Bundestag eingebrachten Antrag zur Fortsetzung der ISAF-Mission mit stolzgeschwellter Brust angekündigte Aufstockung der Entwicklungsgelder für Afghanistan auf 170 Millionen Euro nur etwa einem Viertel der Kosten für den Bundeswehreinsatz dort. Angesichts dieser mageren Aufbauleistung auf der einen, der exorbitanten zivilen Opferzahlen auf der anderen Seite nimmt es nicht Wunder, daß die afghanische Bevölkerung die fremden Streitkräfte in ihrem Land immer mehr als Besatzungstruppen wahrnimmt – was sie ja, berücksichtigt man die zuvor erläuterte geostrategische Interessenlage der transatlantischen Vormacht – auch tatsächlich sind.

Strategische deutsche Interessen

Nichtsdestoweniger bleibt besonders aus deutscher Sicht eine erfolgversprechende politische und militärische Strategie für das Abenteuer am Hindukusch nicht erkennbar. Der sicherheitspolitische Analyst und bekennende Transatlantiker Lothar Rühl unternahm 2007 in der Zeitschrift *Strategie & Technik* den Versuch einer Definition der strategischen Interessen Deutschlands am Hindukusch:

1. »Nach der Staatsraison der Bundesrepublik seit 1949 werden die nationalen Interessen euro-atlantisch definiert.« Ein Bruch mit USA und NATO würde dieser Staatsraison widersprechen. Die Ausweitung des deutschen Engagements in Afghanistan »ist auch als eine politische Kompensation für die Nichtbeteiligung im Irak anzusehen«.
2. Die Glaubwürdigkeit und Verläßlichkeit deutscher Außenpolitik muß sich in Afghanistan beweisen.
3. »Das deutsche außenpolitische Interesse an einer hervorgehobenen internationalen Rolle ... schließt militärisches Engagement ... ein.«
4. Um einen reibungslosen Welthandel und die Energieversorgungssicherheit zu gewährleisten, sind »maritime Kapazitäten und schnell bewegliche Flottenpräsenz im Mittelmeer, in der Arabischen See, im Persischen Golf und im Indischen Ozean [besonders wichtig]. Die EU-Staaten können diese nicht allein herstellen und dauernd einsatzbereit halten. Maritime Sicherheit setzt die Verbindung zu den USA und den US-Seestreitkräften in der NATO voraus. Die alliierten Seestreitkräfte der

NATO sind im deutschen Interesse unersetzlich. Damit sind der Erfolg der NATO in Afghanistan und der Bestand der Allianz ein deutsches strategisches Interesse ...«.

5. Die Lage in Afghanistan hat sich seit Beginn des Einsatzes so weit verschlechtert, »daß die NATO nicht einfach einen Schlußstrich ziehen und das Feld räumen kann, ohne eine Katastrophe zu hinterlassen«. Deshalb seien »mehr Bodentruppen für verstärkte Präsenz und vermehrten Einsatz« erforderlich.

Auf den Punkt gebracht folgt daraus: Die Mission am Hindukusch wird zum Prüfstein des nordatlantischen Bündnisses erklärt – Bündnisräson dient als Ersatz für mangelnden sicherheitspolitischen Verstand. Die deutschen Soldaten sterben für das Bündnis mit den USA, für den Fortbestand der NATO und für mehr politisches Gewicht Deutschlands auf der Weltbühne.

Der Mißerfolg der bisherigen militärischen Strategie soll aber nicht nur durch noch mehr Soldaten wettgemacht werden. Denn zugleich wird der Kampfauftrag im fernen Zentralasien nach und nach ausgeweitet – »Mission Creep« lautet der militärische Fachbegriff hierfür. Mittlerweile operieren US-Truppen immer ungenierter auch auf pakistanischem Territorium, da die pakistanische Armee angeblich nicht wirksam genug gegen die über die Grenze einsickernden Widerstandskämpfer vorgeht. Durch diese Eskalation droht der Krieg am Hindukusch, Pakistan und die gesamte Region weiter zu destabilisieren. Ignoriert wird die Erkenntnis des Erzzynikers Henry Kissinger, der zum Vietnam-Desaster konstatiert hatte: »Die Armee verliert, solange sie nicht gewinnt, die Guerilla aber gewinnt, solange sie nicht verliert.« Ein hochrangiger Taliban-Kommandeur hat seine Kampfesphilosophie in die Worte gefaßt: »Ihr Westler habt eure Uhren, aber wir Taliban haben Zeit.«[75] Höchst eindrucksvoll erweist sich mithin die Einfalt der regierungsamtlich proklamierten Parole, Deutschland werde am Hindukusch verteidigt.

Paschtunischer Freiheitskampf

Die 2.640 Kilometer lange Grenze zwischen Afghanistan und Pakistan stellt in diesem Kontext ein besonderes Problem dar, weil sie mitten durch den Lebensraum von 40 Millionen Paschtunen verläuft, die entlang dieser Linie in 65 Stämmen leben. Tagtäglich wird diese Grenze von etwa 200.000 dieser Menschen überquert (*The News International*, 26. Februar 2009). Völkerrechtlich betrachtet existiert sie seit 1992 eigentlich gar nicht mehr, denn sie basiert auf der sogenannten »Durand-Line«, die in einer anno 1893 zwischen dem russischen Zarenreich und dem British Empire geschlossenen Ver-

---

[75] *Rosen, Nir*: How We Lost the War We Won, in: *Rolling Stone*, Issue 1064 – October 30, 2008 (www.rollingstone. com/news/story/23612315/how_we_lost_the_war_we_ won).

einbarung für eine Dauer von 99 Jahren festgelegt worden war. Mehr und mehr entwickelt sich somit der sogenannte Anti-Terror-Kampf von ISAF und OEF im Süden und Osten Afghanistans zu einem klassischen Kolonialkrieg gegen das Freiheitsstreben des paschtunischen Volkes, und die barbarische Vorgehensweise des US-Militärs und der Kampfeinheiten der amerikanischen Geheimdienste bewirkt geradezu zwangsläufig, daß die Gegner von morgen herangezüchtet werden: »Wenn man den Männern in den Dörfern keine andere Chance läßt, als zu kämpfen, dann tun sie das, was sie seit Jahrhunderten tun: Sie kämpfen. Damit wird der Krieg immer wieder angefacht«, erkannte der CDU-Politiker und ausgewiesene Afghanistan-Kenner Willy Wimmer.

Ausgesprochen düster nimmt sich vor diesem Hintergrund die Prognose des deutschen Geheimdienstexperten Erich Schmidt-Eenboom für die Lageentwicklung in Afghanistan aus: Falls Karzai seine Macht an das Bündnis der ehemaligen Warlords verlöre, hätte die NATO die Wahl zwischen zwei Übeln: »Entweder sie übt eine Art von Kohabitation mit den Kriegsverbrechern aus und verzichtet dabei auf Demokratisierung, Entwaffnung der Privatarmeen und die Bekämpfung des Drogenanbaus, dann hat sie den Krieg moralisch verloren. Oder sie nimmt den Kampf mit den Warlords auf, um einen ›failing state‹ zu verhindern, dann hat sie den Kampf militärisch verloren.« Angesichts dessen stellt sich immer drängender die Frage nach dem Sinn der deutschen Militärpräsenz am Hindukusch. Doch über einen Rückzug aus dem aller militärischen Expertise nach aussichtslosen Guerillakrieg darf nicht einmal diskutiert werden. Für die Bundesregierung ist das Thema tabu. Bis auf weiteres darf also mit deutscher Beteiligung munter weiter krepiert und gemordet werden am fernen Hindukusch[76].

Ein Lichtblick

Die vom Bundesverfassungsgericht in Karlsruhe mehrfach festgestellte und doch stets offengelassene Interpretationslücke betreffend den im Artikel 87a des Grundgesetzes normierten Verteidigungsauftrag der deutschen Streitkräfte füllte schließlich im Jahr 2005 das Leipziger Bundesverwaltungsgericht in dem Verfahren mit dem Aktenzeichen BVerwG 2 WD 12.04. Obwohl dieser Urteilsspruch für die Sicherheits- und Verteidigungspolitik Deutschlands eminente Bedeutung besitzt, fand unter dessen Analysten bislang kaum Beachtung, daß die Bundesverwaltungsrichter darin ein für allemal eindeutig, umfassend und zugleich erschöpfend klarstellen, wie der Verteidigungsbegriff im Grundgesetz zu verstehen ist.

---

[76] Paradigmatisch hierfür ist der Beitrag des Professors für Politikwissenschaft an der Universität Marburg, *Wilfried von Bredow*: Verdammt zum Erfolg, in der *Frankfurter Allgemeinen Zeitung* vom 30. März 2009.

Den Ausgangspunkt seiner Argumentation bildet auch für das Bundesverwaltungsgericht die verfassungsrechtliche Grundsatzentscheidung aus Art. 87a Abs. 1 GG, wonach der Bund Streitkräfte »zur Verteidigung« aufstellt.

Nach Auffassung der Richter ist damit zum einen der »Verteidigungsfall« nach Art. 115a GG gemeint, also wie schon erwähnt (s. S. 76f) eine Situation, in der das »Bundesgebiet mit Waffengewalt angegriffen wird oder ein solcher Angriff unmittelbar droht«. Der entscheidende Passus hinsichtlich der Reichweite des Verteidigungsbegriffs im Grundgesetz folgt unmittelbar: »Da der Normtext des Art. 87a Abs. 1 und 2 GG von ›Verteidigung‹, jedoch – anders als die zunächst vorgeschlagene Fassung – nicht von ›Landesverteidigung‹ spricht und da zudem der verfassungsändernde Gesetzgeber bei Verabschiedung der Regelung im Jahre 1968 auch einen Einsatz im Rahmen eines NATO-Bündnisfalles als verfassungsrechtlich zulässig ansah, ist davon auszugehen, daß ›Verteidigung‹ alles das umfassen soll, was nach dem geltenden Völkerrecht zum Selbstverteidigungsrecht nach Art. 51 der Charta der Vereinten Nationen (UN-Charta), der die Bundesrepublik Deutschland wirksam beigetreten ist, zu rechnen ist.« Artikel 51 der UN-Charta besagt: »Diese Charta beeinträchtigt im Falle eines bewaffneten Angriffs gegen ein Mitglied der Vereinten Nationen keineswegs das naturgegebene Recht zur individuellen oder kollektiven Selbstverteidigung, bis der Sicherheitsrat die zur Wahrung des Weltfriedens und der internationalen Sicherheit erforderlichen Maßnahmen getroffen hat. Maßnahmen, die ein Mitglied in Ausübung dieses Selbstverteidigungsrechts trifft, sind dem Sicherheitsrat sofort anzuzeigen; sie berühren in keiner Weise dessen auf dieser Charta beruhende Befugnis und Pflicht, jederzeit die Maßnahmen zu treffen, die er zur Wahrung oder Wiederherstellung des Weltfriedens und der internationalen Sicherheit für erforderlich hält.«

Mit seinem höchstrichterlichen Urteilsspruch widerlegt das Bundesverwaltungsgericht unanfechtbar die in der sicherheitspolitischen Diskussion häufig vorgetragene Auffassung, das Grundgesetz begrenze den Einsatz der Bundeswehr auf die Verteidigung des Territoriums der Bundesrepublik Deutschland sowie des NATO-Vertragsgebiets. Stattdessen definieren die Bundesverwaltungsrichter einen weiten Verteidigungsbegriff, der alles umfaßt, was die UN-Charta erlaubt, zugleich beschränken sie ihn aber eben strikt auf deren Bestimmungen. Denn, so die Richter, »Art. 51 UN-Charta gewährleistet und begrenzt in diesem Artikel für jeden Staat das – auch völkergewohnheitsrechtlich allgemein anerkannte – Recht zur ›individuellen‹ und zur ›kollektiven Selbstverteidigung‹ gegen einen ›bewaffneten Angriff‹, wobei das Recht zur ›kollektiven Selbstverteidigung‹ den Einsatz von militärischer Gewalt – über den Verteidigungsbegriff des Art. 115a GG hinausgehend – auch im Wege einer erbetenen Nothilfe zugunsten eines von einem Dritten angegriffenen Staates zuläßt (zum Beispiel ›Bündnisfall‹). Der Einsatz der Bundeswehr ›zur Verteidigung‹ ist mithin stets nur als Abwehr gegen einen ›militärischen Angriff‹ (›armed attack‹ nach Art. 51 UN-

Charta) erlaubt, jedoch nicht zur Verfolgung, Durchsetzung und Sicherung ökonomischer oder politischer Interessen.«

Die rechtlichen Hürden für den Einsatz bewaffneter Streitkräfte legt das Gericht demnach sehr hoch, indem es nämlich die Zulässigkeit militärischer Gewaltanwendung strikt auf die in der UN-Charta vorgesehenen Fälle (Kapitel VII und Artikel 51) begrenzt: »Ein Staat, der sich – aus welchen Gründen auch immer – ohne einen solchen Rechtfertigungsgrund über das völkerrechtliche Gewaltverbot der UN-Charta hinwegsetzt und zur militärischen Gewalt greift, handelt völkerrechtswidrig. Er begeht eine militärische Aggression.« Und, so das Gericht weiter im Hinblick auf die deutschen Unterstützungsleistungen für den im Jahre 2003 geführten Aggressionskrieg gegen den Irak: »Eine Beihilfe zu einem völkerrechtlichen Delikt ist selbst ein völkerrechtliches Delikt.« Ergo müßten von Rechts wegen – ginge es denn nach Recht und Gesetz oder auch nur nach Anstand und Moral – die ehedem willfährigen Handlanger des angloamerikanischen Völkerrechtsverbrechens in Bundesregierung und Bundeswehr längst hinter Schwedischen Gardinen schmoren. Indessen: Wo kein Kläger, da kein Richter.

Wie der Friedensverrat ins Strafgesetzbuch kam

Als sich im August 1948 auf Geheiß der alliierten Besatzungsmächte in dem im idyllischen Voralpenland gelegenen Schloß Herrenchiemsee ein Konvent einfand, um einen Entwurf für die Verfassung der neu zu konstituierenden Bundesrepublik zu erarbeiten, herrschte in den Reihen dieses ausschließlich aus Juristen gebildeten Sachverständigenausschusses in einem Punkt von Beginn an Einigkeit: Von deutschem Boden sollte nie wieder Krieg ausgehen. Seinen Ausdruck fand dieser klare Konsens im Artikel 26 des wenige Monate später vom Parlamentarischen Rat zu Bonn beschlossenen, »Grundgesetz« (GG) genannten neuen Verfassungswerks. Dort heißt es im Absatz 1: »Handlungen, die geeignet sind und in der Absicht vorgenommen werden, das friedliche Zusammenleben der Völker zu stören, insbesondere die Führung eines Angriffskrieges vorzubereiten, sind verfassungswidrig. Sie sind unter Strafe zu stellen.« Hiermit hatte der Verfassungsgeber den Programmsatz und zugleich die Rechtsnorm formuliert, welche auf die Verhinderung jedweder militärischen Gewaltanwendung zwischen den Völkern hinzielt.

Die ParlamentarierInnen im Deutschen Bundestag hingegen ließen geschlagene zwanzig Jahre verstreichen, bis sie sich bemüßigten, den ihnen erteilten Verfassungsauftrag in Gesetzesform zu gießen. So erhaben jegliche Verfassungsnorm auch ins Grundgesetz gemeißelt sein mag – ihre praktische Wirksamkeit entfaltet sie stets erst nach Umsetzung in ein korrespondierendes Ausführungsgesetz. Gleichwohl suchte man im einschlägigen Strafgesetzbuch (StGB) zwei Jahrzehnte vergebens nach der Normierung des Aggressionsverbotes.

Mit dieser Aufgabe befaßte sich erstmals in den Jahren 1967 und 1968 ein vom Bundestag eingesetzter »Sonderausschuß für die Strafrechtsreform«. Dieser beriet in 53 ordnungsgemäß protokollierten Sitzungen über zwei Gesetzentwürfe zur Neufassung des Strafgesetzbuches, die von der christkonservativen Bundesregierung einerseits, der oppositionellen SPD andererseits vorgelegt worden waren. Das Bemerkenswerte, ja aus heutiger Sicht geradezu Skandalöse lag in dem Umstand, daß in beiden Reformvorschlägen die in Art. 26 Abs. 1 GG unmißverständlich erteilte Direktive wiederum ignoriert wurde. Den verfassungstreuen Mitgliedern des Sonderausschusses ist es zu danken, daß unter dem Rubrum »Friedensverrat« das Verbot des Angriffskrieges schließlich doch Eingang ins deutsche Strafgesetzbuch gefunden hat. Dort lautet der einschlägige § 80 (Vorbereitung eines Angriffskrieges): »Wer einen Angriffskrieg (Artikel 26 Abs. 1 des Grundgesetzes), an dem die Bundesrepublik Deutschland beteiligt sein soll, vorbereitet und dadurch die Gefahr eines Krieges für die Bundesrepublik Deutschland herbeiführt, wird mit lebenslanger Freiheitsstrafe oder mit Freiheitsstrafe nicht unter zehn Jahren bestraft.« In dem unmittelbar anschließenden § 80a StGB wird zudem das Aufstacheln zum Angriffskrieg pönalisiert.

Daß die Relevanz dieser strafrechtlichen Regelungen für lange Zeit eher theoretisch-abstrakt erschien, lag an dem zuvor erwähnten Grundkonsens, der in dem als Vorbedingung für die Erlangung der deutschen Einheit zwischen den alliierten Siegermächten und den beiden deutschen Teilstaaten geschlossenen »2+4-Vertrag« vom 12. September 1990 seine eindrückliche Bestätigung fand. Dort erklärten die Regierungen der Bundesrepublik Deutschland und der Deutschen Demokratischen Republik, »daß das vereinte Deutschland keine seiner Waffen jemals einsetzen wird, es sei denn in Übereinstimmung mit seiner Verfassung und der Charta der Vereinten Nationen«.

Doch nur wenige Jahre später erwies es sich, daß diese völkerrechtlich bindend eingegangene Verpflichtung das Papier nicht wert war, auf dem sie geschrieben stand. Denn fortan ging von deutschem Boden doch wieder Krieg aus: 1999 gegen die Bundesrepublik Jugoslawien, 2001 gegen Afghanistan, 2003 gegen den Irak; zudem beteiligt sich Deutschland nach Gerhard Schröders Parlamentserpressung (s. S. 87f) unter US-Kommando am sogenannten »Krieg gegen den Terror«.

Erfreulicherweise leben nun in unserer Republik aufrechte und gesetzestreue BürgerInnen zuhauf, die bei Staatsanwälten landauf, landab bis hin zu dem beim Bundesgerichtshof in Karlsruhe ansässigen Generalbundesanwalt Strafanzeigen gegen die dreisten Friedensverräter an den Schalthebeln der Berliner Republik stellten. Um so überraschender mag es erscheinen, daß sie allesamt auf ganzer Linie scheiterten. Die Erklärung für dieses mißliche Resultat liegt, wie noch zu zeigen sein wird, in den legislatorischen Konstruktionsmängeln bei der verfassungs- und strafrechtlichen Normierung des Angriffskriegsverbotes, welche den Strafverfolgungsbehörden Interpretationsspielräume eröffnen, die bis an den Rand der Rechtsbeugung, mitunter auch darüber hinaus, reichen und damit gewährleisten, daß bis dato gegen diese Art regierungsamtlicher Schwerstkriminalität kein juristisches Kraut wächst. Im Jargon der Rechtsverdreher formuliert klingt diese Lumperei weitaus distinguierter: Den »vermeintlich eindeutigen Rechtsnormen des Art. 26 GG und des § 80 StGB fehlt es aufgrund ihrer Struktur im Hinblick auf das Angriffskriegsverbot an hinreichender Steuerungsfähigkeit.«[77]

Generalbundesanwalt unter Verdacht

Nach dem Sieg über Nazi-Deutschland wurden in der Charta des Nürnberger Tribunals und dessen Urteilen neben »Kriegsverbrechen« und »Verbrechen gegen die Menschlichkeit« auch »Verbrechen gegen den Frieden« geächtet. Welche Tatbestände darunter zu verstehen und demzufolge strafbar sind, legte 1950 die International Law Commission (ILC) fest, die von der UNO-Generalversammlung mit der Formulierung der »Nürnberger Prinzipien« beauftragt worden war. Laut Prinzip VI fallen unter die »Verbrechen gegen den Frieden« im einzelnen: »(I) Planung, Vorbereitung, Beginn oder Führung eines Angriffskrieges oder eines Krieges unter Verletzung internationaler Verträge, Abkommen oder Zusicherungen; (II) Teilnahme an einem gemeinsamen Plan oder einer Verschwörung zum Zwecke der Ausführung einer der unter (I) genannten Handlungen.«

Mit dieser Begriffsbestimmung nahm die Kommission Formulierungen des vom Alliierten Kontrollrat für Deutschland erlassenen Gesetzes Nr. 10 auf, das bereits einen Straftatbestand stipuliert hatte, aber außer Kraft getreten war, nachdem die neugegründete Bundesrepublik Deutschland ihre (Teil-)Souveränität erlangt hatte. Dem 1967 vom Bundestag eingesetzten »Sonderausschuß für die Strafrechtsreform«, der sich unter anderem mit der Umsetzung des im Grundgesetz kodifizierten Aggressionsverbotes in ein korrespondierendes Ausführungsgesetz im Strafgesetzbuch (StGB) befaßte, diente das Kontrollratsgesetz als Ausgangspunkt und Grundlage seiner Überlegungen. Nach Auffassung des Sonderausschusses duldete die Erfüllung jenes »schwerwiegenden rechtsethischen Anliegens« und »bewundernswürdigen Gebotes im Grundgesetz, die Erhaltung des Friedens unter einen wenigstens relativen Schutz zu stellen«, nach fast zwei Jahrzehnten Tatenlosigkeit »keinerlei Aufschub mehr«, denn: »Eine Nichtbefolgung dieses Verfassungsgebotes des Art. 26 Abs. 1 Satz 2 GG wäre sogar eine Verfassungsverletzung durch Unterlassung.«

Die mehrere Tausend Seiten umfassenden Protokolle der Beratungen des Sonderausschusses zeugen von den Schwierigkeiten, welche die Ausformulierung der in das neue Strafgesetzbuch (StGB) aufzunehmenden Friedensverratsbestimmungen bereitete. Als Hauptproblem schlechthin erwies sich die unzureichende Präzisierung des

---

[77] *Krieger, Heike*: Die gerichtliche Kontrolle von militärischen Operationen, in: *Fleck, Dieter (Hrsg.)*: Rechtsfragen der Terrorismusbekämpfung durch Streitkräfte, Baden-Baden 2004, S. 240.

Tatbestandes im Völkerrecht. Denn damals wie heute existierte keine in der Staatenwelt allgemein anerkannte Definition des Angriffskrieges. Daher sowie aufgrund der internationalen Verflechtung der Bundesrepublik, so wurde argumentiert, könne ein nationales Gericht im Fall des Falles gar nicht entscheiden, ob ein verbotener Angriffskrieg vorliege. Zudem bestimme üblicherweise der Ausgang des Krieges, wer als Aggressor gelte.

Des weiteren wurde über die »richtige Begrenzung des Täterkreises« räsoniert, da ansonsten »eine Flut von Anzeigen wegen angeblichen Friedensverrats zu befürchten« sei. So stehe es »außer Zweifel, daß für die Zukunft der Tatbestand des Friedensverrats nicht auf Soldaten ausgedehnt werden solle ...«.

Besondere Bedeutung maßen die Ausschußmitglieder der Zielsetzung bei, die Normierung des Angriffskriegsverbots territorial auf den bundesrepublikanischen Rechtsraum zu beschränken, keinesfalls sei eine Art »internationale Gerichtsbarkeit in der Bundesrepublik zu Lasten desjenigen zu errichten, der einen Angriffskrieg geführt« habe. Denn es könne nicht der Wille des Verfassungsgesetzgebers sein, daß durch ein deutsches Strafgesetz jemand in der Welt, der zu einem Angriffskrieg aufrufe, vor die deutsche Strafjustiz gezogen werde. Ganz konkret war in diesem Kontext mehrmals die Rede davon, daß ansonsten ja auch der »Präsident der Vereinigten Staaten von Amerika vor einem deutschen Gericht wegen Friedensverrats angeklagt werden könnte«. Bezeichnenderweise war es eine Abgeordnete der SPD, die solche Skrupel plagten. Nicht zuletzt aus diesem Grunde einigte sich der Sonderausschuß darauf, die neue Strafvorschrift einzig auf denjenigen Angriffskrieg zu beschränken, an dem die Bundesrepublik beteiligt sei beziehungsweise in den sie hineingezogen werde.

In seinem Abschlußbericht vom 9. Mai 1968 erläuterte der »Sonderausschuß für die Strafrechtsreform« die Friedensverratsbestimmungen der Paragraphen 80 und 80a, auf die er sich nach vielen Sitzungen geeinigt hatte (Bundestagsdrucksache V/2860). Er hob hervor, daß er »mit Rücksicht auf den Bestimmtheitsgrundsatz ... nicht unmittelbar an den Tatbestand des Art. 26 Abs. 1 S. 1 GG angeknüpft«, sondern »nur auf das Verbot des Angriffskrieges abgestellt« habe. Gemeint war damit, daß durch die neue Strafrechtsnorm nicht, wie vom Verfassungsgeber eigentlich gefordert, jedwede Handlung, die geeignet war und in der Absicht vorgenommen wurde, das friedliche Zusammenleben der Völker zu stören, unter Strafe gestellt werden sollte, sondern ausschließlich der Angriffskrieg – dieser freilich unter allen Umständen.

Angesichts der in der Ära Schröder vollzogenen »Enttabuisierung des Militärischen« ist jedenfalls die unmißverständliche Klarstellung des Ausschusses kaum zu überschätzen, daß »§ 80 ... nicht nur, wie der Wortlaut etwa annehmen lassen könnte, den Fall der Vorbereitung eines Angriffskrieges, sondern erst recht den der Auslösung eines solchen Krieges [umfaßt]. Gerade mit Rücksicht auf diesen Fall enthält die Strafandrohung auch lebenslanges Zuchthaus.«

Nach alledem verblüfft es jeden logisch Denkenden, wie der Generalbundesanwalt in stupider Regelmäßigkeit die Einleitung von Ermittlungsverfahren gegen Mitglieder der Bundesregierung wegen des Verdachts auf Vorbereitung eines Angriffskrieges ablehnt. So teilte die für die Generalbundesanwaltschaft beim Bundesgerichtshof tätige Oberstaatsanwältin Schübel mit Schreiben vom 3. August 2006 dem Arbeitskreis »Darmstädter Signal«, einem Zusammenschluß friedenspolitisch aktiver Soldatinnen und Soldaten, wörtlich mit: »Nach dem eindeutigen Wortlaut des § 80 Abs. 1 StGB ist nur die Vorbereitung eines Angriffskrieges und nicht der Angriffskrieg selbst strafbar, so daß auch die Beteiligung an einem von anderen vorbereiteten Angriffskrieg nicht darunter fällt. Ein Analogieschluß dahingehend, daß dann, wenn schon die Vorbereitung eines Angriffskrieges strafbar ist, dies erst recht für dessen Durchführung gelten müsse, ist im Strafrecht unzulässig. Art. 103 Abs. 2 GG verbietet die Anwendung einer Strafvorschrift über ihren eindeutigen Wortlaut hinaus.«

Wie diese Juristin zu ihrer – der unzweideutigen Rechtsauffassung des Sonderausschusses für die Strafrechtsreform diametral entgegengesetzten – Interpretation gelangte, bleibt ihr Geheimnis. Das Leipziger Bundesverwaltungsgericht jedenfalls bekräftigt in seinem schon erwähnten Urteil die Intention des Sonderausschusses, wenn es ausführt: »Das in Art. 26 Abs. 1 GG normierte Verbot des Angriffskrieges, das an die völkerrechtliche Begrifflichkeit anknüpft, umfaßt nach seinem Wortlaut zwar (neben den anderen friedensstörenden Handlungen) ›nur‹ dessen ›Vorbereitung‹. Vorbereitung ist jede zeitlich vor einem Angriffskrieg liegende Tätigkeit, die seine Herbeiführung oder gar seine Auslösung fördert. Wenn ein Angriffskrieg jedoch von Verfassungs wegen bereits nicht ›vorbereitet‹ werden darf, so darf er nach dem offenkundigen Sinn und Zweck der Regelung erst recht nicht geführt oder unterstützt werden. Denn die Führung eines Angriffskrieges sowie dessen Förderung und Unterstützung ereignen sich nicht nur – in der nach dem Grundgesetz bereits verfassungswidrigen – Phase der Vorbereitung. Sie erfolgen vielmehr schon im Stadium der Realisierung des (bereits im Vorfeld) Verbotenen.« (Urteil des 2. Wehrdienstsenats vom 21. Juni 2005).

Berücksichtigt man zudem noch die in den Protokollen des Sonderausschusses verzeichnete Aussage, daß der Tatbestand des Angriffskriegs auch dann vorliege, wenn jemand die Bundesrepublik in einen bereits ausgelösten Angriffskrieg hineinziehe, dann ergibt sich gegen den Generalbundesanwalt der dringende Verdacht der Rechtsbeugung.

Für diesen Verdacht spricht auch ein weiteres Argumentationsmuster, mit dem der Generalbundesanwalt regelmäßig seine Untätigkeit gegenüber den regierungsamtlichen Angriffskriegern begründet: Die Auslegung des § 80 StGB dürfe sich »nicht allein am militärisch verstandenen Begriff des Angriffskrieges ausrichten«. Vielmehr stelle diese Rechtsnorm eine solche Handlung nur dann unter Strafe, wenn sie als eine absichtsvolle Störung des Friedens zu bewerten sei. Was der Generalbundesanwalt dem konsternierten Publikum damit zu verstehen gibt, ist nichts anderes, als daß es seiner Auffassung nach auch Angriffskriege geben kann, die dem Frieden dienen – und maßgeblich hierfür sei allein die Intention derjenigen, die diese Kriege entfesselt hätten. Besonders im Falle der »humanitären Intervention« lägen keinerlei Anhaltspunkte dafür vor, daß von Rechts wegen ein Ermittlungsverfahren wegen Vorbereitung eines Angriffskrieges einzuleiten sei. Ebenso trocken wie treffsicher merkt das schon zitierte Bundesverwaltungsgericht im Hinblick auf solchen generalbundesanwaltlichen Unfug an: »Dabei ist ein Angriffskrieg nach Art. 26 Abs. 1 Satz 1 GG unabhängig davon verfassungswidrig, mit welcher subjektiven Zielsetzung er geführt wird. Die Regelung geht davon aus, daß er in jedem Falle der Verfassung widerspricht, und zwar offenkundig deshalb, weil er stets objektiv geeignet ist, »das friedliche Zusammenleben der Völker zu stören«.

Im übrigen liefe die schlechthin groteske Einlassung des Generalbundesanwalts, sollte sie ernsthaft in Betracht gezogen werden, unweigerlich darauf hinaus, die Strafvorschrift des § 80 ad absurdum zu führen, denn kein Politiker auf dieser Welt – auch nicht der eines demokratischen Staatswesens – würde jemals, sofern er auch nur einigermaßen bei Sinnen ist, zugeben oder erklären, daß sein Land eine andere Nation in der Absicht angegriffen habe oder attackieren werde, um den Völkerfrieden zu stören. Selbst Adolf Hitler hatte bekanntlich den Überfall seiner Großdeutschen Wehrmacht auf Polen mit der Behauptung legitimiert: »Seit 5 Uhr 45 wird zurückgeschossen«, den Angriff also zur Verteidigung umgefälscht. Der vom Generalbundesanwalt vertretenen Rechtsauffassung zufolge hätte demnach gegen den »Größten Feldherrn aller Zeiten«, kurz GröFaZ, kein Verfahren wegen Vorbereitung eines Angriffskrieges eingeleitet werden können. Angesichts solcher Spitzenleistungen juristischer Rabulistik aus dem Hause der Generalbundesanwaltschaft merkt Jörg Arnold, Professor am Freiburger Max-Planck-Institut für ausländisches und internationales Strafrecht, sarkastisch an: » § 80 StGB ist eine Vorschrift der Straflosigkeit der Führung eines Angriffskrieges und der Beihilfe zum Angriffskrieg.« Unübersehbar klafft heutzutage eine Lücke groß wie ein Scheunentor in jenem Normenbollwerk, das die verfassungsgebende Versammlung einst gegen das Wiedererstehen des verbrecherischen Militarismus früherer Zeiten errichtet hatte.

Das Prinzip der drei Affen

Nachdem in der Nacht des 20. März 2003 die angloamerikanischen Koalitionstruppen ihren völkerrechtsverbrecherischen Überfall auf den Irak und seine Menschen begonnen hatten, ließ tags darauf Generalbundesanwalt Kay Nehm durch seine Pressestelle verlautbaren: »Der Generalbundesanwalt beim Bundesgerichtshof hat die Einleitung eines Ermittlungsverfahrens gegen Mitglieder der Bundesregierung wegen des Verdachts der Vorbereitung eines Angriffskrieges (§ 80 StGB) abgelehnt, weil keine zureichenden tatsächlichen Anhaltspunkte vorliegen, die einen Anfangsverdacht wegen eines Verbrechens nach § 80 StGB begründen könnten.« Vorangegangen waren Strafanzeigen empörter Bundesbürger, weil die Regierung Schröder entgegen der von ihr selbst verbreiteten Legende, die Bundesrepublik Deutschland beteilige sich nicht an diesem Krieg, den USA und weiteren Bündnispartnern auf deren gemäß NATO-Truppenstatut gestellte Anfrage hin bereits im November 2002 umfassende Unterstützung zugesichert und darüber hinaus auch aktiv und vorsätzlich an der Vorbereitung des Angriffskrieges gegen den Irak im Sinne des § 80 StGB mitgewirkt hatte. Letzteres ergibt sich aus einer vom damals amtierenden Bundesminister der Verteidigung, Dr. Peter Struck, im Dezember 2002 getroffenen Entscheidung zur uneingeschränkten Unterstützung der US-Streitkräfte in der Bundesrepublik Deutschland durch die Bundeswehr. Im Vorbefehl für die »Force Protection für die US-Streitkräfte«, den das Streitkräfteunterstützungskommando der Bundeswehr am 20. Dezember 2002 herausgegeben hat, heißt es dazu wörtlich:

»BM [Bundesminister Struck] hat entschieden, dass

· die Unterstützung der US Streitkräfte in Deutschland mit »allen Anstrengungen« zu erfolgen hat,

· ein Einsatz von US National Guard in Deutschland in Zukunft nicht mehr erforderlich sein wird, weil – auf konkrete und durch USAREUR bestätigte – Anforderungen der US-Seite entsprechende Force Protection durch die deutschen Streitkräfte gewährleistet wird,

· eventuelle Einschränkungen im Friedenseinsatz und Ausbildungs-/Übungsbetrieb hinzunehmen sind.«

Noch vor Weihnachten 2002 begann daraufhin das Streitkräfteunterstützungskommando gemeinsam mit den ihm unterstellten Wehrbereichskommandos in großer Hektik, die Bewachung der Kasernen, in denen die Truppen der Aggressoren hierzulande untergebracht waren, zu planen und zu organisieren. Ab Januar 2003 – also noch in der Vorbereitungsphase des Angriffskrieges! – übernahmen nach offiziellen Angaben bis zu 4.200 Bundeswehrsoldaten die Bewachung von US-Liegenschaften und deckten damit die Verlegung von 30.000 Soldaten der US-Landstreitkräfte in den Irak ab, wodurch militärische Kräfte der USA in enormem Ausmaß für die Führung des Irak-Krieges freigesetzt wurden.

Die Bundeswehr rühmte sich später in ihrem Intranet selbst ihrer Verdienste, die sie sich im Hinblick auf die Unterstützung des US-Verbündeten während des Irak-Krieges erworben hat. So meldete *IntranetAktuell* am 6. Mai 2003:«Stellvertretend für die mehr als 3000 Bundeswehrsoldaten, die zum Schutz von US-Einrichtungen an fünfundsechzig Standorten in Deutschland Wachdienst leisten, waren etwa 100 von ihnen nach Wiesbaden-Erbenheim eingeladen worden. Hier erhielten sie von Generalmajor

Ricardo S. Sanchez, Kommandeur der 1st Armored Division, zur Erinnerung und als Anerkennung für ihre Dienste bei der Bewachung eine Urkunde sowie eine Gedenkmedaille. An die versammelten Soldaten gerichtet machte Sanchez deutlich, daß die Unterstützung der Bundeswehr seit dem 24. Januar den US-Streitkräften die Möglichkeit gegeben habe, sich auf ihren Auftrag im Irak zu konzentrieren.« Und am 12. November 2003 berichtete wiederum *IntranetAktuell*: »Die US-Armee hat am 5. November 2003 in Heidelberg Repräsentanten von Bundeswehr, Polizei und Bundesgrenzschutz für die Leistungen bei der Bewachung der amerikanischen Einrichtungen nach den Terror-Anschlägen und während des Irak-Kriegs ausgezeichnet. General B. B. Bell vom Hauptquartier der US-Landstreitkräfte dankte den deutschen Sicherheitskräften für die Bewachung der amerikanischen Militäreinrichtungen. ... Seit dem Terroranschlag vom 11. September 2001 und dem Irak-Krieg hatten deutsche Sicherheitskräfte US-Einrichtungen verstärkt bewacht. Die Sicherheitskräfte erledigten ihre Aufgabe gut, ›so daß wir keine Angst vor terroristischen Anschlägen haben müssen‹, sagte Bell. Nach Angaben des US-Generals wurden 30.000 Soldaten der US-Landstreitkräfte in Europa in den Irak verlegt.«

Unmißverständlich kommt die überragende Bedeutung, welche die von der Bundeswehr gebotene Entlastung für die US-Streitkräfte im Hinblick auf die Vorbereitung und Durchführung des Angriffskrieges gegen den Irak darstellte, in einer Dankesurkunde zum Ausdruck, die dem Wehrbereichskommando IV von US-General B. B. Bell, dem Kommandierenden General der US Army Europe und der 7. US Army, überreicht wurde. Im Dankestenor heißt es unter anderem: »Your continued support in helping us protect our installations in the Federal Republic of Germany has empowered us to execute our mission of efficiently deploying our expeditionary Army forces.«[78] In Anbetracht der Feststellungen des 2. Wehrdienstsenates des Bundesverwaltungsgerichtes entpuppt sich die von den US-Streitkräften überreichte »Scroll of Appreciation« somit realiter als Gratulationsurkunde für den von der Bundeswehr (rsp. im genannten Fall von den Angehörigen des dekorierten Wehrbereichskommandos IV – Süddeutschland –) verübten Völkerrechts- und Verfassungsbruch.

Neben der direkten Mitwirkung an der Vorbereitung des Angriffskrieges gegen den Irak unterstützte die rot-grüne Bundesregierung dieses völkerrechtliche Verbrechen noch auf vielfältige andere Weisen, insbesondere durch die Gewährung von Überflugrechten für alliierte Kampf- und Transportflugzeuge im deutschen Luftraum, durch die Zusicherung des reibungslosen Transits alliierter Truppen durch Deutschland sowie die Genehmigung zur Nutzung amerikanischer Militärbasen, insbesondere der für die Kriegführung unabdingbaren Hauptquartiere auf deutschem Boden. Noch drei Jahre später gab die rechtsverräterische Bundesjustizministerin Brigitte Zypries zu

---

78 »Ihre kontinuierliche Unterstützung, uns beim Schutz unserer Einrichtungen in der Bundesrepublik Deutschland zu helfen, hat uns dazu befähigt, unseren Auftrag, unsere Expeditionsstreitkräfte zu verlegen, effektiv zu erfüllen.«

Protokoll, weshalb das Kabinett so und nicht anders entschieden hatte: »Wir haben aber auch öffentlich keinen Zweifel daran gelassen, daß wir als NATO-Partner zum Bündnisfall stehen, den Amerikanern Überflugrechte gewähren und die Nutzung ihrer Basen in Deutschland ermöglichen. Niemand wollte die Differenzen im deutsch-amerikanischen Verhältnis eskalieren« (*Die Zeit*, 26. Januar 2006).

Ein erst im Herbst 2008 ans Licht der Öffentlichkeit gelangter Grund für das verfassungswidrige Handeln der Bundesregierung könnte darin zu suchen sein, daß es »tatsächlich ... ein Geheimabkommen zwischen der deutschen Regierung und den USA zu geben [scheint]. Das wurde in einer Radiosendung mit Albrecht Müller (SPD), früher Leiter der Planungsabteilung im Bundeskanzleramt unter Willy Brandt und Helmut Schmidt, erwähnt. Er sagte, daß in der Zeit der deutschen Wiedervereinigung die US-Regierung befürchtete, ihre Militärstützpunkte in Deutschland zu verlieren. Aber Kanzler Kohl habe mit den USA ein Geheimabkommen abgeschlossen, demzufolge diese die Militärstützpunkte zu jeder Zeit für alle Fälle benutzen können. Das frühere Mitglied der deutschen Regierung Oskar Lafontaine äußerte sich in einer Konferenz im Januar 2006 in Berlin dahingehend, daß in diesem Sinne Deutschland kein souveränes Land wie Frankreich sei.«[79] Angesichts dieses Sachverhalts erscheint ein Passus aus dem Urteil des Bundesverwaltungsgerichtes zur Gewissensfreiheit von Soldaten plötzlich in ganz besonderem Licht. Darin heißt es nämlich: »Unabhängig davon, ob solche Geheim-Abkommen überhaupt rechtliche Wirkungen auszulösen vermögen, ist jedenfalls die Vorschrift des Art. 103 UN-Charta zwingend zu beachten, die folgenden Wortlaut hat: ›Widersprechen sich die Verpflichtungen von Mitgliedern der Vereinten Nationen aus dieser Charta und ihre Verpflichtungen aus anderen internationalen Übereinkünften, so haben die Verpflichtungen aus dieser Charta Vorrang.‹ Art. 103 UN-Charta stellt ganz allgemein den Vorrang des Rechts der UN-Charta gegenüber Verpflichtungen aus allen anderen völkerrechtlichen Abkommen fest. Dies hat im vorliegenden Zusammenhang die Konsequenz, daß aus solchen – für den Senat nicht ersichtlichen, jedoch nicht auszuschließenden – Geheim-Abkommen für die USA und für das UK gegenüber Deutschland jedenfalls keine Rechte und Verpflichtungen ableitbar sind, die der UN-Charta widersprechen, also etwa gegen das Gewaltverbot des Art. 2 Ziff. 4 UN-Charta verstoßen« (BVerwG 2 WD 12.04, S. 94).

Indem aber die deutsche Regierung den Aggressoren jene pauschale Nutzungsgenehmigungen erteilt hat, verstieß sie in eklatanter Weise gegen völkerrechtliche Gebote des Neutralitätsrechts. Letzteres hat seine Grundlage im Völkergewohnheitsrecht und im V. Haager Abkommen betreffend die Rechte und Pflichten neutraler Staaten im Falle eines Landkriegs vom 18. Oktober 1907, das in Deutschland seit dem 25. Oktober 1910 in Kraft ist. Den Status eines »neutralen Staates« muß jedes Land wahren, das

---

79 *Richter, Hans-Peter*: Von deutschem Boden geht Krieg aus. Die Funktion der ausländischen Militärstützpunkte, in: Dossier 59, Beilage zu *Wissenschaft und Frieden* 4/2008, S. 13f.

nicht an einem militärischen Konflikt zwischen anderen Staaten teilnimmt. Beteiligung an einem Krieg ist ausschließlich an der Seite des Opfers eines bewaffneten Angriffs erlaubt, keinesfalls aber auf Seiten des Angreifers.

Seine ablehnende Entschließung begründete der Generalbundesanwalt mit Mängeln in der verfassungs- und strafrechtlichen Normierung des Angriffskriegsverbotes. Im einzelnen rekurrierte er auf die definitorische Unschärfe des Angriffskriegsbegriffs, die eingeschränkte Reichweite des Straftatbestandes § 80, das in der Rechtsinterpretation zu beachtende Bestimmtheitsgebot und das Analogieverbot sowie das Rechtsprinzip der einengenden Tatbestandsauslegung. Hiernach sei lediglich derjenige Angriffskrieg strafbar, an dem sich Deutschland mit eigenen Streitkräften beteiligt; es müsse eine Tat von Gewicht vorliegen, nicht nur bloße Duldungs- oder Unterlassungshandlungen, und im Sinne des erforderlichen »tatbestandsmäßigen Unrechtserfolges« müsse auch eine konkrete Kriegsgefahr für die Bundesrepublik Deutschland selbst verursacht werden.

Zentrale Relevanz besaß in den Augen des Generalbundesanwalts der Umstand, daß »dem Völkerrecht ... kein allgemein anerkannter und auch nur einigermaßen ausdifferenzierter Begriff der völkerrechtswidrigen bewaffneten Aggression zu entnehmen« sei. An dieser Stelle irrte Deutschlands oberster Strafverfolger jedoch. Als Bestandteil der Resolution 3314 (XXIX) vom 14. Dezember 1974 hatte nämlich die Generalversammlung der Vereinten Nationen im Konsens eine weitreichende Begriffsbestimmung des Aggressionstatbestandes vorgenommen. In den insgesamt acht Artikeln der »Definition des Begriffs Aggression« ist auch eine umfangreiche und express-sis verbis »nicht erschöpfende« Auflistung von Angriffshandlungen enthalten. Im Hinblick darauf, daß Deutschland entscheidend dazu beigetragen hat, das völkerrechtliche Verbrechen gegen den Irak und seine Menschen überhaupt zu ermöglichen, kommt Artikel 3 Buchstabe f dieser Aggressionsdefinition herausragende Bedeutung zu. Als Akt der Aggression zu werten ist demnach die »Handlung eines Staates, die in seiner Duldung besteht, daß sein Hoheitsgebiet, das er einem anderen Staat zur Verfügung gestellt hat, von diesem anderen Staat dazu benutzt wird, eine Angriffshandlung gegen einen dritten Staat zu begehen«. Exakt diesen Tatbestand erfüllte die rot-grüne Bundesregierung, als sie den NATO-Verbündeten sämtliche erbetenen Unterstützungsleistungen für die Vorbereitung und Durchführung ihres Aggressionskriegs gewährte. Daher manifestierte sich in der Presseverlautbarung des Generalbundesanwalts der blanke Rechtsnihilismus, wenn er dort behauptete, solches Handeln der Bundesregierung werde »als eine bloße Nichtverhinderung von Angriffshandlungen vom Tatbestand des § 80 StGB nicht erfaßt«. Auf dem Wege dieser seiner willkürlich getroffenen und völlig abwegigen Rechtsauslegung gelangte der Generalbundesanwalt folgerichtig zu der Behauptung, daß »Artikel 3f der Resolution 3314 (XXIX) ... bei der strafrechtlichen Beurteilung« des Regierungshandelns bedeutungslos sei. Denn, so stellte der Generalbundesanwalt abschätzig resümierend im Hinblick auf die rechtliche Bindungswirkung des Beschlusses der UN-Generalversammlung aus dem Jahre 1974 fest: »Der weder bindenden noch abschließenden Definition kommt mithin nur die Bedeutung einer Orientierungshilfe zu.«

Einer solchen indes hätte vor allem der Generalbundesanwalt selbst bedurft, hatte er doch seine Orientierung im unübersichtlichen Dickicht des Völker- und Verfassungsrechts völlig verloren. Zwar traf sein Einwand zu, daß die Aggressionsdefinition der UN-Generalversammlung nicht zum harten Kernbestand des Völkerrechts im Sinne des »ius cogens« gehört, wohl aber konstituierte sie nach dreißig Jahren unwidersprochener Geltung völkerrechtliches Gewohnheitsrecht – und auch dieses ist kategorisch einzuhalten.

Dem willfährigen juristischen Steigbügelhalter einer mit bemerkenswerter krimineller Energie agierenden Exekutive hätte zudem die Lektüre eines wahrlich erhellenden Rechtsgutachtens, das vor Kriegsbeginn, am 13. März 2003, im Bundesministerium der Verteidigung angefertigt worden war, auf die Sprünge helfen können. Es hatte die »völkerrechtliche Zulässigkeit der Bewachung amerikanischer Einrichtungen in Deutschland durch Soldaten des Sanitätsdienstes der Bundeswehr« zum Gegenstand. Die entscheidende Passage im Text des Ministerialjuristen Klaus Schäfer lautete: »Ich empfehle daher im Falle eines bewaffneten Konflikts *unverzüglich* Sorge dafür zu tragen, daß Sanitätssoldaten von militärischen Wachaufgaben entbunden werden. Bei Nichtbeachtung würde das im Wachdienst eingesetzte Sanitätspersonal Gefahr laufen, seinen völkerrechtlichen Schutz zu verlieren und im Rahmen eines Angriffs auf eine militärische Einrichtung einer Konfliktpartei als Teil eines legitimen militärischen Ziels im Sinne des Völkerrechts betrachtet zu werden.«

Diese völkerrechtliche Expertise barg brisante Implikationen: Erstens wurden die USA und ihre Verbündeten mit Beginn des Krieges gegen den Irak zu Konfliktparteien im Sinne des Völkerrechts. Zweitens wurden die militärischen Einrichtungen der USA und ihrer Verbündeten auf dem Territorium der Bundesrepublik Deutschland mit Beginn des Krieges gegen den Irak zu legitimen militärischen Zielen im Sinne des Völkerrechts. Drittens mußten die zur Bewachung der militärischen Einrichtungen der USA und ihrer Verbündeten auf dem Territorium der Bundesrepublik Deutschland eingesetzten, vom Humanitären Völkerrecht besonders geschützten Sanitätssoldaten mit Beginn des Krieges gegen den Irak von ihrem Wachauftrag entbunden werden, da sie anderenfalls ihren besonderen völkerrechtlichen Schutz verloren hätten und zu regulären Kombattanten im Sinne des Völkerrechts geworden wären. Viertens wurde die Bundesrepublik Deutschland durch den Einsatz von Bundeswehrsoldaten zur Bewachung der militärischen Einrichtungen der USA und ihrer Verbündeten selbst zur Konfliktpartei an der Seite der Aggressoren. Fünftens wurde jeder der für die Bewachung der militärischen Einrichtungen der USA und ihrer Verbündeten eingesetzten deutschen Soldaten mit Beginn des Krieges gegen den Irak tatsächlich zu einem regulären Kombattanten im Sinne des Völkerrechts und durfte vom irakischen Verteidiger legitimerweise unter Wahrung der Regeln des Humanitären Völkerrechts bekämpft werden. Sechstens schließlich wurde auch die Bundesrepublik selbst insgesamt mit ihren Streitkräften durch diesen Einsatz von Bundeswehrsoldaten zum legitimen militärischen Ziel im Sinne des Völkerrechts, womit klar und eindeutig die konkrete Gefahr eines Krieges für die Bundesrepublik Deutschland im Sinne des Artikels 26 Grundgesetz sowie des Paragraphen 80 Strafgesetzbuch heraufbeschworen wurde.

Sowohl die politische Leitung des Bundesministeriums der Verteidigung als auch die militärische Führungsspitze der Bundeswehr waren über all das im Bilde. Darum wurde – aufgrund des Rechtsgutachtens – befohlen, den Zentralen Sanitätsdienst der Bundeswehr aus der Bewachung der US-Einrichtungen herauszulösen. In mehreren Koordinierungsbesprechungen wurden die Wachaufgaben unter Heer, Luftwaffe, Marine und der Streitkräftebasis neu verteilt. Gleichwohl wurden die Soldaten des Zentralen Sanitätsdienstes von ihrem Bewachungsauftrag endgültig erst zum 1. April 2003 entbunden. Daraus folgt, daß vom Beginn des Krieges gegen den Irak am 20. März bis zum Ablauf des 31. März 2003 mit dem während dieses Zeitraumes erfolgten Einsatz von Sanitätssoldaten zur Bewachung militärischer Einrichtungen der US-Streitkräfte die Normen des Humanitären Völkerrechts gebrochen wurden. Auf deutschem Boden fand also ein Kriegsverbrechen statt. Dies war allen Beteiligten bekannt: sowohl der Bundesregierung, vertreten durch den Bundesminister der Verteidigung, Peter Struck, als auch der durch General Wolfgang Schneiderhan repräsentierten militärischen Führungsspitze, welche die hierfür notwendigen Anordnungen erteilt hatte, und darüber hinaus innerhalb der Bundeswehr allen mit der Organisation der Bewachung der US-Liegenschaften beauftragten Soldaten bis auf die Ebene der Stabsoffiziere, zum Teil noch darüber hinaus. Der einzige Staatsdiener dieser Republik, den gleichwohl offenbar totale Ahnungslosigkeit umfing, war der Generalbundesanwalt zu Karlsruhe – kein Wunder freilich, wenn man nur nach dem altbewährten Prinzip der drei Affen verfährt.

Tucholsky aktuell

»Der Krieg ist eine üble Angelegenheit, und es wird nicht leicht fallen,
dem Soldaten klar zu machen, Mord sei erlaubt,
ja Pflicht, und das viel geringere Delikt des Diebstahls sei Verbrechen.«
Kurt Tucholsky, *Die Weltbühne* vom 30.1.1919

Präzise und ungeschminkt hatte der deutsche Bundeskanzler in seiner Regierungserklärung vom 18. März 2003 benannt, was den Krieg – jeden Krieg, auch den vorgeblich »gerechten« – in seinem Wesenskern ausmacht, nämlich Tod, Verwundung, Verstümmelung, Zerstörung – und das massenhaft und flächendeckend. Mit dieser Einsicht befand Gerhard Schröder sich in bester Gesellschaft, beispielsweise mit Kurt Tucholsky, einem der mutigsten und brillantesten deutschen Publizisten zu Zeiten der Weimarer Republik, der als radikaler Pazifist einen entschlossenen Kampf gegen den (preußischen) Militarismus führte. Für ihn war Krieg ein »Kollektivverbrechen in Reinkultur ... privilegierter Mord ... organisierter Massenmord«, bei Soldaten handelte es sich um »professionelle Mörder«, Generäle waren »eigentlich keine Soldaten mehr, sondern Schlachtendirektoren«, und Eltern, die ihre Söhne dem »Vaterlande« für die »Schlachtbank« zur Verfügung stellten, nannte er »Geschmeiß, mitschuldig an dem Mord von Hunderttausenden«.

Tucholskys Verdikt gilt in all seiner Schärfe und Präzision auch für den 2003 von den USA und Großbritannien begonnenen Angriffskrieg gegen den Irak. Erschwerend trat hier hinzu, daß dieser Krieg fundamental gegen die Charta der Vereinten Nationen, also das Völkerrecht schlechthin verstieß. Ohne Wenn und Aber handelte es sich daher um ein völkerrechtliches Verbrechen, wie der führende deutsche Rechtsphilosoph Reinhard Merkel konstatierte. Die Drahtzieher – Bush, Blair, Rumsfeld, Cheney, Wolfowitz, Perle und viele weitere – sind daher vor den Internationalen Strafgerichtshof zu zitieren.

Der Bundesregierung war dieser Sachverhalt durchaus bewußt. Sie schreckte aber offenbar davor zurück, ihre Politik strikt und konsequent der Einhaltung völker- und verfassungsrechtlicher Normen nachzuordnen, sondern unterstützte den Angriffskrieg. Negative Folgen für das transatlantische Verhältnis fürchtend, beriefen Schröder & Co. sich auf angebliche Bündnispflichten. Dies aber ist Legende, wie schon ein kurzer Blick in den Text des Nordatlantikvertrages vom 4. April 1949 belegt: Unter dem Rubrum »Verpflichtung zur friedlichen Streitschlichtung« steht dort in Artikel 1 zu lesen: »Die Parteien verpflichten sich, in Übereinstimmung mit der Satzung der Vereinten Nationen jeden internationalen Streitfall, an dem sie beteiligt sind, auf friedlichem Wege so zu regeln, daß der internationale Friede, die Sicherheit und die Gerechtigkeit nicht gefährdet werden, und sich in ihren internationalen Beziehungen jeder Gewaltandrohung oder Gewaltanwendung zu enthalten, die mit den Zielen der Vereinten Nationen nicht vereinbar ist.« Aus dem NATO-Vertrag konnte demnach keinerlei irgendwie geartete Verpflichtung abgeleitet werden, den Völkerrechtsbrechern Bush und Blair bei ihrer schändlichen Tat auch noch zu assistieren. Ganz im Gegenteil, wie die Lektüre des Artikels 7 des Vertragswerks (»Verpflichtung aus der UN-Charta«) lehrt: »Dieser Vertrag berührt weder die Rechte und Pflichten, welche sich für die Parteien, die Mitglieder der Vereinten Nationen sind, aus deren Satzung ergeben, oder die in erster Linie bestehende Verantwortlichkeit des Sicherheitsrates für die Erhaltung des internationalen Friedens und der internationalen Sicherheit, noch kann er in solcher Weise ausgelegt werden.« Auf den Punkt gebracht bedeutet dies, daß die Verpflichtungen aus der UNO-Charta gegenüber denjenigen aus dem NATO-Vertrag eindeutige Priorität besitzen und damit zugleich jeglicher Rekurs auf angebliche Bündnisverpflichtungen hinfällig wird. Wer wider besseres Wissen das Gegenteil behauptet, macht sich zum Komplizen des Verbrechens gegen das Völkerrecht. Und bricht gleichzeitig die Verfassung. Denn das Grundgesetz stellt im Artikel 26 die Vorbereitung und Führung eines Angriffskrieges unter Strafe. Zudem bindet Artikel 25 GG alle Bewohner des Bundesgebietes, also auch Bundesregierung und Parlament, an die allgemeinen Regeln des Völkerrechtes. Daraus folgt, daß prinzipiell weder Bundesregierung noch Bundestag die Befugnis besitzen, die Teilnahme deutscher Streitkräfte an völkerrechtswidrigen oder völkerrechtlich zweifelhaften Aktionen anzuordnen, weder die direkte noch eine nur mittelbare Beteiligung der Bundeswehr an einem Angriffskrieg.

Welche Konsequenzen hatte nun aber der Befund, daß es sich bei dem Krieg gegen den Irak um eine völkerrechtswidrige Aggression handelte, für die darin verwickelten Soldaten, die von ihren Regierungen entsandt wurden, ein fremdes Land zu erobern – mit der unvermeidlichen Gefahr, daß sie andere töteten und selbst starben? Zuvörderst machten diese Soldaten, »dummstolz, ahnungslos, mit flatternden Idealen und einem in Landesfarben angestrichenen Brett vor dem Kopf«, wie Tucholsky einst trefflich formulierte, sich zu Handlangern krimineller Staatenlenker, zu willigen Vollstreckern des Völkerrechtsverbrechens – mutierten also selbst zu Tätern. Der Rekurs auf den von der Obrigkeit erhaltenen Befehl nämlich hält weder moralischen noch rechtlichen Kriterien stand, war also obsolet.

Den moralphilosophischen Beweisgrund für diese Konklusion liefert Immanuel Kants Kritik der praktischen Vernunft. Sie stellt insofern den Ausgangspunkt für den Umgang mit der soldatischen Verantwortung dar, als die Antwort auf die fundamentale Frage »Was soll ich tun?« auf der Erkenntnis basiert, daß für jegliches menschliche Handeln das je eigene Gewissen den Maßstab bildet und setzt. Dies gilt auch für den Soldaten, der zur Legitimation irgendwelchen soldatischen Handelns nicht auf erhaltene Befehle rekurrieren kann. Indem der Soldat einen Befehl ausführt, macht er einen fremden Willen zu seinem eigenen, und bevor er diesen – seinen eigenen – Willen durch sein Handeln in die Tat umsetzt, muß er dessen Legitimität an seinem eigenen Gewissen prüfen.

Ein ehemaliger Generalinspekteur der Bundeswehr, Generalleutnant Peter von Kirchbach, knüpfte an diese moralphilosophischen Erkenntnisse an, als er 1992 in der vom Bundesministerium der Verteidigung herausgegebenen Offizierzeitschrift *Truppenpraxis* anmerkte: »Die Spannung zwischen Freiheit und Gehorsam besteht in der Bindung an Befehle einerseits, in der Bindung an ein Wertesystem andererseits. Die Spannung besteht in der Bindung und Treuepflicht an den Staat einerseits und dem Wissen, daß staatliches Handeln immer nur das Vorletzte sein kann und daß das an ein höheres Wertesystem gebundene Gewissen eine entscheidende Berufungsinstanz sein muß. Sicher wird der Staat seinen Bürgern normalerweise nicht zumuten, gegen den Rat ihres Gewissens zu handeln. Der Staat der Demokratie wird sich im Gegenteil auf die Werte berufen, in denen das Gewissen gründet. Im Wissen um diese Spannung aber und im Wissen, nicht jedem Anspruch zur Verfügung zu stehen, besteht letztlich der Unterschied zwischen Soldat und Landsknecht.« Recht hat er, der Herr General.

Die von Kant postulierte unbedingte Pflicht zu moralkonformem Handeln hat mittlerweile auch im Völkerrecht ihren Niederschlag gefunden, wie sich exemplarisch anhand des »Verhaltenskodex zu politisch-militärischen Aspekten der Sicherheit« belegen läßt, der im Verlaufe des KSZE-Gipfeltreffens in Budapest 1994 unterzeichnet wurde. Dort wird in den Paragraphen 30 und 31 stipuliert:

»30. Jeder Teilnehmerstaat wird die Angehörigen seiner Streitkräfte mit dem humanitären Völkerrecht und den geltenden Regeln, Übereinkommen und Verpflichtungen für bewaffnete Konflikte vertraut machen und gewährleisten, daß sich die Angehörigen der Streitkräfte der Tatsache bewußt sind, daß sie nach dem innerstaatlichen und dem Völkerrecht für ihre Handlungen individuell verantwortlich sind.

31. Die Teilnehmerstaaten werden gewährleisten, daß die mit Befehlsgewalt ausgestatteten Angehörigen der Streitkräfte diese im Einklang mit dem einschlägigen innerstaatlichen Recht ausüben, daß ihnen bewußt gemacht wird, daß sie nach diesem Recht für die unrechtmäßige Ausübung ihrer Befehlsgewalt zur Verantwortung gezogen werden können, und daß Befehle, die gegen das innerstaatliche Recht und das Völkerrecht verstoßen, nicht erteilt werden. Die Verantwortung der Vorgesetzten entbindet die Untergebenen nicht von ihrer individuellen Verantwortung.«

Diesen völkerrechtlich verbindlichen Kodex haben 1994 auch die USA und Großbritannien unterzeichnet, er ist somit auch für die Streitkräfte dieser Staaten verbindlich. Dessenungeachtet entsandten 2003 eine Handvoll Schurken dort an den Schalthebeln der Macht, nachdem sie, wie Tucholsky trefflich beschreibt, »diese Tätigkeit des Mordens vorher durch beharrliche Bearbeitung der Massen als etwas Sittliches hingestellt« hatten, an die 300.000 uniformierte Handwerker des Krieges in einen völkerrechtswidrigen Eroberungskrieg. Und prompt waren diese, gehirngewaschen von regierungsamtlicher Propaganda, nationalbesoffen, dressed to kill »bereit, ihr Leben und ihre Person für einen solchen Quark, wie es die nationalistischen Interessen eines Staates sind, aufs Spiel zu setzen« (Tucholsky) und das zu tun, was er als »staatlich privilegierten Mord« bezeichnet. Im Hinblick auf den Irakkrieg wirft der Budapester Kodex geradezu atemberaubende Konsequenzen auf – spätestens an dieser Stelle wird evident, warum die USA mit allen Mitteln den Internationalen Strafgerichtshof zu hintertreiben versuchen und 2002 sogar ein »Gesetz zum Schutz der Mitglieder der amerikanischen Streitkräfte« erlassen haben, das dem Präsidenten das Recht gibt, US-Soldaten notfalls gewaltsam aus dem Gewahrsam des in Den Haag angesiedelten Gerichts zu befreien.

Aber auch die Soldaten der Bundeswehr, die auf Geheiß der Bundesregierung mit Maßnahmen zur Abschirmung und Deckung der völkerrechtswidrigen Aggression beauftragt wurden, befanden sich in einer prekären Situation. Konkret betroffen waren die zur Bewachung von Liegenschaften der US-Streitkräfte in Deutschland eingesetzten Kräfte der Bundeswehr, die deutschen Besatzungsangehörigen in den AWACS-Flugzeugen der NATO, die über der Türkei eingesetzt waren, das in Kuwait stationierte Kontingent der ABC-Abwehrtruppe und die beiden Bundeswehrsoldaten, die als Sondereinsatzteam des Bundesnachrichtendienstes (BND) während des Krieges in Bagdad stationiert waren und den US-Streitkräften Informationen für die Kriegführung übermittelten, wie der später eingesetzte BND-Untersuchungsausschuß des Deutschen Bundestages zutage förderte (Bundestagsdrucksache 16/13400 vom 18. Juni 2009, S. 280 – 352) und wofür das Pentagon sie mit der *Meritorious Service Medal* bedachte. In der während der Verleihungszeremonie am 7. November 2003 gehaltenen Laudatio hieß es unter anderem: »Mit den wichtigen Informationen, die er dem Zentralkommando der Vereinigten Staaten zur Unterstützung der Kampfhandlungen im Irak zur Verfügung stellte, hat er seiner Person und der Bundeswehr sowie der Freundschaft zwischen Deutschland und den Vereinigten Staaten von Amerika einen großen Dienst erwiesen.«

Neben den bereits genannten völker- und verfassungsrechtlichen Normen stellt das Soldatengesetz den verbindlichen Handlungsrahmen für die deutschen Soldaten dar. Dort heißt es im § 11, der die Gehorsamspflichten regelt, unter anderem: »Ein Befehl darf nicht befolgt werden, wenn dadurch eine Straftat begangen würde.« Und im § 10 SG, der die Pflichten des Vorgesetzten umschreibt, wird festgelegt: »Er darf Befehle nur zu dienstlichen Zwecken und nur unter Beachtung der Regeln des Völkerrechts, der Gesetze und der Dienstvorschriften erteilen.« Aus vorstehend aufgeführten Rechtspflichten resultierte ein ganz erhebliches Dilemma für jeden im Kontext des Irakkrieges eingesetzten Bundeswehrsoldaten. Es stellte sich nämlich die drängende Frage, ob er oder sie überhaupt zum Gehorsam gegenüber diesbezüglichen Befehlen verpflichtet war, ja ob es ihm oder ihr nicht sogar verboten gewesen wäre, ihnen Folge zu leisten.

Über die Grenzen der soldatischen Gehorsamspflicht hat ein US-amerikanischer Justizminister, nämlich Ramsey Clark, einst gesagt:»Die größte Feigheit besteht darin, einem Befehl zu gehorchen, der eine moralisch nicht zu rechtfertigende Handlung fordert.« Daraus folgt logisch zwingend: Ein Soldat, der aus Feigheit rechts- oder moralwidrige Befehle ausführt, handelt schlechthin aus niedrigen Beweggründen. Und wer »aus niedrigen Beweggründen, heimtückisch oder grausam oder mit gemeingefährlichen Mitteln ... einen Menschen tötet«, der ist nach dem deutschen Strafgesetzbuch ein Mörder. Die Unabweisbarkeit dieser Logik hatte schon Kurt Tucholsky erkannt, als er einst grimmig deklarierte:»Soldaten sind Mörder.«

Ende Legende

»Lügen haben kurze Beine«, besagt eine altbekannte Volksweisheit. Mehr als fünf Jahre lang dauerte es freilich, bis am 7. Mai 2008 die zu Zeiten des letzten Golfkrieges amtierende Bundesregierung der schamlosen Täuschung der deutschen Öffentlichkeit überführt war. Hatte der Friedensverräter im Kanzleramt Gerhard Schröder in den Jahren 2002 und 2003 noch hoch und heilig versichert, daß sich die Bundesrepublik Deutschland nicht an dem unter Kommando der USA in Szene gesetzten Krieg gegen den Irak beteiligen würde, so urteilte nunmehr das Bundesverfassungsgericht:»Mit der Luftraumüberwachung der Türkei in AWACS-Flugzeugen der NATO haben sich deutsche Soldaten an einem Militäreinsatz beteiligt, bei dem greifbare tatsächliche Anhaltspunkte für eine drohende Verstrickung in bewaffnete Auseinandersetzungen bestanden.« Ein für allemal widerlegt ist somit die rot-grüne Legende von der Nichtbeteiligung Deutschlands an jenem imperialer Hybris geschuldeten Verbrechen gegen Völkerrecht und Humanität.

Um die Entsendung der fliegenden Gefechtsstände des Atlantischen Bündnisses hatte Ankara die Alliierten gebeten, nachdem der irakische Präsident Saddam Hussein gedroht hatte, jeder Verbündete der USA in der Region, der die Aggression gegen den Irak unterstütze, werde Ziel irakischer Verteidigungsschläge sein. Deutsche Luftwaffensoldaten stellen etwa ein Drittel der Besatzungen des supranationalen Luftwaffenverbandes, dessen Heimatflughafen im nordrhein-westfälischen Geilenkirchen liegt; ohne sie wäre ein Einsatz unmöglich gewesen.

Von Beginn an hatte die Völkerrechtswidrigkeit und damit zugleich auch die Grundgesetzverletzung, die der Bundeswehreinsatz an Bord der AWACS-Luftraumüberwachungssysteme implizierte, klar auf der Hand gelegen. Denn die Bereitstellung dieser Flugzeuge erfüllte den Tatbestand der Beihilfe zum Angriffskrieg, auch in dem Falle, daß die Türkei selbst nicht in die Angriffsoperationen eingriff. »Selbst wenn die Türkei als nicht aktive Kriegspartei geschützt werden soll, wird die Schutzmaßnahme durch den völkerrechtswidrigen Angriffskrieg überhaupt erst ausgelöst. ... Denn diese Schutzmaßnahme bewegt sich nicht im Rahmen der Zweckbestimmung der NATO zur Friedenswahrung und Verteidigung, sondern im Rahmen der Aggression«, urteilte zu recht damals der Professor für ausländisches und internationales Strafrecht am Max-Planck-Institut in Freiburg, Jörg Arnold.

Indes hatten die Karlsruher Verfassungsrichter nicht über die Völkerrechtswidrigkeit der AWACS-Mission zu entscheiden, sondern »nur« über deren Verfassungswidrigkeit. Die entsprechende Klage hatte die FDP-Fraktion eingereicht. Ihr Gegenstand betraf den Vorwurf, der Bundestag sei durch die Weigerung der Bundesregierung, für den in Rede stehenden Bundeswehreinsatz die geforderte konstitutive Zustimmung des Parlamentes einzuholen, in seinen Rechten verletzt worden.

Mit dem Urteil, das der Klägerin vollumfänglich Recht gab, wollte das höchste Gericht in diesem Lande bewußt zur Stärkung der parlamentarischen Beteiligungsrechte an bewaffneten Einsätzen deutscher Streitkräfte im Ausland beitragen. So konstatierte der 2. Senat vor dem Hintergrund der erweiterten NATO-Strategie: »Wegen der politischen Dynamik eines Bündnissystems ist es umso bedeutsamer, daß die größer gewordene Verantwortung für den Einsatz bewaffneter Streitkräfte in der Hand des Repräsentationsorgans des Volkes liegt.«

Was die Rotröcke gleichwohl blauäugig übersahen, ist, daß der Bundestag selbst seiner Verantwortung dann nicht gerecht wird, wenn die Mehrheit seiner Abgeordneten dagegen votiert, ihre verfassungsmäßigen Rechte überhaupt von der Bundesregierung einzufordern – da wird die höchstrichterlich propagierte verfassungsrechtliche Fiktion idealtypischer Gewalten*teilung* zwischen Exekutive und Legislative schlicht von der kalten politischen Realität der Gewalten*verschränkung* zwischen Bundesregierung und Mehrheitsfraktion eingeholt. Im vorliegenden Fall geschah dies am 20. März 2003, als ein Entschließungsantrag der FDP-Fraktion abgelehnt wurde, der die Bundesregierung aufforderte, ein konstitutives Mandat des Parlamentes für den Einsatz deutscher Soldaten an Bord der AWACS-Maschinen einzuholen.

Auch vermögen die Parlamentarier ihrer Verantwortung dort schwerlich gerecht zu werden, wo ein Bundeskanzler ihnen qua Junktim mit der Vertrauensfrage ein Mandat schlichtweg abpreßt, wie Gerhard Schröder dies am 16. November 2001 vorexerziert hatte. Damals nötigte er die Fraktionen von SPD und Bündnis90/Die Grünen dazu, der Beteiligung Deutschlands an der völkerrechtswidrigen »Operation Enduring Freedom«, inklusive der Entsendung von Soldaten der Bundeswehr, mit der sogenannten »Kanzlermehrheit« zuzustimmen.

Derlei Probleme schwanten auch den Verfassungsrichtern, denn unübersehbar winkten sie mit dem dicken Zaunpfahl, als sie bezüglich ihrer eigenen Entscheidungskompetenzen klarstellten: »Die Frage, ob eine Einbeziehung deutscher Soldaten in bewaffnete Unternehmungen besteht, ist gerichtlich voll überprüfbar; ein vom Bundesverfassungsgericht nicht oder nur eingeschränkt nachprüfbarer Einschätzungs- oder Prognosespielraum ist der Bundesregierung hier nicht eröffnet.«

So begrüßenswert dieses Urteil an sich auch ist, so bleibt doch erhebliches Unbehagen hinsichtlich seiner Konsequenzen. Wer wird denn nun in welcher Form für diesen Verfassungsbruch zu Rechenschaft gezogen? Immerhin geht es hier nicht um ein Kavaliersdelikt, sondern um die verfassungswidrige Beihilfe zu einem zu Recht als »völkerrechtliches Verbrechen« gebrandmarkten Akt. Deutschland, so die unbestreitbare Konklusion der Karlsruher Entscheidung, war auf Geheiß der rot-grünen Bundesregierung Kriegspartei. Und jene friedensverräterischen Regierungskriminellen tragen Mitschuld am hunderttausendfachen Massenmord an irakischen Männern, Frauen, Kindern, denn ohne die eilfertige Gewährung umfassender Unterstützungsleistungen hätte die angloamerikanische Militärmaschinerie kaum so wüten können, wie sie es 2003 und danach tat. Mitschuld tragen aber auch die Friedensverräter im Generalsrock, die sich, Kadavergehorsam leistend und ihren Diensteid brechend, nicht geweigert haben, mit Tausenden von Bundeswehrsoldaten willfährig den ihnen erteilten völkerrechts- und verfassungswidrigen Auftrag zu erfüllen.

Um nur ein Beispiel aus meinem unmittelbaren Umfeld zu nennen: Am 21. März 2003 schwor der damals amtierende Befehlshaber des Wehrbereichskommandos IV – Süddeutschland –, Generalmajor Kersten Lahl, sein im Lagezentrum versammeltes Offizierskorps auf vorbehaltlose Bündnissolidarität mit dem NATO-Partner USA ein und erklärte sowohl das Vorgehen der Kriegskoalition als auch sämtliche Anordnungen der Bundesregierung sowie der militärischen Führung für zweifelsfrei völkerrechts- und grundgesetzkonform. Allfällige Bedenken seiner Untergebenen gab er der Lächerlichkeit preis, indem er sich an seinen anwesenden Rechtsberater mit den Worten wandte: »Und im übrigen gilt doch, wie wir wissen: zwei Juristen, drei Meinungen – nicht wahr, Herr Clas.« Woraufhin der angesprochene Wehrjurist im Range eines Regierungsdirektors stumm und beflissen nickte. Einer weiteren Karriere des feinen Herrn Generals als Befehlshaber des Streitkräfteunterstützungskommandos unter Beförderung zum Generalleutnant stand nach diesem Akt uneingeschränkter Loyalität gegenüber den regierungsamtlichen Friedensverrätern nichts mehr im Wege. Nach seiner Zurruhesetzung amtierte der flotte Pensionär dann als Präsident der Bundesakademie für Sicherheitspolitik, wo er die Crème de la Crème der sogenannten »Strategic Community« in die geheimnisvollen Tiefen einer globalisierten Sicherheitsstrategie und weltweiten Kriegführung einweiht – für fürstliche Entlohnung, versteht sich.

Doch da mit dem vorliegenden Urteil des Bundesverfassungsgerichtes nunmehr zweifelsfrei feststeht, daß eine demokratisch gewählte Bundesregierung deutsche Soldaten unter Bruch des Grundgesetzes in einen bewaffneten Konflikt entsandt hat, könnte sich die Lage im Hinblick auf zukünftige Einsätze der Bundeswehr für den ihr zugedachten »globalen Verteidigungsauftrag« als zunehmend prekär erweisen. Denn kein Soldat und keine Soldatin können fortan noch blind darauf vertrauen, daß ihnen ihr Dienstherr ihren Auftrag getreu den Normen von Verfassung und Völkerrecht erteilen wird. Woraus denn folgt: Beim Betreten der militärischen Liegenschaft sind Gehirn und Gewissen nicht an der Wache abzugeben, sondern der Soldat hat beides stets mit sich zu führen und reichlich davon Gebrauch zu machen – »Selbständig denken, urteilen und handeln!« lautet ab sofort die Parole. Überall dort nämlich, wo deutsche Soldaten und Soldatinnen für völkerrechts- und zugleich verfassungswidrige Zwecke wie etwa den »Global War on Terror« mißbraucht werden sollen, hat die höchstrichterliche Rechtsprechung in unserem Lande der individuellen Gewissensprüfung sowie einer hieraus gegebenenfalls resultierenden Gehorsamsverweigerung Tür und Tor sperrangelweit geöffnet.

Die Angriffskriegsverweigerer:
Widerständigkeit und Rechtstreue in den Reihen der Bundeswehr und anderswo

Der Primat des Gewissens

Das Urteil des Bundesverfassungsgerichts vom 7. Mai 2008, mit dem der einstigen rot-grünen Bundesregierung höchstrichterlicherseits bescheinigt wurde, daß sie mit der im Vorfeld des Irakkrieges 2003 unter Mißachtung der parlamentarischen Beteiligungsrechte angeordneten Entsendung deutscher Luftwaffensoldaten an Bord von AWACS-Luftraumüberwachungsflugzeugen der NATO in die Türkei gegen das Grundgesetz verstoßen hatte, war besonders für den Bundeswehrmajor Florian Pfaff eine späte Genugtuung, durfte er sich doch hierdurch in seiner Gehorsamsverweigerung bestätigt fühlen. Er hatte nämlich im März 2003 als einziger deutscher Soldat den Mut, sich Befehlen zu widersetzen, die ihn wissentlich an dem von den USA und Großbritannien angezettelten Angriffskrieg gegen den Irak beteiligt hätten.

Konkret hatte Major Pfaff den Auftrag, an der Entwicklung eines Software-Programms zu arbeiten, von dem weder er selbst noch sein von ihm befragter Vorgesetzter ausschließen konnten, daß es direkt oder indirekt zur logistischen und informationstechnischen Unterstützung des Irakkrieges hätte Verwendung finden können. Nachdem die Kampfhandlungen im Irak begonnen hatten, erklärte der Major seinen Vorgesetzten klipp und klar, er werde keinerlei Befehlen nachkommen, durch deren Ausführung er sich als Softwarespezialist der Mitwirkung »am Morden im Irak« – so lautete seine Formulierung vor laufender Kamera – schuldig machen würde. Als loyal dienender Stabsoffizier fühlte Pfaff sich nämlich an seinen einst geleisteten Diensteid gebunden. Er hatte geschworen, »das Recht und die Freiheit des deutschen Volkes tapfer zu verteidigen«. Nie und nimmer konnte er daher den ihm zugemuteten Völkerrechts- und Verfassungsbruch mit seinen Gewissensprinzipien vereinbaren. Mit seinem Handeln folgte Florian Pfaff der in der altpreußischen Militärtradition tief verwurzelten Praxis couragierter Insubordination. Hierbei riskierte er Kopf und Kragen, lautet doch einer der schwerwiegendsten Vorwürfe, die gegen einen Soldaten überhaupt erhoben werden können: Gehorsamsverweigerung – immerhin eine mit Gefängnis bedrohte Wehrstraftat.

Umgehend wurde gegen den obstinaten Major im April 2003 ein gerichtliches Disziplinarverfahren eingeleitet, in dessen Verlauf er am 9. Februar 2004 durch die 1. Kammer des Truppendienstgerichts Nord zum Hauptmann degradiert wurde. Gegen diese erstinstanzliche Entscheidung legten sowohl Anklage als auch Verteidigung Berufung beim Bundesverwaltungsgericht in Leipzig ein. Fast anderthalb Jahre später, am 21. Juni 2005, hob der dort zuständige 2. Wehrdienstsenat das Urteil des Truppendienstgerichts auf, wies die Berufung des Wehrdisziplinaranwalts als unbegründet zurück und sprach den Major Florian Pfaff mit einer spektakulären Urteilsbegründung in allen Anklagepunkten vollumfänglich frei (BVerwG 2 WD 12.04). Die Richter bescheinigten ihm eine, so wörtlich, »an den Kategorien von ›Gut‹ und ›Böse‹ orientierte Gewissensentscheidung«, die von der »erforderlichen Ernsthaftigkeit, Tiefe und Unabdingbarkeit des für ihn ethisch Gebotenen geprägt« war, »so daß er dagegen nicht ohne ernste Gewissensnot handeln konnte«.

Weitere Kernsätze der ausführlichen Urteilsbegründung lauteten:

- Der Soldat mußte nicht damit rechnen, »daß die an Recht und Gesetz (Art. 20 Abs. 3 GG) und damit auch an das geltende Völkerrecht gebundene Regierung der Bundesrepublik Deutschland im Zusammenhang mit einem Krieg, gegen den gravierende völkerrechtliche Bedenken bestehen, militärische Unterstützungsleistungen zugunsten der USA und ihrer Verbündeten beschließen und erbringen würde und daß in diesem Kontext des Irakkrieges die nicht auszuschließende Möglichkeit bestand, daß er mit seiner konkreten dienstlichen Tätigkeit in solche Unterstützungshandlungen verstrickt würde« (S. 99).

- »Auf dieser Grundlage formulierte der Soldat für sich die Schlußfolgerung, er sei ›nicht nur rechtlich, sondern auch moralisch verpflichtet, nach Kräften passiv und aktiv für die Wiederherstellung des Rechts und eine Beendigung der Beteiligung der Bundesrepublik Deutschland an der mörderischen Besetzung des Irak durch die USA (und andere) einzutreten‹. Der daraus resultierende Gewissenskonflikt ist in sich schlüssig und damit nachvollziehbar« (S. 103).

- »Der Soldat hat hier die ihm erteilten beiden Befehle nicht ausgeführt, die er aus verfassungsrechtlichen Gründen nicht auszuführen brauchte, weil er aufgrund der Schutzwirkung des Grundrechts der Freiheit des Gewissens (Art. 4 Abs. 1 GG) einen Anspruch darauf hatte, daß ihm durch seine zuständigen Vorgesetzten eine gewissenschonende Handlungsalternative zur Verfügung gestellt wird« (S. 124).

- »Sein Verhalten läßt im Übrigen keinerlei Rückschlüsse auf ein mangelhaftes und unzureichendes Pflichtenverständnis oder auf eine fehlende Gesetzes- und Rechtstreue zu.« (S. 125).

Mit ihrem unmißverständlichen, glasklar formulierten, konziser Rechtsauslegung folgenden Urteil haben die Leipziger Richter der rot-grünen Bundesregierung, der Bundeswehrführung sowie der amerikahörigen NATO-Kamarilla und allen bellizistischen Gernegroßen eine schallende Ohrfeige erteilt. Denn aus ihrer Analyse der Völkerrechtslage leiteten die Leipziger Richter »gravierende völkerrechtliche Bedenken« sowohl gegen den Irakkrieg selbst als auch gegen die hierfür erbrachten Unterstützungsleistungen durch die Bundesrepublik Deutschland ab. Zwar mochten all jene Beobachter sich vielleicht enttäuscht fühlen, die erhofft hatten, das Bundesverwaltungsgericht würde nicht lediglich Bedenken äußern, sondern den Irakkrieg ohne Wenn und Aber als völkerrechts- und verfassungswidrig brandmarken und dem Soldaten Pfaff bescheinigen, er sei zur Gehorsamsverweigerung gemäß Soldatengesetz (§ 11) und Wehrstrafgesetz (§ 5) verpflichtet gewesen. Zu derartiger Enttäuschung bestand indes kein Anlaß. Denn mit einer solchen Entscheidung hätte das Gericht lediglich die bestehende Rechtslage bestätigt und den Handlungsspielraum von Soldaten zur Gehorsamsverweigerung einzig auf die Fälle eingeschränkt, wo die Völkerrechtswidrigkeit eines Krieges für jedermann eindeutig erkennbar und unumstritten wäre. Mit ihrer Entscheidung aber erweiterten die Richter den Ermessensspielraum diesbezüglich erheblich, nämlich auf all die Fälle, wo auch nur Zweifel an der Rechtmäßigkeit einer militärischen Intervention bestehen. Wenn in einem solchen Fall künftig ein deutscher Soldat in einen Gewissenskonflikt gerät und diesen ernsthaft und glaubwürdig darlegen kann, braucht er Befehlen nicht zu gehorchen, durch deren Ausführung er in Aktionen innerhalb rechtlicher Grauzonen verwickelt würde. Mit dieser Rechtsprechung nahm das Bundesverwaltungsgericht im Hinblick auf die Legalität bewaffneter Einsätze der Bundeswehr de facto eine Beweislastumkehr vor: Nicht der Soldat muß – gegebenenfalls in einem Gerichtsverfahren – beweisen, daß seine Gehorsamsverweigerung rechtlich geboten war, sondern zuallererst muß die Bundesregierung den von ihr in den Kampf entsandten »Staatsbürgern in Uniform« darlegen, daß der ihnen erteilte Auftrag den Normen des Völkerrechts und des Grundgesetzes entspricht.

Aufgrund der im Falle Pfaff gegebenen Sachlage hatte das Gericht denn auch keine Mühe, die ernsthafte Gewissensnot des Stabsoffiziers nachzuvollziehen und vorbehaltlos anzuerkennen. Kategorisch urteilten die Richter: »Im Konflikt zwischen Gewissen und Rechtspflicht ist die Freiheit des Gewissens ›unverletzlich‹.« Folgerichtig gebührt der in Art. 4 Abs. 1 Grundgesetz garantierten Gewissensfreiheit absoluter Vorrang – auch vor der Funktionstüchtigkeit und Einsatzbereitschaft der Bundeswehr. Denn, so der 2. Wehrdienstsenat: »Das Grundgesetz normiert (...) eine Bindung der Streitkräfte an die Grundrechte, nicht jedoch eine Bindung der Grundrechte an die Entscheidungen und Bedarfslagen der Streitkräfte.« Und dies gilt nicht nur im Frieden, sondern »selbst im Verteidigungsfall ist die Bindung der Streitkräfte an die Grundrechte (Art. 1 Abs. 3 GG) sowie an ›Gesetz und Recht‹ (Art. 20 Abs. 3 GG) gerade nicht aufgehoben«. Hierdurch wird dem betroffenen Soldaten letztlich die Möglichkeit eröffnet, im Zweifelsfall den Gehorsam zu verweigern.

Für den Stabsoffizier Pfaff wiederum resultierte daraus ein Rechtsanspruch auf Herstellung »praktischer Konkordanz« zwischen der Beachtung seines unveräußerlichen Grundrechts auf Gewissensfreiheit einerseits und den Erfordernissen des militärischen Dienstbetriebes andererseits. Konkret bedeutete dies, daß ihm seine zuständigen Vorgesetzten eine gewissenschonende Handlungsalternative zur Verfügung stellen mußten. Letztendlich lag hierin der Grund dafür, daß der gewissenstreue Major weder degradiert noch gar aus dem Dienstverhältnis entfernt werden durfte, sondern nach seiner Versetzung an das Sanitätsamt der Bundeswehr nach München weiterhin seiner »Pflicht zum treuen Dienen« nachkommen kann – frei nach der Maxime von Hans Scholl, einem der Protagonisten der »Weißen Rose«: »Es lebe die (Gewissens-)Freiheit!«

Zugleich erwiesen die Leipziger Richter dem schon zitierten kategorischen Postulat Immanuel Kants aus dem »Streit der Fakultäten« unmißverständliche Reverenz, das da lautet: »Das Recht muß nie der Politik, wohl aber die Politik jederzeit dem Recht angepaßt werden.« Konzise diesem Imperativ folgend konstatierten sie: »Die Streitkräfte sind als Teil der vollziehenden Gewalt ausnahmslos an Recht und Gesetz und insbesondere an die Grundrechte uneingeschränkt gebunden. Davon können sie sich nicht unter Berufung auf Gesichtspunkte der militärischen Zweckmäßigkeit oder Funktionsfähigkeit freistellen.« Eigentlich eine Selbstverständlichkeit im demokratisch verfaßten Rechtsstaat, die ihren Niederschlag folgerichtig im Soldatengesetz findet. Wie (S. 127) schon erwähnt, ist dort in den Paragraphen 10 und 11 normiert, daß gesetzeswidrige Befehle weder von Vorgesetzten gegeben noch von Untergebenen befolgt werden dürfen.

Mit diesem Urteil in der Causa Pfaff setzte das Bundesverwaltungsgericht einen Meilenstein zur Sicherung demokratischer Grundrechte für die Staatsbürger in Uniform, die alltäglich einem strikt hierarchisch strukturierten militärischen Zwangs-, Diziplin- und Gewaltsystem unterworfen sind. Und last not least haben die Richter zu Leipzig all jenen politischen und juristischen Zuhältern des Völkerrechts, die offenbar meinen, Justitia sei eine Hure, die sich umstandslos jedwedem niedrigen Machtinstinkt dienstbar machen ließe, eines unzweideutig ins Stammbuch geschrieben: Der Primat der Politik gilt lediglich innerhalb der Grenzen von Recht und Gesetz, jenseits davon herrscht der Primat des Gewissens. Wer immer also die Bundeswehr erneut unter Mißachtung des Völkerrechts und Bruch der Verfassung in militärische Abenteuer zu entsenden plant, wird sich solches Vorhaben künftig zweimal überlegen müssen.

Der Preis des Gewissens

Kaum verwunderlich setzte nach dem spektakulären Freispruch des Majors Florian Pfaff durch das Bundesverwaltungsgericht umgehend heftigste Urteilsschelte ein. Ebenso dreist wie ignorant kommentierten Maulhelden aus der rechtskonservativen Ecke der sogenannten »Strategic Community« dieses höchstrichterliche Urteil. Bemerkenswert war einzig das kümmerliche Niveau der von allenfalls rudimentärer Sachkenntnis getrübten Anwürfe. So gab der Verfassungsrechtler Prof. Dr. Rupert

Scholz zu Protokoll, es sei nicht die Aufgabe eines Soldaten, zu bewerten, ob ein Krieg völkerrechtswidrig sei und ob er deshalb die Ausführung bestimmter Befehle verweigern dürfe. Gerade Berufssoldaten seien dem existenznotwendigen Prinzip von Befehl und Gehorsam verpflichtet. Und deshalb dürften Rechtsfragen nicht Gegenstand einer Gewissensentscheidung des Soldaten werden mit der Folge, daß er den Befehl (sic!) verweigern könne.

Diese Einlassungen des ehemaligen Bundesverteidigungsministers mußten schon deshalb Erstaunen hervorrufen, weil bereits jedem Rekruten der Bundeswehr zu Beginn seiner Grundausbildung beigebracht wird, daß er Befehle, durch die eine Straftat begangen würde, gar nicht befolgen darf (§ 11 Soldatengesetz). Dieser Gesetzesauflage kann ein Soldat selbstverständlich nur dann nachkommen, wenn er die Rechtmäßigkeit von Befehlen prüft, bevor er sie ausführt. Daß einem ehemaligen Inhaber der Befehls- und Kommandogewalt über die Bundeswehr derartiges wehrrechtliches Basiswissen offenbar nicht präsent war, konnte den Major Pfaff in seiner Haltung nur schlagend bestätigen.

Auch unter Bundeswehrgeneralen stieß das Urteil auf Ablehnung – allerdings wagten wie üblich nur Pensionäre öffentliche Kritik. So sprach der ehemalige Inspekteur des Heeres und später sogar zum Staatsekretär auf der Hardthöhe avancierte Jörg Schönbohm (Generalleutnant a. D.), derzeit Innenminister und stellvertretender Ministerpräsident von Brandenburg, hinsichtlich des besagten Urteils von einer »bedauerlichen Entwicklung« und warnte unter Bezugnahme auf Theodor Heuss »vor einem Verschleiß des Gewissens«. Darüber hinaus sah er die Bündnisfähigkeit Deutschlands in der NATO gefährdet, »wenn Bundeswehrsoldaten in wichtigen Funktionen plötzlich anfangen, sich auf ihr Gewissen zu berufen ...«. Kräftiger hinlangte der ehemalige Amtschef des Heeresamtes und jetzige Präsident des »Bayerischen Soldatenbundes«, Jürgen Reichardt (Generalmajor a. D.), in seiner Hauspostille mit dem bezeichnenden Namen *Treue Kameraden*. Er nämlich hielt die Entscheidung der Leipziger Richter für »eine befremdliche, unverständliche Gesetzesauslegung, vergleichbar jenem berüchtigten (sic!) ›Mörder-Urteil‹ des Bundesverfassungsgerichts. Sie liefert die Funktionsfähigkeit unserer Streitkräfte den persönlichen Anschauungen einzelner Soldaten aus, untergräbt somit die Grundlagen soldatischen Handelns und gefährdet die Verläßlichkeit unserer Streitkräfte.« Überdies witterte Reichardt Gefahren für die »Fundamente des Staates« schlechthin. Den Gewissenskonflikt des Soldaten Pfaff angesichts massiven Völkerrechts- und Verfassungsbruchs bezeichnete er als »eigentlich belanglose Sache« und unterstellt ihm »anmaßende politische Absichten politisierender Soldaten«. Bei dieser Gelegenheit schoß der General außer Diensten auch gleich eine volle ideologische Breitseite gegen das »sogen. ›Darmstädter Signal‹, eine kleine Gruppe politisch extrem linker Soldaten, die sich im Internet ihrer Kampagnen rühmen«, denn Pfaff sei bei dieser Mitglied. Zu dumm nur, daß es sich bei Paff um einen tiefgläubig katholischen, politisch eher konservativen und unbeirrbar rechtstreuen Bayern handelt, der linker Umtriebe definitiv abhold ist. Bloß noch skurril wirkte dann Reichardts Schlußappell an den Verteidigungsminister, die Revision des Leipziger Urteils als seine Aufgabe anzusehen – indes: Gegen diese höchstrichterliche Entscheidung war eine Revision gar nicht zulässig.

Den Vogel bei der Urteilskrittelei schoß freilich der damals amtierende Vorsitzende des Deutschen BundeswehrVerbandes, Oberst Bernhard Gertz, – notabene Volljurist – ab, als er allen Ernstes zum Besten gab, man müsse hinsichtlich der Gewissensfreiheit für Soldaten zwischen Wehrpflichtigen und Zeit- sowie Berufssoldaten unterscheiden, für den Berufssoldaten gelte »eine deutlich stärkere Pflichtenbindung« (*Westfälische Rundschau*, 25. Juni 2005). Je höher Status und Besoldung, desto gewissenloser die Haltung, ließe sich daraus folgern. Konsequenterweise forderte Gertz denn auch eine Einschränkung der Gewissensfreiheit für Soldaten, die gefälligst dort ihre Grenzen finden müsse, wo die Einsatzfähigkeit der Bundeswehr betroffen wäre. Gottlob aber obliegt hierzulande die Rechtssprechung immer noch Richtern in Roben und nicht Schwadroneuren in Uniform.

In den Reihen der verteidigungsministeriellen Hofschranzen pflegte man indes eine diametral entgegengesetzte Sicht der Dinge. Dort leckte man intensiv die schmerzhaften Wunden der Prozeßniederlage – eine Geste des Bedauerns, gar ein Angebot zur Kompensation des dem Major Pfaff zugefügten Unrechts unterblieb. Ganz im Gegenteil: Die Schikanen gegen ihn setzen sich fort. So wurde und wird ihm bis heute die beantragte sogenannte »laufbahnrechtliche Schadlosstellung« mit der absurden Begründung verweigert, er selbst habe ja den Anlaß für die Ermittlungs- und Gerichtsverfahren gesetzt. Aber die juristischen Querelen sind mitnichten dem rechts- und gewissenstreuen Major zuzuschreiben. Vielmehr ist deren Ursprung in den kriminellen Handlungen der damaligen Regierung und Bundeswehrführung zu sehen. Denn messerscharf hatte ja das Bundesverwaltungsgericht im Hinblick auf die deutschen Unterstützungsleistungen für den Aggressionskrieg gegen den Irak geurteilt, daß auch die Beihilfe zu einem völkerrechtlichen Delikt selbst ein völkerrechtliches Delikt darstellt (s. S. 112).

Grotesk auch die Einlassungen, mit denen das Personalamt der Bundeswehr sich bis heute weigert, Florian Pfaff wie all die anderen Offiziere seines Jahrgangs zum Oberstleutnant zu befördern: Es bestünden »begründete Zweifel an seiner uneingeschränkten persönlichen Eignung und Befähigung«, einem höheren Dienstgrad gerecht zu werden. Dort, wo er seinen Dienst verrichtet, sieht man das völlig anders. In seiner dienstlichen Beurteilung schreibt der zuständige Vorgesetzte:»Major Pfaff ist ein gradliniger, eher ruhiger Stabsoffizier mit klaren Wertvorstellungen ... Major Pfaff ist mit Überzeugung Soldat ... Major Pfaff sollte nun auch zügig die durch seine Arbeit verdiente Beförderung zum Oberstleutnant zuteil werden.«

Zweitens aber – so das Personalamt – sei er »aus den anerkannten Gewissensgründen« nur »eingeschränkt verwendungsfähig«. Soll wohl heißen: Ein Soldat, der sich weigert, an einem Bruch der Verfassung mitzuwirken, ein Soldat, der seinem Gewissen folgt, während andere sich in Kadavergehorsam üben, ein solcher Soldat ist in der Bundeswehr eigentlich völlig fehl am Platze. Die Botschaft ist eindeutig: Wer nicht pariert, wird sanktioniert!

Nachdem die bayerische Verwaltungsgerichtsbarkeit in zwei Instanzen die diffamierenden Winkelzüge der Personalführung für nichtig erklärt und eine neue Entscheidung über Pfaffs Eignung für einen höheren Dienstgrad »unter Beachtung der Rechtsauffassung des Gerichts« verlangt hatte (Az.: M 21 K 06.1326), lenkte man im Verteidigungsministerium nicht etwa ein. Nein, nunmehr werden Florian Pfaff schwere charakterliche Mängel bescheinigt, weil er ein Buch mit dem Titel »Totschlag im Amt«[80] veröffentlicht hat, in dem er die völkerrechts- und verfassungswidrige Kriegspolitik der Bundesregierung brandmarkt. Und wer das tut, der taugt eben nicht für höhere Ränge, so einfach ist das in den deutschen Streitkräften heutzutage. Auf diese schändliche Weise wird die kafkaeske Prozessiererei noch jahrelang verschleppt, um den Bundeswehrmajor um sein gutes Recht zu betrügen.

Im übrigen herrscht jetzt in der gesamten Bundeswehr ein geradezu ohrenbetäubendes Schweigen hinsichtlich der Causa Pfaff. Totschweigen, Aussitzen und den Soldaten Pfaff selbst mundtot machen, lautet die Devise. So antwortete der Chefredakteur der bundeswehrinternen Desinformations- und Propagandaplattform *IntranetAktuell*, wo üblicherweise jede Nichtigkeit, die sich in der Truppe ereignet, akribisch rapportiert wird, auf die explizit vorgetragene Anregung, über die im Dezember 2006 erfolgte Verleihung der Carl-von-Ossietzky-Medaille der Internationalen Liga für Menschenrechte an Pfaff gebührend zu berichten, mit Rückendeckung des Informations- und Pressestabes in Berlin: »Vielen Dank für den thematischen Vorschlag. Das Thema wird zur Zeit intern allerdings nicht gefahren. Mit freundlichen Grüßen ...« Im Hause des Franz Josef Jung war und ist man, was den Umgang mit dem aufrechten Offizier Pfaff anbelangt, unübersehbar auf der Talsohle der Schäbigkeit angelangt.

Wehrjuristische Lohnschreiber

Mit ihrer Entscheidung in der Sache des Bundeswehrmajors Florian Pfaff hatten die Bundesverwaltungsrichter kaltblütig die Heiligste Kuh der deutschen Militärpolitik geschlachtet: den angeblich unantastbaren Primat der Politik. Letzterer – und das ist der springende Punkt des Leipziger Urteils – gilt ausschließlich innerhalb der Schranken von (Völker-)Recht und (Grund-) Gesetz – jenseits davon herrscht der Primat des Gewissens oder sogar, folgt man den Einlassungen des ehemaligen Generalinspek-

---

80 *Pfaff, Florian D.*: Totschlag im Amt. Wie der Friede verraten wurde, Wassertrüdingen 2008.

teurs der Bundeswehr, General Klaus Naumann, die »Pflicht zur Gehorsamsverweigerung«. In seinem Generalinspekteursbrief aus dem Jahre 1994 hatte dieser nämlich postuliert: »In unserem Verständnis von Rechtsstaatlichkeit und Ethik stehen dem Gehorsamsanspruch des Dienstherrn das Recht und die Pflicht zur Gehorsamsverweigerung gegenüber, wo eben diese Rechtsstaatlichkeit und Sittlichkeit mit dem militärischen Auftrag nicht mehr in Einklang stehen, der Soldat damit außerhalb der freiheitlich-demokratischen Rechtsordnung gestellt würde.«

Daß sich gegen derartige Maximen in Kreisen der ministeriell bestallten Wehrjuristen Widerspruch regte, vermochte schwerlich zu überraschen. So versah der Ministerialrat im Verteidigungsministerium Stefan Sohm seine in der *Neuen Zeitschrift für Wehrrecht* (1/2006) publizierte Abhandlung zu diesem Thema prompt mit dem Titel »Vom Primat der Politik zum Primat des Gewissens?« Daß es sich bei der von ihm gewählten Frage um eine bloß rhetorische handelte, legte er dem Leser seines – zugegebenermaßen meisterlich verfertigten – Lehrstücks juristischer Rabulistik unmißverständlich klar. Denn die »Verweigerungshaltung von Soldaten unter Berufung auf Grundrechte« steht, so der Autor, letztendlich »in einem Spannungsverhältnis zum demokratischen Prinzip und dem Primat der Politik in den Streitkräften«. Stramm folgerte der Ministerialjurist aus dieser These, daß mitnichten dem verfassungsrechtlich geschützten Grundrecht der Gewissensfreiheit der Vorrang gebührt, wie das Bundesverwaltungsgericht – seiner Meinung nach fälschlich – entschieden hatte. Und beantwortete daher seine eingangs aufgeworfene Frage mit der apodiktischen Feststellung: »Beständig bleibt aus rechtlicher Sicht allein die Unterordnung der Streitkräfte unter den Primat demokratisch legitimierter Politik.«

Eingeflossen sind die Ressentiments der juristischen Lohnschreiber aus dem Hause Jung gegen das Leipziger Urteil darüber hinaus in ein ministerielles Informationspapier für Vorgesetzte. Dieses wurde als sogenannte *G1-/A1-Information* zum Problem »Gehorsamsverweigerung aus Gewissensgründen« im Intranet der Bundeswehr verbreitet. Die Rechtsabteilung II 2 verdreht darin wesentliche Festlegungen, welche die Bundesverwaltungsrichter in ihrem Urteil getroffen haben, in ihr genaues Gegenteil. So heißt es in dem Pamphlet unter anderem wörtlich: »Wenn die Ausführung eines Befehls eine unzumutbare Gewissensbeeinträchtigung darstellt, hat der Vorgesetzte zu prüfen, ob der Dienstbetrieb eine gewissensschonende Alternative durch die Zuweisung einer anderen Aufgabe zuläßt.« Im Bundesverwaltungsgerichtsurteil indes ist glasklar festgelegt, daß ein Soldat unbedingten Anspruch darauf hat, von der öffentlichen Gewalt nicht daran gehindert zu werden, sich gemäß den ihn bindenden und unbedingt verpflichtenden Geboten seines Gewissens zu verhalten. »Diesem Anspruch«, so das Gericht, »ist dadurch Rechnung zu tragen, daß ihm eine gewissenschonende diskriminierungsfreie Handlungsalternative bereitgestellt wird, um einen ihn in seiner geistig-sittlichen Existenz als autonome Persönlichkeit treffenden Konflikt zwischen hoheitlichem Gebot und Gewissensgebot zu lösen.« Die Ministerialjuristen aber sehen das ganz anders als die Bundesverwaltungsrichter, indem sie rechtsbeugerisch formulieren: »Wenn die Zuweisung einer anderen Aufgabe nicht möglich ist, hat der Vorgesetzte die dienstlichen Erfordernisse gegen die mögliche Gewissensbeeinträchtigung abzuwägen.« Dabei hatte das Bundesverwaltungsgericht in seinem Urteilsspruch das genaue Gegenteil konstatiert, nämlich: »Es wäre ... verfassungsrechtlich verfehlt, zunächst von den Streitkräften oder ihrer jeweiligen politischen Führung definierte Bedarfs-, Effektivitäts- oder Funktionsanforderungen heranzuziehen und diese dann dem Grundrecht der Gewissensfreiheit gegenüberzustellen und in einer ›Abwägung‹ entgegenzusetzen.« Und, so die Richter weiter, »namentlich dürfen die sich aus der Verfassung ergebenden strikten Bindungen an ›Recht und Gesetz‹ (Art. 20 Abs. 3 GG), an die ›allgemeinen Regeln des Völkerrechts‹ (Art. 25 GG) und an die Grundrechte (Art. 1 Abs. 3 GG) nicht zur Seite geschoben und durch ›Abwägung‹ in ihrem Geltungsgehalt und -anspruch gelockert werden, auch wenn dies politisch oder militärisch im Einzelfall unter Umständen zweckmäßig erscheinen mag.« Unzweifelhaft setzte das Bundesverwaltungsgericht hiermit dem vielbeschworenen Primat der Politik, dem die militärische Macht im Staate im allgemeinen unterworfen ist, klare verfassungsrechtliche Schranken. Zugleich ordnete es – selbst im Verteidigungsfall – die Funktionsfähigkeit der Streitkräfte der grundgesetzlich absolut geschützten Freiheit des Gewissens unter.

Ministerialrat Sohm freilich bestritt dies vehement, als er deklamierte, dienstlichen Aufgaben und Befehlen komme »grundsätzlich die Dignität demokratischer Legitimation zu«. Wie prekär es indes um den Wert demokratischer Legitimation, vulgo parlamentarischer Mehrheitsentscheidungen, oftmals bestellt ist, demonstriert in regelmäßigen Abständen das Bundesverfassungsgericht. Ein besonders spektakuläres Beispiel lieferte das Urteil zum Luftsicherheitsgesetz. Darin bescheinigten die Karlsruher Verfassungsrichter der Bundesregierung und dem Bundestag, daß ihr auf lupenrein demokratische Weise zustande gekommenes Gesetzeswerk die zentrale Verfassungsnorm schlechthin, nämlich die durch Artikel 1 des Grundgesetzes absolut geschützte Menschenwürde, mit Füßen trat. Ein Waterloo für den angeblichen Primat demokratisch legitimierter Politik und ein grandioser Sieg für die Geltung des Rechts. Wer angesichts dessen unreflektiert von der »Dignität demokratischer Politik« schwafelt, läuft Gefahr, im völker- und verfassungsrechtlichen Nirwana zu landen.

Ministerialjurist Sohm aber ergänzte seine spitzfindigen Einwände gegen das Urteil von Leipzig um einen weiteren aufschlußreichen Aspekt: Seiner Auffassung nach besteht der »zentrale Problembereich im vorliegenden Fall in der Grundrechtsgeltung und -wahrnehmung in Sonderstatus-Verhältnissen«. Diese Terminologie ist aus der Diskussion um die Innere Führung in der Bundeswehr nur allzu bekannt. Die Traditionalisten, denen die Konzeption vom demokratischen »Staatsbürger in Uniform«

schon immer ein Dorn im Auge war, setzten ihr von Beginn an ihre Vorstellung vom Soldatsein als einer Profession »sui generis« entgegen. Demzufolge nimmt der Soldat eine Sonderstellung in der pluralistischen Gesellschaft ein und sind den Zivilisierungs- und Integrationsmöglichkeiten einer Armee immanente Grenzen gesetzt. Genau auf dieser Linie argumentierte Wehrjurist Sohm, als er konstatierte, daß »die Streitkräfte von vornherein nicht dem Ausleben individueller Freiheitsrechte dienen«. Denn »durch die enge Verbundenheit mit dem Dienst« stelle sich der Soldat unter die »Gesetzlichkeiten des Amtes«. Daher habe sich der Soldat notwendigerweise von eigenen Interessen zu distanzieren. Messerscharf folgerte Advokat Sohm: »Daraus entstehende Gewissenskonflikte werden Soldaten nicht von außen aufgezwungen, sondern sind mit dem Eintritt in die Streitkräfte jedenfalls potentiell angelegt.« In Klartext übersetzt bedeutet das juristische Fachsprech: Wer seinen Dienst bei der Bundeswehr leistet, muß wissen, worauf er sich eingelassen hat, und sollte besser sein Gewissen am Kasernentor abgeben, wenn er dienstliche Schwierigkeiten vermeiden will.

Unverblümt kommt diese Haltung in einem weiteren verteidigungsministeriellen Elaborat zum Ausdruck. In dem von der Rechtsabteilung I 5 unter dem Titel »Hinweise für Rechtsberater und Rechtslehrer« herausgegebenen Dokument wird im Hinblick auf den »Umgang mit Soldaten und Soldatinnen, die aus Gewissensgründen Befehle nicht befolgen wollen«, ausgeführt: »Dies ergibt sich aus dem Berufsrisiko, das Soldaten/Soldatinnen auf Zeit und Berufssoldaten/Berufssoldatinnen freiwillig eingehen. Insofern werden den Angehörigen der Streitkräfte engere Grenzen gezogen als den ›normalen‹ Staatsbürgern und Staatsbürgerinnen. In derartigen Fallkonstellationen tritt als Ergebnis einer unverzichtbaren Güterabwägung die Gewissensfreiheit hinter das verfassungsrechtlich geschützte Gut der Funktionsfähigkeit der Streitkräfte zurück.« Gewissen als soldatisches Berufsrisiko – auch dies eine dreiste Umkehrung des glasklaren Bundesverwaltungsgerichtsurteils. Im Grunde genommen wäre zwar das in weiten Teilen ausgesprochen stümperhaft abgefaßte Ministerialpapier nicht weiter erwähnenswert. Gleichwohl kann man darüber nicht stillschweigend hinweggehen, da es eine offizielle Handlungsanleitung für alle Rechtsberater und Rechtslehrer in der Bundeswehr darstellt. Letztere wiederum beeinflussen unvermeidlich die Meinungsbildung zum Problem der Gehorsamsverweigerung aus Gewissensgründen in den deutschen Streitkräften insgesamt, insbesondere jedoch in den Reihen der höheren militärischen Vorgesetzten.

Als geradezu atemberaubend erweisen sich die Einlassungen der Rechtsabteilung zum Thema Angriffskrieg. Dieser wird zwar vom Grundgesetz verboten und vom Strafgesetz sanktioniert. Dennoch darf sich laut Verteidigungsministerium der gemeine Soldat darauf nicht berufen, denn »diesem Verbot unterfallen nur Soldaten oder Soldatinnen, die als sicherheits- und militärpolitische Berater/Beraterinnen eine herausgehobene Funktion im Regierungsapparat ausüben.« Auf den Punkt gebracht lautet der Irrwitz: Nur dem General ist der Angriffskrieg verboten, der Gefreite aber muß dabei mitmachen.

Einerseits konstatieren die Ministerialjuristen: »Befehle, die im Widerspruch zu den allgemeinen Regeln des Völkerrechts stehen, sind unverbindlich«, und »Untergebene dürfen solche nicht befolgen«, sondern »müssen die allgemeinen Regeln des Völkerrechts beachten«, andererseits geben sie nur wenige Zeilen später entgegen aller Logik zum besten, daß »zwar das allgemeine Gewaltverbot zu den allgemeinen Regeln des Völkerrechts gehört, dieses jedoch für die rechtliche Bewertung des Verhaltens einzelner an einem Einsatz beteiligter Soldaten und Soldatinnen ebenso wenig von Bedeutung ist wie die zu seiner Durchsetzung bestimmten innerstaatlichen Normen (Art. 26 GG und § 80 StGB)«. Unbekannt scheint den Rechtsexperten der schon erwähnte »Verhaltenskodex zu politisch-militärischen Aspekten der Sicherheit«, den die Bundesrepublik auf dem Budapester KSZE-Gipfel 1994 unterschrieben hat. Darin ist festgelegt, »daß die Angehörigen der Streitkräfte nach dem innerstaatlichen und dem Völkerrecht für ihre Handlungen individuell verantwortlich sind« und »daß die mit Befehlsgewalt ausgestatteten Angehörigen der Streitkräfte Befehle, die gegen das innerstaatliche Recht und das Völkerrecht verstoßen, nicht erteilen dürfen«.

Wenn die verantwortlichen Juristen auf der Hardthöhe ungeachtet dessen völlig abwegige Rechtsauffassungen konstruieren, sollte die zivile Öffentlichkeit nicht darüber erstaunt sein, wenn, wie den alljährlichen Berichten des Wehrbeauftragten zu entnehmen, Bundeswehrsoldaten nach der Devise »legal – illegal – scheißegal« handeln. Darüber hinaus legt die sich am Rande der Rechtsbeugung bewegende Kommentierung des von einem höchsten Bundesgericht gesprochenen Urteils zur Gewissensfreiheit von Soldaten seitens des Verteidigungsministeriums die Frage nahe, inwieweit sich dessen Leitung überhaupt noch an Recht und Gesetz dieser Republik gebunden fühlt.

Völkerrecht, Meinungsfreiheit und die Ehre der Generäle

Mit dem Freispruch in der Causa Pfaff, für den das Bundesverwaltungsgericht höchsten Respekt aller Demokraten verdient, sind längst nicht alle offenen Rechnungen aus dem Irakkrieg beglichen. Weder mit den Politkriminellen im Berliner Regierungsviertel, die den eklatanten Völkerrechts- und Verfassungsbruch angeordnet haben, noch mit deren willfährigen Helfershelfern in der Flecktarnuniform der Bundeswehr ist bislang abgerechnet. Keinen einzigen der Akteure zog die Strafjustiz für seine Untaten zur Rechenschaft.

Worum es sich bei dem von den USA und ihren Vasallen angezettelten Krieg im Zweistromland realiter handelte, steht spätestens seit der Rede, die der todkranke britische Schriftsteller Harold Pinter am 7. Dezember 2005 anläßlich der Verleihung des Literaturnobelpreises verlesen ließ, außer jedem Zweifel: »Die Invasion des Irak war ein Banditenakt, ein Akt von unverhohlenem Staatsterrorismus, der die absolute Verachtung des Prinzips von internationalem Recht demonstrierte. Die Invasion war ein willkürlicher Militäreinsatz, ausgelöst durch einen ganzen Berg von Lügen und die üble Manipulation der Medien und somit der Öffentlichkeit; ein Akt zur Konsolidierung der militärischen und ökonomischen Kontrolle Amerikas im Mittleren Osten unter der Maske der Befreiung, letztes Mittel, nachdem alle anderen Rechtfertigungen sich nicht hatten rechtfertigen lassen. Eine beeindruckende Demonstration einer Militärmacht, die für den Tod und die Verstümmelung abertausender Unschuldiger verantwortlich ist. Wir haben dem irakischen Volk Folter, Splitterbomben, abgereichertes Uran, zahllose willkürliche Mordtaten, Elend, Erniedrigung und Tod gebracht und nennen es ›dem mittleren Osten Freiheit und Demokratie bringen‹. Wie viele Menschen muß man töten, bis man sich die Bezeichnung verdient hat, ein Massenmörder und Kriegsverbrecher zu sein? Einhunderttausend? Mehr als genug, würde ich meinen. Deshalb ist es nur gerecht, daß Bush und Blair vor den Internationalen Strafgerichtshof kommen.«

Harold Pinter verharrte aber nicht in Empörung und Anklage. Er ließ wissen: »Ich glaube, daß den existierenden kolossalen Widrigkeiten zum Trotz die unerschrockene, unbeirrbare, heftige intellektuelle Entschlossenheit, als Bürger die *wirkliche* Wahrheit unseres Lebens und unserer Gesellschaften zu bestimmen, eine ausschlaggebende Verpflichtung darstellt, die uns allen zufällt. Sie ist in der Tat zwingend notwendig. Wenn sich diese Entschlossenheit nicht in unserer politischen Vision verkörpert, bleiben wir bar jeder Hoffnung, das wiederherzustellen, was wir schon fast verloren haben: die Würde des Menschen.«

Soldatinnen und Soldaten, die ihrem Selbstverständnis als demokratische StaatsbürgerInnen in Uniform treu bleiben wollten, konnten sich der elementaren Wucht dieser »*wirklichen* Wahrheit« schwerlich entziehen. Denn war nicht das zutage getretene skandalöse System organisierter Regierungskriminalität schlechterdings unvereinbar mit dem Anspruch eines sich selbst zivilisiert nennenden demokratischen Staatwesens? Und hatten die zu seinem Schutz verpflichteten SoldatInnen nicht mit ihrem Diensteid geschworen, »das Recht und die Freiheit des deutschen Volkes tapfer zu verteidigen«, nicht aber es mit ihren Kampfstiefeln in den Staub zu treten?

Was also blieb anderes übrig, als die Drahtzieher des Völkerrechts- und Verfassungsbruchs gemeinsam mit ihren willfährigen Helfern im Generalsrock frontal zu attackieren, um in letzter Instanz eine Klärung der strittigen Problematik auf höchstrichterlicher Ebene herbeizuführen? Denn die Leipziger Bundesverwaltungsrichter hatten in der Causa Pfaff lediglich ihre »gravierenden völkerrechtlichen Bedenken« explizieren, nicht aber ein abschließendes höchstrichterliches Urteil über den Aggressionskrieg und die von der Bundesregierung angeordneten und von der Bundeswehr erbrachten Unterstützungsleistungen für diesen Krieg sprechen können. Und eben dieses Manko markiert eine bis heute offene Rechnung.

Daraufhin nahm unter der Überschrift »Geist und Ungeist der Generalität« am 27. Mai 2006 in der Berliner Zweiwochenschrift *Ossietzky* ein riskantes Vorhaben seinen Anfang. Anknüpfend an einen gelinde ausgedrückt diskussionswürdigen Artikel des pensionierten Bundeswehrgenerals Siegfried F. Storbeck in der Tageszeitung *Die Welt* geißelte ich in scharfen Worten die völkerrechts- und verfassungswidrige Unterstützung des angloamerikanischen Angriffskrieges gegen den Irak, welche die Bundeswehr auf Anordnung der Schröder-Regierung erbracht hatte, ohne daß auch nur ein einziger der in Führungsverantwortung stehenden Generäle wahrnehmbar gegen diesen Rechtsbruch protestiert hätte, obwohl dies zweifelsohne nicht nur ihre staatsbürgerliche, sondern auch ihre soldatische Pflicht gewesen wäre (*siehe unten*, S. 156f).

Die aufgrund der in meinem Beitrag gewählten Diktion nicht gänzlich unerwartete Folge war ein gegen mich eingeleitetes Disziplinarverfahren durch mehrere Instanzen der militärischen Sondergerichtsbarkeit, das mit der Bestätigung der von einem der selbst betroffenen Generäle gegen mich verhängten Disziplinarbuße in Höhe von 750 Euro endete. Diese Entscheidung wiederum eröffnete den Weg nach Karlsruhe zum Bundesverfassungsgericht. In der dort eingereichten Verfassungsbeschwerde rügten meine Prozeßvertreter die Verletzung des in Artikel 5 des Grundgesetzes garantierten Grundrechts auf Freiheit der Meinungsäußerung. Doch die 3. Kammer des 2. Senats, besetzt mit dem Richter Broß, der Richterin Osterloh und dem Richter Mellinghoff, beschloß am 28. April 2007, die Verfassungsbeschwerde nicht zur Entscheidung anzunehmen.

Die achtseitige Begründung des Beschlusses wirft eine Reihe wichtiger Fragen auf.

Um das Positive vorwegzunehmen: Erstens, so die Verfassungsrichter, sei – anders als vom Truppendienstgericht in München angenommen, gegen dessen Urteil sich die Verfassungsbeschwerde richtete – die Menschenwürde der attackierten Generalität durch den inkriminierten *Ossietzky*-Beitrag nicht angetastet worden. Und zweitens handele es sich bei den beanstandeten Äußerungen auch nicht um eine unzulässige Schmähkritik. Diese höchstrichterliche Bewertung stellt immerhin einen beachtlichen Teilerfolg dar. Denn jeder zivile Staatsbürger und jede zivile Staatsbürgerin darf demnach unbeschadet kundtun, daß die Bundeswehrgeneralität opportunistisch, feige und skrupellos gehandelt habe, als sie die ihr unterstellten Soldaten zur Unterstützung des Irakkriegs befahl. Und auch, daß Generalinspekteur und Teilstreitkraftinspekteure sich hätten weigern müssen, den völkerrechts- und verfassungswidrigen Ordres der rot-grünen Bundesregierung Folge zu leisten, wenn sie denn auch nur einen Funken Ehrgefühl sowie Rechts- und Moralbewußtsein im Leibe hätten, dürfen all jene sagen, die beruflich nicht das nationale Ehrenkleid tragen. So weit, so gut.

Und doch so schlecht, denn ungeachtet vorstehender Erkenntnis billigte das Bundesverfassungsgericht der Verfassungsbeschwerde keine »grundsätzliche verfassungsrechtliche Bedeutung« zu. Man mag es kaum glauben: Da bricht eine Bundesregierung, tatkräftigst unterstützt von der obersten militärischen Führung, Völkerrecht sowie Verfassung und fordert damit einen scharfgeschliffenen publizistischen Kommentar heraus, der zum Gegenstand einer vor das höchste deutsche Gericht getragenen Auseinandersetzung wird – und dem soll keine »grundsätzliche verfassungsrechtliche Bedeutung« zukommen? Es ist leider wahr: Das Völkerrechtsverbrechen gegen den Irak und die hierfür erbrachten Unterstützungsleistungen durch die Bundesrepublik Deutschland waren den Verfassungsrichtern nicht eine Silbe wert.

Funktionsfähig – wofür?

In ihrem Nichtannahmebescheid zu meiner Verfassungsbeschwerde in Sachen »Soldatische Meinungsfreiheit und die Ehre der Generalität« hüllte sich die 3. Kammer des 2. Senats des Bundesverfassungsgerichts also in dumpfes Schweigen, was den Irakkrieg und die deutsche Beteiligung daran betraf. Zugleich verengte sie ihren verfassungsrechtlichen Fokus aufs Soldatengesetz und eskamotierte sich damit aus der Verlegenheit, die inhaltliche Begründung der inkriminierten Passagen aus dem *Ossietzky*-Beitrag mit der angesichts des in Rede stehenden ungeheuerlichen Sachverhalts eigentlich gebotenen richterlichen Sorgfalt zu erörtern.

Das Tückische dabei: Das Soldatengesetz unterwirft den Staatsbürger in Uniform weitreichenden Einschränkungen seiner Grundrechte. Schon in früheren Entscheidungen hat das Bundesverfassungsgericht konstatiert, daß »die Einrichtung und Funktionsfähigkeit der Bundeswehr verfassungsrechtlichen Rang haben«. Demzufolge tritt nach Ansicht der 3. Kammer im vorliegenden Fall »das Grundrecht der freien Meinungsäußerung ... dem mit Verfassungsrang ausgestatteten Interesse der Bundeswehr an der Wahrung ihrer Funktionsfähigkeit gegenüber«.

Daß eine Truppe, wenn sie denn schon zwangsweise durch jeden Steuerbürger finanziert wird, ein Mindestmaß an Einsatzfähigkeit aufweisen sollte, scheint einerseits durchaus plausibel. Andererseits aber einem militärischen Gewaltapparat wie der Bundeswehr, der getreu dem Postulat Gustav Heinemanns jederzeit zugunsten einer besseren Alternative in Frage zu stellen ist, seine Funktionstüchtigkeit als Quasi-Grundrecht zu garantieren und mit den fundamentalen Menschen- und Bürgerrechten auf ein- und dieselbe Stufe zu stellen, scheint doch mehr als diskussionsbedürftig.

Zumal an diesem Punkt ein bemerkenswerter Dissens in der höchstrichterlichen Rechtsprechung aufscheint. Das Bundesverwaltungsgericht in Leipzig nämlich hatte in seinem erwähnten Urteil aus dem Jahr 2005 postuliert, daß die »Streitkräfte als Teil der vollziehenden Gewalt ausnahmslos an Recht und Gesetz und insbesondere an die Grundrechte uneingeschränkt gebunden« sind und sie sich von diesem Gebot auch »nicht unter Berufung auf Gesichtspunkte der militärischen Zweckmäßigkeit oder Funktionsfähigkeit freistellen« könnten (s. S. 135). Denn das Grundgesetz, so die Leipziger Bundesverwaltungsrichter, bindet eben die Streitkräfte an die Grundrechte, aber nicht umgekehrt die Grundrechte an die Entscheidungen und Bedarfslagen der Streitkräfte. Zwar erkannte auch das Bundesverwaltungsgericht das inhärente Spannungsverhältnis zwischen der Funktionstüchtigkeit der Bundeswehr und der Grundrechtegarantie der Soldaten, löste dieses jedoch viel eleganter mit der Formel von der »praktischen Konkordanz« auf, derzufolge die Interessenwahrung der Streitkräfte so zu erfolgen habe, daß die Grundrechte der Soldaten stets gewährleistet bleiben.

Dagegen klammert sich das Karlsruher Bundesverfassungsgericht an ein im Grunde überkommenes, vordemokratisches Sonderstatusverhältnis, das den Soldaten gerade im Fall des Konflikts mit dem Dienstherrn seiner Grundrechte weitgehend beraubt und somit zum Staatsbürger zweiter Klasse degenerieren läßt. Der Konzeption der »Inneren Führung« mit ihrem konstitutiven Leitbild vom »Staatsbürger in Uniform« erweisen die Bundesverfassungsrichter damit einen Bärendienst. Denn schon herrscht in weiten Teilen der Truppe der berüchtigte vorauseilende Gehorsam, gespeist aus militärischem Untertanengeist und Karrierismus. Im Zweifel wird somit nicht räsoniert, sondern das Maul gehalten und gehorcht.

Zudem – und dies markiert ein skandalöses Defizit des vorliegenden Nichtannahmebeschlusses – definiert das Bundesverfassungsgericht die Funktionsfähigkeit der Bundeswehr völlig abstrakt und verortet diese damit faktisch im politischen Vakuum. Da muß es als Arabeske am Rande, und eine reichlich weltfremde dazu, erscheinen, wenn die Verfassungsrichter allen Ernstes auch noch konstatieren, es sei »nicht zu verkennen, daß die gewählte Form der Meinungsäußerung, insbesondere mit ihren persönlichen Angriffen, geeignet war, die Funktionsfähigkeit der Bundeswehr empfindlich zu stören.« A la bonheur – da wird *Ossietzky* eine, um im militärsprachlichen Bilde zu bleiben, publizistische Durchschlagskraft verliehen, die nicht nur Carl von Ossietzky, den Herausgeber der ehrwürdigen *Weltbühne* und späteren Friedensnobelpreisträger, sondern auch noch seinen scharfzüngigsten Autor, den seligen Kurt Tucholsky, zu Freudentänzen im Jenseits mitreißen dürfte. Zu dumm nur, daß in den Reihen der Uniformierten kaum einer mit dem Namen *Ossietzky* etwas anzufangen weiß, geschweige denn, daß diese Zeitschrift dort überhaupt gelesen würde.

Abgesehen von solch beckmesserischen Erwägungen: Die existentielle Frage in der gesamten Causa lassen die Verfassungsrichter völlig außer Acht – nämlich *wofür* die deutschen Streitkräfte eigentlich funktionsfähig sein sollen. Denn gerade in dem Falle, daß politische und militärische Entscheidungsträger die Bundeswehr in völkerrechtlich umstrittene und verfassungsrechtlich prekäre Einsätze befehlen, soll und darf sie eben gar nicht funktionieren. Hierin besteht doch gerade die Raison d`être der vor dem Hintergrund der ultimativen deutschen Katastrophe des Zweiten Weltkrieges und dem desaströsen Versagen der Wehrmachtsführung neugegründeten Bundeswehr: daß durch die kategorische Rechtsbindung der Streitkräfte ein erneuter Mißbrauch deutschen Militärs zu illegalen, das heißt völkerrechts- und verfassungswidrigen Zwecken unter allen Umständen ausgeschlossen werden soll. Deshalb fordert doch die Konzeption der Inneren Führung mit ihrem Leitbild vom Staatsbürger in Uniform genau den Soldatentypus, der zwischen Recht und Unrecht zu unterscheiden versteht und sich im Zweifelsfalle rechtswidrigen Befehlen widersetzt. Und genau aus diesem Grunde pflegt doch die Bundeswehr die Tradition der Widerstandskämpfer des 20. Julis 1944, allen voran die des Obersts im Generalstab Claus Schenk Graf von Stauffenberg.

Sich dieser Problematik zu stellen, hat das Bundesverfassungsgericht ganz offensichtlich bewußt vermieden, wäre doch die Schockwelle des daraus entspringenden Urteils und der damit verbundenen Konsequenzen für die Außen- und Sicherheitspolitik der Berliner Republik und die betroffenen Akteure zweifellos gewaltig gewesen. Angesichts derartiger potentieller Verwerfungen hat die Karlsruher Verfassungshüter ganz offensichtlich der Mut verlassen – was wiederum die beklemmende Frage aufwirft, wie es wohl um die Zukunft unserer Verfassung bestellt sein mag, wenn das ultimative aller Verbrechen, nämlich das des Angriffskrieges – weil es alle anderen Verbrechen in sich birgt und entfesselt –, von höchstrichterlicher Seite stracks ins verfassungspolitische Nirwana expediert wird.

Am emphatischsten vielleicht hat diese Problematik schon vor Jahren der Rechtswissenschaftler Andreas Fischer-Lescano auf den Punkt gebracht, als er konstatierte: »Es ist befremdlich, daß das Bundesverfassungsgericht zwar in allerlei symbolischen Konflikten zu ›Kruzifix‹-Urteilen und ›Soldaten-sind-Mörder‹-Entscheidungen aufgerufen sein soll, aber dann, wenn Soldaten vielleicht tatsächlich Mörder sind und sich an militärischen Auseinandersetzungen beteiligen, die eventuell völkerrechts- und verfassungswidrig sind, eine direkte verfassungsrechtliche Klärung an Verfahrensfragen scheitert. Krieg oder Frieden, Frieden durch Krieg – und das Bundesverfassungsgericht, der Wächter über die deutsche Staatsgewalt, hat nichts zu sagen?«

Falsche Helden
Wie die Bundeswehrführung mit der militärischen Traditionspflege Parlamentsbeschlüsse mißachtet, Geschichtsklitterung betreibt und gegen eigene Erlasse verstößt.

Daß die neue Armee der Bonner Republik von ehemaligen Angehörigen der Wehrmacht aufgebaut wurde, stellt ihren unübersehbaren und zugleich irreversiblen Geburtsmakel dar. Denn diese Wehrmacht hatte noch zehn Jahre zuvor für das menschenverachtende Mordregime des Dritten Reiches mit preußisch-deutscher Disziplin und Gründlichkeit den »ungeheuerlichsten Eroberungs-, Versklavungs- und Vernichtungskrieg, den die moderne Geschichte kennt,« geführt, wie der Historiker Ernst Nolte 1963 anmerkte. Dessen ungeachtet wurde schon bei Planung der neuen Bundeswehr im Jahre 1950 dreist eine umfassende Rehabilitierung des deutschen Soldaten – und zwar sowohl der Wehrmacht als auch der Waffen-SS! – gefordert. Urheber dieses unverfrorenen Ansinnens waren, wen wundert's, Offiziere der ehemaligen deutschen Wehrmacht. Fünfzehn dieser Herren, darunter zehn Generäle und Admiräle, waren, wie oben geschildert (s. S. 63), 1950 im Eifelkloster Himmerod zusammengekommen, um die militärischen Grundlagen und Voraussetzungen für die Wiederbewaffnung der Bundesrepublik Deutschland im Kalten Krieg zu definieren. In Gestalt der »Denkschrift des militärischen Expertenausschusses über die Aufstellung eines Deutschen Kontingents im Rahmen einer übernationalen Streitmacht zur Verteidigung Westeuropas« schufen sie die Gründungsakte der neuen Bundeswehr. Als Preis für ihre unverzichtbare Mitarbeit freilich erheischten sie einen Persilschein für Hitlers Waffenträger. Dies hieß vor allem:

- Freilassung der als Kriegsverbrecher verurteilten Deutschen, soweit sie nur auf Befehl gehandelt hatten, sowie Einstellung schwebender Verfahren.
- Beendigung jeder Diffamierung des deutschen Soldaten einschließlich Waffen-SS.
- Maßnahmen zur Umstellung der öffentlichen Meinung im In- und Ausland.

Diese Chuzpe hatte Erfolg auf ganzer Linie: Sowohl Bundeskanzler Konrad Adenauer als auch US-Präsident Dwight D. Eisenhower beugten sich der Erpressung und gaben eine sogenannte »Ehrenerklärung für den deutschen Soldaten und das Offizierskorps« ab. Inhalt: Der deutsche Soldat habe tapfer und ehrenhaft für seine Heimat gekämpft. Ob zu den Wirkungsstätten dieses vorgeblich so wackeren und heldenmütigen Abwehrkampfes auch Orte wie Stalingrad, Oradour, Babi Jar, Kalavrita, Lidice oder Majdanek zählten?

Vor diesem Hintergrund kann es kaum überraschen, daß den von traditionalistischem Mumpitz durchdrungenen Repräsentanten der ehemaligen deutschen Militärelite, als sie die neuen Streitkräfte der demokratischen Republik konzipierten, die angeblich ›saubere‹ und ›unbefleckte‹ Wehrmacht als Ideal[81] vorschwebte. Der einzige, der sich dieser Zumutung schon in Himmerod entschlossen widersetzte, war Wolf Graf von Baudissin. Wie er später resigniert einräumte, blieb sein Widerstand weitgehend erfolglos. Auf Baudissin geht die Konzeption der »Inneren Führung« zurück, mit der die neuen bundesrepublikanischen Streitkräfte kompatibel mit den Mindeststandards der demokratischen Nachkriegsgesellschaft gestaltet werden sollten. Zwischen den Reformern um Baudissin und den Traditionalisten der ehemaligen Wehrmacht spielte sich ein erbitterter Disput um das für die Bundeswehr verbindliche Traditionsverständnis ab. Denn die Innere Führung war im Kern ein Anti-Traditionskon-

---

[81] Der Militärhistoriker Detlef Bald bezeichnet in seinen Schilderungen des Gründungskontextes der Bundeswehr die »Wehrmacht als Maß aller Dinge«; vgl. *Bald, Detlef*: Die Bundeswehr. Eine kritische Geschichte 1955 – 2005, München 2005, S. 33.

zept, nachdem in Reichswehr und Wehrmacht Traditionspflege im Sinne von Verklärung der militärischen Vergangenheit ein Mittel zur Festigung der Sonderstellung des Militärs im Staate gewesen war.

Eine Reihe von Marksteinen säumt den Weg der Kontroverse. Auf die Himmeroder Denkschrift und die Ehrenerklärungen ließ das Bundesverteidigungsministerium 1965 seinen Erlaß »Bundeswehr und Tradition« folgen. Zwar wurde dort nach zähem Ringen endlich der Widerstand des 20. Juli 1944 als wichtiger Bestandteil der Traditionspflege anerkannt. Die Frage nach der Traditionswürdigkeit der Wehrmachtsvergangenheit aber blieb unbeantwortet. Einen Schritt weiter ging Verteidigungsminister Apel mit seinem Erlaß »Richtlinien zum Traditionsverständnis und zur Traditionspflege in der Bundeswehr« von 1982. Er stellte klar, daß ein Unrechtsregime wie das Dritte Reich Tradition nicht begründen kann. Weitere Kernsätze des bis zum heutigen Tage unverändert gültigen Erlasses lauten:

- Alles militärische Tun muß sich an den Normen des Rechtsstaats und des Völkerrechts orientieren.
- Die Pflichten des Soldaten erlangen sittlichen Rang nur durch die Bindung an das Grundgesetz.
- Die Pflege von Traditionen soll der Möglichkeit entgegenwirken, sich wertneutral auf das militärische Handwerk zu beschränken.
- In der Traditionspflege der Bundeswehr sollen solche Zeugnisse, Haltungen und Erfahrungen aus der Geschichte bewahrt werden, die als ethische und rechtsstaatliche, freiheitliche und demokratische Traditionen auch für unsere Zeit beispielhaft und erinnerungswürdig sind.
- Kasernen und andere Einrichtungen der Bundeswehr können nach Persönlichkeiten benannt werden, die sich durch ihr gesamtes Wirken oder eine herausragende Tat um Freiheit und Recht verdient gemacht haben.

Obwohl der Erlaß von 1982 den Maßstab der Traditionspflege in der Bundeswehr – nämlich Recht, Freiheit und Demokratie – eindeutig und verbindlich definierte, blieb das Verhältnis zur Wehrmacht weiterhin unbestimmt. In dem Erlaß findet sich die Wehrmacht mit keinem Wort erwähnt – und seltsamerweise auch nicht der Widerstand des 20. Julis.

Erst Verteidigungsminister Rühe vollzog den klaren Bruch mit der Wehrmachtstradition. Anläßlich der Kommandeurtagung 1995 in München verfügte er: »Die Wehrmacht war als Organisation des Dritten Reiches in ihrer Spitze, mit Truppenteilen und mit Soldaten in Verbrechen des Nationalsozialismus verstrickt. Als Institution kann sie deshalb keine Tradition begründen.« Darüber hinaus verneinte er entschieden, daß der rein militärischen Haltung und Leistung eine traditionsstiftende Bedeutung zukommen könne. Nach mehr als vier Jahrzehnten sorgsam gepflegter »Traditionslüge«, wie der Publizist Ralph Giordano spitz notierte, war endlich ein Stück Wahrhaftigkeit eingekehrt.

Die vorläufig letzte Frontbegradigung vollzog 1998 der Deutsche Bundestag. Anläßlich des 61. Jahrestages der Bombardierung von Guernica in Spanien durch die Legion Condor entschied er, die Bundeswehr solle »dafür Sorge tragen, daß Mitgliedern der Legion Condor in Deutschland nicht weiter ehrendes Gedenken zum Beispiel in Form von Kasernenbenennungen bei der Bundeswehr zuteil wird. Bereits erfolgte Kasernenbenennungen nach der Legion Condor sind aufzuheben.« (Bundestagsdrucksachen 13/7509, 23. April 1997, 13/9468, 15. Dezember 1997 und 13/10494, 23. April 1998).

Die Bundeswehrführung indes ignorierte diesen Beschluß des Parlaments in skandalöser, den sonst stets beschworenen Primat der Politik mißachtender Weise, indem sie zuließ, daß die Bundeswehr noch viele Jahre lang weiter Angehörige von Hitlers Söldnertruppe ehrte.

Unter den einschlägigen Traditionspatronen stach besonders Oberst Werner Mölders hervor, nach dem nicht nur ein Lenkwaffenzerstörer der Bundesmarine und eine Kaserne in Visselhövede, sondern sogar ein Luftwaffenverband, das Jagdgeschwader 74 »Mölders« in Neuburg an der Donau, benannt war. Wer aber war dieser Mölders? In Erscheinung tritt er als Oberleutnant und Kommandeur einer Jagdstaffel der Legion Condor im spanischen Bürgerkrieg. Innerhalb weniger Monate kämpft er sich an die Spitze der Condor-Jäger, wie sein Jagdfliegerkamerad Adolf Galland schreibt, der unter Hitler zum Generalleutnant aufsteigt. Der spanische »Caudillo« Franco Bahamonde ist von der umfangreichen Kollektion von Gegnern, die der junge deutsche Kampfpilot im Dienste des faschistischen Spaniens zur Strecke bringt, so begeistert, daß er ihm zum Dank den höchsten spanischen Tapferkeitsorden an die Brust heftet. Später, im Zweiten Weltkrieg, wird Mölders zum »Top Gun«, der für das nationalsozialistische Deutsche Reich mit äußerster Perfektion und Effizienz massenweise Menschen, die nichts anderes taten, als ihre Heimat zu verteidigen, dutzendweise vom Himmel schießt und sie damit »heimtückisch, grausam und mit gemeingefährlichen Mitteln« – denn dies charakterisiert den Waffeneinsatz im Krieg gemeinhin – vom Leben zum Tode befördert. Ihm zu Ehren entwirft der GröFaZ eigens für ihn eine neue Auszeichnung, das »Eichenlaub mit Schwertern und Brillanten zum Ritterkreuz des Eisernen Kreuzes«, und verleiht sie ihm nach dem hundertsten Luftsieg. Mölders erhält auch das Amt »General der Jagdflieger« und ist damit Göring und Hitler direkt unterstellt. Die Nazi-Propaganda stilisiert ihn zur herausragenden Heldengestalt des Dritten Reiches. Als Passagier stürzt er bei einem Flugzeugunfall im November 1941 tödlich ab und wird, endgültig zur Kultfigur verklärt, mit einem pompösen Staatsbegräbnis geehrt. Wahrlich eine bemerkenswerte Krieger-Biographie.

Im Verteidigungsministerium aber wurde abgewiegelt: Mölders sei »nicht so herausgehoben«, er sei ja »nicht selbst an der Bombardierung von Guernica beteiligt« und »persönlich nicht in das Unrecht des NS-Regimes verstrickt gewesen«. Offensichtlich spielte es in den Augen der Bundeswehrführung keine Rolle, daß Mölders freiwillig als Angehöriger einer Söldnertruppe übelster Sorte hervorgetreten war, die General Franco und seine Clique an die Macht gebombt hatte. Unter der brutalen Militärdiktatur hatte das spanische Volk fast 40 Jahre lang zu leiden. Unwesentlich offenbar auch, daß Mölders ein bloßer Handwerker des Krieges war, der sich vor allem dadurch auszeichnete, daß er schnell und effizient für Diktatoren tötete. Ein williger Vollstrecker des hitlerschen Völkerrechtsverbrechens als Traditionsstifter für die Luftwaffe des demokratischen, freiheitlichen, rechtsstaatlichen Deutschlands? An keiner einzigen Stelle in Mölders Biographie› ist die vom Traditionserlaß geforderte »herausragende Tat« zu erblicken, mit der er sich »um Freiheit und Recht verdient gemacht« hätte. Wenn gemäß den gültigen Traditionsrichtlinien »ausschlaggebend« sein soll, ob »Gesamtpersönlichkeit und Gesamtverhalten« eines Namenspatrons »beispielgebend in unsere Zeit hineinwirken«, so kann Mölders nur als Negativbeispiel dienen. Denn gerade angesichts des neuen Bundeswehrauftrages der »Verteidigung am Hindukusch« mußte es alarmierend wirken, wenn Auftragskiller von Diktatoren zu traditionswürdigen Vorbildern für eine Armee deklariert wurden, die den Auftrag hat, Freiheit, Recht, Demokratie und Menschenwürde zu beschützen. Und wie fatal sich ein falsches Selbstverständnis des Militärs auswirken kann, führen Guantánamo, Afghanistan und Irak vor Augen.

Nicht zuletzt deshalb gab das Bundesministerium der Verteidigung beim Militärhistorischen Forschungsamt der Bundeswehr in Potsdam ein Gutachten in Auftrag, das die Biographie des Werner Mölders auf den neuesten wissenschaftlichen Forschungsstand bringen sollte. Die im Juni 2004 fertiggestellte exzellente Studie kam zu der Schlußfolgerung, daß der hochdekorierte Vorzeigeoffizier Mölders als Muster eines NS-konformen Soldaten galt, sich vorbehaltlos auf die Inszenierung seiner Person seitens der damaligen Propaganda einließ, keinerlei substantielle Distanz zum NS-Regime besaß und sich als der »gute Flieger und Menschenführer« nahtlos in das Kriegerideal des Nazi-Regimes einfügte. Auf dieser Grundlage entschied am 28. Januar 2005 der damals amtierende Bundesverteidigungsminister Peter Struck, daß die Visselhöveder Kaserne sowie das Jagdgeschwader 74 nicht mehr länger den Traditionsnamen von Werner Mölders tragen durften. Ungeachtet der letztlich positiven Ministerentscheidung bleibt doch festzuhalten, daß mit der in Sachen Mölders von höchster Stelle gedeckten Praxis der Traditionspflege in der Bundeswehr jahrelang das Parlament mißachtet, Geschichtsklitterung betrieben und fortgesetzt gegen die eigene ministerielle Erlaßlage verstoßen worden war.

Doch kaum lag die Minister-Entscheidung vor, formierte sich unter Führung des rüstigen Luftwaffengenerals im Ruhestand Dr. Hermann Hagena ein Volkssturm der Ewiggestrigen, um für den Erhalt überkommener Wehrmachtstraditionen in der Bundeswehr zu kämpfen. Flankenschutz leistete der »Arbeitskreis Außen- und Sicherheitspolitik der CSU«, der gegen die »völlig überflüssige Blitzaktion und Verbeugung nach ganz links« wetterte und die Schrecken »grüner (sic!) Bilderstürmerei in der Bundeswehr« an die Wand malte. Nur mit Mühe konnte die Luftwaffenführung verhindern, daß sich das Jagdgeschwader mit einer Protestresolution gegen die Umbenennung an die Öffentlichkeit wandte. Irgend etwas schien in Neuburg an der Donau bei der Sozialisation zum demokratischen »Staatsbürger in Uniform« schiefgelaufen zu sein. In den folgenden zwei Jahren lief der Brigadegeneral außer Dienst Hagena zu großer Form auf. Mit ideologischem Furor verteidigte er seine Lichtgestalt Mölders, mobilisierte die Ewiggestrigen der »Möldersvereinigung e. V.«, die den Deutschen Bundestag, den Bundespräsidenten Horst Köhler, den Bundesverteidigungsminister Peter Struck und den Bundestagspräsidenten Wolfgang Thierse mit zahllosen Petitionen bombardierte (allerdings ohne jegliche »Trefferwirkung«), organisierte eine bezahlte »Ehrenanzeige« für Mölders in der *Frankfurter Allgemeinen Zeitung* vom 18. März 2005, die von über 100 Offizieren, davon mehr als 70 im Generalsrang, unterschrieben war, und publizierte mehrere geschichtsklitternde Mölders-Hagiographien[82].

Um dem ganzen die Krone aufzusetzen, hetzte er die über 90jährige Witwe Luise Petzolt-Mölders gemeinsam mit dem Generalleutnant a. D. Günter Raulf dazu auf, gegen mich wegen der »Verunglimpfung des Andenkens Verstorbener« Strafanzeige bei der Staatsanwaltschaft Stuttgart zu erstatten, da ich Mölders mehrfach als »Auftragskiller«, »Söldnertypen« und »reinen Handwerker des Krieges« diffamiert hätte. Diese Aktion entpuppte sich, militärisch gesprochen, freilich als verheerender »Rohrkrepierer«, lehnte doch die zuständige Staatsanwaltschaft die Eröffnung eines Ermittlungsverfahrens gegen mich in Ermangelung eines hinreichend begründeten Anfangsverdachtes kurzerhand ab. Die treffende Begründung: Die Bezeichnung »Auftragskiller« sei keine Schmähkritik und durch das Grundrecht auf freie Meinungsäußerung gedeckt. Zudem hätte ich »in Wahrnehmung berechtigter Interessen gehandelt« und »offensichtlich nur einen Beitrag zum öffentlichen politischen Meinungskampf leisten wollen« (Az 2 Js 109527/06). Doch mit dieser klaren Abfuhr gaben sich die »bis zur letzten Patrone« kämpfenden »Mölderianer« keineswegs zufrieden und legten beim Generalstaatsanwalt des Landes Baden-Württemberg Dienstaufsichtsbeschwerde gegen die Entscheidung der Staatsanwaltschaft Stuttgart ein. Der bereitete den Traditi-

---

82 Pars pro toto: *Hagena, Hermann*: Umdenken! Werner Mölders. Der Kampf um die Tradition der Luftwaffe, Bonn 2007.

onsfanatikern jedoch – um im militärtraditionellen Bilde zu bleiben – ihr »Stalingrad«, indem er – die einschlägigen höchstrichterlichen Entscheidungsgrundsätze aus Karlsruhe zitierend – eine Lanze für das demokratische Fundamentalrecht der Meinungsäußerungsfreiheit brach: »Zwar ist zuzugeben, daß die vom Angezeigten gewählten Formulierungen sich an der Grenze des Hinnehmbaren bewegen, jedoch ist zu beachten, daß es Sinn jeder zur Meinungsbildung beitragenden öffentlichen Äußerung ist, Aufmerksamkeit zu erregen, und daß angesichts der heutigen Reizüberflutung einprägsame, auch drastische, den Betroffenen in seiner Ehre herabsetzende Formulierungen hingenommen werden müssen.«[83] Chapeau, Herr Generalstaatsanwalt!

Dabei hat die Bundeswehr falsche Vorbilder und hohle Traditionen eigentlich gar nicht nötig. Sie existiert nunmehr über fünfzig Jahre und damit länger als alle früheren deutschen Armeen. Sie besitzt hinreichend eigene Traditionen aus demokratischer Zeit, um nicht auf falsche aus der unrühmlichen Vorgeschichte zurückgreifen zu müssen. Und dann gibt es noch ungezählte bislang nicht gewürdigte Gestalten aus dem Widerstand gegen die Nazi-Diktatur, Mitglieder der Weißen Rose, des Kreisauer Kreises, der Roten Kapelle, des 20. Julis. Zu letzteren zählt der zum Tode verurteilte Cäsar von Hofacker, der einzige Teilnehmer aus der Luftwaffe am militärischen Widerstand gegen Hitler. Als Alternative zum Jagdflieger-As Mölders drängt er sich geradezu auf. Nicht zuletzt existiert in der deutschen Militärgeschichte eine Handvoll Offiziere, die sich vom dereinst vorherrschenden militaristischen »Schwertglauben« und von imperialistischer Gewaltpolitik abwandten und dezidiert für eine Friedenskultur eintraten[84]. Einer von ihnen, der Generalmajor a. D. Paul Freiherr von Schoenaich (1866 – 1954), wurde sogar zweimal Vorsitzender der Deutschen Friedensgesellschaft – erstmals von 1929 bis zum Verbot der DFG 1933, dann nochmals nach dem Zweiten Weltkrieg bis zu seiner erfolgten Absetzung 1951 (wegen angeblicher Unterstützung der Kommunisten im Zuge einer Volksbefragung gegen die Wiederbewaffnung). Solch ein General wäre sicherlich nicht das schlechteste Vorbild für eine Bundeswehr, der vor lauter »Transformation« und Interventionismus ihr eigentlicher Daseinszweck – nämlich Friedenssicherung – immer weiter aus dem Blick zu geraten droht.

Vorbild Wehrmacht

Transformation und Traditionalismus. Wie die neue Bundeswehr von ihrer unbewältigten Vergangenheit eingeholt wird.

„Transformation der Bundeswehr« – so lautet die euphemistische Tarnbezeichnung für die in vollem Gange befindliche durchgreifende Militarisierung der deutschen

---

83 Zitiert nach: *Hagena, Hermann*: a. a. O., S. 151.
84 Vgl. hierzu *Wette, Wolfram (Hrsg.)*: Pazifistische Offiziere in Deutschland von 1871 – 1933, Bremen 1999.

Außen- und Innenpolitik. Kurz nach seinem Amtsantritt im November 2005 verschärfte Verteidigungsminister Franz Josef Jung diese Tendenz mit seinen Forderungen nach einer radikalen Verfassungsänderung, die kriegerische Interventionen im globalen Rahmen einerseits, Militäreinsätze im Inneren zur sogenannten Terrorabwehr andererseits erleichtern soll. Eine sachlich nachvollziehbare Begründung hierfür jenseits ideologischer Fixierungen ist nicht erkennbar. So konstatiert das im Oktober 2006 vom Bundesministerium der Verteidigung herausgegebene »Weißbuch zur Sicherheitspolitik Deutschlands und zur Zukunft der Bundeswehr« mit unverhohlen nationalistischem Duktus: »Die Sicherheitspolitik Deutschlands wird von den Werten des Grundgesetzes und dem Ziel geleitet, die Interessen unseres Landes zu wahren …«. Und um diese Interessen zu wahren, gelte es eben auch militärische Mittel einzusetzen, läßt der Bendlerblock verlauten. Mit nonchalant neokolonialistischer Attitüde wird das sicherheitspolitische Interesse formuliert, »den freien und ungehinderten Welthandel als Grundlage unseres (sic!) Wohlstands zu fördern und dabei die Kluft zwischen armen und reichen Weltregionen überwinden zu helfen«. Wie gerade letzteres mit militärischen Mitteln – denn darum geht es ja im Kern im Weißbuch – bewerkstelligt werden könnte, erschließt sich wohl nur den Verfassern selbst. Allenfalls denkbar wäre, daß über den Weg umfassender Abrüstung die dann freigesetzten Finanzmittel für internationale Entwicklungs- und Wohlfahrtsprogramme eingesetzt werden könnten – indes dürfte es kaum diese Option sein, die den Weißbuchautoren bei ihrer Interessendefinition vorschwebte.

Im Hinblick auf den offenbar als sakrosankt erachteten »freien und ungehinderten Welthandel«, so geben die Geostrategen zu bedenken, »[bleiben] Störungen der Rohstoff- und Warenströme, beispielsweise durch zunehmende Piraterie, und Störungen der weltweiten Kommunikation … in einer interdependenten Welt nicht ohne Auswirkungen auf nationale Volkswirtschaft, Wohlstand und sozialen Frieden.« Spätestens an dieser Stelle herrscht Klarheit, warum deutsche Kriegsschiffe seit Jahren vor Afrikas Küsten kreuzen.

Als weitere Bedrohungen deutscher Sicherheit, denen mit militärischen Mitteln zu begegnen sei, nennt das Weißbuch »Pandemien und Seuchen, Ströme von Bürgerkriegsflüchtlingen, Umweltflüchtlingen, Armuts- und Wirtschaftsmigranten und unkontrollierte Migration« – ein Schelm, wer hier einen dezenten rassistischen Hautgout zu schnuppern meint.

Kein Wunder, daß angesichts dieses atemberaubenden Rückfalls der Berliner Republik in längst vergangen und überwunden geglaubte militärpolitische Muster jene »alten Kameraden« Morgenluft wittern, die immer schon statt der von Deutschlands großem Militärreformer Wolf Graf von Baudissin vehement eingeklagten »Entmilitarisierung des soldatischen Selbstverständnisses« von einer optimierten Wehrmacht träumten. Nimmt sich doch anstelle eines verweichlichten »Staatsbürgers in Uniform«

der »archaische Kämpfer und High-Tech-Krieger« (Generalleutnant Hans-Otto Budde, Inspekteur des deutschen Heeres) viel martialischer aus. Und mit einer neuen Wehrmacht läßt sich ungleich mehr Ruhm und Ehre gewinnen als mit einer nach militärischem Verständnis »kastrierten« Bundeswehr, deren Auftrag lautet, die Menschen- und Bürgerrechte zu achten, sich in den demokratischen Staat und die pluralistische Gesellschaft zu integrieren und zuvörderst den Frieden zu bewahren, statt Schlachten zu schlagen und Kriege zu gewinnen.

Nun aber eröffnet der von langer Hand betriebene Umbau der Bundeswehr zur global interventionsfähigen Angriffsarmee all den rückwärtsgewandten Traditionalisten, die sich zuhauf in den Reihen aktiver und pensionierter Bundeswehrgeneräle tummeln, die ersehnte Gelegenheit, diesen Transformationsprozeß legitimatorisch zu flankieren. Dieser »Lodenmantelfraktion«[85] geht es darum, in den Streitkräften ein militärisches Selbstverständnis durchzusetzen, das auf angeblich ewiggültigen soldatischen Tugenden fußt. Dies ermöglicht den Rückbezug auf die vorgeblich altbewährten Wehrmachtstraditionen und dient zugleich der inbrünstig gepflegten Legendenbildung um die angeblich saubere und ehrenhafte Wehrmacht des Zweiten Weltkrieges.

Ein prägnantes Beispiel für diese Form der Geschichtsklitterung lieferte im Mai 2006 der längst außer Dienst gestellte Generalleutnant Siegfried F. Storbeck im Leib- und Magenblatt des nationalkonservativ gesonnenen Offizierkorps der Bundeswehr, der Tageszeitung *Die Welt* aus dem Springer-Konzern. Der Autor diente in den Jahren 1986/87 immerhin als Chef des Führungsstabes der Streitkräfte und stieg danach zum Stellvertreter des Generalinspekteurs der Bundeswehr auf, gehörte also zur Chefetage der bewaffneten Macht im Lande.

„Vorbildliche Soldaten der Wehrmacht«, aus deren Reihen die Aufbaugeneration der Bundeswehr rekrutiert wurde, mußten »sich öffentlich auf einer militärgeschichtlichen Tagung 2005 als ›karriereorientierte Gewalttechnokraten mit opportunistischer Grundhaltung‹ diffamieren lassen«, jammerte der einst generalsberockte Ruheständler. Keine Rede davon, daß die Wehrmacht, Adolf Hitler in Kadavergehorsam ergeben, mit deutschem Perfektionismus den verbrecherischsten Angriffskrieg der jüngeren Geschichte geführt, weite Teile Europas verwüstet und aktiv am Mord an den europäischen Juden teilgenommen hatte. Ganz im Gegenteil, niemals soll sie »ihr vorbildliches Bewußtsein für die soldatischen Werte der Menschlichkeit, Tapferkeit und Kameradschaft« verloren haben. Aber diesen »Werten, die als ›preußisch‹ belächelt oder verachtet werden, verweigert eine ›Spaßgesellschaft‹ noch die Annahme«, monierte der Ex-General. Entlarvend und zugleich idealtypisch für die reaktionäre Gesinnung solcher Traditionalisten wie Storbeck ist schließlich sein Petitum, »die geistige Haltung

---

[85] Auffallend viele Mitglieder der Clausewitz-Gesellschaft, in der sich eben jene aktiven und pensionierten Bundeswehrgeneräle tummeln, tragen Lodenmäntel.

und das damit verbundene historisch erprobte soldatische Wertebewußtsein des Offizier- und Unteroffizierkorps nicht einem kurzatmigen Zeitgeist zu überlassen«.

Fragt sich nur, wo das so pathetisch beschworene soldatische Wertebewußtsein im Jahr 2003 abgeblieben war, als sich die deutsche Generalität von der Bundesregierung befehlen ließ, mit der Bundeswehr das angloamerikanische »Völkerrechtsverbrechen« (Reinhard Merkel) im Irak zu unterstützen. Denn wie hatte das Bundesverwaltungsgericht in Leipzig in seinem Urteil vom 21. Juni 2005 konstatiert: »Die Beteiligung an einem völkerrechtlichen Delikt ist selbst ein völkerrechtliches Delikt.« Daß die goldbetreßten Karriereoffiziere aufgrund intellektueller Insuffizienz nicht hatten erkennen können, was da vor sich ging, wird man mit Fug und Recht ausschließen dürfen. Denn immerhin hatte sich bereits ein in der Etappe befindlicher einfacher Bundeswehrmajor als fähig erwiesen, zwischen Recht und Unrecht zu unterscheiden, wie die Leipziger Bundesrichter ihm schlagend bestätigten. Da Dummheit ergo auszuschließen ist, bleibt nur eine zweite Erklärung – und die lautet: Opportunismus, Feigheit, Skrupellosigkeit. Mit einem Satz: Die militärische Führung der Bundeswehr hat auf Anordnung der Bundesregierung willfährig und vorbehaltlos schweren Völkerrechts- und zugleich Verfassungsbruch begangen, indem sie mit Tausenden von Soldaten dem Imperium Americanum Beihilfe zu einem glasklaren Aggressionskrieg leistete. Ein in der Geschichte der Bundesrepublik Deutschland bislang präzedenzloser und zugleich völlig inakzeptabler Akt politischer Kriminalität!

Der Skandal besteht indes darin, daß sich die militärischen Handlanger des Völkerrechtverbrechens nach wie vor in Amt und Würden befinden und auch kein einziger der politisch Verantwortlichen bislang zur Rechenschaft gezogen wurde. Hätte die deutsche Generalität auch nur einen Funken Ehrgefühl sowie Rechts- und Moralbewußtsein im Leibe, so hätte der Generalinspekteur im Verein mit seinen Teilstreitkraftinspekteuren sich geweigert, den völkerrechts- und verfassungswidrigen Ordres der rot-grünen Bundesregierung Folge zu leisten – ganz so wie dies, leider als einziger in der gesamten Armee, der Bundeswehrmajor Florian Paff vorbildhaft demonstriert hat. So wie die Dinge derzeit liegen, läßt sich freilich nur eines fordern, nämlich die Goldbesternten dorthin zu befördern, wo Storbeck sich bereits befindet: ab ins »Lodenmantelgeschwader«.

Die letzte Instanz

Dem Bundeswehrsoldaten ist also Kritik am Angriffskrieg zwar durchaus gestattet, freilich darf er durch die Form, in der er diese vorträgt – ungeachtet ihrer substantiellen Berechtigung – keinesfalls die Disziplin ebenjener Truppe gefährden, die just ein derartiges Verbrechen unterstützt oder sich daran beteiligt. So läßt sich der Irrwitz zusammenfassen, mit dem der 2. Senat des Bundesverfassungsgerichts meine Verfassungsbeschwerde ablehnte (siehe oben, S. 144-147). Dem Gedanken, daß der Angriffskrieg als schlimmstes aller Verbrechen der heftigsten Widerrede und Entgegnung bedarf, konnten die Verfassungsrichter offenbar nichts abgewinnen.

Nachdem die höchsten deutschen Richter solchermaßen – nicht zum ersten Mal – vor ebenjener Verfassung fahnenflüchtig geworden waren, zu deren Schutz sie eigentlich bestellt sind, blieb nur die letzte Instanz in der judikativen Hierarchie, nämlich der Europäische Gerichtshof für Menschenrechte (EGMR) in Straßburg. Dort legten die Rechtsanwälte Wolfgang Kaleck, der gemeinsam mit dem New Yorker Center for Constitutional Rights bereits eine Klage gegen den US-amerikanischen Kriegsverbrecher Donald Rumsfeld und andere angestrengt hatte, und Jörg Arnold, Professor am Freiburger Max-Planck-Institut für ausländisches und internationales Strafrecht, in meinem Auftrag eine Individualbeschwerde gemäß der Europäischen Menschenrechtskonvention (EMRK) ein.

Die Zulässigkeit der Klage ergibt sich daraus, daß Hoheitsakte der rechtsprechenden Gewalt – nämlich des Truppendienstgerichts Süd in München und des Bundesverfassungsgerichts gegen meinen in der Berliner Zweiwochenschrift *Ossietzky* erschienenen Beitrag – mein Grundrecht auf freie Meinungsäußerung verletzt hatten und ich dadurch unmittelbar in meinem durch Art. 10 der Konvention garantierten Grundrecht betroffen war. Absatz 1 dieses EMRK-Artikels legt fest: »Jede Person hat das Recht auf freie Meinungsäußerung.« Absatz 2 führt aus, daß die »Ausübung dieser Freiheiten ... mit Rechten und Pflichten verbunden« ist. Daraus wiederum folgt, daß »sie ... daher Formvorschriften, Bedingungen, Einschränkungen oder Strafdrohungen unterworfen werden [kann], die gesetzlich vorgesehen und in einer demokratischen Gesellschaft notwendig sind für die nationale Sicherheit, die territoriale Unversehrtheit oder die öffentliche Sicherheit oder zur Aufrechterhaltung der Ordnung oder der Verhütung von Straftaten, zum Schutze der Gesundheit und Moral, zum Schutze des guten Rufs oder der Rechte anderer, zur Verhinderung der Verbreitung vertraulicher Informationen oder zur Wahrung der Autorität und der Unparteilichkeit der Rechtsprechung«.

Der Gang zum EGMR war eröffnet, weil der innerstaatliche Rechtsweg erschöpft war, denn nach der höchstrichterlichen Beschlußfassung in Karlsruhe stand innerhalb der Bundesrepublik Deutschland kein weiterer Rechtsbehelf mehr zur Verfügung. Zudem endet nach ständiger Rechtsprechung des EGMR die Geltung des Artikel 10 EMRK in Europa eben nicht vor den Kasernentoren; Urteilen des EGMR aus den Jahren 1976, 1992, 1994 und 1997 zufolge erstreckt sich nämlich die Freiheit der Meinungsäußerung auf militärische Personen ebenso wie auf andere Personen innerhalb der Jurisdiktion der Vertragsstaaten.

Die Begründung der Menschenrechtsbeschwerde knüpft an die Völkerrechtswidrigkeit des Irakkrieges an, wie sie sich im Urteil des Bundesverwaltungsgerichts vom 21. Juni 2005 und der deutschen Völkerrechtswissenschaft darstellt. Nach deren nahezu einhelliger Auffassung – so Arnold und Kaleck – war »der Irakkrieg ein völkerrechtswidriger Angriffskrieg« und »handelte es sich bei den deutschen Unterstützungsleistungen und Duldungen um völkerrechtswidrige und verfassungswidrige Beihilfehandlungen, die auch unter den Gesichtspunkten der individuellen Strafbarkeit zu diskutieren sind«.

Vor diesem Hintergrund ist zu prüfen, ob entsprechend Artikel 10 Absatz 2 der Europäischen Menschenrechtskonvention der Eingriff der deutschen Justiz in mein Grundrecht auf freie Meinungsäußerung erstens »vom Gesetz vorgesehen« und zweitens »in einer demokratischen Gesellschaft notwendig« war.

Im Hinblick auf die erste Prämisse ist festzustellen, daß der vage und beliebig dehnbare Begriff der »Funktionstüchtigkeit« der Bundeswehr, auf den das Bundesverfassungsgericht in seinem Ablehnungsbescheid abgestellt hat, nirgendwo gesetzlich geregelt ist (wiewohl diese Republik üblicherweise dazu neigt, alles und jedes gesetzlich zu regeln), sondern einzig und allein der Urteilspraxis der Karlsruher Rotröcke entspringt. Durch dieses Hintertürchen konnten sich die Verfassungsrichter aus der Verlegenheit eskamotieren, der Verfassungsbeschwerde stattzugeben.

Kaleck und Arnold monieren, daß das Bundesverfassungsgericht es unterließ, darauf hinzuweisen, daß das Truppendienstgericht die Gefährdung der Funktionsfähigkeit der Bundeswehr explizit gerade damit begründet hat, daß ich eine Menschenwürdeverletzung begangen und Schmähkritik zum Ausdruck gebracht hätte. Das Bundesverfassungsgericht selbst verneinte nämlich in seinem Beschluß ausdrücklich und ausführlich, daß eine Menschenwürdeverletzung und Schmähkritik vorliegt. Wenn aber diese Voraussetzungen für die durch das Truppendienstgericht ausgesprochene Disziplinarmaßnahme fehlten, war das Bundesverfassungsgericht nicht legitimiert, diese Maßnahme unter Verweis auf die Funktionsfähigkeit der Bundeswehr letzten Endes doch gelten zu lassen.

Hinsichtlich der zweiten Prämisse, der Notwendigkeit des Grundrechtseingriffs, ist zu beanstanden, daß, wie meine Anwälte in der Begründung meiner Beschwerde in Straßburg schreiben, das Bundesverfassungsgericht »völlig verkannt hat, daß es in einem demokratischen politischen System nicht nur wünschenswert und für die Strukturen des nationalen Militärs förderlich ist, daß auch Militärangehörige ... sich kritisch mit dem Verhalten der Bundeswehr auseinandersetzen, sondern daß dies bei einer Situation wie dem Irakkrieg geradezu erforderlich ist. Denn diese Situation war unter anderem dadurch gekennzeichnet, daß der überwiegende Teil der deutschen öffentlichen Meinung diesen Krieg als einen völkerrechtswidrigen Angriffskrieg angesehen hat und dies seine einhellige Bestätigung durch die deutsche Völkerrechtswissenschaft und sogar hinsichtlich der deutschen Beteiligung an dem Irakkrieg durch das Bundesverwaltungsgericht fand. ... In einer solchen Situation von dem Beschwerdeführer zu verlangen, ... mit seiner kritischen Meinung aufgrund der vom Bundesverfassungsgericht geforderten Funktionsfähigkeit der Bundeswehr hinter dem Berg zu halten, die – wie das Bundesverfassungsgericht festgestellt hat – gerade keine Menschenwürdeverletzung und Schmähkritik zum Ausdruck brachte, bedeutet letzten Endes, allein schon verbales kritisches Verhalten durch blinden Gehorsam ersetzen zu wollen.«

Die Menschenrechtsbeschwerde führt zu zwei Schlußfolgerungen. Die erste betrifft den verfassungsgemäßen Auftrag der deutschen Streitkräfte: »Die Grenzen der freien Meinungsäußerung sind in diesen politisch wie militärisch höchst brisanten Situationen wie den umschriebenen von gänzlich anderem Gewicht als in jenen, in denen die Bundeswehr als demokratische Institution ihren verfassungsgemäßen Friedens- und Verteidigungsauftrag zweifelsfrei wahrnimmt. Eine Gefährdung der Funktionsfähigkeit der Bundeswehr kann sich ... immer nur darauf beziehen, daß dadurch die Tätigkeit der Bundeswehr im Zusammenhang mit der Landesverteidigung gestört wird, nicht aber darauf, daß die Unterstützung der Bundeswehr für einen völkerrechtswidrigen Angriff ... in aller Deutlichkeit kritisiert wird. Eine derartige Kritik erfolgt gerade deswegen, um die Funktionsfähigkeit der Bundeswehr zur Verteidigung und Erhaltung des Friedens wiederherzustellen, und gerade nicht, um diese zu stören.«

Die zweite Schlußfolgerung bezieht sich auf das Selbstverständnis des Soldaten vor dem Hintergrund der katastrophalen Erfahrungen mit dem Militarismus in der deutschen Vergangenheit: »Nach den Erfahrungen mit dem NS-Staat erwartet die demokratische Gesellschaft von ihren Soldaten keinen blinden Gehorsam, sondern verlangt von ihnen vielmehr ein kritisches, wachsames und besonnenes Verhalten. Denn nur dann, wenn sich jeder Soldat seiner besonderen individuellen Verantwortung bewußt ist und sich nicht nur als ›Kamerad‹ in der Masse versteht, ist eine ›nationale und öffentliche Sicherheit‹ im Sinne des Artikels 10 EMRK in einer demokratischen Gesellschaft denkbar.« Ich hoffe, die europäischen Richter in Straßburg werden zu einer weiseren, dem Frieden dienlicheren Entscheidung gelangen als zuvor ihre Kollegen in Karlsruhe. Wegen der vielen Tausend anhängigen Verfahren dort heißt es freilich, sich in Geduld zu üben.

Gewissen statt Gehorsam

Der 9. März 2007 markiert eine Zäsur im Einsatz der Bundeswehr am fernen Hindukusch. An jenem Frühlingstag nämlich stimmte der Deutsche Bundestag dem Antrag der Bundesregierung auf Entsendung von Tornado-Waffensystemen zur Luftaufklärung in ganz Afghanistan zu (siehe oben, S. 94ff). Daraufhin legte ich wenige Tage später, am 15. März 2007, meinem Disziplinarvorgesetzten im Wehrbereichskommando IV in München einen »Dienstlichen Antrag« vor[86], in dem es hieß: »Im Hinblick auf die von der Bundesregierung getroffene Entscheidung ... erkläre ich hiermit, daß ich es nicht mit meinem Gewissen vereinbaren kann, den Einsatz von Tornado-Waffensystemen in Afghanistan ... zu unterstützen, da meiner Auffassung nach nicht auszuschließen ist, daß ich hierdurch kraft aktiven eigenen Handelns zu einem Bundeswehreinsatz beitrage, gegen den gravierende verfassungsrechtliche, völkerrechtliche, strafrechtliche sowie völkerstrafrechtliche Bedenken bestehen. Zugleich beantrage ich hiermit, auch von allen weiteren Aufträgen ... im Zusammenhang mit der ›Operation Enduring Freedom‹ ... entbunden zu werden.«

In meiner Begründung stützte ich mich auf die Leitsätze zum Urteil des 2. Wehrdienstsenats des Bundesverwaltungsgerichts vom 21. Juni 2005 sowie auf die vom Ordinarius für Öffentliches Recht an der Universität Freiburg, Professor Dr. Dietrich Murswiek, verfaßte Klageschrift, welche der Bundestagsabgeordnete Willy Wimmer (CDU), ehemals Parlamentarischer Staatssekretär im Bundesministerium der Verteidigung und Vizepräsident der Parlamentarischen Versammlung der OSZE, sowie der Bundestagsabgeordnete und Rechtsanwalt Dr. Peter Gauweiler (CSU) im Organstreitverfahren gegen die Bundesregierung und den Deutschen Bundestag beim Bundesverfassungsgericht in Karlsruhe vorgelegt hatten.

Im einzelnen brachte ich vor, daß der Einsatz der Bundeswehr-Tornados in Afghanistan notwendigerweise die Teilnahme Deutschlands an völkerrechtswidrigen und vom NATO-Vertrag nicht gedeckten Militäraktionen bedeutete, weil nämlich die von den Bundeswehr-Tornados erfaßten Aufklärungsergebnisse an das amerikanische Oberkommando übermittelt würden, wobei trotz der in der Begründung der Beschlußvorlage genannten Restriktion im ISAF-Operationsplan nicht gewährleistet sei, daß die Aufklärungsergebnisse nicht zu anderen als den dort genannten Zwecken im Rahmen der Operation Enduring Freedom (OEF) verwendet würden. Darüber hinaus war in meinen Augen die Kriegführung der USA im Rahmen der OEF unter mehreren Aspekten völkerrechtswidrig, denn:

---

[86] Vgl. *Rose, Jürgen*: »Aufklären, damit die anderen bomben können. Dokumentation. Antrag des Oberstleutnants Jürgen Rose, von allen dienstlichen Aufgaben bei einem Tornado-Einsatz in Afghanistan entbunden zu werden«, *Freitag*, 23. März 2007, S. 7.

- sie ließ sich nicht mehr als Selbstverteidigung rechtfertigen und war nicht auf ein Mandat des Sicherheitsrats gestützt,
- sie überschritt bei der Art und Weise, insbesondere hinsichtlich der Auswirkungen auf die Zivilbevölkerung, selbst die Ermächtigung der Regierung Karzai,
- sie war im Hinblick auf die in Kauf genommenen sogenannten Kollateralschäden an der Zivilbevölkerung mit den völkerrechtlichen Regeln zum Schutz der Zivilbevölkerung nicht vereinbar, und
- sie verstieß hinsichtlich der Behandlung von Gefangenen gegen fundamentale menschenrechtliche Grundsätze.

Summa summarum beteiligte sich die Bundesregierung, indem sie den Einsatz der Tornados in Afghanistan beschloß, aktiv an einem Kriegseinsatz, der auf der Grundlage einer Militärstrategie geführt wurde, die mit den fundamentalen Grundsätzen der UN-Charta und des Art. l des NATO-Vertrages unvereinbar war, und verwickelte hierin die deutschen Streitkräfte.

Vorausgegangen war diesem Antrag eine nahezu ein Jahr zuvor abgegebene »Dienstliche Erklärung«, in der unter anderem stand: »In Anerkennung des Primats der Politik und verpflichtet meinem Eid, der Bundesrepublik Deutschland treu zu dienen sowie Recht und Freiheit des deutschen Volkes tapfer zu verteidigen, erkläre ich hiermit, daß ich es nicht mit meinem Gewissen vereinbaren kann, Befehle auszuführen, die gegen das Völkerrecht oder das deutsche Recht verstoßen.« Diese Erklärung war unbeanstandet zu meiner Personalakte genommen worden.

Meine Weigerung, zur logistischen Unterstützung des Tornado-Einsatzes in Afghanistan beizutragen – konkret ging es um die Sicherstellung der Versorgung mit Flugbetriebskraftstoff auf dem Einsatzflugplatz in Mazar-i-Sharif – wurde anschließend Gegenstand bundesweiter Berichterstattung. Nicht zuletzt aufgrund der großen Publizität der Angelegenheit sowie mehrerer beim Bundesverfassungsgericht anhängiger Klagen gegen den Tornado-Einsatz entschied die zuständige militärische Führung umgehend, mich fortan »gewissenschonend« in einer anderen Abteilung meiner Dienststelle einzusetzen, ganz so wie dies im einschlägigen Gewissensfreiheitsurteil des Leipziger Bundesverwaltungsgerichtes normiert worden war. Mit einer gewichtigen Einschränkung freilich, denn in seinem schriftlichen Bescheid führte der zuständige Disziplinarvorgesetzte aus: »Wie ich Ihnen ... mitgeteilt habe, handelt es sich bei dieser Entscheidung über Ihre neue Verwendung ausdrücklich nicht um die Anerkennung der in Ihrem Schreiben ... genannten Gründe. Darüber wird – gegebenenfalls auch im Zusammenhang mit einer möglichen Entscheidung des Bundesverfassungsgerichts – zu einem späteren Zeitpunkt entschieden.«

Zwar wurde die Organklage der beiden Bundestagsabgeordneten Willy Wimmer (CDU) und Peter Gauweiler (CSU) vom Bundesverfassungsgericht kurz darauf zurückgewiesen, da einzelne Abgeordnete gemäß der in Karlsruhe vertretenen Rechtsauffassung nicht klageberechtigt sind, doch brachte die Bundestagsfraktion der PDS/ DIE LINKE die Angelegenheit mit nahezu gleicher, lediglich in Teilen ergänzter Begründung erneut auf die Agenda, so daß eine höchstrichterliche Entscheidung unumgänglich wurde. Formal war die Verletzung der grundgesetzlich normierten Beteiligungsrechte des Bundestages Gegenstand beider Klagen, doch zielten sie inhaltlich darauf ab, die parallel zu einer sich weltweit entgrenzenden NATO Schritt für Schritt erweiterte ISAF-Mission der Bundeswehr als verfassungs- und völkerrechtswidrig erklären zu lassen. Am 3. Juli 2007 wiesen jedoch die Verfassungsrichter die Klage mit einer in weiten Teilen als skandalös zu bewertenden Begründung ab.

Ins Auge springen mußte, daß das Gericht in seiner Urteilsbegründung zwar einerseits eine Eloge auf die NATO und deren ISAF-Mission darbrachte, sich andererseits aber auffällig distanziert und einsilbig zu der in dem zentralasiatischen Land parallel stattfindenden »Operation Enduring Freedom« äußerte. Den Dreh- und Angelpunkt der höchstrichterlichen Argumentation bildete die Fiktion einer strikten Trennung der realiter freilich eng miteinander verwobenen Militäreinsätze: »ISAF und die Operation Enduring Freedom richten sich nach getrennten Zwecksetzungen, unterschiedlichen Rechtsgrundlagen und klar abgegrenzten Verantwortungssphären.« Darauf rekurrierend lehnte das Gericht in der Folge jedwede rechtliche Bewertung von OEF strikt ab: »Soweit die Antragstellerin geltend macht, die Operation Enduring Freedom stehe, wie sie sich in Afghanistan vollziehe, mit dem Völkerrecht nicht im Einklang, kann dies in der vorliegenden prozessualen Konstellation vom Bundesverfassungsgericht nicht isoliert überprüft werden.« Zugleich ließen die Verfassungsrichter durchaus ihre Zweifel an der Völkerrechtskonformität der OEF durchblicken, indem sie konstatierten: »Zwar mag, soweit die Operationen in der dargestellten begrenzten Weise zusammenwirken, eine Zurechnung völkerrechtswidrigen Handelns im Einzelfall nicht auszuschließen sein; soweit etwa eine Aktion der Operation Enduring Freedom mit dem Völkerrecht nicht im Einklang stünde und sich auch auf Aufklärungsergebnisse der Tornados zurückführen ließe, könnte dies möglicherweise die völkerrechtliche Verantwortlichkeit der NATO oder ihrer Mitgliedstaaten auslösen. Auf diese völkerrechtlichen Fragen ist hier jedoch nicht näher einzugehen.« Trotz – oder vielleicht gerade wegen – des offenkundigen Unwillens, sich mit den völkerrechtlichen Implikationen der OEF näher zu befassen, läßt sich aus diesen Einlassungen darauf schließen, was das höchste deutsche Gericht von jenem »Kreuzzug gegen den Terror« hält, den US-Präsident George W. Bush ausgerufen hatte: rein gar nichts.

Angesichts der offensichtlichen völkerrechtlichen und damit zugleich verfassungsrechtlichen Zweifel, welche die Beteiligung der Bundeswehr am sogenannten »Krieg gegen den Terror« betreffen, spricht also einiges für die Annahme, daß im Berliner Bendlerblock in der Tat jene diffuse »Angst vor der Massenverweigerung« in der

Armee grassiert, die der ehemalige Leiter des Planungsstabes im Bundesministerium der Verteidigung, Hans Rühle, nach Bekanntwerden meines »Dienstlichen Antrages« in Sachen Tornado-Einsatz öffentlich an die Wand gemalt hatte[87]. Empirisch unterfüttern läßt sich diese These durch den Umstand, daß sich mehrere Dutzend Bundeswehrsoldaten, die ihre Aktivitäten in Afghanistan nicht mehr mit ihrem Gewissen vereinbaren können, bei ihren Anwälten nach Möglichkeiten für eine anderweitige Verwendung innerhalb der Truppe erkundigt haben und auch beim »Arbeitskreis Darmstädter Signal«, in dessen Vorstand ich fungiere, entsprechende Anfragen eingingen. Die Option der Gehorsamsverweigerung dürfte somit in den Reihen der Bundeswehr angesichts der fortdauernden deutschen Beteiligung an der »Operation Enduring Freedom«, deren tatsächlicher Zweck darin besteht, das bislang auch unter dem neuen US-Präsidenten noch fortexistierende »System Guantánamo« mit Menschenfleisch zu füttern, auch weiterhin ihre hochbrisante Aktualität bewahren.

---

[87] *Rühle, Hans*: Angst vor der Massenverweigerung. Warum die Bundesregierung mit allen Mitteln versucht, die Bundeswehr aus dem Süden Afghanistans herauszuhalten, in: *Süddeutsche Zeitung*, vom 28. März 2007, S. 2. Vgl. hierzu auch *Rose, Jürgen*: Massenflucht aus dem soldatischen Gehorsam? Macht und Ohnmacht des Gewissens. Es gibt keinen Anlass für Hysterie bei der Bundeswehrführung. Befehlsverweigerung bleibt ein riskantes Unterfangen, in: *Freitag*, Nr. 15, 13. April 2007, S. 6.

Kreuzzug gegen den Terrorismus?
Anmerkungen zum 11. September 2001

> *» Vaterland nennt sich der Staat immer dann, wenn er sich anschickt,*
> *auf Menschenmord auszugehen.«*
> Friedrich Dürrenmatt: Romulus der Große

Sein Name fiel häufig in den Analysen der Terroranschläge von New York und Washington: Samuel P. Huntington. Nach dem Ende des Kalten Krieges hatte er die These vom »Clash of Civilizations« formuliert, die am 11. September 2001 auf infernalische Weise ihre Bestätigung gefunden zu haben schien. Geflissentlich unerwähnt bleibt hingegen gewöhnlich ein Aufsatz, den dieser Autor im Frühjahr 1999, also noch in der Ära des der Partei der Demokraten entstammenden US-Präsidenten Bill Clinton, in der renommierten Fachzeitschrift *Foreign Affairs* unter dem Titel »The Lonely Superpower« veröffentlicht hatte. Wie der Titel bereits erahnen läßt, präsentiert der anerkannte Politikwissenschaftler in seinem Beitrag eine höchst kritische Analyse der Rolle der USA und ihrer Außen- und Sicherheitspolitik im internationalen System. Wie die Vereinigten Staaten in der Welt wahrgenommen werden, beschreibt er anhand des Verlaufes einer Konferenz, die bereits 1997 an der Harvard University stattgefunden hat. Dort, so läßt er wissen, »berichteten Wissenschaftler, daß die Eliten, die mindestens zwei Drittel der Weltbevölkerung – nämlich Chinesen, Russen, Inder, Araber, Muslime und Afrikaner – repräsentierten, die Vereinigten Staaten als einzige und größte äußere Bedrohung ihrer Gesellschaften betrachteten. Nicht als militärische Bedrohung nähmen sie Amerika wahr, sondern als Gefahr für ihre Integrität, Autonomie, Prosperität und Handlungsfreiheit. Sie sähen die Vereinigten Staaten als aufdringlich, interventionistisch, ausbeuterisch, unilateralistisch, hegemonistisch, heuchlerisch, sich der Doppelmoral bedienend sowie eine Politik verfolgend, die sich unter dem Etikett des ›Finanzimperialismus‹ und ›intellektuellen Kolonialismus‹ fassen ließe«.

Huntington selbst kritisiert mit äußerster Vehemenz die seiner Erkenntnis nach innerhalb der politischen Eliten in den USA vorherrschende Idee von den Vereinigten Staaten als einem »wohlwollenden Hegemon«, der die übrige Welt über die universelle Gültigkeit amerikanischer Prinzipien, Praktiken und Institutionen belehrt und dabei als »einsame Supermacht« unilateral und autonom agieren zu dürfen behauptet. Diese Kritik gipfelt in seinem Vorwurf, »daß die USA sich in den Augen vieler Länder zur Schurken-Supermacht (*rogue superpower*) entwickelten«. Im selben Atemzug liefert Huntington eine wahrhaft bemerkenswerte »Schwarze Liste« von Machenschaften der USA im internationalen System: »In den letzten paar Jahren versuchten oder schienen die Vereinigten Staaten mehr oder weniger unilateral unter anderem folgendes zu versuchen:

- andere Länder unter Druck zu setzen, amerikanische Werte und Praktiken auf dem Feld der Menschenrechte und der Demokratie zu übernehmen;
- andere Länder davon abzuhalten, militärische Fähigkeiten zu erwerben, die der amerikanischen Überlegenheit auf dem Gebiet der konventionellen Streitkräfte entgegenwirken;
- amerikanisches Recht exterritorial gegenüber anderen Gesellschaftssystemen durchzusetzen;
- Länder entsprechend ihrer Einhaltung amerikanischer Standards bezüglich der Menschenrechte, Drogenpolitik, Terrorismusbekämpfung, Proliferation von Nuklearwaffen und Raketentechnologie und seit neuestem der Religionsfreiheit zu klassifizieren;
- Sanktionen gegenüber Ländern zu verhängen, welche die amerikanischen Standards hinsichtlich der vorstehenden Probleme nicht erfüllen;
- amerikanischen Handelsinteressen unter dem Vorwand des Freihandels und offener Märkte Vorschub zu leisten;
- die Politik von Weltbank und Internationalem Währungsfond im Sinne dieser Handelsinteressen zu beeinflussen;
- andere Länder zu zwingen, eine Wirtschafts- und Sozialpolitik zu übernehmen, die amerikanischen Wirtschaftsinteressen zugute kommt;
- amerikanische Rüstungsverkäufe im Ausland zu fördern und zur selben Zeit vergleichbare Verkäufe anderer Länder zu verhindern;
- den Generalsekretär der Vereinten Nationen aus dem Amt zu drängen und die Bestellung seines Nachfolgers zu diktieren;
- im Zuge der NATO-Osterweiterung Polen, Ungarn sowie Tschechien, aber kein weiteres Land ins Bündnis aufzunehmen[88];
- militärisch gegen Irak vorzugehen und in der Folge scharfe Wirtschaftssanktionen gegen das Regime aufrechtzuerhalten; und schließlich
- bestimmte Länder als ›Schurkenstaaten‹ zu klassifizieren und sie von internationalen Institutionen auszuschließen, weil sie sich weigerten, vor amerikanischen Wünschen den Kotau zu machen.«

Nota bene: Bei dem Verfasser vorstehender bemerkenswerter Analyse amerikanischer Weltpolitik handelte es sich mitnichten um einen idealistischen Spinner oder linken Utopisten, sondern um einen höchst reputierten Harvard-Professor sowie jahrzehntelangen Berater des Pentagon und diverser amerikanischer Administrationen, dem der

---

[88] Dieser Punkt ist vom Gang der Geschichte mittlerweile zwar überholt worden, nichtsdestoweniger bleibt unverändert zu konstatieren, daß, wie die Beispiele Ukraine und Georgien belegen, die USA die Erweiterungspolitik des Bündnisses massiv entsprechend ihren nationalen Partikularinteressen zu beeinflussen versuchen.

Ruf vorauseilte, ein »Falke« zu sein. Eindringlich warnte Huntington – und nicht nur er allein – vor der Fortführung einer hegemonialen Super- oder gar Hypermachtpolitik, die nur Ressentiments, Widerstände und Gegengewalt hervorrufen würde und absehbar amerikanischen Interessen zuwiderlaufen müßte. Es liegt nahe, das grauenvolle Geschehen des 11. September 2001 als Bestätigung dieser Prognose zu sehen.

Doch anstatt nun innezuhalten, die Folgen bisheriger Politik der USA im internationalen System zu überdenken und gegebenenfalls eine grundlegende Revision einzuleiten, verkündete der damalige amerikanische Präsident George W. Bush einen Kreuzzug gegen den Terrorismus, sprach von »jagen« und »ausräuchern«, schwor Rache und Vergeltung, forderte in Wildwest-Manier die Auslieferung des Hauptverdächtigen Osama bin Ladins »dead or alive«. Der amerikanische Kongreß erteilte ihm Carte blanche zum Krieg, nur eine einzige Abgeordnete brachte den Mut auf, dagegen zu stimmen. Und weltweit stimmten die Regierungen in die Kriegsrhetorik ein, unter dem anfänglichen Beifall fast der gesamten Medienlandschaft, die den Anschein einer Gleichschaltung im bellizistischen Geiste erweckte.

»Nuke them out« war auf Transparenten amerikanischer Bürger zu lesen, die über den Bildschirm flimmerten – irrwitzige Konsequenz apokalyptischer Bilder, deren Symbolgehalt wohl in der Tat nur durch ein einziges Fanal zu überbieten gewesen wäre: das eines Atompilzes über Kabul nämlich. Nach der gültigen »Doctrine for Joint Theater Nuclear Operations« sehen die USA den Einsatz nuklearer Waffen gegen Terroristengruppen (sogenannte »nicht-staatliche Akteure«) und deren Infrastruktur vor: »Feindliche Streitkräfte und Einrichtungen, welche wahrscheinliche Ziele für nukleare Schläge darstellen, umfassen Massenvernichtungswaffen und ihre Trägersysteme, Heerestruppen, Luftverteidigungseinrichtungen, Marinebasen, Kriegsschiffe, nichtstaatliche Akteure und unterirdische Anlagen.« Daß es sich hierbei nicht um strategische Glasperlenspiele handelt, belegt ein Interview, das der damalige Verteidigungsminister Donald Rumsfeld der Fernsehgesellschaft ABC am 16. September 2001 gab, in dessen Verlauf er den Einsatz taktischer Nuklearwaffen nicht ausschließen wollte. Und der ehemalige Kulturstaatsminister der Bundesrepublik Deutschland und damalige Herausgeber der Wochenzeitung *Die Zeit*, Michael Naumann, der aufgrund seines langjährigen Aufenthaltes in den USA über exzellente Kontakte verfügt, gab in Sabine Christiansens Talkshow am 14. Oktober 2001 (und danach noch mehrfach schriftlich in seinem Blatt) zu Protokoll, daß die US-Regierung die Option eines Nuklearwaffeneinsatzes erwogen, aber schließlich wegen der unkalkulierbaren Auswirkungen auf das nordatlantische Bündnis verworfen habe.

Oftmals stand auch »bomb them now« auf den Protestplakaten, wobei nicht klar war, wer mit »sie« eigentlich gemeint war. Und selbst wenn man es wüßte: Das Töten von Terroristen, Fundamentalisten, Islamisten oder sonstigen wirklichen oder vermeintlichen Feinden der zivilisierten Völker und die Vernichtung ihrer eher armseligen, jedenfalls schnell zu ersetzenden Infrastruktur bliebe doch nur ein Kurieren von Symptomen, änderte nicht das Geringste an den Ursachen für das Entstehen von Denkschablonen und Handlungsmustern, gemäß denen die Protagonisten ihre heldenhafte Selbstaufopferung unter Maximierung feindlicher Verluste im Heiligen Krieg gegen eine gottlose und zutiefst ungerechte Welt zum höchsten Ziel erheben. Ganz genau kennen wir die Motive der Täter nicht, denn die Taten sind bis heute nicht aufgeklärt, aber folgende Gedanken drängen sich auf:

An jedem Tag, an dem die silbernen Türme des World Trade Center im Licht der aufgehenden Sonne erstrahlten, starben in der Dritten Welt vierzigtausend Kinder an den Folgen von Elend, Hunger, Krankheit und Krieg. Hat man jemals davon gehört, daß die Börse an der Wall Street ihren Handel mit einer Gedenkminute für diese still und leise vor sich hinsterbenden Kinder in der Dritten Welt eröffnet hätte? Natürlich sind Entsetzen, Wut und Trauer über die eigenen Toten stets am größten, aber darf man deshalb den Tod der anderen schlichtweg ignorieren?

Die Rüstungsausgaben der USA erreichten in dem Jahr, als 9/11 geschah, die astronomische Summe von etwa 400 Milliarden US-Dollar, das entsprach mehr als dem Fünfzehnfachen des damaligen deutschen Verteidigungsetats. Diese ungeheuerliche Verschwendung von Ressourcen war schlechterdings obszön. Schon damals galt, daß bereits mit einem Bruchteil der für militärische Zwecke aufgewendeten Mittel die Ursachen und nicht nur die Symptome terroristischer Gewalt bekämpft werden könnten. Statt dessen stellte der amerikanische Kongreß umstandslos, quasi aus der Portokasse, sofort circa 50 Milliarden US-Dollar für eine unsinnige Terroristenhatz mit militärischen Mitteln zur Verfügung. Man stelle sich die Entrüstung derselben Abgeordneten vor, hätte man von ihnen verlangt, die gleiche Summe für Entwicklungshilfe bereitzustellen. Robert Bowman, der als Kampfpilot der amerikanischen Streitkräfte im Verlauf von 101 Einsätzen während des Vietnamkriegs selbst Tod und Vernichtung vom Himmel schickte und später als Bischof der Vereinigten Katholischen Kirche in Melbourne Beach, Florida wirkte, geißelte die bellizistischen Reflexe seiner Regierung und deren Kriegspolitik mit den Worten: »Anstatt unsere Söhne um die Welt zu schikken, um Araber zu töten, damit wir das Öl, das unter deren Sand liegt, haben können, sollten wir sie senden, um deren Infrastruktur wieder in Stand zu setzen, reines Wasser zu liefern und hungernde Kinder zu füttern.« Und fuhr fort: »Kurzum, wir sollten Gutes tun anstelle von Bösem. Wer würde versuchen, uns aufzuhalten? Wer würde uns hassen? Wer würde uns bombardieren wollen? Das ist die Wahrheit, die die amerikanischen Bürger und die Welt hören müssen.«

Ich habe afghanische Flüchtlingslager im Iran und in Pakistan mit eigenen Augen gesehen, das Elend in den Palästinenserlagern des Südlibanon und die unbeschreibliche Armut der Menschen im Sudan. Zumindest ein Gedanke resultiert aus jenen Bildern, nämlich daß dies die Höllen sind, in denen jene zornigen jungen Männer geboren werden, die nur ein Wunsch beseelt: ihre Hölle in unsere Hölle zu verwandeln.

Zugleich bin ich im Verlaufe vieler Reisen durch den Nahen und Mittleren Osten ungezählten Menschen – Männern und Frauen, Kindern und Alten – begegnet, die mir als »reichem Aleman« trotz eigener Armut dutzendfach großartige Herzlichkeit und überwältigende Gastfreundschaft entgegenbrachten. Es ist an der Zeit, etwas von diesen Erfahrungen zurückzugeben, und wenn es nur die Gewißheit ist, daß dieser Krieg nicht mein Krieg ist.

»Enduring Freedom« oder »Gerechter Friede«?

»Wir müssen den Kampf zum Feind bringen und den schlimmsten Bedrohungen entgegentreten,
bevor sie entstehen.«
George W. Bush

»Wenn ich den Armen Brot gebe, werde ich ein Heiliger genannt; wenn ich frage, warum die
Armen arm sind, werde ich als Kommunist beschimpft.«
Dom Helder Camara, lateinamerikanischer Bischof

Militärische Gewalt löst keine politischen Konflikte. Doch welche Rolle könnte dann das Militär überhaupt noch erfüllen? Bereits im Jahre 1951 sagte einer der Gründungsväter der Bundeswehr, der spätere Generalleutnant und Professor des Hamburger Instituts für Friedensforschung und Sicherheitspolitik, Wolf Graf von Baudissin: »Welches sind nun die Aufgaben der Streitkräfte? Wir haben ernsthaft und redlich umzudenken und uns bewußt zu machen, daß der Soldat in allererster Linie für die Erhaltung des Friedens eintreten soll; denn im Zeitalter des absoluten Krieges mit seinen eigengesetzlichen, alles vernichtenden Kräften gibt es kein politisches Ziel, welches mit kriegerischen Mitteln angestrebt werden darf und kann – außer der Verteidigung gegen einen das Leben und die Freiheit zerstörenden Angriff.« Ich teile diese Ansicht uneingeschränkt. Aber um nicht mißverstanden zu werden: Selbstverständlich muß der mörderische Terrorismus eingedämmt und beseitigt werden, auch bin ich kein Anhänger fundamentalpazifistischer Auffassungen, ich habe jedoch keinerlei Zweifel an der Sinnlosigkeit von Terrorismusbekämpfung mittels militärischer Gewaltanwendung in der Form, wie wir sie seit Jahren erleben müssen.

Geht man nämlich von der Prämisse aus, daß aus Elend Verzweiflung resultiert und Verzweiflung wiederum Haß und Gewalt hervorbringt – weil nämlich, »wenn die eigene Subsistenzfähigkeit einmal zerstört ist, [...] den Frauen [nur] noch die Prostitution [bleibt] und den Knaben und jungen arbeitslosen Männern, daß sie sich eine Kalaschnikow besorgen, [...]«[89] – dann müßten eigentlich am dringlichsten Strategien der Elendsbekämpfung gefragt sein. Nichtsdestoweniger werden unbeirrt in militärische Gewalt- beziehungsweise Gegengewaltpotentiale ungeheure Summen investiert: So gibt die größte Militärmacht der Welt, die USA, im Jahr 2009 ungefähr 2.200 Millionen Dollar täglich für Krieg und Rüstung aus; das entspricht insgesamt mehr als einem Fünftel ihres gesamten Bundeshaushaltes.

---

[89] *Mies, Maria*: Von der Lizenz zum Plündern zur Lizenz zum Töten. Das Globale Freihandelssystem als Neokoloniales Kriegssystem, überarbeitete und aktualisierte Fassung des Artikels: »Kriege sind gut für die Wirtschaft«: Das globale Freihandelssystem als neokoloniales Kriegssystem, in: *Ralph M. Luedtke/Peter Strutynski (Hrsg.)* Dem Krieg widerstehen: Beiträge zur Zivilisierung der Politik, Kasseler Schriften zur Friedenspolitik, Kassel, S. 16 – 27.

Demgegenüber betrugen die Entwicklungshilfeausgaben der USA im Jahr 2008 magere 26 Milliarden Dollar, wovon überdies mehr als ein Viertel in militärische Unterstützungsleistungen floß, um die betreffenden Empfängerstaaten mit US-Ausrüstung auszustatten und Angehörige des dortigen Militärs auszubilden. Anders ausgedrückt: Die Ausgaben für militärische Terrorbekämpfung übersteigen die Aufwendungen zur Elendsbekämpfung um etwa das Zweiunddreißigfache. Mit dem Anteil ihrer Aufwendungen für Entwicklungshilfe am Bruttoinlandsprodukt (nur 0,18 Prozent) nehmen die USA weltweit den letzten Platz ein, während Deutschland prozentual immerhin mehr als doppelt so viel, nämlich 0,38 Prozent, zahlt, was indessen auch noch weit entfernt von jenen 0,7 Prozent liegt, auf die sich die Staaten im Rahmen der UNO eigentlich verpflichtet haben.

In der Europäischen Union nehmen sich die entsprechenden Zahlen sowohl in ihrer absoluten Höhe als auch in den Relationen zwar weit weniger drastisch aus, dennoch bleibt zu monieren, daß die EU 2008 nur 49 Milliarden Euro in die Entwicklungshilfe steckte, aber ihre Mitgliedstaaten insgesamt mehr als 200 Milliarden Euro im Jahr, also rund vier Mal soviel, für Verteidigung ausgeben. In der Bundesrepublik Deutschland beträgt nach mehreren Erhöhungen der sogenannte »Verteidigungsetat« (Einzelplan 14) für das Jahr 2009 mit rund 31,1 Milliarden Euro etwa das Fünfeinhalbfache des dem Bundesministerium für wirtschaftliche Zusammenarbeit und Entwicklung für das Haushaltsjahr 2009 zur Verfügung stehenden Entwicklungshilfehaushalts (Epl. 23), für den gerade einmal 5,814 Milliarden Euro vorgesehen waren.

Offenbar bewaffnen sich die Wohlstandschauvinisten dieser Welt[90] lieber bis unter die Zähne, um ihren gewohnten Way of Life abzusichern und dabei die Armen und Ärmsten auf dem Globus mit einem sogenannten Anti-Terror-Krieg überziehen, anstatt die zur Verfügung stehenden Mittel vermehrt in die Bekämpfung der Ursachen des Terrors und damit in die Gewaltvorbeugung zu investieren.

Wie aber erklärt sich diese bemerkenswert unausgewogene Ausgabenpolitik? Um sich der Beantwortung dieser Frage anzunähern, muß man sich zunächst einer anderen zuwenden, die bereits in der Antike formuliert wurde und die da lautet »Cui bono?« – also: Wem nutzt eine solche Politik, wer profitiert von ihr? Oder modern, auf »neurömisch« ausgedrückt: »Where does the money go?« Nehmen wir den bereits erwähnten Rüstungshaushalt der USA als Beispiel, so ist zu konstatieren, daß rund 35 Prozent des Budgets für Investitionen in militärische Beschaffungen, Forschung und Entwicklung gehen. Dies entsprach in den Jahren 2002 bis 2008 jeweils einer Summe zwischen 117 und 188 Milliarden Dollar, die in den vom amerikanischen Präsidenten Dwight D. Eisenhower in seiner berühmten »Farewell Address to the Nation« von 1961 so bezeichneten »Militärisch-industriellen Komplex« flossen.

---

[90] Vgl. *Klein, Dieter*: Wo bleibt der Reichtum?, in: *Blätter für deutsche und internationale Politik*, Nr. 7/2008, S. 85 - 93.

Hierzu ein prägnantes Beispiel: Ende Oktober 2001, die Trümmer des World Trade Centers rauchten noch, vergab das Pentagon »den größten Rüstungsauftrag in der Geschichte« (*Frankfurter Rundschau*) an den kalifornischen Konzern Lockheed Martin. Der Auftrag betraf den Bau eines neuen Kampfflugzeugs, den F-35 Joint Strike Fighter (JSF). Er sollte dem Unternehmen etwa 200 Milliarden US-Dollar einbringen und mehr als 8.000 Menschen einen Job bei Lockheed Martin sichern. Zudem profitierte die ganze Region um Dallas/Fort Worth an dem Rüstungsauftrag – von der Baubranche über Einkaufszentren bis zu Zulieferbetrieben. Die Milliarden bedeuteten Kaufkraft und Prosperität. Die *Frankfurter Rundschau* titelte: »In Nordtexas knallen die Sektkorken« – aber auch in 26 anderen Bundesstaaten sicherte das Projekt Zehntausende von Arbeitsplätzen in Zulieferbetrieben.

Die Verhältnisse sind indes weitaus komplexer, als es das geschilderte Beispiel nahelegt: Zu berücksichtigen ist nämlich, daß Rüstungsausgaben über Steuern finanziert werden, eigentlich eine banale Feststellung. Weniger banal ist der Umstand, daß sich unter den Vorzeichen der Globalisierung die Verteilung der Steuerlast extrem ungleich entwickelt hat. Während die großen Konzerne und die Spitzenverdiener der Upper Class über schier unlimitierte Möglichkeiten zur Steuervermeidung verfügen, wird der Löwenanteil der staatlichen Steuereinnahmen von Mittelstand und Lower Class aufgebracht. Bezogen auf die Frage, warum auf militärische Terrorbekämpfungsstrategien ein solch großes Schwergewicht gelegt wird, ist unter dem Aspekt des »Cui bono« festzustellen, daß die Lower und Middle Classes den Anti-Terror-Krieg hauptsächlich finanzieren, während hauptsächlich die gigantischen Rüstungskonglomerate und deren Eigner aus der Schicht der Vermögenden von ihm profitieren. Anzumerken bleibt, daß Krieg schon immer ein lohnendes Geschäft war.

Noch ein weiterer Sachverhalt ist in dem zu hinterfragenden Kontext von Bedeutung, nämlich wer eigentlich diesen Anti-Terror-Krieg führt beziehungsweise wer persönlich in die globalen Kriegseinsätze geschickt wird. Empirisch betrachtet rekrutiert sich das Personal der Streitkräfte in den westlichen Industrienationen vor allem aus dem eher kleinbürgerlich zu nennenden Milieu. Soziologisch gesehen handelt es sich beim Militärberuf um einen ganz typischen Aufsteigerberuf, während die sozialen und ökonomischen Eliten der Gesellschaft gegenüber der Organisation Militär vornehme Zurückhaltung üben. Bezieht man diese Tatsache wiederum auf den Anti-Terror-Krieg, so läßt sich die Schlußfolgerung ziehen, daß die Abkömmlinge der Middle und Lower Class für die Upper Class in einen Krieg ziehen, aus dem letztere sich selbst und ihre Nachkommen lieber fernhält.

Ein letzter Umstand scheint in diesem Kontext noch von Bedeutung, nämlich wie unter volkswirtschaftlicher Perspektive der Strom des für Militär, Rüstung und Krieg aufgewandten Geldes fließt. Für die Rüstungsindustrien des Westens gilt, daß diese nach wie vor primär national strukturiert sind: auf der einen Seite stehen die gigantischen Rüstungskonzerne in den USA, auf der anderen Seite in etwas kleinerem Maßstab die der Europäischen Union. Entscheidend ist nun, daß die Rüstungsausgaben im Wesentlichen innerhalb der nationalen Ökonomien verbleiben, d. h. es sind die Rüstungsgiganten und ihre Eigner, die von einer derartigen Mittelallokation profitieren – Strategien militärischer Terrorbekämpfung lohnen sich für sie gerade auch unter volkswirtschaftlichen Aspekten.

Anders sieht es unter einer solchen Betrachtungsweise dagegen mit den erwähnten Elendsbekämpfungsstrategien aus: Die Schaffung sicherer Ernährungsgrundlagen, die Bereitstellung von sauberem Trinkwasser, Bildungsoffensiven, Hilfe zur Geburtenkontrolle, Unterstützung von »Good Governance«[91], das ganze weite Spektrum von Entwicklungshilfe bedeutet den Abfluß der hierfür bereitgestellten Mittel in die betroffenen Länder und Regionen selbst – zumindest, wenn Entwicklungshilfe nicht als verkappte Exportförderung begriffen wird. Volkswirtschaftlich gesehen eignen sich derartige Ausgaben nicht zur kurzfristigen Profitmaximierung, sondern werfen allenfalls langfristig einen Gewinn ab, dann nämlich, wenn entwickelte Volkswirtschaften entstehen, mit denen wiederum lukrative Wirtschaftsbeziehungen etabliert werden können.

Wo aber bleibt, um mit Erich Kästner zu sprechen, am Ende nun das Positive? Eine schwierige Frage, die, so ist zu befürchten, sich einer kurzen und schneidigen Antwort entzieht. Ein Fingerzeig indes läßt sich erkennen: Die deutschen katholischen Bischöfe haben einmal einen ganz einfachen, präzisen, unmißverständlichen Satz geprägt: »Gerechtigkeit schafft Frieden.« Sie führen dazu aus: »Das Leitbild des gerechten Friedens beruht auf einer letzten Endes ganz einfachen Einsicht: Eine Welt, in der den meisten Menschen vorenthalten wird, was ein menschenwürdiges Leben ausmacht, ist nicht zukunftsfähig. Sie steckt auch dann voller Gewalt, wenn es keinen Krieg gibt. Verhältnisse fortdauernder schwerer Ungerechtigkeit sind in sich gewaltgeladen und gewaltträchtig. Daraus folgt positiv: ›*Gerechtigkeit schafft Frieden*‹.«

Soldat oder Landsknecht?

In Zeiten des »Global War on Terror«, des Präventivkrieges, der Völkerrechtsverbrechen und Folterexzesse, des Niedertrampelns fundamentaler Menschen- und Bürgerrechte mag die oftmals mörderische Realität militärischer Gewaltanwendung den Verdacht erwecken, bei dem Terminus »Soldat« handle es sich um ein Akronym, das ausbuchstabiert bedeutet: »Soll ohne langes Denken alles tun«. Einem solchen Verständnis leistet der Mißbrauch Vorschub, den die in der NATO verbündeten westlichen Demokratien, darunter auch die Bundesrepublik Deutschland, mit ihren Streitkräften treiben, wenn sie diese in Einsätze schicken, die durch völkerrechtliche Mandate nicht hinreichend oder gar nicht legitimiert sind.

---

[91] Guter Regierungsführung.

Darüber hinaus treibt die militärische Führung der Bundeswehr seit der Endphase des Kalten Krieges die Entfaltung eines »neotraditionalistischen Kämpfer-Kultes« voran. Doch trotz der für eine demokratische Streitkräftekultur verheerenden Parolen aus reaktionären Generalskreisen hat das Problembewußtsein für die völker- und verfassungsrechtliche Legitimität oder Illegitimität der in jüngerer Zeit vom Zaun gebrochenen Interventions- und Präventivkriege zugenommen – nicht nur in der Zivilgesellschaft. Wie die zahlreichen Gehorsamsverweigerungen in den Interventions- und Besatzungsarmeen illustrieren, ist auch unter den »Handwerkern des Krieges«, welche die von der politischen Führung erteilten Kampfaufträge ausführen sollen, die Sensibilität dafür gewachsen, daß sich sowohl die völkerrechtliche Ächtung des Krieges schlechthin als auch dessen in jüngster Zeit nochmals bekräftigte Kriminalisierung im Römischen Statut des Internationalen Strafgerichtshofes gravierend auf die rechtlichen und die moralischen Dimensionen soldatischen Handelns auswirken.

Die fundamentale Frage, die jeder und jede sich in diesem Spannungsfeld von Gehorsamspflicht, Rechtstreue und Gewissensfreiheit bewegende Militärangehörige individuell für sich beantworten muß, lautet: Wie darf oder soll oder muß ich als prinzipiell dem Primat der Politik unterworfener Soldat handeln, wenn meine politische Leitung und militärische Führung mich in einen Krieg befiehlt, in dem unvermeidlich Menschen getötet und verwundet werden, und wenn es sich dabei möglicherweise oder gar offensichtlich um einen Angriffskrieg, also um ein völkerrechtliches Verbrechen handelt?

Für den betroffenen Militärangehörigen besteht keine Möglichkeit, sich dieser Problematik zu entziehen. Denn spätestens seit dem Nürnberger Kriegsverbrechertribunal nach dem Zweiten Weltkrieg kann er sich nicht mehr durch Rekurs auf die übergeordnete politische und militärische Autorität exkulpieren. In den dort entwickelten Nürnberger Prinzipien (siehe oben S. 114) wurde nämlich verbindlich festgeschrieben, daß kein Soldat ungesetzliche Befehle ausführen darf. Die rechts- und moralphilosophische Begründung hierfür geht auf Immanuel Kant und die Erkenntnis zurück, daß für jegliches menschliche Handeln das je eigene Gewissen den Maßstab bildet und setzt. Im Laufe der Zeit fand der über alle Stufen der militärischen Hierarchie hinweg für jeden Soldaten – gleich ob Vorgesetzter oder Untergebener – geltende Rechtssatz individueller Verantwortlichkeit für sein Tun und Lassen nicht nur Eingang in das Wehrrecht verschiedener Länder, sondern wurde und wird auch von hochrangigen militärischen Führern anerkannt und bekräftigt (siehe oben S. 125f). Die Einsicht, daß der entscheidende Unterschied zwischen Soldat und Landsknecht darin liegt, sich nicht bedingungslos jedem Anspruch dienstbar zu machen, und die Überzeugung, daß das an ein höheres Wertesystem gebundene Gewissen eine entscheidende Berufungsinstanz sein muß, mochten vorderhand rein theoretisch und abstrakt erscheinen, da sie auf der Tradition der militärischen Widerstandskämpfer des 20. Julis 1944 gegen die Hitlertyran-

nei sowie auf dem klassischen Auftrag zur Landes- und Bündnisverteidigung gründe-
ten. Aber wenn sowohl die Ausübung der Befehlsgewalt als auch das bloße Ausführen
empfangener Befehle strikt an das geltende innerstaatliche Recht einerseits, das Völkerrecht andererseits gebunden sein sollten, so war a priori nicht auszuschließen, daß Soldaten oder Soldatinnen sich von Fall zu Fall weigerten, an militärischen Aktionen teilzunehmen, die erkennbar völkerrechtswidrig oder auch nur völkerrechtlich zweifelhaft
und umstritten waren. Im weltweiten »Krieg gegen den Terror« sollte diese Hypothese
alsbald nationenübergreifend ihre empirische Bestätigung finden.

»Demokratie hört nicht am Kasernentor auf«
Thesen zur Inneren Führung im 21. Jahrhundert

Wenn Immanuel Kant den Staat als »Versammlung freier Bürger unter Rechtsgesetzen« – zu ergänzen sind heutzutage selbstredend auch die Bürgerinnen – versteht, so
muß es sich in Analogie hierzu bei der Armee eines solchen Staates um eine Versammlung freier, republikanischer Bürger (und Bürgerinnen) unter Waffen zum Schutze
desselben handeln. Es ist nur logisch, daß Wolf Graf von Baudissin den »Staatsbürger
in Uniform« ins Zentrum seiner Konzeption von der »Inneren Führung« stellte[92].
Denn die »Innere Führung« fragt nach der Konstitution einer solchen »Staatsbürger-
Armee« im Rahmen des demokratischen, in der Terminologie Kants: des republikanischen Rechtsstaates, der darüber hinaus als völkerrechtliches Subjekt in eine internationale (Friedens-)Ordnung eingebunden ist. Für die Streitkräfte der demokratisch
verfaßten Bundesrepublik Deutschland kommt die »Innere Führung« einer Verfassung gleich, sie bildet gleichsam das Grundgesetz für die Bundeswehr.

Die Antwort, die der General von Baudissin auf die zentrale Fragestellung der
»Inneren Führung« einst gegeben hat, lautet: »Entmilitarisierung des soldatischen
Selbstverständnisses.« Dieses Gebot bezieht sich auf drei Dimensionen der militärischen Profession, nämlich auf eine innerorganisatorische, eine binnengesellschaftliche
sowie eine internationale. Und alle drei weisen letztlich auf einen zentralen Flucht-
punkt, der sich – positiv gewendet – als die »Zivilisierung des Militärs« bezeichnen
läßt[93]. Diese ist erreicht, wenn Streitkräfte menschenrechtskompatibel, demokratie-
kompatibel und friedenskompatibel sind, wenn also, wie der General, Friedensfor-
scher und Militärphilosoph Baudissin einst postulierte, die »Demokratie nicht am
Kasernentor aufhört«.[94]

---

92 Vgl. *Baudissin, Wolf Graf von*: Referat auf einer Tagung für ehemalige Soldaten in der Evangelischen Akademie
Hermannsburg am 3. Dezember 1951, in: *Schubert, Klaus von (Hrsg.)*: Sicherheitspolitik der Bundesrepublik
Deutschland. Dokumentation 1945 – 1977, Teil II, Bonn 1978, S. 356.
93 Vgl. *Bald, Detlef*: Die Bundeswehr. Eine kritische Geschichte 1955 – 2005, München 2005, S. 32.
94 *Baudissin, Wolf Graf von*: Rede anläßlich der Verleihung des Freiherr-vom-Stein-Preises am 10. Februar 1965
in Hamburg, in: *Schubert, Klaus von*: a. a. O., S. 412.

Was *erstens* das Militär selbst betrifft, garantiert Innere Führung dem zivilen Bürger im militärischen Dienst der Bundeswehr seine ihm qua Verfassung verbrieften grundlegenden Menschen- und Bürgerrechte, die er im Ernstfall unter Einsatz seiner Gesundheit und seines Lebens ja verteidigen soll. In Anbetracht der Funktionsimperative, die in der tendenziell totalen Institution des Militärs vorherrschen, ist dies allerdings eine gewagte, geradezu subversive Idee. Innere Führung will die in einem auf der strikten Geltung von Befehl und Gehorsam basierenden, an streng hierarchischen Ordnungsmustern organisierten System herrschende Unterdrückung menschlicher Individualität überwinden. Zugleich soll durch die Etablierung des Leitbildes vom kritischen, zu eigenem Urteil befähigten und zivilcouragierten Staatsbürger in Uniform der elende Untertanengeist im Militär ein für allemal verschwinden.

Zweitens definiert Innere Führung ein grundlegend neues Verhältnis von Militär und Gesellschaft. Das deutsche Militär vergangener Zeiten war von einer elitär-solidarischen Gesinnung, dem sogenannten Korpsgeist, geprägt, der zu einem verhängnisvollen Denken vom Staat im Staate führte. Das tatsächlich Revolutionäre des Ansatzes des Generals von Baudissin zur Militärreform besteht vor allem darin, daß das Militär demokratietauglich und kompatibel mit einer pluralistischen Gesellschaft gemacht werden soll, indem die althergebrachte, aus der Geschichte wohlbekannte Borniertheit militaristischen Denkens überwunden wird.

Drittens schließlich vermied Graf Baudissin, der nicht nur General der Bundeswehr, sondern auch Professor für Friedens- und Konfliktforschung war, in seinen Überlegungen zu Struktur und Verfaßtheit der neuen deutschen Armee von Beginn an jegliche Reduktion auf die nationale Dimension. Ganz entschieden konzipierte er die Bundeswehr im Rahmen einer europäischen Sicherheitsarchitektur, das heißt unter internationaler Perspektive. Innere Führung geht von der fundamentalen Erkenntnis aus, daß im Nuklearzeitalter nicht mehr der Krieg, sondern der Frieden der Ernstfall ist. Der Soldat hat in erster Linie für die Erhaltung des Friedens einzutreten, das Schlachtfeld ist nicht mehr der Ort, wo er sich zu bewähren hat: »Die Frage nach der Kampfmotivation steht im Frieden nicht zur Debatte« (*Baudissin*). Krieg kann nicht mehr als normales Mittel der Politik gelten, sondern läßt sich allenfalls zur letzten Verteidigung der Existenz rechtfertigen. Das Denken in Kategorien der Kriegführungsfähigkeit ist obsolet, entscheidend kommt es auf die Friedenstauglichkeit des Militärs an. An dieser Erkenntnis führt auch unter den Vorzeichen des neuartigen Risikospektrums nach dem Ende des Kalten Krieges kein Weg vorbei, wie der Friedens- und Konfliktforscher Dieter S. Lutz in einem Gedenkbuch für Baudissin herausgearbeitet hat. Den militärischen Sieg gegen den internationalen Terrorismus erringen und die Proliferation von Massenvernichtungswaffen mittels Präventivkriegsstrategien eindämmen zu wollen, stellt eine tödliche Illusion dar. Dies gilt erst recht für den seit geraumer Zeit zu beobachtenden Versuch der ökonomischen Kolonialisierung des Planeten mit militärischen Gewaltmitteln, vulgo Globalisierung, welche unter Rädelsführerschaft der USA in Tatgemeinschaft mit jeweils ad hoc gebildeten Koalitionen willfähriger Vasallen stattfindet.

Die revolutionär zu nennenden Ansätze der Militärreform Baudissins sind in den seit Gründung der Bundeswehr vergangenen Jahrzehnten gründlich verschüttet worden. Den Traditionalisten, die von Anfang an die neuen deutschen Streitkräfte am Vorbild der Wehrmacht auszurichten trachteten, ist es gelungen, die Innere Führung zum zwischenmenschlichen Führungs- und Motivationskonzept umzubiegen – zur reinen Sozialtechnik also. Mittlerweile herrscht innerhalb der Bundeswehr ein durchaus beliebiges Verständnis, mitunter auch völliges Unverständnis für die Innere Führung. Die Lage ist nicht ganz unähnlich der Situation ausgangs der 1960er Jahre. Allerdings vollzieht sich der Wandel geräuschloser und von der Öffentlichkeit fast unbemerkt, wie die seit Jahren zu beobachtende Symbiose von politischem Desinteresse und militärischer Ignoranz zeigt.

Die Defizite auf dem Gebiet der Inneren Führung sind zahlreich und vielschichtig: Unter der Devise Kampfmotivation haben politische und militärische Führung seit den 1980er Jahren in weiten Teilen der Bundeswehr in bewußter Abgrenzung vom gesellschaftlichen Wertepluralismus ein traditional geprägtes, von der Wehrmacht inspiriertes militärisches Selbstverständnis durchgesetzt. Ihren vorläufigen Kulminationspunkt fand diese Gegenreform in der Etablierung eines Kämpfer-Kultes, der die Kriegstüchtigkeit der Bundeswehr als Maß aller Dinge definierte. So profilierte sich weit entfernt vom Denken des Generals Johann Adolf Graf Kielmansegg, der Jahrzehnte zuvor die Innere Führung mit auf den Weg gebracht hatte, anno 1991 dessen Sohn, der Generalmajor Johann Adolf Graf von Kielmansegg, als einer der Wortführer der Kämpfer-Fraktion, als er in der Offizierszeitschrift *Truppenpraxis* tönte: »Gar keine Frage: Der Zivilisierungsmöglichkeit einer Armee, die einsatzfähig sein soll, sind verhältnismäßig enge Grenzen gesetzt.«

Der Militärhistoriker Manfred Messerschmidt hatte hierzu damals angemerkt: »Das Plädoyer von Herrn Kielmansegg für ein ›soldatisches Ethos‹, das aber natürlich keine sui-generis Haltung darstelle, sowie seine Forderung, alles auf die Kriegstüchtigkeit der Bundeswehr hin auszurichten, führt uns im Zeichen des Abbaus der wirklichen Konfrontation in Europa zurück in eine anachronistische Kriegsideologie und Kriegsüberhöhung. Es ist wohl klar, welchen Soldatentyp der General sich wünscht, nämlich einen vom heutigen Anspruchsdenken nicht berührten, Kriegstüchtigkeit und Befehlsgläubigkeit ohne Hinterfragung realisierenden Kämpfer.« Immerhin einer aus der Generalsriege äußerte ebenfalls Bedenken, wenn auch aus dem sicheren Ruhestand, nämlich der ehemalige Viersterne-General Gerd Schmückle im Jahre 1992: »Etwas anderes dagegen sollte tatsächlich Unbehagen bereiten: nämlich die Sprache mancher Militärs. Sie ist markig geworden, als wäre der Golfkrieg [gemeint ist der

Krieg des US-Präsidenten Bush sen. gegen den Irak, J.R.] einigen Herrn unverzüglich in ihr Sprachzentrum gefahren. Da werden Selbstverständlichkeiten wie ›gefechtsnahe Ausbildung‹ oder ›Kampffähigkeit‹ zum Posaunenton. Da ist mit solchem Aplomb vom ›Kämpfen‹ die Rede, daß man sich fragt, was dahinter steckt. Es sieht fast so aus, als sollte die Idee der Kriegsverhinderung weg- und verlogene Kriegspathetik hergeredet werden.« Doch derlei Warnungen und Mahnungen verhallten ungehört.

Den traurigen Höhepunkt dieser Entwicklung in jüngerer Zeit bildeten die Einlassungen des amtierenden Inspekteurs des deutschen Heeres, Generalleutnant Hans-Otto Budde, der im Februar 2004 zu Protokoll gab: »Wir brauchen den archaischen Kämpfer und den, der den High-Tech-Krieg führen kann.« Sein ehemaliger Kampfgefährte aus gemeinsamen Fallschirmjäger-Tagen, Wolfgang Winkel, der ihn im Leib- und Magenblatt des nationalkonservativ gesonnenen Offizierskorps der Bundeswehr, der Wochenendzeitung *Welt am Sonntag*, porträtierte, ergänzte kongenial: »Diesen Typus müssen wir uns wohl vorstellen als einen Kolonialkrieger, der fern der Heimat bei dieser Existenz in Gefahr steht, nach eigenen Gesetzen zu handeln.« Denn: »Eine ›neue Zeit‹ in der Militärstrategie und Taktik verlangt natürlich einen Soldatentypen sui generis: Der ›Staatsbürger in Uniform‹ (...) hat ausgedient.« Im Gegensatz zu den nach analogen Ausfällen gegen die Militärverfassung geschaßten Generälen Grashey und Karst befindet sich Budde weiterhin in Amt und Würden – nachdem er freilich auf Geheiß von Generalinspekteur Schneiderhan im bundeswehrinternen Nachrichten-Forum *IntranetAktuell* hatte klarstellen müssen, daß es an der Inneren Führung für ihn »keinen Ersatz, keine Abstriche« gebe.

Ungeachtet dieses ›Canossa-Ganges‹ des obersten Heeresführers illustrierten quasi postwendend, nämlich Ende des Jahres 2004, die Fälle von Untergebenenmißhandlung in Coesfeld, Ahlen, Kempten, Nienburg, Stuttgart, Bruchsal und anderswo die verheerenden Folgen derart verantwortungslosen Redens und Handelns hoher und höchster Vorgesetzter. Im Ergebnis wird durch die immer wiederkehrende Propagierung der traditionalistischen Vorstellung vom Soldaten als einem kriegsnah ausgebildeten, allzeit bereiten, selbstlos dienenden und unbedingt gehorchenden Kämpfertyp der ursprüngliche Gehalt der Inneren Führung völlig deformiert und partiell in sein Gegenteil verkehrt. Die deprimierende Erkenntnis dabei: Politik und Parlament wurden und werden ihrer Verantwortung nicht gerecht, auf Liberalität und Pluralität in der Bundeswehr zu achten. Angesichts dessen kann es kaum überraschen, wenn der Wehrbeauftragte des Deutschen Bundestages, Reinhold Robbe, in seinem im März 2009 dem Parlament vorgelegten Jahresbericht feststellt: »Das Vertrauen in die höhere militärische und politische Führung nimmt ab.« Bereits drei Jahre zuvor hatte er in seiner Unterrichtung moniert, daß manche Soldaten »ihre Fragen nach den rechtlichen Grundlagen‹ den politischen Zielen der Einsätze nur unzureichend oder gar nicht beantwortet« sehen.

Mit der Behauptung, Verfassungspatriotismus und rationales Wertebewußtsein reichten nicht zur Sinnvermittlung soldatischen Dienens aus, wurde der Inneren Führung ein konservativ-reaktionäres Erziehungskonzept entgegengesetzt, das auf angeblich zeitlos gültige soldatische Tugenden verweist. Es verherrlicht die militärische Gemeinschaft, betont die Erziehung zu formaler Disziplin und stellt die Liebe zum Vaterland ins Zentrum der Sinnvermittlung. So hatte in exemplarischer Weise der bereits erwähnte Generalmajor Johann Adolf Graf von Kielmansegg im Hinblick auf die grundgesetzlich verbrieften Schutz- und Teilhaberechte für den Staatsbürger in Uniform deklariert: »Natürlich soll der Soldat möglichst viele der Werte und Rechte, die er verteidigen soll, auch in den Streitkräften erleben. Aber eben durchaus nicht alle.« Angesichts solcher Ignoranz im Generalsrock bedurfte es des wegweisenden Urteils des Bundesverwaltungsgerichts in Leipzig vom 21. Juni 2005 zur Gewissensfreiheit von Soldaten, um klarzustellen, daß das Grundgesetz die Streitkräfte kategorisch an die Grundrechte bindet, keinesfalls aber die Geltung von Grundrechten im Militär von dessen Ermessen und Erfordernissen abhängt (s. S. 135). Eine späte, eigentlich selbstverständliche und um so notwendigere Bestätigung für ein zentrales Element der von Baudissin intendierten Militärreform.

Trotz dieses unmißverständlichen Diktums kommt es immer wieder zu »eklatanten Verstößen gegen Inhalt und Geist der Inneren Führung«, wie der Wehrbeauftragte Robbe in seinen Jahresberichten konstatiert. Diese manifestieren sich, wie er darlegt, unter anderem in unzureichenden Rechtskenntnissen von Vorgesetzten, im Mißbrauch der Befehlsbefugnis sowie der Gefährdung von Soldatinnen und Soldaten. Erneut wies Robbe 2009 darauf hin, daß »ein unangemessener Umgangston, überzogene Härte sowie unqualifizierte und rücksichtslose Vorgesetzte ... den Rekruten ein negatives Bild von den Streitkräften [vermittelten].«

Die Chance zur inneren Demokratisierung der Bundeswehr blieb bis dato nahezu ungenutzt, obwohl sich zumindest in Friedenszeiten die internen Strukturen und Verfahren der Streitkräfte sehr weitgehend demokratisieren beziehungsweise an demokratischen Normen und Werten ausrichten ließen. Nahezu völlig aus dem Blick geriet hierdurch die essentielle Intention der Inneren Führung, überkommene Herrschaftsverhältnisse im Militär durch dessen Demokratisierung bis zu jenem Grade abzulösen, der mit den Erfordernissen der Auftragserfüllung sowohl im Friedensbetrieb als auch unter Einsatzbedingungen vereinbar ist. Somit werden zwangsläufig die schon ewig tradierten militärischen Macht- und Herrschaftsstrukturen perpetuiert.

In dem seit Gründung der Bundeswehr existierenden Konflikt zwischen den »Reformern« und den »Traditionalisten«, die das Militär als eine Organisation sui generis mit einem spezifischen militärischen Wertekodex verstehen, haben letztere immer mehr an Boden gewonnen. Unter anderem zeigt sich dies an einer weitgehenden Entintellektualisierung der Streitkräfte, am desolaten Zustand der politischen Bildung, am völlig unzureichenden Anteil von Berufsoffizieren mit universitärem Bildungsabschluß sowohl in der Laufbahn der Truppenoffiziere als auch im Generalstabsdienst. Bei der Entscheidung über die Übernahme zum Berufsoffizier können gute Beurteilungen durch Vorgesetzte ohne weiteres ein fehlendes Universitätsdiplom ersetzen – ein bereits seit Jahrzehnten andauernder Skandal. Insgesamt ist sowohl im Offiziersals auch im Unteroffizierkorps ein bemerkenswerter Mangel an staatsbürgerlicher Allgemeinbildung und politischer Urteilskraft festzustellen.

Mit diesem Befund korrespondieren regelmäßig die Mängelberichte des Wehrbeauftragten des Deutschen Bundestages. Prompt klagt auch Robbe in seiner Unterrichtung des Bundestages im März 2009, bei Vorgesetzten in der Bundeswehr gebe es ein »Führungsverhalten, das den Vorgaben der ZDv 10/1 [Innere Führung] zuwiderläuft, und ein Berufsverständnis, das jegliches Verantwortungsbewußtsein vermissen läßt« und behandelt in einem eigenen Berichtsabschnitt zum wiederholten Mal eklatante Fälle von »Rechtsextremismus, Antisemitismus und Fremdenfeindlichkeit« in den Streitkräften.

Das Leitbild vom kritisch mitdenkenden, eigenständig urteilenden Staatsbürger in Uniform ist weitgehend ersetzt worden vom technokratisch agierenden Offiziersfunktionär. Anstatt Verfassungspatriotismus, freies, unabhängiges Denken und offene, auch öffentliche Diskussion zu fördern und zu fordern, huldigt die Bundeswehr einem rigiden Korpsgeist. An die Stelle von aufrechtem Gang, Mut und Zivilcourage sind Opportunismus, Stromlinienförmigkeit und Karrierismus getreten.

Für diese Diagnose sprechen vielfältige Indikatoren. So läßt sich beispielsweise die gegenwärtige Situation der politischen Bildung in der Bundeswehr nur mit dem Attribut verheerend beschreiben. Politische Bildung findet nämlich entweder überhaupt nicht mehr statt oder beschränkt sich inhaltlich auf die oft multimedial inszenierte Druckbetankung mit regierungsamtlicher Propaganda, obgleich Graf Baudissin einst gefordert hatte, daß »sich die Information nicht schulmeisterlich in einseitiger Wissensvermittlung erschöpfen [darf]«. Der kritische Diskurs über Grundfragen des Soldatenberufs, den Auftrag der Bundeswehr oder die völker- und verfassungsrechtliche Problematik der Auslandseinsätze findet nicht statt. Die Bundeswehrführung mißachtet somit fortwährend die im § 33 des Soldatengesetzes fixierte Norm, gemäß der »die Soldaten staatsbürgerlichen und völkerrechtlichen Unterricht zu erhalten haben und über ihre staatsbürgerlichen und völkerrechtlichen Pflichten und Rechte im Frieden und im Kriege zu unterrichten sind«.

Was sich statt dessen abspielt, sind Lobhudelei und Selbstbeweihräucherung zur Aufrechterhaltung der Einsatzmoral. Als besonders eklatant stellt sich der Umgang mit dem bereits erwähnten Urteil des Bundesverwaltungsgerichts zur Gewissensfreiheit von Soldaten dar. Der Wehrbeauftragte Robbe hat hierzu in seinem Jahresbericht 2005 ausgeführt: »Für größere Aufregung und erhebliche Irritation, zumindest in

Fachkreisen, sorgte im Berichtsjahr ein Urteil des Bundesverwaltungsgerichts, in dem ein Stabsoffizier der Bundeswehr unter Hinweis auf die Gewissensfreiheit nach Artikel 4 Absatz 1 Grundgesetz vom Vorwurf der Gehorsamsverweigerung freigesprochen wurde. Das Urteil ist rechtskräftig, über den Fall des Stabsoffiziers damit abschließend entschieden. Offen sind meines Erachtens aber Fragen nach der Tragweite des Urteils über den Einzelfall hinaus. Die Ausführungen des Gerichts zu dem Verhältnis zwischen der Gewissensfreiheit auf der einen und der Gehorsamspflicht auf der anderen Seite bedürfen der Erläuterung, wenn sie für Vorgesetzte und Untergebene verständlich sein sollen. (...) Eine Behandlung des Urteils im Rahmen der politischen Bildung sollte sich anschließen. Bundeswehr und Ministerium müssen sich den Fragen zu den rechtlichen Grundlagen des militärischen Dienstes offensiv stellen, wenn das Vertrauen der Soldatinnen und Soldaten in die Rechtmäßigkeit ihres Tuns nicht Schaden nehmen soll.« Diese Forderung des Wehrbeauftragten wird von offizieller Seite seit Jahren ostentativ ignoriert, wie der bereits geschilderte Umgang mit der Causa Pfaff eindrucksvoll belegt (siehe S. 26f, 132-142).

Ein weiterer Indikator für die oben genannten Defizite ist die rigide Informationspolitik der Bundeswehr hinsichtlich ihrer Auslandseinsätze. Ausschließlich hierfür speziell befugte Personen dürfen Auskünfte an die Medien erteilen, die Inhalte werden streng gefiltert, nach Vorgaben aus dem Verteidigungsministerium geschönt, während den Soldatinnen und Soldaten der eigenständige Kontakt zu den Medien strikt verboten ist – und zwar auch nach Beendigung des Einsatzes. Hierzu werden die Teilnehmer an Auslandseinsätzen vergattert und müssen diesen dienstherrlichen Akt durch Unterschrift bestätigen. Den Gipfel derart vordemokratischer Informations- oder eigentlich zutreffender: Desinformationspolitik gegenüber der Öffentlichkeit stellt sicherlich die Totalgeheimhaltung aller Aktivitäten des Kommandos Spezialkräfte (KSK) der Bundeswehr dar. Vom deutschen Steuerzahler finanziert werden die Todesschwadronen der Bundeswehr im Auftrag der Bundesregierung in alle Welt entsandt, um dort was auch immer für (schmutzige?) Geschäfte zu erledigen, ohne daß die demokratische Kontrolle derartiger Aktivitäten sichergestellt ist. Weder bei den militärischen Führungsverantwortlichen noch bei den betroffenen Soldaten selbst scheint dies indes auf irgendwelche Bedenken zu stoßen – alle erfüllen nur ganz getreulich das, was sie für ihre von oben verordnete Pflicht halten.

Auffällig hierbei ist das in den Reihen der Militärs weitverbreitete Fehlverständnis vom gebetsmühlenhaft beschworenen Primat der Politik. Es drückt sich gemeinhin darin aus, daß von der Bundesregierung getroffene und vom Parlament abgesegnete Entscheidungen zum Einsatz der Bundeswehr als sakrosankt und nicht hinterfragbar deklariert werden, als dürften die regierenden Politiker und die militärische Führung die unreflektierte Ausführung jeglicher Befehle verlangen. Übersehen wird dabei in aller Regel zweierlei: Erstens, daß weder die Bundesregierung noch der Bundestag den

Status der Unfehlbarkeit besitzen, wie die ständige Rechtsprechung des Bundesverfassungsgerichts beweist, das schon allzu häufig Gesetze und Beschlüsse der anderen Verfassungsorgane als verfassungswidrig zurückweisen mußte. Zweitens herrscht völliges Unverständnis darüber, daß der Souverän für seine Anweisungen überhaupt nur insoweit Gehorsam des Militärs beanspruchen darf, wie dies mit Recht und Gesetz sowie dem je eigenen Gewissen der Soldaten und Soldatinnen in Einklang zu bringen ist. Bekräftigt haben dies die deutschen katholischen Bischöfe in ihrer unter dem Titel »Soldaten als Diener des Friedens« abgegebenen »Erklärung zur Stellung und Aufgabe der Bundeswehr« vom 29. November 2005, wo es heißt: »Die Bindung militärischen Handelns an die nationale und internationale Rechtsordnung begrenzt Befehlsgewalt und Gehorsamspflicht der Soldaten. Die Gehorsamspflicht endet dort, wo rechtswidrige Handlungen befohlen werden.«

Als geradezu erschütternd muß daher das Versagen der militärischen Führung bewertet werden, die auf Anordnung der Bundesregierung mit Tausenden Soldaten den USA und deren Koalitionären Beihilfe zum Angriffskrieg auf den Irak geleistet hat, wie das Rechtsgutachten zur »völkerrechtlichen Zulässigkeit der Bewachung amerikanischer Einrichtungen in Deutschland durch Soldaten des Sanitätsdienstes der Bundeswehr« schlagend dokumentiert (s. S. 122ff).

Angesichts der (wünschenswerten!) zunehmenden Integration der Bundeswehr in multinationale Streitkräftestrukturen muß das Konzept der Inneren Führung auf der Ebene der angestrebten Europäischen Verteidigungsunion verankert werden. Die verantwortlichen Sicherheits- und Verteidigungspolitiker ignorieren bis dato diese Aufgabe. Es besteht die akute Gefahr, daß Kernbestände der Inneren Führung von politischer und militärischer Seite als disponibel betrachtet werden und im Rahmen multinationaler Streitkräftestrukturen unwiederbringlich verloren gehen. Die Bischöfe merken in ihrer erwähnten Erklärung dazu an: »Die Tendenz zur Nivellierung der Inneren Führung, hervorgerufen aus dem Bestreben, die Entscheidungsabläufe innerhalb der multinationalen Verbände zu harmonisieren, ist jedoch in vielfacher Hinsicht problematisch.«

Vor lauter Fixierung auf die sogenannte Transformation des deutschen Militärs in eine global interventionsfähige Angriffsarmee droht die Orientierung auf Friedenssicherung als Primärzweck der Bundeswehr verloren zu gehen. Genau das bestätigt Generalinspekteur Wolfgang Schneiderhan, wenn er fordert, daß Deutschland »so etwas anbieten [müsse], was die Briten mit den USA im Irak gemacht haben«.

Angesichts solcher Parolen und vor dem Hintergrund dreier Kriege, an denen die Bundeswehr jeweils unter mehr oder minder deutlichem Bruch des Völkerrechts und damit zugleich der Verfassung direkt oder indirekt beteiligt war, nämlich gegen Jugoslawien 1999, gegen Afghanistan 2001/2002 sowie gegen Irak 2003, sollte die Mahnung der Bischöfe, daß die »lebendige Weiterentwicklung des Konzepts der Inneren

Führung (...) eine der entscheidenden Voraussetzungen für die friedensethische Legitimität der Streitkräfte [ist]«, um so ernster genommen werden.

Im Hinblick auf die geforderte und zugleich dringend notwendige Revitalisierung der Inneren Führung besteht jede Menge Reformbedarf. Dies beginnt mit einem zeitgemäßen Selbstverständnis der Institution Militär selbst. Dessen Fundament müssen ein aufgeklärter Verfassungspatriotismus, ein rationales Wertebewußtsein und das Konzept der Inneren Führung bilden.

Der moderne Soldat sollte sich als Schutzmann für Freiheit, Gerechtigkeit und Frieden verstehen, der so lange benötigt wird, wie sich die Welt noch nicht auf adäquatere, friedliche Konfliktregelungsmechanismen verständigt hat. Soldatisches Selbstverständnis muß auf Frieden, Recht und Moral ausgerichtet sein. Noch einmal seien die deutschen Bischöfe zitiert: »Das Leitbild des ›Staatsbürgers in Uniform‹ verpflichtet die Soldaten und Soldatinnen daher auf ein Ethos des Respekts vor den Menschenrechten, der Fairneß, der Toleranz und der Loyalität gegenüber demokratischen Entscheidungen. Die Streitkräfte eines demokratischen Verfassungsstaates verlangen von ihren Soldaten moralisch verantwortliches Entscheidungsverhalten.«

Streitkräfte müssen sich einem Postulat Gustav Heinemanns gemäß jederzeit zugunsten besserer Lösungen in Frage stellen lassen (s. S. 25). Daraus folgt, daß das Militär an der Herstellung der Voraussetzungen für seine eigene Abschaffung mitarbeiten und hierfür die Beschränkung auf das militärische Denken und die Beschränktheit militärischen Denkens überwinden muß. Erst indem das Handeln des Militärs und der militärischen Führung endlich vollständig der demokratischen Kontrolle unterworfen wird, kann das revolutionäre Konzept der Inneren Führung realisiert und vollendet sowie das Militär insgesamt in die demokratisch-pluralistische Staats- und Gesellschaftsverfassung integriert werden. Dementsprechend sind die Streitkräfte selbst zu demokratisieren, um die demokratiewidrige autoritäre Hierarchie der Institution Militär zu überwinden. Demokratische Streitkräfte bedeuten daher nicht lediglich eine postmoderne Arabeske, sie konstituieren im Gegenteil einen Wert an sich. Dies hatte bereits einer der ›Väter der Inneren Führung‹, General Johann Adolf Graf Kielmansegg erkannt, als er im Jahre 1953 forderte: »Aber es muß auch geben eine Armee in der Demokratie, das ist entscheidend wichtig. Denn sonst haben wir, und wir kennen beides, eine Armee neben oder gegen die Demokratie. Und es muß auch, im Sinne des Gesagten, geben: *Demokratie in der Armee.*«[95]

Es ist auch an der Zeit, das Prinzip von Befehl und Gehorsam kritisch zu überprüfen und dort, wo nötig und zweckmäßig, zeitgemäß weiterzuentwickeln. Zwar leuch-

---

[95] *Kielmansegg, Johann Adolf Graf von:* Rede am 13. März 1953 in Königswinter bei einer Tagung der Arbeitsgemeinschaft Demokratischer Kreise (ADK), in: *Bundesministerium der Verteidigung (Hrsg.):* Zentrale Dienstvorschrift 10/2 »Hilfen für die Innere Führung«. Bonn 1972, Anhang, Teil II, Anlage 2, S. 12 (Hervorhebungen J. R.).

tet es ein, daß im Hinblick auf die notwendige Effektivität von Streitkräften nicht völlig auf dieses Prinzip verzichtet werden kann. Allerdings ist zu fragen, ob dessen unreflektierte Anwendung bis in den letzten Winkel des militärischen Alltagsbetriebs hinein wirklich notwendig und gerechtfertigt ist. Selbst der Einsatzfall, wo es häufig um Leben und Tod geht, hat in zahllosen Situationen die empirischen und moralischen Grenzen des als unantastbar dargestellten militärischen Funktionsprinzips aufscheinen lassen – nicht umsonst erweist die Bundeswehr mit ihrer Traditionspflege manchen Soldaten die Ehre, die eben nicht Gehorsam, sondern Ungehorsam geübt haben.

Ganz konkret wäre hierbei zu denken an eine Novellierung des Soldatengesetzes und der Vorgesetztenverordnung mit dem Ziel, überflüssige Hierarchieebenen abzuschaffen und vor allem die Gehorsamspflicht auf die Befolgung ausschließlich rechtmäßiger Befehle zu beschränken, wie dies in anderen NATO-Streitkräften, beispielsweise den britischen und niederländischen, längst der Fall ist. Weiterführend sind Optionen zu entwickeln, wie Mitbestimmungsmöglichkeiten in der Bundeswehr über das bisherige rudimentäre Maß hinaus erweitert werden können.

Der Grad der Integration der Bundeswehr in die demokratische Staats- und Gesellschaftsordnung zeigt sich in der öffentlichen Debatte. Erst wenn der Bürger den Eindruck gewinnen kann, daß Soldaten über essentielle Themen der Sicherheitspolitik gleichermaßen kontrovers diskutieren wie die zivile Öffentlichkeit auch, ist die Bundeswehr in die kommunikative Lebenswelt aller Bürger integriert. Umgekehrt gilt, daß Versuche der politischen Leitung und militärischen Führung, Einheitlichkeit der Rede in der Öffentlichkeit zu verordnen, dort Mißtrauen erregen und den Verdacht wecken, sie wollten etwas verheimlichen oder das Publikum hinters Licht führen. Dadurch erscheint dann das Militär als Fremdkörper in der demokratisch-pluralistischen Gesellschaft. Integration erfordert Diskussion und Dialog, gerade in und mit der Öffentlichkeit!

Als Lackmustest für die demokratische Reife und Kultur der Institution Bundeswehr erweist sich der Umgang mit Kritikern von außerhalb, aber auch innerhalb der Streitkräfte. Meinungsfreiheit für Soldaten darf nicht mißinterpretiert werden als die Freiheit, öffentlich die Meinung der politischen Leitung und militärischen Führung vertreten zu dürfen. Im Gegenteil: Ein demokratisches Selbstverständnis des Militärs ist daran abzulesen, daß Soldaten ohne Angst vor Repressalien auch abweichende Positionen vertreten können; man denke an Rosa Luxemburgs Wort von der Freiheit der Andersdenkenden. Zwar besteht gemäß geltendem Wehrrecht eine der Grundpflichten des Soldaten im Gehorsam gegenüber erteilten Befehlen, doch läßt sich hieraus keinesfalls das Gebot ableiten, jene kritiklos gutzuheißen. So wie der Soldat als Befehlsempfänger es ertragen muß, rechtmäßige, aber unbequeme Befehle auszuführen, so muß der Befehlsgeber es ertragen, daß diese diskutiert und kritisiert werden, solange ihnen nur Folge geleistet wird. Ganz im Sinne Immanuel Kants muß demnach die Maxime lauten: »Räsonniert, soviel ihr wollt, und worüber ihr wollt; nur gehorcht!«[96]

Zu den vordringlichen militärpolitischen Aufgaben gehört es, der fortschreitenden Entintellektualisierung des Offizierskorps, der Entpolitisierung des Soldatenberufs sowie der von der militärischen Führung betriebenen Rückwendung zu vorgeblich zeitlosen Soldatentugenden mit Entschiedenheit entgegenzuwirken. Daher ist eine Bildungsreform in den Streitkräften fällig.

Unter den geänderten Rahmenbedingungen des internationalen Systems und in Anbetracht des erheblich komplexer gewordenen Anforderungsprofils in internationalen Einsätzen ist eine akademische Ausbildung für den Offizierberuf eine conditio sine qua non. Daher darf nur, wer einen Hochschulabschluß nachweisen kann, in die Laufbahn der Offiziere des Truppendienstes sowie des Generalstabs-/Admiralstabsdienstes übernommen werden. Ohne diesen akademischen Qualifikationsnachweis sollte lediglich die Fachoffizierlaufbahn zugänglich sein. Da sich zudem der Wandel in Politik und Gesellschaft sowie Wissenschaft und Technik immer mehr beschleunigt und damit einmal erworbenes Wissen immer schneller veraltet, muß eine Konzeption für das lebenslange Lernen der Offiziere, das auf deren akademischer Qualifikation aufbaut, und auch der Unteroffiziere entwickelt werden. Dabei ist der politischen Bildung der gleiche Stellenwert beizumessen wie der übrigen Einsatzausbildung.

In diesem Zusammenhang muß auch die Rolle und Funktion der Truppenzeitschriften als Medien der politischen Bildung in der Bundeswehr überdacht werden. Vom Bundesverteidigungsministerium kontrolliert und zensiert taugen sie nur sehr eingeschränkt als Foren für einen freien und offenen Diskurs über sicherheits- und gesellschaftspolitische Themen in den Streitkräften. In aller Regel besitzen sie eine einseitige Sprachrohr-Funktion für das Ministerium, und die Redaktionen sind gezwungen, den von dort vorgegebenen Sprachregelungen zu folgen. Eine derart anti-aufklärerische, feudalistische Propaganda fördert alles andere als den kritisch-loyalen, zum eigenständigen politischen Denken und Urteilen befähigten Staatsbürger.

Eine völkerrechtstreue Sanitäterin

»Die größte Feigheit besteht darin, einem Befehl zu gehorchen, der eine moralisch nicht zu rechtfertigende Handlung fordert«, urteilte der ehemalige US-Justizminister Ramsey Clark, nachdem er die von den US-Truppen 1991 während der »Operation Desert Storm« verübten »US-Kriegsverbrechen am Golf« (so der Titel seines Buches) in Augenschein genommen hatte. Diese Problematik wurde auch in der Bundeswehr

---

96 *Kant, Immanuel*: Beantwortung der Frage: Was ist Aufklärung?, in: *Dietzsch, Steffen/Dietzsch, Birgit (Hrsg.)*: Immanuel Kant. Von den Träumen der Vernunft. Kleine Schriften zur Kunst, Philosophie, Geschichte und Politik, Wiesbaden 1979, S. 233.

brisant, seit die Bundesrepublik Deutschland nach dem Ende des Kalten Krieges angeblich auf dem Balkan oder sogar am Hindukusch verteidigt wird. Einzelne Soldatinnen und Soldaten beschlossen, statt bedenkenlos Befehle von Vorgesetzten auszuführen, die sie für unvereinbar mit Grundgesetz- und Völkerrechtsnormen hielten, lieber ihrem Gewissen und Diensteid zu folgen. Sie gingen hohe persönliche Risiken ein – immerhin sind Gehorsamsverweigerung und Ungehorsam nach dem deutschen Wehrstrafgesetz Straftaten, die mit Freiheitsentzug geahndet werden können.

So weigerte sich bereits 1999 während des völkerrechtswidrigen Luftkriegs der NATO gegen die Bundesrepublik Jugoslawien ein gutes Dutzend Luftwaffenpiloten, mit ihren »Tornados« die ihnen befohlenen Luftangriffe zur »Unterdrückung der gegnerischen Luftabwehr«, wie es im Militärjargon hieß, zu fliegen. Der Vorgang blieb damals weitgehend unbeachtet, da es mit den Luftwaffenpiloten zu einer stillschweigenden Einigung kam – hauptsächlich wohl deshalb, weil der Bundesregierung an einem medienwirksamen Prozeß durch alle Instanzen bis möglicherweise vor das Bundesverfassungsgericht oder den Europäischen Gerichtshof nicht gelegen sein konnte (ihr war ja bewußt, daß die »Operation Allied Force« unvereinbar mit dem in der Charta der Vereinten Nationen kodifizierten Völkerrecht war).

In der Folgezeit indes legte die Bundeswehrführung weitaus weniger Behutsamkeit im Umgang mit widerständigem Verhalten von Soldatinnen und Soldaten an den Tag, wie drei Fälle zeigen, die durch ihre rechtliche Bewertung und Sanktionierung besondere Bedeutung erlangten. Der erste davon betrifft den schon erwähnten Bundeswehrmajor Florian Pfaff, der zweite den Autor selbst und der dritte die Sanitätssoldatin im Dienstgrad eines Hauptfeldwebels Christiane Ernst-Zettl. Verbrieft sind darüber hinaus mehrere Fälle teils anerkannter, teils abgelehnter Kriegsdienstverweigerungen von aktiven und ehemaligen Soldaten und Soldatinnen bis hinauf in die Offiziersränge, die ihre Gewissensentscheidungen ausdrücklich mit den kriegerischen Missionen der Bundeswehr begründen.

Während in den Fällen Pfaff und Rose um das *ius ad bellum*, also das Recht *zum* Krieg, gestritten wird, geht es im Fall der Sanitätssoldatin Christiane Ernst-Zettl um das *ius in bello*, das Recht *im* Kriege, genauer gesagt: das humanitäre Völkerrecht. Letzteres zählen die Völkerrechtler zum *ius cogens*, dem immer und überall zwingend einzuhaltenden Recht.

Den Anlaß für den Konflikt lieferte der bis heute andauernde völkerrechtswidrige Einsatz von Sanitätspersonal der Bundeswehr für Wach- und Sicherungsdienste (die sogenannte Lagersicherung) in Afghanistan – einer der Gründe, warum die Bundesregierung, allen voran »Bundessituationsminister« Franz Josef Jung, so vehement darauf insistiert, daß sich die Bundeswehr am Hindukusch nicht im Krieg, sondern lediglich in einer »anderen Situation« befinde. Die Sanitäter sollen nicht etwa ausschließlich Sanitätseinrichtungen, zum Beispiel ein Feldlazarett, bewachen, was völkerrechtlich durchaus zulässig ist, sondern an der umfassenden militärischen Absicherung der Garnisonen der multinationalen Streitkräfte mitwirken. Hierfür wurden Sanitätssoldaten sogar am Maschinengewehr als Kämpfer eingesetzt, nachdem ihnen zuvor das Ablegen der Rotkreuz-Armbinden befohlen worden war.

Christiane Ernst-Zettl war in der Klinikkompanie des Sanitätseinsatzverbandes im 7. Kontingent der »International Security Assistance Force« (ISAF) der NATO eingesetzt. Am 16. April 2005 wurde sie zum völkerrechtswidrigen Dienst an der Waffe befohlen, als sie im Rahmen der militärischen Absicherung von Camp Warehouse, der in Kabul gelegenen Garnison der multinationalen ISAF, Personenkontrollen an afghanischen Frauen vornehmen sollte, die als lokale Arbeitskräfte bei der ISAF beschäftigt waren. Hierbei sollte sie ihre Rotkreuz-Armbinde ablegen, woraufhin sie beim Sicherungszugführer, einem Oberleutnant, vorstellig wurde, um ihm zu melden, daß sie im Sinne des humanitären Völkerrechts Nichtkombattant ist und daher für Sicherungsaufgaben nicht eingesetzt werden darf. Allein für ihre Meldung und den damit verbundenen Versuch, sich an die Bestimmungen der Genfer Konventionen zu halten, wurde die Soldatin mit einer Disziplinarbuße von 800 Euro belegt und »repatriiert«, das heißt, strafweise nach Deutschland zurückkommandiert. Die Begründung dafür wirkt bizarr: Sie habe mit ihrem Verhalten den Sicherungszugführer verunsichert und so den ordnungsgemäßen Dienstablauf behindert.

Das zuständige Truppendienstgericht Süd wies die Beschwerde der Soldatin gegen die Maßregelung mit der absurden Begründung ab: »Ihr mußte klar sein, daß der Sicherungszugführer diese Frage nicht sofort klären konnte ..., und sie hat diesen damit bewußt instrumentalisiert.« Sie habe nämlich – so das Gericht – die Angelegenheit drei Tage zuvor schriftlich ihrem Disziplinarvorgesetzten gemeldet und darauf noch keinen Bescheid erhalten. Die Richter sahen darin einen »Mißbrauch ihrer Rechte zu Lasten eines Kameraden«, warfen ihr vor, den Dienstbetrieb gestört zu haben, und attestierten ihr obendrein, ihr Handeln werfe »ein bedenkliches Licht auf ihren Charakter«. Wie das Gericht betonte, wurde ihr freilich »kein Ungehorsam vorgeworfen«, obwohl sie sich mehrfach ostentativ geweigert hatte, dem ihr erteilten Befehl Folge zu leisten und das international anerkannte Schutzzeichen des Roten Kreuzes abzulegen. Da es sich bei der gegen sie verhängten Disziplinarbuße gemäß Wehrdisziplinarordnung lediglich um eine ›einfache Disziplinarmaßnahme‹ handelte, war gegen die Entscheidung des Truppendienstgerichtes kein Rechtsmittel gegeben.

Die Perfidie der geschilderten Verfahrensweise liegt darin, daß Soldaten abgeschreckt werden können, sich mit den rechtlichen oder auch moralischen Implikationen ihres Handelns auseinanderzusetzen. Darüber hinaus illustriert der vorliegende Fall – ähnlich wie die einschlägigen Verfahren vor dem Bundesverfassungsgericht – erneut die Ohnmacht des Bürgers mit und ohne Uniform gegenüber den immer offener zutage tretenden Tendenzen der Exekutive zum habituellen Völkerrechtsbruch.

Das deprimierende Resultat der Causa Ernst-Zettl: Eine völkerrechtstreue Soldatin wurde sang- und klanglos abgestraft, im Bundesministerium der Verteidigung lachten sich die Völkerrechtsverbieger ins Fäustchen, und in Afghanistan lagen weiterhin die Sanitäter hinterm Maschinengewehr, um sich ihre Kundschaft selbst zu schießen – glorreiche Zeiten am Hindukusch. Immerhin zeichnete die Humanistische Union Christiane Ernst-Zettl im Juni 2008 mit dem Preis »Aufrechter Gang« aus, weil sie »auf ihrem Recht zur Verweigerung gesetzeswidriger Befehle besteht und dafür auch persönliche Nachteile in Kauf genommen hat.« Und weiter heißt es im Tenor: »Ihrem Engagement für die Achtung des Völkerrechts zollen wir unsere Anerkennung.«

Der amerikanische Leutnant

Im sogenannten »Krieg gegen den Terror« haben sich viele SoldatInnen dem Einsatz verweigert – aus welchen Gründen auch immer. Von 2003 bis 2008 stieg der Prozentsatz der GIs, die aus den US-Streitkräften (Army, Air Force, Navy, Marine Corps) desertierten, um 80 Prozent; in absoluten Zahlen waren es im November 2008 etwa 30.000 Deserteure innerhalb der vergangenen fünf Jahre, also ungefähr 6.000 jährlich. Im Vergleich zur Höhe der Verluste durch Tod und Verwundung im Gefecht verliert die U.S. Army mehr als doppelt so viele ihrer Angehörigen aufgrund von Desertion. Damit bildet Desertion die Hauptursache für Personalausfälle im US-Militär, ungeachtet des Umstandes, daß mittlerweile der Strafverfolgungsdruck enorm zugenommen und sich die Quote der wegen Fahnenflucht Verurteilten verfünffacht hat.

Aus den Reihen der britischen Truppen im Irak waren nach im April 2008 veröffentlichten Angaben des britischen Verteidigungsministeriums seit Beginn des Irakkrieges im Jahre 2003 mehr als 11.000 Uniformierte »AWOL« – unerlaubt abwesend. Die Zahl der permanent Desertierten betrug zu diesem Zeitpunkt knapp 1.000.

Im mit NATO und Europäischer Union eng verbundenen Israel, wo es freilich keinen alternativen Zivildienst für Wehrdienstverweigerer aus Gewissensgründen gibt, haben sich seit September 2000, als die jahrelange Intifada der Palästinenser begann, mehrere Hundert SoldatInnen geweigert, in den eroberten und besetzten Gebieten Militärdienst zu leisten und sich dabei an Menschenrechtsverletzungen zu beteiligen, welche die israelische Armee ihrer Ansicht nach verübt.

Aus der Vielzahl der bekannt gewordenen Fälle von Gehorsamsverweigerungen ragen je einer in der U.S. Army und den britischen Streitkräften hervor. Aufgrund der Argumentationsmuster, mit denen die beiden Soldaten ihr Handeln legitimierten, und wegen der Reaktionen der Militär- und Justizapparate haben diese Fälle paradigmatische Bedeutung und sollen deshalb eingehender betrachtet werden.

Der erste ist der des First Lieutenant's der U.S. Army Ehren K. Watada. Dieser Artillerie-Offizier aus Fort Lewis, Washington, war im Juni 2006 der erste Offizier, der sich in aller Öffentlichkeit weigerte, mit seiner Einheit in den Irak zu gehen. Als Hauptgrund gab er an, daß der Krieg gegen den Irak in seinen Augen illegal und unmoralisch sei und daß er sich an ihm aufgrund seines Diensteides sowie des »Uniform Code of Military Justice« (UCMJ)[97] der U.S. Army gar nicht beteiligen dürfe. Seiner Auffassung nach verstoße der Irakkrieg gegen die US-amerikanische Verfassung und den »War Powers Act«, der es dem Präsidenten als Oberkommandierendem nicht gestattete, die Streitkräfte nach eigenem Gutdünken einzusetzen. In Bezug auf das Völkerrecht legte Watada dar, daß »die UN-Charta, die Genfer Konvention und die Nürnberger Prinzipien den Aggressionskrieg verbieten«. Schließlich monierte er auch noch die ebenfalls illegale Art und Weise, in der die US-Streitkräfte den Krieg im Irak führten: »Wenn man das Army Field Manual 27-10 studiert, welches die Gesetze über den Bodenkrieg regelt, dann gibt es darin gewisse Verantwortlichkeiten der Besatzungsmacht. Als Besatzungsmacht haben wir viele dieser Regeln nicht befolgt.«

Seine persönliche Verantwortung als Soldat, so machte er deutlich, »umfaßt nicht nur individuelle Kriegsverbrechen. Sie schließt das größte Verbrechen gegen den Frieden mit ein, welches, wie in Nürnberg festgestellt, Angriffskriege darstellen, Kriege, die nicht aus Zwang, sondern mit Vorsatz um des Profits oder um der Macht willen oder worum auch immer geführt werden.« Watada betonte, daß das Führen eines Krieges oder das Töten von Menschen keineswegs prinzipiell gegen seine Gewissensüberzeugungen verstießen: »Ich bin nicht einfach gegen das Tragen von Waffen oder dagegen, Leute zu bekämpfen. Ich bin gegen einen ungerechtfertigten Krieg.« Konsequenterweise bot Watada an, entweder aus der U.S. Army auszuscheiden oder in Afghanistan zu dienen, doch das Pentagon lehnte ab.

Mit seiner öffentlichkeitswirksamen Gehorsamsverweigerung sowie seinen kritischen Stellungnahmen zum Irakkrieg und zur diesbezüglichen Politik seiner Regierung gegenüber Medien verfolgte Watada die Absicht, in den USA eine zivile Widerstandsbewegung nach dem Vorbild der Anti-Vietnam-Kriegsbewegung zu initiieren. Damit erreichte er positive Resonanz in der Öffentlichkeit sowohl in den USA selbst als auch weltweit. Mittlerweile haben bereits mehr als 1.000 US-Soldaten im aktiven Dienst den sogenannten »Appeal for Redress« unterzeichnet, mit dem ein Ende des Irakkriegs gefordert wird. Auch inspiriert Watada eine wachsende Bewegung des zivilen Ungehorsams gegen den Krieg, die auf der Beantwortung ihrer drängenden Fragen insistiert – Fragen nach der Wahrheit oder Unwahrheit der Rechtfertigungen des Irakkrieges, nach der Beachtung oder Nichtbeachtung der Prinzipien der US-Verfassung und des amerikanischen sowie internationalen Rechtes bis hin zur persönlichen Verantwortung der Handelnden.

Angesichts der beharrlichen Weigerung Lieutenant Watadas, sich mit seiner Einheit in den Irak verlegen zu lassen, leitete das Pentagon im August 2006 ein Militärgerichts-

---

97 Das Pendant zum deutschen Soldatengesetz.

verfahren gegen ihn ein. Im ungünstigsten Falle drohten ihm bis zu achteinhalb Jahre Militärgefängnis, unehrenhafte Entlassung sowie Verlust aller Dienstbezüge. Der Prozeß wurde am 5. Februar 2007 eröffnet. Das Hauptziel der Verteidigung bestand darin, den Irakkrieg selbst »vor Gericht zu stellen«. Sie wollte nachweisen, daß es sich um einen illegalen und unmoralischen Angriffskrieg handelte. Genau dieses Ziel indes versuchten die Anklagevertreter im Verein mit dem Vorsitzenden Richter zu durchkreuzen. Doch das Gericht wurde letztlich Opfer seiner eigenen Strategie. Denn ob Watada schuldhaft einem rechtmäßig erteilten Befehl den Gehorsam verweigert oder sich zu Recht geweigert hatte, einen illegalen Befehl auszuführen, war nicht zu entscheiden, wenn nicht zuvor die Legalität oder Illegalität des Irakkrieges an sich geklärt wurde. Solchermaßen in die Bredouille geraten, zog der Vorsitzende Richter die Notbremse und erklärte das Militärgerichtsverfahren für vorläufig gescheitert.

Gegen die Fortführung des Prozesses erhob Watadas Verteidigung mit der Begründung Einspruch, daß das erste Verfahren gescheitert sei und nach dem Fünften Zusatz zur US-Verfassung niemand wegen desselben Gesetzesverstoßes ein zweites Mal angeklagt werden dürfe. Nachdem dieses Ansinnen durch drei Instanzen bis hinauf zum U.S. Court of Appeals for the Armed Forces, dem höchsten Appellationsgericht der Militärjustiz, abgelehnt worden war, führte schließlich die Anrufung eines Zivilgerichtes dazu, daß der Prozeß auf unbestimmte Zeit verschoben wurde. Nachdem mehr als anderthalb Jahre vergangen waren, während der die Streitkräfte sich beharrlich weigerten, Watada endlich zu entlassen, entschied Bundesrichter Benjamin Settle im Oktober 2008, daß die U.S. Army den obstinaten Leutnant in drei Anklagepunkten nicht erneut vor Gericht stellen dürfe. Gegen diese Entscheidung legte das Militär wiederum Einspruch beim 9. Bezirksberufungsgericht ein. Doch nachdem zwei Vietnam-Kriegsveteranen via Internet eine »Ad Hoc Campaign to Free Ehren Watada«[98] gestartet hatten, ordnete im Mai 2009 Präsident Obamas stellvertretende Justizministerin Elena Kagan an, die Berufung zurückzuziehen. Dessenungeachtet prüft die Militärjustiz weiterhin, ob sie hinsichtlich zweier noch offener Tatvorwürfe weitere Anklage gegen Watada erheben kann. So wird ihm unter anderem vorgehalten, sogenannte »schändliche Äußerungen« in der Öffentlichkeit getätigt zu haben, indem er beispielsweise behauptete, die Bush-Regierung habe Amerika in den Krieg gegen den Irak gelogen.

Obwohl die vertragliche Dienstzeit von First Lieutenant Ehren K. Watada eigentlich bereits im Dezember 2006 geendet hätte, wurde er aufgrund des gegen ihn laufenden Militärgerichtsverfahrens nicht aus den Streitkräften entlassen. In der Zwischenzeit wurde er in Fort Lewis, Washington mit administrativen Aufgaben betraut. Wohl kaum ein Zufall dürfte es sein, daß er, wenn es ihm denn endlich gelungen sein wird, den Fängen der U.S. Army zu entkommen, plant, Rechtswissenschaften zu studieren.

---

98 »Ad-hoc-Kampagne Befreit Ehren Watada«.

Der britische Doktor

Nicht nur bei den US-Streitkräften, sondern auch in den Reihen der mit ihnen engstens verbündeten britischen Armee gab es Soldaten, die sich weigerten, in einen Krieg zu ziehen, den sie als illegal und unmoralisch einschätzten. Der erste, der dies tat, war Flight Lieutenant Dr. Malcolm Kendall-Smith, der seit dem August des Jahres 2000 als Mediziner im Sanitätsdienst der Royal Air Force diente. Nachdem er bereits 2002 auf dem Stützpunkt der britischen Luftwaffe in Thumrait (Oman) eingesetzt gewesen war und 2003 zunächst in Ali Al-Salem (Kuwait) und danach in Al-Udeid (Qatar) Dienst getan hatte, sollte er 2005 zum Einsatz nach Basra (Irak) verlegt werden. Aufgrund seiner Erfahrungen aus den vorangegangenen Einsätzen hatte er sich intensiv mit dem Irakkrieg und den dafür vorgebrachten Rechtfertigungen seiner Regierung auseinandergesetzt und war zu der Erkenntnis gelangt, daß die Invasion des Irak rechtswidrig war und auch die nachfolgende Besetzung sich nicht durch entsprechende UN-Resolutionen rechtfertigen ließe.

Von vornherein stellte er klar, daß er nicht grundsätzlich den Kriegsdienst verweigern wollte, sondern daß es ihm ausschließlich um die Ungesetzlichkeit des Irakkrieges ging. In der Folgezeit verglich er in öffentlichen Äußerungen die Invasion im Irak mit einem Kriegsverbrechen der Nazis und zog Parallelen zwischen der modernen westlichen Welt und Nazi-Deutschland.

Eben weil er sowohl den Angriff auf den Irak als auch die Besetzung durch die ausländischen Koalitionstruppen für illegal hielt, weigerte sich Kendall-Smith wiederholt, ihm erteilten Befehlen zur Teilnahme an der einsatzvorbereitenden Ausbildung und zur Verlegung in den Irak nachzukommen.

Im Oktober 2005 wurde daher wegen Gehorsamsverweigerung in fünf Fällen ein Militärgerichtsverfahren gegen ihn eingeleitet, der Prozeß gegen ihn begann im April 2006. Kategorisch lehnte es das Gericht ab, die Frage der Rechtmäßigkeit des Angriffs auf den Irak im Jahr 2003 überhaupt zur Diskussion zuzulassen. Das Argument der Verteidigung, daß es sich bei der Invasion des Irak um einen illegalen Angriffskrieg gehandelt habe und der Marschbefehl für den Militärarzt deshalb rechtswidrig sei, wurde folgendermaßen abgefertigt: Da die britischen Truppen zum Zeitpunkt der Befehlsausgabe an Kendall-Smith im Juni 2005 nach völkerrechtlichen Kriterien völlig legal im Irak stationiert gewesen seien, laufe dessen Argumentation, er hätte sich zum Komplizen bei einem Verbrechen des Aggressionskrieges gemacht, wenn er an Kriegshandlungen im Irak teilgenommen hätte, ins Leere. Ohnehin hätte er aufgrund seines niedrigen Ranges als Flight Lieutenant für eine entsprechende Straftat keinesfalls zur Verantwortung gezogen werden können, denn: »Das Verbrechen des Angriffskrieges stellt ein Verbrechen dar, das ausschließlich von denjenigen verübt werden kann, die an der Spitze von Regierung oder Streitkräften für die Politik eines Staates verantwortlich sind, und diese Verantwortlichkeit schlägt nicht auf diejenigen Soldaten durch, die in der Befehlskette auf niedrigeren Ebenen stehen. Deshalb kann der Ihnen erteilte Verlegungsbefehl nach Basra Sie in Anbetracht ihres niedrigen Dienstgrades und Ihrer Funktion als Arzt gar nicht zum Komplizen eines derartigen Verbrechens gemacht haben.« Flight Lieutenant Dr. Kendall-Smith wurde wegen »geplanten und vorsätzlichen Ungehorsams« in fünf Fällen zu acht Monaten Freiheitsstrafe verurteilt und aus dem Dienst entlassen, darüber hinaus erlegte ihm das Gericht die Zahlung von 20.000 Britischen Pfund Prozeßkosten auf.

Seinen Schuldspruch kommentierte Kendall-Smith mit den Worten: »Ich bin schuldig gesprochen und verurteilt worden, eine sehr bedrückende Erfahrung. Aber ich glaube nach wie vor, daß es richtig von mir war, Stellung zu beziehen und mich zu weigern, Befehle zu befolgen, mich in den Irak verlegen zu lassen – Befehle, die meines Erachtens illegal waren. Ich habe mich damit abgefunden, was in den nächsten paar Monaten mit mir geschehen wird. Ich werde standhaft bleiben und meinen Überzeugungen treu, die, wie ich glaube, von vielen anderen geteilt werden ... Als Offizier bin ich verpflichtet, jeden Befehl, der mir erteilt wird, zu überprüfen. Weiterhin bin ich verpflichtet, die Rechtmäßigkeit eines solchen Befehls nicht nur bezüglich seiner Auswirkung auf das heimische, sondern auch auf das internationale Recht zu prüfen. Ich war, genau wie die gesamte Bevölkerung, einer Propaganda ausgesetzt, welche die Gewaltanwendung gegen den Irak als rechtmäßig darstellte. Ich habe mit großer Sorgfalt die verschiedenen Kommentare und Lageberichte studiert, darunter einen des Kronanwalts und insbesondere den Hauptbericht an den Premierminister vom 7. März 2003. Ich bin davon überzeugt, daß die Aktivitäten der Streitkräfte zur Truppenentsendung einen illegalen Akt darstellten – genauso wie der Krieg selbst. Einem Befehl nachzukommen, der mich, wie ich glaube, ungesetzlicherweise dazu anstiftet, heimisches oder internationales Recht zu brechen, ist etwas, was ich nicht bereit bin zu tun. Der Einmarsch in den Irak und seine Besetzung sind Teile einer Kampagne imperialer militärischer Eroberung und fallen unter die Kategorie krimineller Akte. Mich träfe eine stellvertretende strafrechtliche Haftbarkeit, wenn ich in den Irak gegangen wäre. Nach wie vor gibt es zwei große Lieben in meinem Leben – die Medizin und die Royal Air Force. Die Entscheidung zu treffen, die ich traf, verursachte mir großen Kummer, aber ich hatte keine andere Wahl.«

Bis Mitte Juni 2006 saß Dr. Kendall-Smith seine Freiheitsstrafe ab, anschließend wurde er mit einer elektronischen Fessel versehen und unter der Auflage einer täglichen Ausgangssperre ab 18.30 Uhr bis einschließlich September 2006 nach Hause entlassen. Darüber hinaus waren ihm bis Dezember 2006 Kontakte mit den Medien verboten.

Der Fall Kendall-Smith löste in Großbritannien eine intensive politische Debatte über die Kriegspolitik von Premierminister Tony Blair und deren Auswirkungen in den Streitkräften aus. Zentraler Punkt in der öffentlichen Diskussion war die brüchige völkerrechtliche Legitimationsbasis des gegen den Irak geführten Angriffskrieges. Die britische Regierung stellte sich offiziell auf den Standpunkt, die Resolution 1441 des Sicherheitsrats der Vereinten Nationen habe eine hinreichende Grundlage für den Einmarsch im Zweistromland geboten. Im britischen Parlament wurde über ein Gesetz gestritten, das Militärangehörigen untersagen sollte, die Teilnahme an der befohlenen Besetzung eines fremden Staates zu verweigern. Außerdem wurde erörtert, ob nicht die Definition des Tatbestandes der Desertion neu gefaßt werden müsse, damit fürderhin auch Soldaten erfaßt würden, die ihre Truppe mit der Begründung verlassen hatten, nicht an der militärischen Besetzung eines anderen Landes oder Territoriums teilnehmen zu wollen. Am Ende der Debatte stimmten die Parlamentarier mit überwältigender Mehrheit dafür, weiterhin die lebenslange Freiheitsstrafe für Desertion beizubehalten. Die Friedensbewegung protestierte und warf der Regierung vor, sie wolle die Soldaten davon abschrecken, sich der Teilnahme an künftigen Präventivkriegen zu widersetzen.

Der widerspenstige Haufen

Die bisher geschilderten Fälle von Gehorsamsverweigerung unterscheiden sich in mancher Hinsicht. Die SoldatInnen handelten unterschiedlich, und sie erfuhren unterschiedliche Reaktionen der Militär- und Justizapparate. Doch es gibt etwas, was alle Fälle unübersehbar verbindet, und dies gründet in dem spezifischen Selbstverständnis des Militärs in modernen Industriegesellschaften. Das Verhalten der militärischen Führung wird nicht mehr unbedingt von vorbehaltloser Bereitschaft zum Kriege bestimmt, sondern oftmals eher von Vorsicht und Zurückhaltung. Dazu kommt, wie Gustav Däniker, Divisionär, also Zwei-Sterne-General, der Schweizer Armee einmal anmerkte, ein weiterer Faktor: »Ob es uns paßt oder nicht: Der Soldateneid … hat seine unbefristete und unauflösliche Wirkung im Zuge des allgemeinen Wertewandels nach und nach verloren. Man legt ihn nicht mehr auf den Feldherrn oder eine Ideologie, sondern auf die Nation und ihr Grundgesetz ab.«[99]

Gerade die hier vorgestellten Fälle von Gehorsamsverweigerung, alle begründet mit Verstößen von Vorgesetzten sowohl gegen das ius ad bellum als auch gegen das ius in bello bestätigen: SoldatInnen können nicht mehr pauschal als bloße Handwerker des Krieges »mit flatternden Idealen und einem in Landesfarben angestrichenen Brett vor dem Kopf«, wie Kurt Tucholsky einst schrieb, gelten, sondern mitunter auch als Verfassungspatrioten. In der Bundeswehr entspricht der Typus des Letzteren exakt dem Leitbild vom Staatsbürger in Uniform, der seine ethischen Überzeugungen und politischen Vorstellungen eben auch im Militärdienst nicht preisgibt. Dieses selbstbewußte Verhalten findet sich nicht nur im deutschen Militär, auch in anderen Ländern

---

[99] Vgl. *Däniker, Gustav:* Wende Golfkrieg. Vom Wesen und Gebrauch künftiger Streitkräfte, Frankfurt am Main 1992.

»nimmt sich der einzelne Soldat, eine Kompanie, ein Regiment oder sogar ein größerer Verband nicht selten die Freiheit zu entscheiden, welche Befehle befolgt werden und welche nicht« (*Däniker*). Soldaten sind sogar, wie hier schon ausdrücklich dargelegt, dazu verpflichtet, völkerrechtswidrigen und verbrecherischen Befehlen den Gehorsam zu verweigern; diese Verpflichtung gilt weltweit.

Entscheidend sind heute die innere Einstellung, die Motivation einer Truppe, die Identifikation mit ihrem Auftrag. »Wenn sie ihrer Führung vertraut und die ›Kriegsziele‹ akzeptiert, ist sie zu praktisch allem bereit. Wenn ihre innere Einstellung der Auffassung der (militärischen oder politischen) Führung widerspricht, kann es zu Aufruhr oder mindestens zu Passivität kommen« (*Däniker*).

Wie bedeutsam dieser Faktor ist, hat David Cortright exemplarisch in seiner Untersuchung »Soldiers in Revolt: GI Resistance During the Vietnam War« (Chicago 2005) gezeigt, die zu dem Ergebnis führt: »Die Vietnam-Erfahrung lehrte, daß Widerstand in den Reihen der Unteroffiziere und Mannschaften eine mächtige Kraft zur Zügelung imperialer Ambitionen und zur Beendigung eines illegitimen Krieges bildet.« Schlagend demonstrieren auch heutzutage die Angriffskriegsverweigerer unterschiedlicher Provenienz, daß Befehle für zweifelhafte Zwecke nicht mehr bedingungslos ausgeführt werden. »Wo die Legitimität der Kommandogewalt nicht eindeutig feststeht und die gerechte Sache nicht für jedermann einsichtig ist, wird das ehemals gefürchtete Instrument ... zum widerspenstigen Haufen« (*Däniker*).

Das bedeutet, daß Militär in zunehmenden Maße nicht mehr für beliebige politische Zwecke zur Verfügung steht, und zugleich, daß Soldaten nicht mehr automatisch für den Einsatz im Rahmen kriegerischer Interventionen motiviert sind. Zwar sind die Verweigererzahlen zur Zeit so gering, daß sich die politischen und militärischen Entscheidungsträger keine übertriebenen Sorgen vor massenhafter Verweigerung von SoldatInnen machen müssen. Nichtsdestoweniger muß es sie beunruhigen, daß sich ein neuer Typus des Soldaten herausgebildet hat, der nicht bereit ist, Kadavergehorsam zu leisten, und der sich auch nicht von den durchaus gravierenden Sanktionen der Militärjustiz abschrecken läßt, seinen individuellen Vorstellungen von Recht und Gewissen gemäß zu handeln. Denn wie die geschilderten Fälle von Gehorsamsverweigerung hierzulande und anderswo in der Welt zeigen, wird auf die renitenten Gewissenstäter erheblicher Druck ausgeübt. Die Vorwürfe reichen von unerlaubter politischer Betätigung, die den als sakrosankt verstandenen Primat der Politik infrage stelle, bis hin zur Herausforderung der Demokratie. Auch würden die militärische Moral und Disziplin unterminiert. Regelmäßig insinuieren die Ankläger, die Gehorsamsverweigerer hätten gar keine persönlichen Gewissensgründe, sondern schöben diese nur vor, um ihre politische Motivation zu camouflieren. Ebenso habituell weigert sich die damit befaßte Justiz, gleich ob Militär- oder Zivilgerichte, die zur Rechtfertigung widersetzlichen Handelns vorgebrachten Gründe – nämlich illegale und unmoralische Angriffskriegführung sowie schwerwiegende Verstöße gegen die im Humanitären Völkerrecht kodifizierten Regeln der Kriegführung – zum Gegenstand ihrer Rechtsprechung zu machen. Doch sowohl die politische Leitung als auch die militärische Führung kommen um die Erkenntnis nicht herum, »daß nicht nur der einzelne Soldat, sondern selbst die härteste Truppe eine Seele besitzt und ebenso ein Gewissen, das ihr sagt, was man tun darf und was nicht« (*Däniker*). Wie genau sich der moderne Soldat dessen mitunter bewußt ist, demonstrierte First Lieutenant Ehren K. Watada, als er sagte: »Um einen illegalen und ungerechten Krieg zu stoppen, können Soldaten sich entscheiden, den Kampf einzustellen … Wenn Soldaten erkennen, daß Krieg dem entgegensteht, was die Verfassung gebietet – wenn sie aufstehen und ihre Waffen niederlegen –, kann kein Präsident jemals wieder einen Angriffskrieg beginnen.«

Propaganda für den Angriffskrieg: Die Rolle der Medienkrieger

Angriffswaffe Medienpropaganda

Jeder Staat sagt seinem Volke
Wer des Volkes Feinde sind
König – wer im Panzer rollte
Kriegserziehung schon als Kind.

Kampfkraft wäre unerläßlich
Weil der Feind Gewehr bei Fuß
Darauf wartet bös und häßlich
Uns zu töten mit Genuß.

Wütend macht mich nur das Eine
Wenn die Staaten Worte wählen
Fürs geliebte Land alleine
Und dem Volk vom Feind erzähl'n
Kämpferisch als Volkesfreunde.

Daß das alles ähnlich klingt
Wirklich sind des Volkes Feinde
Wer ihm einen Feind aufzwingt.

Bettina Wegner

Um Interventions- und Angriffskriege in aller Welt propagandistisch zu orchestrieren, bedürfen die Staatsorgane heutzutage eines vielfach größeren Kommunikationsaufwandes als während des Kalten Krieges, wo es doch angeblich immer nur um die für jedermann einsichtige Verteidigung des eigenen Gemeinwesens ging. Ein Lehrstück, wie hierzulande die StaatsbürgerInnen in Uniform psychologisch für potentielle Angriffskriege aufgerüstet werden, lieferte im Frühjahr 2008 die bundeswehreigene Desinformations- und Propagandaplattform *IntranetAktuell*. Am 14. März 2008 erschien dort ein Beitrag von Bernd Weber mit dem reißerischen Titel »Iran: Atomare Bedrohung Israels«. Um den Mindeststandards eines seriösen Journalismus zu genügen, hätte der Artikel eigentlich zwingend die drei folgenden Tatsachen berücksichtigen müssen, die er aber samt und sonders unterschlug:

– Es steht zweifelsfrei fest, daß der Staat Israel über Nuklearwaffen verfügt. Neben anderen haben das Robert Gates, Kriegsminister sowohl unter Bush jun. wie unter

Obama, und der frühere israelische Ministerpräsident Ehud Olmert bestätigt. Das nukleare Arsenal Israels umfaßt klassische Kernspaltungs-, thermonukleare Fusions- sowie Neutronenwaffen, insgesamt schätzungsweise 400 bis 500 Sprengsätze, deren Gesamtsprengkraft auf etwa 50 Megatonnen geschätzt wird. Um die Nuklearwaffen zum Einsatz bringen zu können, verfügt die »Israeli Defense Force« über ein breites Spektrum von Trägersystemen zu Lande, zur See und in der Luft.

– Ebenso zweifelsfrei steht fest, daß der Staat Iran über keine einsatzfähigen Atomwaffen verfügt. Genau dies ist die zentrale Erkenntnis und Aussage von 16 US-Geheimdiensten in dem von ihnen gemeinsam verfaßten »National Intelligence Estimate« aus dem Jahre 2007. Dort heißt es: »We continue to assess with moderate-to-high confidence that Iran does not currently have a nuclear weapon.«[100] Zum gleichen Ergebnis war zuvor bereits die Internationale Atomenergiebehörde in Wien gelangt. Zudem bescheinigten die Washingtoner Geheimdienstler dem Mullah-Regime, äußerst rational und besonnen agiert zu haben, als es nicht zuletzt auf internationalen Druck hin sein Nuklearwaffenprogramm bereits im Jahr 2003 einstellte. Um so deutlicher trat hervor, wer die Fäden im Globalisierungskrieg gegen den Rest der Welt zog: die Bush-Cheney-Junta im Weißen Haus. CIA & Co. blamierten den Kriegsherrn im Oval Office bis auf die Knochen, indem sie unter anderem offenlegten, daß Präsident Bush bereits im August 2007 über den Inhalt des Berichts informiert gewesen war. Zuvor jedoch hatte »Dirty Dick« Cheney alle Register gezogen, um zu verhindern, daß die Geheimdienste den Kriegsplanungen gegen Iran die legitimatorische Grundlage entzogen. Ex-CIA-Mann McGovern gab diesbezüglich zu Protokoll, Cheney sei »sehr mißvergnügt gewesen«, als er schon Anfang 2007 einen Entwurf des Berichts gesehen habe. Letztlich ließ sich die Wahrheit über das iranische Atomprogramm nicht unterdrücken.

– Zweifelsfrei steht auch fest, daß Israel im Verbund mit seiner Schutzmacht USA dem Iran weiterhin unverhohlen mit Krieg droht und zur Begründung gebetsmühlenhaft behauptet, Iran verfolge ein militärisches Atomwaffenprogramm. So hatte Bush bereits während einer Südasien-Tour Anfang 2006 verkündet, eine iranische Atombombe sei »das Destabilisierendste, was der Region und der Welt passieren könnte«, und hinzugefügt: »Iran darf keine Atombombe haben.« Dieses kategorische Verdikt ließ sich gewiß nicht zu Unrecht als Plädoyer für einen weiteren Präventivkrieg im Mittleren Osten deuten. Und so konnte es kaum erstaunen, daß Israel seine Angriffsvorbereitungen im Sommer 2008 intensivierte. *Der Spiegel* berichtete: »In Wahrheit herrscht in der israelischen Regierung mittlerweile Konsens, daß ein Luftangriff gegen die iranischen Atomanlagen unausweichlich geworden ist … Lediglich über den richtigen Zeitpunkt eines Militärschlags sind die politischen Lager Israels noch uneins

---

100 »Wir nehmen weiterhin mit mittlerer bis hoher Gewißheit an, daß Iran derzeit keine Nuklearwaffen besitzt.«

... Doch in Israel geht es längst nicht mehr um das Ob, sondern bereits um das Wie eines Militärschlags. Klar ist, daß der Angriff ausschließlich aus der Luft erfolgen soll.« Der deutsch-iranische Politikwissenschaftler Mohssen Massarat erläuterte:»Es existieren detaillierte Pläne in Washington, Iran aus der Luft zu bombardieren. Es geht hierbei darum, Teheran die Möglichkeit zum Zurückschlagen zu nehmen. Aus dem Umfeld des Pentagons wurde bekannt, daß es an die 2000 bereits ausgewählte Ziele in Iran gibt, die zerstört werden sollen.« Die *Frankfurter Allgemeine Zeitung* berichtete unter der Überschrift »Bush: Alle Optionen in der Iran-Krise offen«: »Im Atomstreit mit Iran schließt Präsident Bush einen Krieg nicht aus.« In Anbetracht der unverhohlenen Aggressionsdrohungen aus den USA und Israel sah sich der Generaldirektor der Internationalen Atomenergiebehörde, Mohamed El Baradei, zu einer Warnung vor den Folgen von Militärschlägen gegen mutmaßliche Atomanlagen veranlaßt:»Mit einseitigen Militäraktionen unterminiert man das internationale Vertragswerk (Atomwaffensperrvertrag) – wir stehen an einer historischen Wende.« Dessenungeachtet setzt auch die Obama-Administration die militärische Drohpolitik gegen den Iran fort. So meldete die *Süddeutsche Zeitung* am 5. Juli 2009, daß der US-Vizepräsident Joe Biden gesagt habe, die USA würden sich einem israelischen Militärschlag gegen das iranische Atomprogramm nicht widersetzen. Wenn Israel glaube, daß ein Militärschlag nötig sei, könnten die USA »einem anderen souveränen Staat nicht sagen, was er zu tun hat«, habe sich Biden gegenüber dem Fernsehsender *ABC* geäußert. Parallel dazu vermeldete *Spiegel Online* aus Jerusalem: »Israel forciert Pläne für Militärschlag gegen Iran«. Die brutale Niederschlagung der iranischen Opposition, so das Nachrichtenmagazin, habe Israels Auffassung gestärkt, daß ein Dialog keine Chance hat. Am Ende, so die Analyse der Regierung in Jerusalem, könne nur ein Militärschlag Teheran vom Bau der Atombombe abhalten. Die Vorbereitungen dazu liefen auf Hochtouren. Zudem sollte es der israelischen Regierung gelungen sein, die stillschweigende Zustimmung Saudi-Arabiens zu einer Militäroperation bekommen zu haben, wie die in Militärfragen stets gut unterrichtete *Sunday Times* berichtete. Demnach habe der Chef des Mossad, Meir Dagan, aus Riad das Zugeständnis erhalten, für eine solche Operation saudischen Luftraum durchfliegen zu dürfen. Zwar relativierte Präsident Obama einen Tag später Bidens Äußerungen, setzte jedoch dem Iran eine Frist bis September 2009, um auf die Forderungen zur Einstellung seiner Uran-Anreicherung einzugehen.

Neben den stetig wiederholten politischen Drohgebärden fanden auch zahlreiche Militärmanöver statt, in denen die operative Umsetzung der ausgetüftelten Angriffspläne geübt wurde. So berichtete *Spiegel Online* über eine solche Großübung der israelischen Luftwaffe Anfang Juni 2008 über dem östlichen Mittelmeer und Griechenland: »Israel übte Angriff auf iranische Atomanlagen. Hundert Kampfjets, Hubschrauber, Tankflugzeuge: Die israelische Luftwaffe hat in einem Großmanöver einen Schlag gegen iranische Atomanlagen geprobt. Es soll ein Zeichen an Teheran sein, aber auch eines an die Verbündeten im Westen – Israel ist bereit zu einer militärischen Aktion.« Gegenüber der *New York Times* erklärte ein Vertreter des US-Verteidigungsministeriums, Israel habe mit dem Großmanöver ein klares Zeichen setzen wollen.»Sie wollten, daß wir es wissen, sie wollten, daß es die Europäer wissen, und sie wollten, daß es die Iraner wissen.« Israel habe eindeutig einen Angriff auf iranische Atomanlagen simuliert und die entsprechende Flugtaktik, das Auftanken in der Luft und andere Details einer solchen Operation geübt. Die Helikopter und Tankflugzeuge seien etwas mehr als 900 Meilen weit geflogen – was ungefähr der Distanz zwischen Israel und Irans Atomanreicherungsanlage in Natanz entspricht.

Die beschriebene militärische Drohkulisse gegen den Iran dauert bereits seit 2007 an. Allein dies stellt einen permanenten Bruch des Völkerrechts dar, denn gemäß Artikel 2 Absatz 4 der Satzung der Vereinten Nationen sind alle UN-Mitglieder kategorisch verpflichtet,»in ihren internationalen Beziehungen jede gegen die territoriale Unversehrtheit oder die politische Unabhängigkeit eines Staates gerichtete oder sonst mit den Zielen der Vereinten Nationen unvereinbare *Androhung* oder *Anwendung* von Gewalt [zu unterlassen]«.

An diesem Bruch der UN-Satzung beteiligt sich auch die Bundesregierung seit Jahren. Die schwarz-rote Großkoalition scheint prinzipiell zur uneingeschränkten Unterstützung der israelischen Pläne bereit. Anläßlich der sogenannten Münchner Sicherheitskonferenz im Februar 2006 assistierte Bundeskanzlerin Angela Merkel bei der psychologischen Kriegsvorbereitung, als sie anmerkte, der Iran habe»mutwillig die ihm bekannten ›roten Linien‹ überschritten«. Darüber hinaus hielt sie»die militärische Option ausdrücklich offen«. Zu den von der Bundesregierung bereits pauschal gewährten Unterstützungsleistungen für das von den USA und Israel offenkundig geplante Verbrechen des Angriffskrieges gegen den Iran und seine Menschen zählt wiederum die umfassende Nutzung des deutschen Territoriums, des deutschen Luftraumes, sämtlicher Verkehrswege, der militärischen Führungsinfrastruktur et cetera.

Die genannten Tatsachen wurden in dem *IntranetAktuell*-Artikel schlichtweg ignoriert. Statt dessen suggeriert er dem Leser durch die gewählte Überschrift»Iran: Atomare Bedrohung Israels« sogar das genaue Gegenteil, nämlich daß der Iran an Atomwaffen arbeite, daß er möglicherweise schon welche besitze und daß er mit ihnen den Staat Israel zu vernichten drohe.

Mit keinem Wort erwähnt der Bundeswehr-Nachrichtendienst, daß der Iran mit seinem Atomprogramm die ihm nach dem Atomwaffensperrvertrag zustehenden Rechte auf friedliche Nutzung der Kernenergie wahrnimmt, während die den Iran mit Krieg bedrohenden Staaten, namentlich die USA, selbst seit Jahren eklatant vertragsbrüchig sind, indem sie ihren bindend eingegangenen Verpflichtungen zur kompletten nuklearen Abrüstung nicht nachkommen, und daß Israel dem Vertrag erst gar nicht beigetreten ist. Unterschlagen wird das Faktum, daß der Iran in den letzten 200

Jahren niemals einen Angriffskrieg geführt hat – im Gegensatz zu den Mächten, die ihn jetzt erneut mit einem Angriffs- und Präventivkrieg bedrohen. Der Iran wurde vielmehr immer wieder selbst Opfer von Aggressionen, beispielsweise als die USA den irakischen Diktator Saddam Hussein 1980 zum Angriff gegen den Iran trieben und acht Jahre lang bei diesem Verbrechen gegen das Völkerrecht unterstützten.

Indem der zitierte *IntranetAktuell*-Artikel wahrheitswidrig suggerierte, daß der Iran die atomare Vernichtung Israels anstrebe, erfüllte er – sprachlich und inhaltlich – den Tatbestand von Propaganda und Desinformation, also der gezielten Meinungsmanipulation und bewußt verfälschten Sachverhaltsdarstellung (s. S. 200f). Bei dem *IntranetAktuell*-Artikel – leider kein vereinzelter Ausrutscher – handelt es sich um einseitig proisraelische Kriegspropaganda gegen den Iran, dessen gar nicht existierende Nuklearwaffen angeblich eine Bedrohung Israels darstellen, während von den real existierenden Massenvernichtungswaffenpotentialen Israels selbstredend nicht ein Hauch von Gefahr ausgeht. Wir dürfen gespannt sein, wann unsere solchermaßen psychologisch gerüstete Truppe Seite an Seite mit den NATO-Verbündeten in den Iran einmarschiert – sorry, letzteres müssen wir streichen, denn das muß ja jetzt heißen: humanitär interveniert –, um vor den Toren Teherans präventiv Tel Aviv zu verteidigen …

Manipulation von Medien durch das US-Militär

> *»Wir führen einen Krieg, bei dem es um das Überleben unserer Lebensweise geht.*
> *Und der Schwerpunkt dieses Kampfes liegt nicht allein auf dem Schlachtfeld.*
> *Es ist ein Test des Willens, und er wird auf dem Feld der weltweiten öffentlichen Meinung*
> *gewonnen oder verloren.«*
> Donald Rumsfeld

Wenn politische Entscheidungsträger in Demokratien Bürger – und auch immer zahlreicher Bürgerinnen – in Kriege entsenden wollen, um in fernen Ländern, wie das der Krieg gemeinhin mit sich bringt, andere Menschen zu töten oder zu verstümmeln und dabei gegebenenfalls selbst das gleiche Schicksal zu erleiden, dann benötigen sie für ein derartiges Unterfangen eine möglichst breite und tunlichst nicht in Zweifel zu ziehende demokratische Legitimation. Freilich ist »insbesondere in Demokratien … der Aufwand groß, mit dem man friedliche Bürger von der Notwendigkeit überzeugen muß, die Waffen aufzunehmen bzw. für die Kosten der Kampagne geradezustehen. Nur der allergarstigste Gegner kann schließlich rechtfertigen, daß man sich zu Gegenmaßnahmen entschließt, die so sehr den eigenen zivilen Werten widersprechen.« (*Stephan, Cora*: Das Handwerk des Krieges, Berlin 1998). Gerade demokratische Öffentlichkeiten, die Krieg normalerweise als illegitimes Mittel der Politik betrachten, lassen sich nur durch geschickte und überzeugende Propaganda von dessen Notwendigkeit überzeugen.

Dieser Grundsatz galt bereits zu Beginn des letzten Jahrhunderts, wie der ehemalige Journalist George Creel wußte, der während des Ersten Weltkrieges im Auftrag der US-Regierung die Propaganda- und Zensurbehörde »Committee on Public Information« leitete. Creel hatte durch seine Tätigkeit die Überzeugung gewonnen, daß »the war-will, the will-to-win, of a democracy depends upon the degree to which each one of all the people of that democracy can concentrate and consecrate body and soul and spirit in the supreme effort of service and sacrifice.«[101] Gelingt es also einer Demokratie, diesen Willen hervorzubringen, so spricht dies in der Tat für die These, daß »das gefährlichste Kriegsmittel ... der von der Moral der Sache überzeugte Bürger in Waffen« ist (*Cora Stephan*). Mittlerweile bedarf es in den modernen Demokratien für die Entscheidung zum Krieg der Beschwörung von Menschheitsbedrohungen wie Massenvernichtungswaffen, Terrorismus oder Völkermord. Und weil hier jedwede Politik vornehmlich massenmedial vermittelt wird, kann auch die Legitimationsbeschaffung zur Kriegführung nur qua Unterstützung durch die Massenmedien erfolgen. Diesen obliegt die Funktion, einer demokratischen Öffentlichkeit jene moralisch unanfechtbare Begründung für den Krieg zu liefern, die sie begehrt. Massenmedien werden in Kriegszeiten regelmäßig zur Propagandamaschine der Regierenden, um dem Wahlvolk jene Lügen zu liefern, nach denen es partout verlangt. Zugleich machen sie sich dadurch zum ebenbürtigen Partner der Panzer, Flotten und Bomberverbände.

Unter dem Terminus »Propaganda« lassen sich alle Methoden der Meinungssteuerung, Beeinflussung, Werbung, Zensur, Manipulation und Desinformation subsumieren, deren Sinn und Zweck darin besteht, eine bestimmte Haltung oder Meinung herbeizuführen oder zu unterdrücken. Regierung und Militär können beispielsweise Mittel der klassischen Propaganda anwenden, um in der Bevölkerung Kriegsbegeisterung herbeizuführen, aber auch Zensurmaßnahmen, um eine mögliche Anti-Kriegsstimmung zu unterbinden. »Propaganda-Techniken gehören bis heute – auch in Friedenszeiten – zum Arsenal der staatlichen und militärischen Informations- und Pressepolitik« (s. *Elter, Andreas*: »Die Kriegsverkäufer. Geschichte der US-Propaganda 1917–2005«). Die Propagandamittel sind weit gefächert; sie reichen von der Verbreitung von Schriften und Flugblattaktionen über Radio- und Fernsehsendungen, die Produktion von Werbefilmen bis hin zur Organisation von Großveranstaltungen und anderen Public-Relations-Aktivitäten.

---

[101] »... der Wille zum Krieg, der Siegeswille, einer Demokratie von dem Grad abhängen, zu dem jeder einzelne Bürger dieser Demokratie Körper, Seele und Geist konzentrieren und einer äußersten Anstrengung des Dienstes und Opfers weihen kann«; *Creel, George*: George Creel on Selling the War (1920); im Internet unter: http://web.mala.bc.ca/davies/H482.WWI/Creel.SellingWar.1920.htm.

Zensur kann auf verschiedene Art ausgeübt werden: Mittels direkter Zensur wird der Output von Medien überwacht und gegebenenfalls unterdrückt. Herrscht in Kriegszeiten Zensur, so müssen Photos, Artikel, Hörfunkbeiträge, Fernsehreportagen und so weiter einer staatlichen Zensurbehörde oder militärischen Zensoren zur Freigabe vorgelegt werden. Mit indirekter Zensur wird der Input von Medien gesteuert, das heißt ihre Nachrichten-, Bild- und Recherchequellen, ihre Informanten oder ihre Bewegungsfreiheit. Hierzu zählen Maßnahmen der Informationsverweigerung sowie der Zugangsverweigerung bis hin zur totalen Nachrichtensperre.

All das sind Eingriffe in das Grundrecht auf freie Information und freie Meinungsbildung. Öffentliche Meinung wird auch durch Manipulation und Desinformation gesteuert. Mittels der modernen Bildverarbeitungstechniken lassen sich beispielsweise Bilder und Bildsequenzen nahezu beliebig so manipulieren, daß beim Betrachter die gewünschten Wahrnehmungseffekte erzielt werden, ohne daß er überhaupt eine Chance hat, die Methode zu durchschauen. Weltweit bekannt geworden sind in diesem Zusammenhang die Bilder sogenannter »chirurgischer« Luftangriffe mit Laserbomben und Lenkraketen während des Golfkrieges 1991, mittels derer dem Betrachter der Eindruck einer sauberen, präzise auf ausschließlich militärische Ziele beschränkten Kriegführung suggeriert werden sollte, oder auch die Attacke eines NATO-Kampfflugzeuges auf die Eisenbahnbrücke über die Grdelica-Schlucht während des NATO-Krieges gegen die Republik Jugoslawien 1999. Im Verlaufe der Präsentation der von der Bordkamera des Jagdbombers aufgezeichneten Filmsequenz des Luftangriffs im Rahmen einer Pressekonferenz im Brüsseler NATO-Hauptquartier kam unter den anwesenden Medienvertretern der Verdacht auf, daß diese absichtlich so beschleunigt worden war, daß der Eindruck entstehen mußte, der Pilot des Jagdbombers hätte keinerlei Chance gehabt, den Zielanflug abzubrechen und so zu verhindern, daß seine Lenkraketen einen just die Brücke passierenden Personenzug trafen, 20 Zivilisten töteten und 16 weitere verletzten. Zwar konnte die PR-Abteilung der NATO den Vorwurf vorsätzlicher Manipulation in diesem Fall entkräften, nichtsdestoweniger illustriert der Vorgang zumindest das Manipulationspotential, welches der Umgang mit elektronischem Bildmaterial birgt.

Desinformationsmethoden gehen über Manipulationstechniken noch hinaus. Hier sollen komplett erfundene Sachverhalte an ein Massenpublikum gebracht werden. Eines der berühmtesten Beispiele ist das von der Werbeagentur Hill and Knowlton im Auftrag der kuwaitischen Regierung lancierte Schauermärchen von den irakischen Soldaten, die während der Besetzung Kuwaits im Juli 1990 angeblich in einem Krankenhaus in Kuwait City 312 Babys aus den Brutkästen gerissen und auf den Fußboden geworfen hätten, wo sie elend umkamen[102]. Eine von Hill and Knowlton entsandte

---

[102] Siehe hierzu: *MacArthur, John R.*: Die Schlacht der Lügen. Wie die USA den Golfkrieg verkauften, München 1993³, S. 56ff.

vorgebliche Krankenschwester, von der sich später herausstellte, daß es sich um die Tochter des kuwaitischen Botschafters in den USA handelte, bezeugte die vermeintliche Wahrheit dieses Vorgang am 10. Oktober 1990 vor dem Menschenrechtsausschuß des US-Kongresses. Am 27. November kam es zu einer audiovisuellen Präsentation im UN-Sicherheitsrat, zwei Tage später dann zur Verabschiedung der Sicherheitsratsresolution 678, mit der die UN-Mitgliedsstaaten zur gewaltsamen Befreiung Kuwaits ermächtigt wurden. Selbst »Amnesty International« und »Middle East Watch« gingen der Story auf den Leim. Und als am 12. Januar 1991 der US-Senat mit einer Mehrheit von fünf Stimmen den Kriegseinsatz der US-Streitkräfte beschloß, bezogen sich sechs Senatoren ausdrücklich auf die Brutkasten-Lüge.

Gelingt es im Vorfeld und im Verlauf eines Krieges, mit solchen Methoden die Massenmedien gleichzuschalten, so ist die essentielle Voraussetzung für die Unterstützung des Streitkräfteeinsatzes seitens der Öffentlichkeit und der politischen Entscheidungsapparate erfüllt. Scheitert andererseits die Instrumentalisierung der Massenmedien zum Zwecke der Kriegspropaganda, kann selbst erdrückende militärische Überlegenheit auf dem Schlachtfeld die politische Niederlage nicht verhindern.

Weiterentwickelt und verfeinert wurden die Grundsätze der PR-Arbeit im Rahmen der US-Militärstrategie in der Ära Clinton vom damaligen Chairman of the Joint Chiefs of Staff[103], General Colin Powell[104]. Er erachtete es als unabdingbar, vor jeder Entsendung von US-Truppen die Unterstützung in den Medien und im Kongreß sicherzustellen. Hinzu trat das Kriterium, daß bei jeglichen Einsätzen unter allen Umständen das Ansehen der Streitkräfte gewahrt bleiben mußte. Die von Powell formulierten Kriterien gelten auch unter der gegenwärtigen US-Administration fort und wurden seitdem weiter verfeinert.

Diese Entwicklung spiegelt sich in einer umfangreichen Reihe von Dokumenten wider, die das Pentagon im Laufe der vergangenen Jahre herausgegeben hat. Dazu zählen unter anderem die »Joint Doctrine for Information Operations«, die »Joint Doctrine for Public Affairs« sowie die »Joint Doctrine for Civil-Military Operations«[105]. Über diese Doktrinen der Vereinigten Stabschefs hinaus, die für die US-Streitkräfte insgesamt verbindlich sind, haben auch die Teilstreitkräfte eigene Vorschriften erlassen, so etwa die US Air Force.

Die Relevanz und Reichweite der von den US-Militärplanern ausgeklügelten Medien- und Öffentlichkeitsarbeit läßt sich besonders eindrucksvoll anhand der zuletzt im Januar 2005 nach den Erfahrungen aus dem letzten Irakkrieg überarbeiteten »Joint

---

103 Generalstabschef.

104 Vgl. *Stevenson, Charles A.*: The Evolving Clinton Doctrine on the Use of Force, in: *Armed Forces & Society*, Vol. 22, No. 4, Summer 1996.

105 »Streitkräfteübergreifende Doktrin für Informationsoperationen«, »Streitkräfteübergreifende Doktrin für Öffentlichkeitsarbeit« und »Streitkräfteübergreifende Doktrin für Zivil-Militärische Operationen«.

Doctrine for Public Affairs« illustrieren. Dort sind als strategische Ziele und Aufgaben genannt:

- »Providing Trusted Counsel to Leaders«[106]. Dies richtet sich an die eigene Führung als Adressatengruppe. Das Aufgabenspektrum umfaßt unter anderem die Analyse des globalen Informationsumfeldes, die Voraussage von Auswirkungen militärischer Operationen auf die öffentliche Meinung sowie die Vorbereitung der militärischen Führung auf die Kommunikation mit der Öffentlichkeit durch die Medien.
- »Enhancing Morale and Readiness«[107]. Hier geht es darum, in den Reihen des Militärpersonals und seiner Familienangehörigen das Verständnis für den Auftrag und die Identifikation mit ihm zu stärken, die Soldaten auf den Umgang mit Medienvertretern vorzubereiten, sie gegen Feindpropaganda zu immunisieren und generell allen Einflüssen entgegenzuwirken, welche die getreue Auftragserfüllung erschweren könnten.
- »Fostering Public Trust and Support«[108]. Erst »der Rückhalt durch die Öffentlichkeit und den Kongreß ermöglicht den militärischen Führern die effektive Rekrutierung, Ausrüstung und Ausbildung von Streitkräften ... Wirkungsvolle Öffentlichkeitsarbeit unterstützt eine starke nationale Verteidigung, indem sie Vertrauen in und Verständnis für den Beitrag des Militärs zur nationalen Sicherheit erzeugt. In nationalen Krisenzeiten liefert Öffentlichkeitsarbeit der amerikanischen Öffentlichkeit die Informationen, die notwendig sind, um die Rolle und den Auftrag der Streitkräfte zu verstehen. Dieses Verständnis ist unerläßlich, um die Unterstützung der amerikanischen Öffentlichkeit für Militäroperationen zu erhalten.«
- »Using Global Influence and Deterrence«[109]. Hierbei geht es um die globale Stoßrichtung der Öffentlichkeitsarbeit des US-Militärs: »Die Befehlshaber der Vereinigten Streitkräfte sollten sich der Öffentlichkeitsarbeit bedienen, um Kommunikationsstrategien zu entwickeln und anzuwenden, welche sowohl das nationale und internationale Publikum als auch den Gegner über die Schlagkraft der US-Streitkräfte während Operationen und Übungen informiert. Ihnen die militärischen Fähigkeiten sowie die Entschlossenheit der USA, diese auch anzuwenden, bewußt zu machen, kann die Unterstützung seitens der Verbündeten und befreundeter Staaten stärken sowie mögliche Gegner abschrecken. Falls Feinde nicht von einem Konflikt abgeschreckt werden können, kann die Information über die Fähigkeiten und die Entschlossenheit der USA dennoch die gegnerischen Planungen und Aktivitäten in einer für die USA vorteilhaften Weise beeinflussen.

---

[106] »Bereitstellung verläßlicher Beratung für die Führung.«
[107] »Steigerung von Truppenmoral und Einsatzbereitschaft.«
[108] »Förderung des Vertrauens und der Unterstützung seitens der Öffentlichkeit.«
[109] »Ausübung von globalem Einfluß und Abschreckung.«

Noch deutlicher wird die US Air Force in ihren spezifischen Doktrinen. So führt der Kommandeur des »Air Force Doctrine Center«[110], Generalmajor Bentley B. Rayburn, in seinem Vorwort zu dem im Sommer 2005 aktualisierten »Air Force Doctrine Document 2-5.3« aus: »America's national security rests on a strategy of full spectrum dominance supported by effects-based planning and operations. To support this full spectrum dominance, public affairs (PA) operations must be planned and conducted within an effects-based framework.«[111] Worum es einer effektiven Medien- und Öffentlichkeitsarbeit in Wahrheit zu tun ist, kommt an einer anderen Stelle desselben Dokuments zum Ausdruck, wo es heißt: »PA operations support a strong national defense – preparing the nation for conflict and war – by building and sustaining public trust and understanding of Air Force contributions to national security. These operations make Americans aware of the value of spending tax dollars on readiness, advanced weapons, training, personnel, and the associated costs of maintaining a premier air and space force.«[112] Noch unverhohlener hatte die US-Luftwaffe die militärische Bedeutung der »Öffentlichkeitsarbeits-Waffe« im Jahr 2002 auf den Punkt gebracht, als sie formulierte: »As weapons in the commander's arsenal of information operations assets, PA operations can be a force multiplier that both assesses and shapes the information environment's effect on military operations.«[113]

Wie die Grundsätze für die Informations-, Desinformations- und Propagandaarbeit des Pentagon in die Praxis umgesetzt werden, läßt sich empirisch eindrucksvoll am Beispiel der vor dem letzten Irakkrieg erlassenen »Public Affairs Guidance (PAG) on Embedding Media during possible Future Operations/Deployments in the U.S. Central Commands (CENTCOM) Area Of Responsibility (AOR)«[114] vom 17. Januar 2003 illustrieren. Mit dieser Richtlinie hat das Pentagon nach den unbefriedigenden Erfahrungen mit der Bildung von Kriegsberichterstatter-Pools während des Golfkrie-

---

110 Strategiezentrum der Luftwaffe.

111 »Amerikas nationale Sicherheit ruht auf einer Strategie der Dominanz im gesamten Einsatzspektrum, unterstützt durch wirkungsbasierte Planung und Operationsführung. Um diese Dominanz im gesamten Einsatzspektrum zu unterstützen, müssen Operationen der Medien- und Öffentlichkeitsarbeit innerhalb eines wirkungsbasierten Rahmenansatzes geplant und durchgeführt werden.«

112 »Operationen der Presse- und Öffentlichkeitsarbeit dienen der Unterstützung einer starken nationalen Verteidigung – nämlich die Nation auf Konflikt und Krieg vorzubereiten –, indem sie in der Öffentlichkeit Vertrauen und Verständnis für die Beiträge der Luftwaffe zur nationalen Sicherheit herstellen und aufrechterhalten. Diese Operationen schaffen unter den Amerikanern das Bewußtsein für den Nutzen, den es bringt, Steuerdollars für Einsatzbereitschaft, fortschrittliche Waffen, Ausbildung, Personal und die mit der Aufrechterhaltung von erstklassigen Luft- und Weltraumstreitkräften verbundenen Kosten auszugeben.«

113 »Als Waffe im Arsenal des militärischen Führers auf dem Feld der Informationsoperationen können Operationen der Öffentlichkeitsarbeit einen Kampfkraftverstärker bilden, der die Wirkung des informationellen Umfelds auf die militärischen Operationen zugleich bewertet und formt.«

114 »Richtlinien für die Presse- und Öffentlichkeitsarbeit zur Einbettung von Medien im Rahmen möglicher künftiger Operationen/Dislozierungen im Verantwortungsbereich des U.S. Central Command (CENTCOM)«.

ges 1990/91 erstmals eine neue und vielversprechende Form der Informationskontrolle eingeführt. Diese basierte auf den positiven Erfahrungen, die im Rahmen der »Operation Anaconda« in Afghanistan 2002 gewonnen worden waren. Die fundamentale Innovation der vor dem neuerlichen Krieg gegen Saddam Hussein ausbaldowerten PR-Strategie bestand in der sogenannten »Einbettung«: der Integration von Journalisten direkt in die kämpfende Truppe. Die Idee des »Embedding« stammt von Victoria »Torie« Clarke, die im Department of Defense der USA als »Assistant Secretary of Defense for Public Affairs«[115] fungierte. Zu ihrem Aufgabengebiet gehörten auch die Armeezeitung *Stars & Stripes*, das *Armed Forces Radio* und andere militärpublizistische Erzeugnisse. Gemeinsam mit ihrem Stellvertreter Bryan Whitman, einem ehemaligen Offizier der U.S. Army, definierte sie die strategischen Leitgedanken des Embedding-Projekts, nämlich[116]:

- »to neutralize the disinformation efforts of our adversaries,[117]
- to build and maintain support for U.S. policy as well as the global war on terrorism,[118]
- to take offensive action to achieve information dominance,[119]
- to be able to demonstrate the professionalism of the U.S. military,[120]
- to build and maintain support for the war fighter out there on the ground.«[121]

Hinter der Idee des »Embedding« verbarg sich die Absicht einer »schleichenden Korruption durch Nähe« (*Bussemer, Thymian*: Medien als Kriegswaffe). Die Medienvertreter mußten zunächst einen Katalog vorgegebener Grundregeln für die Berichterstattung – das sogenannte »CFLCC Ground Rules Agreement«[122] – unterzeichnen, ein ausgeklügeltes System von Auflagen und Offerten für die betroffenen Journalisten und ihre Berichterstattung, das der alterprobten Maxime »do, ut des« folgte und zugleich günstigste Voraussetzungen für eine wirkungsvolle Manipulation und Korrumpierung der Kriegsberichterstattung im von der US-Administration erwünschten Sinne schaffte. Auf diese Weise sollten Reporter zu »cheerleaders for the military«[123] oder »tour guides for war«[124] (*Alicia C. Shepard*) umfunktioniert werden.

---

[115] Stellvertretende Staatssekretärin für Öffentlichkeitsarbeit im Verteidigungsministerium.
[116] Vgl. Shepard, Alicia C.: Narrowing the Gap. Military, Media and the Iraq War, Cantigny Conference Series, Conference Report, published by Robert R. McCormick Tribune Foundation, Chicago, Illinois 2004.
[117] »Die Desinformationsmaßnahmen unserer Gegner zu neutralisieren«.
[118] »Die Unterstützung sowohl für die Politik der USA als auch den globalen Krieg gegen den Terrorismus zu mobilisieren und zu erhalten«.
[119] »Offensive Schritte zur Erringung der Informationsüberlegenheit zu ergreifen«.
[120] »Die Professionalität des US-Militärs demonstrieren zu können«.
[121] »Die Unterstützung für den Kämpfer da draußen auf dem Schlachtfeld zu mobilisieren und zu erhalten«.
[122] Übereinkunft über die Grundregeln des Kommandos der bodengebundenen Koalitionsstreitkräfte.
[123] Claqueuren für das Militär.
[124] Reiseführer durch den Krieg

Darüber hinaus wurden in Konkurrenz zu den kommerziellen Medien noch sogenannte »Joint Tactical Information Cells«[125] installiert, deren »Mediensoldaten« mit Hilfe modernster Satelliten-Technologie eigene Text- und Bildberichte über den Kriegsverlauf versenden konnten, was den unschätzbaren Vorteil der Exklusivität sicherte. Unter den Lieferanten solcher Bildberichte waren sogenannte »Combat Camera Teams«[126], welche die US-Streitkräfte schon seit längerem unterhält und die für die visuelle Dokumentation des Krieges sorgen sollen. Mit deren Aufnahmen werden auch Journalisten auf Pressekonferenzen versorgt.

Nachfolgend sollen die wesentlichsten Aspekte der vom Pentagon erlassenen »Public Affairs Guidance« und des »CFLCC Ground Rules Agreement« näher analysiert werden.

Die PR-Arbeit des US-Militärs zielt auf drei Adressatengruppen, nämlich die US-amerikanische Öffentlichkeit, die Öffentlichkeit in den verbündeten Staaten sowie die Öffentlichkeit in den Staaten, in denen die USA militärische Operationen durchführen. Die vorrangige Devise dabei lautet: »Wir müssen über die Tatsachen berichten – seien sie gut oder schlecht –, bevor andere die Medien mit Desinformationen und verzerrten Darstellungen impfen, wie sie es mit allergrößter Wahrscheinlichkeit auch weiterhin tun werden. Unsere Leute vor Ort müssen unsere Sichtweise vermitteln …«

Mehrfach wird betont, daß es entscheidend darauf ankommt, durch Einbettung der Medienberichterstatter die Ereignisse aus amerikanischer Perspektive zu vermitteln und das Verständnis in der (Welt-)Öffentlichkeit darauf zu fokussieren: »Die Medien werden in der Truppe auf Stützpunkten der Luftwaffe und der Bodentruppen sowie in schwimmenden Einheiten eingebettet, um ein umfassendes Verständnis aller Operationen zu gewährleisten … Es werden Plätze in Fahrzeugen, in Luftfahrzeugen und auf Kriegsschiffen zur Verfügung gestellt, um eine möglichst umfassende Berichterstattung über die US-Truppen vor Ort zu ermöglichen … Die Truppenteile haben Transportkapazität und logistische Unterstützung vorzusehen, um den Transport von Medienprodukten zum und vom Gefechtsfeld zu unterstützen, damit unsere Darstellung der Ereignisse zeitgerecht ermöglicht wird.«

Selbst die militärische Geheimhaltung stellt unter bestimmten Voraussetzungen kein prinzipielles Hindernis für die Berichterstattung dar, wie in der »Public Affairs Guidance« ausgeführt wird, wenn der betreffende Reporter sich mit einer erweiterten Zensur seitens der Militärs einverstanden zeigt: »In Fällen, in denen ein militärischer Führer oder sein offizieller Stellvertreter feststellt, daß ein Berichterstatter mehr an geheimhaltungsbedürftigen Informationen erhält als durch eine Belehrung im Rahmen einer Vor- oder Nachbesprechung abgedeckt wird, die Berichterstattung selbst jedoch

---

[125] Streitkräftegemeinsame Taktische Informationszellen.
[126] Einsatz-Kamerateams.

im besten Interesse des US-Verteidigungsministeriums ist, kann der militärische Führer Zugang zu den Informationen gewähren, falls der Reporter einer Sicherheitsüberprüfung seines Berichts zustimmt.«

Für die Wahrnehmung der ihnen vom US-Verteidigungsministerium zugedachten Aufgaben bietet die »Public Affairs Guidance« den eingebetteten Journalisten eine breite Palette von Unterstützungsleistungen an. Dazu gehören:

- der generell erleichterte Zugang zu den Streitkräften,
- der Zugang zu operativen Kampfeinsätzen mit der Gelegenheit, tatsächliche Kampfhandlungen zu beobachten,
- kostenloser Transport in Luftfahrzeugen des US-Verteidigungsministeriums,
- Plätze in Fahrzeugen, in Luftfahrzeugen und auf Kriegsschiffen,
- ggf. fernmeldetechnische Unterstützung beim Absetzen bzw. Übertragen von Medienprodukten sowie Nutzung schneller militärischer Fernmeldeverbindungen,
- die Bereitstellung von Unterkunft, Verpflegung und gegebenenfalls sanitätsdienstlicher Versorgung,
- die leihweise Ausgabe von ABC-Schutzausrüstung,
- die (kostenpflichtige) Gestellung von Impfstoffen gegen Anthrax und Pocken.

Das bereits erwähnte »CFLCC Ground Rules Agreement« enthielt das detaillierte Regelwerk, das jeder Reporter vor seiner Einbettung in den ihm zugewiesenen Truppenteil förmlich zu unterzeichnen hatte. Grundsätzlich galt: »[Die] Grundregeln sind von den Medien vorher anzuerkennen und vor der Einbettung zu unterzeichnen. Verstöße gegen die Grundregeln können die sofortige Beendigung der Einbettung und die Entfernung aus dem Verantwortungsbereich zur Folge haben.« Von nicht zu unterschätzender Relevanz war die Anweisung, daß »sämtliche Interviews mit Angehörigen der Streitkräfte zu … protokollieren« waren. Damit war sichergestellt, daß einerseits die Soldaten bei ihren Aussagen äußerste Zurückhaltung walten ließen und andererseits die Journalisten, um ihre Interviewpartner nicht zu kompromittieren, schon während sie fragten, stets die Schere im Kopf trugen. Eine weitere Option zur Steuerung der Berichterstattung bot die Bestimmung, daß Sperrfristen verhängt werden konnten, um die »operative Sicherheit zu gewährleisten«. Mittels der Anweisung, alle Berichte für Druck- oder Rundfunkmedien mit Orts- und Datumsangabe zu versehen, wurde eine lückenlose Überwachung und Identifikation der jeweilige Urheber sichergestellt.

Und nach welchen Kriterien wurde nun festgelegt, welche Informationen zur Veröffentlichung freigegeben waren und welche nicht publiziert werden durften? Prinzipiell freigegeben waren ausschließlich allgemeine, pauschale und ungefähre Angaben über die eigenen Streitkräfte und deren Aktionen, nicht aber konkrete und präzise Zahlen, Daten und Fakten.

Einzelheiten des Kriegsverlaufs sollten tunlichst nicht publik werden, es genügte, wenn die (Welt-)Öffentlichkeit vom grandiosen Sieg der US-Truppen erfuhr. Dazu paßte es, daß »gesicherte Zahlenangaben über verhaftete oder gefangengenommene Angehörige der feindlichen Kräfte« durchaus zur Veröffentlichung freigegeben waren, nicht aber konkrete Angaben über Personal, Material, Truppenteile, militärische Einrichtungen, Truppenbewegungen, Dislozierung et cetera. Unter die Geheimhaltung fielen auch die Einsatzregeln, Sicherheitsmaßnahmen, Informationen über Spezialeinheiten, Methodik und Taktik von militärischen Operationen sowie Informationen über die Effektivität der gegnerischen Kampfführung. Darüber hinaus unterlag der Zugang zu Kriegsgefangenen strikten Restriktionen, ebenso wie jegliche Berichterstattung über tote, verwundete, verletzte und kranke Soldaten der eigenen Streitkräfte. Das Kriegshandwerk im einzelnen sowie die furchtbaren Auswirkungen der Waffengewalt sollten vor der (Welt-)Öffentlichkeit soweit wie irgend möglich verborgen gehalten oder nur in homöopathischen Dosen zur Kenntnis gegeben werden. Die Konsequenz war, daß die Medien »ended up sanitizing the war, by preferring to show victorious American soldiers rather than bloody, wounded or dead American or Iraqi soldiers«[127] und daß insbesondere die US-Medienanstalten »sugarcoated the horrors of war by avoiding gory pictures and using military jargon (»softening up Iraqi targets«) instead of direct, brutal, descriptive language (»killing Iraqis«).«[128] (*Alicia C. Shepard*). So wies eine kommunikationswissenschaftliche Studie aus dem Jahr 2003 (»Project for Excellence in Journalism«) nach, daß nicht ein einziger der von den eingebetteten Reportern abgelieferten Berichte Menschen zeigte, die von Kugeln oder durch andere Waffen verletzt worden waren.

Zusammenfassend läßt sich konstatieren, daß der Irakkrieg 2003 infolge der ausgeklügelten PR-Arbeit des US-Militärs nahezu ausschließlich in der Weise dargestellt werden konnte, wie es dem Pentagon paßte. Die Basis des Erfolgs bildete eine Doppelstrategie: Einerseits galt es, wohlwollend gesonnene Medienvertreter nach allen Regeln der Kunst zu umgarnen und zu korrumpieren (ein Washingtoner Redaktionsleiter schwärmte: »The beauty of the embed program was that it served our needs and it served your needs«[129]). Andererseits wurden unabhängig recherchierende Reporter, die sogenannten »unilaterals«, insbesondere auch solche aus europäischen und arabischen Ländern, systematisch benachteiligt, behindert, schikaniert und in Einzelfällen auch massiven Bedrohungen für Leib und Leben ausgesetzt, wie die Bombardierungen von *Al Jazeera* und *Abu Dhabi TV* sowie der Beschuß des Bagdader Hotels »Palestine«,

---

[127] »... am Ende den Krieg weichspülten, indem sie es vorzogen, siegestrunkene Amerikaner anstelle von blutigen, verwundeten oder toten amerikanischen oder irakischen Soldaten zu zeigen.«
[128] »die Schrecken des Krieges vernebelten, indem sie grausame Bilder vermieden, sich des Militärjargons (»irakische Ziele aufweichen«) anstatt einer direkten, brutalen, konkreten Ausdrucksweise (»Iraker töten«) bedienten.«
[129] »Der Charme des Einbettungsprogramms bestand darin, daß es unsere beiderseitigen Bedürfnisse erfüllte.«

in dem einige Unilaterale wohnten und arbeiteten, drastisch zeigten. Dem Publikum wurde zwar eine Fülle selektiver Eindrücke von den Kampfhandlungen vermittelt, es hatte aber keine Chance, die komplexe Realität des Krieges zu erfassen. Erzeugt wurde allenfalls die Illusion, am Krieg »beteiligt« gewesen zu sein. Von den insgesamt 775 »eingebetteten« Reportern bekamen übrigens gerade einmal 40 bis 50 tatsächlich Gelegenheit, »to see war in action.«[130]

Insgesamt war die Medienberichterstattung in den USA »durch ein hohes Maß an Patriotismus, Kriegsverherrlichung und in Extremfällen sogar durch Nationalchauvinismus gekennzeichnet« (*Andreas Elter*) und ist es weiterhin. In diesen nationalen Konsens reihen sich fast alle Journalisten ein, sind also von vornherein zur Selbstzensur bereit. Hinzu kommt, daß aus schlicht ökonomischen Überlegungen »Affirmation statt Diskurs ... den meisten Medien als Erfolgsrezept im immer härter werdenden Konkurrenzkampf« gilt (*Elter*). Dementsprechend einseitig verläuft die Meinungsbildung – immer im Kreise: »Der Kreis beginnt in einem ersten Schritt bei den Medien: Der von der Regierung vorgegebene politische Konsens wird in der Berichterstattung mehr oder weniger kritiklos transportiert. Zweiter Schritt: Den Zuschauern wird durch die Medien eine Meinungsrichtung vorgegeben. Entweder fühlen sie sich ohnehin bestätigt, oder aber sie passen sich der Meinung der Allgemeinheit an, aus Mangel an alternativen Informationsquellen oder weil dies gesellschaftlich opportun erscheint. Dritter Schritt: Die Zustimmung zum nationalen Konsens zeigt sich dann in Meinungsumfragen, durch die sich wiederum – im vierten Schritt – die Regierungsadministration bestätigt fühlt, so daß sie in gewissen Teilen ihr Handeln danach ausrichtet. Im fünften Schritt wird das wiederum von den Medien wahrgenommen und erneut berichtet. Der Kreis schließt sich also und beginnt wieder von vorn: ein meinungspolitisches Perpetuum mobile« (*Elter*).

Das Publikum erhält viele kurze Meldungen über einzelne aktuelle Ereignisse, der bitter notwendige kritische Diskurs über die völkerrechtsverachtende Kriegspolitik der Regierung und über die barbarische Kriegführung kann da gar nicht entstehen. Die US-Medien wirken im Gegenteil in weiten Teilen als Sprachrohre des Weißen Hauses und des Pentagon, deren Medien- und Öffentlichkeitsarbeit bis ins Detail geplant und auf die unterschiedlichen Medien und Adressatengruppen abgestimmt ist.

Eine aufschlußreiche Analyse hat der pensionierte Oberst der US Air Force, Sam Gardiner, im Herbst 2003 vorgelegt[131] (»Studie über Strategische Beeinflussung, Perzeptionsmanagement, strategische Informationskriegführung und strategische Psychologische Kriegführung während des 2. Golfkrieges«). Er listet über 50 Fälle auf, in

---

[130] »reale Kriegführung zu erleben.«

[131] *Gardiner, Sam*: Truth from These Podia. Summary of a Study of Strategic Influence, Perception Management, Strategic Information Warfare and Strategic Psychological Operations in Gulf II, October 8, 2003.

denen auf der Basis der »Gulf II Influence Strategy« Meldungen, Nachrichten oder Berichte entweder komplett erfunden, inszeniert oder verfälscht wurden. So wurden beispielsweise auf Weisung des Weißen Hauses die irregulären irakischen Kampfverbände als »terroristische Todesschwadronen« bezeichnet. Auch wurde behauptet, die Iraker setzten Kindersoldaten ein. Das Pentagon berichtete von irakischen Soldaten, die sich mit der weißen Flagge ergeben hätten; als US-Marines sie gefangen nehmen wollten, hätten die Iraker das Feuer eröffnet. Diese und andere Kriegslügen sollten die Skrupellosigkeit des Gegners belegen. Die meisten US-Medien übernahmen sie vorbehaltlos und verbreiteten sie. Summa summarum erweist sich, daß die »Massenmedien ... aus Sicht des Militärs von potentiellen Störfaktoren, die es zu instrumentalisieren gilt, zu willfährigen Helfern der Kriegführung avanciert [sind]. Die Medien selbst wurden zur Kriegswaffe« (*Bussemer*).

Auch für den Iran-Konflikt beauftragte US-Präsident George W. Bush seine Propaganda-Spezialisten mit der Ausarbeitung einer »Influence Strategy«. Das Bedrohungsszenario glich den erfundenen Kriegsgründen gegen Saddam Hussein. Im Zentrum stand die angebliche Gefahr durch iranische Atomwaffen, die indes bis dato überhaupt nicht existieren, sowie die Behauptung, das Regime in Teheran unterstütze den Terrorismus. Der iranische Präsident wurde systematisch als neuer Dämon aufgebaut. Bush und seine Schergen sprachen von Mahmud Ahmadinedschad als einem iranischen Wiedergänger Adolf Hitlers. Mochten auch im Dezember 2007 die US-Geheimdienste eine Prise Sand ins Getriebe gestreut haben (s. S. 196), so lief doch die über nahezu ein Jahrhundert verfeinerte Maschinerie der Kriegspropaganda abermals wie geschmiert. Und selbst nachdem im Januar 2009 Barack Hussein Obama als neuer US-Präsident sein Amt angetreten hatte, blieb die militärische Angriffsoption ausdrücklich auf dem Tisch (s. S. 197f).

Die Stärke des Rechts gegen die Gewalt des Angriffskrieges: Völkerrechtliche, verfassungsrechtliche und strafrechtliche Perspektiven

»Ich werde nicht zögern, unilateral Gewalt anzuwenden, falls dies notwendig sein sollte, um das amerikanische Volk oder unsere vitalen Interessen zu schützen, wo auch immer diese angegriffen oder unmittelbar bedroht sein sollten ... Wir müssen auch erwägen, militärische Gewalt in Lagen jenseits der Selbstverteidigung anzuwenden, um für eine gemeinsame Sicherheit zu sorgen, welche die globale Stabilität untermauert – um Freunde zu unterstützen, um an Stabilisierungs- und Wiederaufbauoperationen teilzunehmen oder um Massenschlächtereien entgegenzutreten.«
Sen. Barack Obama, Foreign Affairs (July/August 2007)

Schon am Tage nach seiner spektakulären Amtseinführung verkündete US-Präsident Obama weltöffentlichkeitswirksam die Schließung des Folterlagers, das die soeben aus dem Amt geschiedene Bush-Junta in Guantánamo Bay errichtet hatte. Dort hatten die US-Streitkräfte willkürlich aufgegriffene und entführte Terrorverdächtige aus aller Welt konzentriert, um sie – ohne Rücksicht auf jegliches Menschenrecht – in hundekäfiggroßen Zellen zu halten, zu erniedrigen und zu quälen.

Der schöne Glanz jenes hochsymbolischen Aktes, mit dem die neue Regierung in Washington ihre Bereitschaft zu signalisieren schien, ihr Land in die Gemeinschaft zivilisierter Nationen zurückzuführen, wurde nicht allein durch den Vorbehalt getrübt, daß dieses Unterfangen allen Ernstes ein ganzes Jahr in Anspruch nehmen sollte. Schon ertönten im Umfeld Obamas auch Stimmen, die warnten, eine Freilassung der Guantánamo-Häftlinge sei zu riskant für die nationale Sicherheit der USA, und die daher für eine fortgesetzte Inhaftierung plädierten.

Zu den Befürwortern einer solchen Schutzhaft gehören zwei der juristischen Berater des neuen Präsidenten: der Harvard-Professor Jack Goldsmith sowie der Forschungsdirektor für öffentliches Recht bei der Brookings Institution, Benjamin Wittes. Beide argumentieren, es sei doch nichts prinzipiell Neues, aus Gründen der öffentlichen Sicherheit Personen in Gewahrsam zu nehmen, die nicht strafrechtlich verurteilt sind. Demgegenüber mahnen Bürger- und Menschenrechtler, es wäre eine Katastrophe für Recht und Moral, wenn sich die Regierung Obama die Argumentation der Bush-Administration zu eigen machte, daß es im Interesse der nationalen Sicherheit notwendig sei, Gefangene auf unbestimmte Zeit ohne Urteil und sogar ohne Anklage festzuhalten.

Zum Abbau solcher Bedenken trug es nicht gerade bei, daß Präsident Obama sich in seinen ersten Amtsmonaten lediglich zum Stammlager Guantánamo äußerte, während er zu den zahlreichen über den Globus verteilten Außenlagern, beispielsweise der Bagram Air Base in der afghanischen Provinz Charikar, Camp Bondsteel im Kosovo oder dem »Schwarzen Loch der Folter« in Somalia, beredt schwieg. Unter Obamas Beratern wurde sogar ernsthaft erwogen, die Guantánamo-Insassen kurzerhand nach Bagram zu verbringen, wo zu diesem Zeitpunkt etwa 600 entrechtete Gefangene einsaßen – ohne jeden Anspruch darauf, die gegen sie erhobenen Vorwürfe und Beweismaterialien zu kennen sowie ihre Haft vor US-Zivilgerichten anzufechten. Am 18. April 2009 fragte deshalb die »*Deutsche Welle*«: »Wird Bagram Obamas Guantánamo?« Die Anzahl der Häftlinge dort hatte sich vervielfacht, seit im Herbst 2004 die Bush-Junta entschieden hatte, keine weiteren Häftlinge mehr nach Guantánamo zu verlegen. Dem britischen Sender *BBC* gelang es nach monatelangen Recherchen, 27 ehemalige Gefangene des US-Gefängnisses Bagram aufzuspüren und sie nach ihrem Schicksal zu befragen. Im Juni 2009 lag das Ergebnis, ein schockierender Bericht über Mißhandlungen und Folter, vor. »Sie haben Dinge mit uns gemacht, die man keinem Tier antut«, sagten die Ex-Häftlinge. Die britische Rechtshilfe-Organisation »Reprieve« sah durch den Bericht ihre Vermutungen bestätigt: »Bagram ist das neue Guantánamo« erklärte die Gruppe, wobei die Gefangenen von Bagram aber anders als in Guantánamo keinen Zugang zu Anwälten hätten. Im selben Monat gab die scheidende Generalsekretärin der deutschen Sektion von Amnesty International, Barbara Lochbihler, zu Protokoll, daß ihre Organisation derzeit daran arbeite, »daß die USA auch auf ihrem Militärstützpunkt Bagram in Afghanistan aufhören, verbotene Verhörmethoden anzuwenden«. Zur gleichen Zeit monierte die Anwältin des New Yorker Zentrums für Verfassungsmäßige Rechte (CCR), Pardiss Kebriaei, im Hinblick auf den Umgang der Obama-Administration mit den Guantánamo-Häftlingen, daß »die neue Regierung mittlerweile dieselben Positionen einnimmt wie die Bush-Regierung.« Demnach scheinen Zweifel an der Ernsthaftigkeit des Willens der neuen US-Regierung, sich nach den Exzessen in der Ära Bush vorbehaltlos auf den Boden des geltenden internationalen Rechts zu stellen, durchaus angebracht.

Ganz ohne symbolischen Aktionismus könnte Präsident Obama die künftige Selbstbindung der USA an die geltenden Normen des Völkerrechts beweisen, wenn er das Statut des Internationalen Strafgerichtshofs (ICC) unterschreiben und hierdurch eine Schurkerei seines Amtsvorgängers revidieren würde. Diesen Vertrag hatte zwar bereits Präsident Bill Clinton kurz vor Ende seiner Amtszeit paraphiert, doch hatte der Geisterfahrer des Völkerrechts George W. Bush am 6. Mai 2002 in einem für die USA bis dahin präzedenzlosen Akt der Mißachtung völkerrechtlicher Gepflogenheiten die Unterschrift seines Vorgängers annullieren lassen.

Ungeachtet des massiven Widerstands aus den USA schritt jedoch die Globalisierung des Strafrechts weiter voran. Bis 11. April 2002 hatten 64 Staaten das Römische Statut zur Errichtung des ICC ratifiziert, so daß der Vertrag am 1. Juli 2002 in Kraft treten konnte. Im Frühjahr 2003 nahm dann das Gericht in Den Haag seine Arbeit auf.

Der International Criminal Court, kurz ICC, bildet den krönenden Abschluß einer Entwicklung, die mit dem Ende des Zweiten Weltkrieges ihren Lauf genommen hatte. Damals war mit den Kriegsverbrechertribunalen von Nürnberg und Tokio ein erster, wenn auch unzulänglicher Versuch unternommen worden, Täter auf der Grundlage einer Londoner Vereinbarung der vier Alliierten über die Verfolgung von Verbrechen gegen den Frieden (Angriffskrieg), Kriegsverbrechen und Verbrechen gegen die Menschlichkeit zur Rechenschaft zu ziehen. Kurz danach, 1948, wollten die gerade gegründeten Vereinten Nationen einen Ständigen Internationalen Strafgerichtshof einrichten, doch blockierte der einsetzende Kalte Krieg dieses Projekt. Erst zu Beginn der 1990er Jahre gewann der Kampf gegen die Straflosigkeit schwerster Verbrechen gegen Völker- und Menschenrecht neue Dynamik. Die USA zeigten sich plötzlich interessiert, Verantwortliche für »ethnische Säuberungen«, Massenvergewaltigungen, Völkermorde auf dem Balkan und in Ruanda von internationalen Ad-hoc-Strafgerichten aburteilen zu lassen. Das Tribunal für das Gebiet des ehemaligen Jugoslawiens arbeitet seit 1993 in Den Haag, das für Ruanda seit 1994 in Arusha. Beide Gerichte entstanden nicht auf Beschluß der UN-Generalversammlung, sondern mit einer fragwürdigen Legitimation des UN-Sicherheitsrats; auch behandelt das Haager Tribunal nicht die Kriegführung der NATO gegen Jugoslawien, und das Verfahren gegen den jugoslawischen Präsidenten war eine Farce. Gleichwohl haben beide Gerichte eine Reihe bahnbrechender Urteile zum Völkermord, zur Vergewaltigung als Kriegsverbrechen oder zur strafrechtlichen Verantwortlichkeit militärischer Vorgesetzter gefällt.

Um die mit der Einrichtung von Ad-hoc-Tribunalen verbundenen Probleme zu vermeiden, hatten rund 160 UN-Mitgliedsstaaten die Initiative ergriffen, einen permanenten Internationalen Strafgerichtshof zu schaffen. Am 17. Juli 1998 nahm eine Zweidrittelmehrheit von Delegierten einer UNO-Konferenz in Rom das Statut für den ICC an – ungeachtet aller Bemühungen der USA, dieses Vorhaben zu sabotieren. Am Ende hatten neben den Vereinigten Staaten von Amerika nur noch die Volksrepublik China, der Irak, Israel, Jemen, Libyen und Qatar dagegen gestimmt – eine schillernde Allianz ausgewiesener Vorkämpfer für Menschen- und Völkerrecht! Nachdem die USA den Vertrag von Rom nicht hatten abwenden können, setzten sie in der Folgezeit alles daran, dessen Ratifizierung zu vereiteln. Denn erst nachdem mindestens 60 Staaten das ICC-Statut ratifiziert hatten, konnte es in Kraft treten.

Unter Federführung des erzkonservativen republikanischen Senators Jesse Helms initiierte der US-Kongreß mit Unterstützung des Weißen Hauses ein »Gesetz zum Schutz der Mitglieder der amerikanischen Streitkräfte«, um damit den ICC zu paralysieren. Dieses Gesetz aus dem Jahr 2002, von Kritikern sarkastisch als »Hague Invasion Act« apostrophiert, untersagt es allen US-Behörden, mit dem Internationalen Strafgerichtshof zusammenzuarbeiten, und ermächtigt darüber hinaus den US-Präsidenten, jeden Bürger seines Landes, der vor dem Strafgerichtshof steht, mit militärischer

Gewalt befreien zu lassen. Darüber hinaus zog das State Department alle Register, um kleinere und schwächere Länder davon abzuhalten, das Statut von Rom zu ratifizieren. Welch ein Widerspruch: Bis auf den heutigen Tag unterminiert dieselbe »Supermacht des Guten«, die sich selbstherrlich zum Vorkämpfer gegen den internationalen Terrorismus und für Menschen- und Völkerrecht aufgeschwungen hat, die Universalisierung des Rechts und sabotiert vorsätzlich das Weltstrafgericht!

Wo aber sind die Gründe für diese sture Blockadepolitik der USA gegenüber dem ICC zu suchen? Zuallererst wird immer wieder die Befürchtung ins Feld geführt, daß US-amerikanische Staatsbürger, insbesondere Militärangehörige, Opfer politisch motivierter Strafverfolgung werden könnten. Diese Sorge ist indes unbegründet, denn der Internationale Strafgerichtshof kann ausschließlich dann tätig werden, wenn nationale Strafgerichte nicht vorhanden oder unfähig oder nicht willens sind, schwerste Menschen- und Völkerrechtsverbrechen zu verfolgen. Die nationale Justiz besitzt also im Prinzip weiterhin Vorrang, solange sie ihrer Aufgabe gerecht wird. Der Völkergemeinschaft geht es bei der Schaffung des ICC im Kern darum, zu verhindern, daß Kriegsverbrecher, Folterknechte, Massenmörder getreu der Maxime »Wo kein Kläger, da kein Richter« ungestraft davonkommen können. Demgegenüber möchten die USA erreichen, daß ihre Staatsbürger prinzipiell Immunität gegenüber etwaiger Strafverfolgung durch den Internationalen Strafgerichtshof genießen – was dessen Statut ausschließt. Zudem sieht sich die US-Regierung in einer selbstgeschaffenen Bredouille gefangen: Da die USA nämlich die Zusatzprotokolle von 1974 bis 1977 zu den Genfer Konventionen von 1949 bislang nicht ratifiziert haben, existiert auf nationaler Ebene keine juristische Handhabe, sollten US-Staatsbürger in und ohne Uniform gegen die darin normierten Regeln des humanitären Völkerrechts verstoßen haben. Genau in einem solchen Fall aber griffe die Zuständigkeit des Internationalen Strafgerichtshofes und die US-Regierung wäre dann zur Auslieferung der Beschuldigten gezwungen. Die naheliegende Alternative bestünde freilich in der uneingeschränkten Ratifikation des gesamten völkerrechtlichen Normenkodexes (und selbstredend in der Einhaltung desselben).

Der ICC darf keineswegs gegen Straftaten jeder Art vorgehen, sondern sein Kompetenzbereich beschränkt sich auf die vier schwersten Verbrechen gegen das Völkerrecht: Völkermord, Kriegsverbrechen, Verbrechen gegen die Menschlichkeit sowie Vorbereitung und Führung eines Angriffskrieges – übrigens exakt die Tatbestände, für deren Verfolgung und Aburteilung die USA einst in Nürnberg und Tokio selbst den Grundstein im Völkerrecht gelegt haben. Freilich wies das Verfahren schon damals den nicht unwesentlichen Schönheitsfehler auf, daß potentielle Kriegsverbrechen auf alliierter Seite explizit nicht Gegenstand des Verfahrens waren. Einer derartigen Ungleichbehandlung schiebt das Statut des Internationalen Strafgerichtshofs nunmehr einen Riegel vor. Mit der Universalisierung des Völkerstrafrechts unterliegen alle Staaten dieser Welt, gleich ob Supermacht oder Zwergstaat, identischen Regeln.

Genau dies aber betrachtet die einzig verbliebene Supermacht als Affront, denn sie ist nicht geneigt, ihre nationale Souveränität durch eine universelle Jurisdiktion aushebeln zu lassen. Ihre außen- und sicherheitspolitische Entscheidungs- und Handlungsfreiheit betrachten die USA als sakrosankt. Der hinhaltende Widerstand der USA gegen den Internationalen Strafgerichtshof ist daher prinzipieller Natur: Ein Weltstrafgericht, welches der Arroganz der Macht die Universalität des Rechts entgegensetzt, hemmt die Entfaltung globaler Hegemonie. Die Vereinigten Staaten betrachten ganz selbstverständlich militärische Gewalt als legitime Fortsetzung der Politik und machen daher von ihr auch geradezu gewohnheitsmäßig Gebrauch. Konsequenterweise muß den USA die Idee kurios erscheinen, sie sollten zulassen oder gar zustimmen, daß einer internationalen Institution wie dem ICC das Recht zukommen soll, die Anwendung militärischer Gewalt nach dem Kriterium der Legalität zu überprüfen und zu beschränken. Nichtsdestoweniger wird auch die einzige Weltmacht USA sich der normativen Kraft der faktischen Existenz des nunmehr ins Leben gerufenen Internationalen Strafgerichtshofs auf Dauer nicht entziehen können.

Die politischen Entscheidungsträger in den USA machen sich nicht grundlos Sorgen über den zukünftigen Internationalen Strafgerichtshof. Ihnen liegt schwer im Magen, daß der schon länger bestehende Internationale Gerichtshof (IGH) in Den Haag die USA wegen der Verminung nicaraguanischer Häfen sowie der Entsendung von Terroristen, sogenannten Contras, von Honduras nach Nicaragua verurteilt hat. Nach dem Ende des Interventionskriegs gegen Jugoslawien ermittelte die Chefanklägerin des Sondertribunals, Carla del Ponte, auch gegen die verantwortlichen politischen Entscheidungsträger der NATO sowie gegen die Kampfflugzeugpiloten der NATO-Luftstreitkräfte. Zu einer Anklage kam es, wen wundert's, nicht, peinlich war der Vorgang allemal.

Gehen wir noch einen Schritt weiter zurück: Während des Vietnam-Krieges begingen die US-Streitkräfte eine Vielzahl von Massakern an der Zivilbevölkerung, die zumeist ungeahndet blieben[132]. Einzig im Falle des Leutnants William Calley, Hauptakteur des Massakers von My Lai, kam es zu einer Verurteilung, aber die US-Regierung entließ Calley schon nach kurzer Haftzeit in eine wohlsituierte Existenz. Schon das schiere Vorhandensein des ICC wird der US-Regierung zukünftig einen derartig zynischen Umgang mit von ihren Soldaten verübten Kriegsverbrechen verbieten.

Schließlich zeigten die Bestrebungen, den ehemaligen US-Außenminister Henry Kissinger wegen seiner Verwicklungen in den Vietnam-Krieg vor ein Strafgericht in Belgien zu zitieren, ebenso wie die Strafanzeigen gegen den zeitweiligen US-Kriegsminister Donald Rumsfeld, daß selbst Washingtoner Regierungsangehörige ins Fadenkreuz der internationalen Strafjustiz geraten können. Auch in den USA selbst ist nach

---

[132] Vgl. hierzu das exzellente Werk von *Greiner, Bernd*: Krieg ohne Fronten. Die USA in Vietnam, Hamburg 2009.

dem Abgang der Bush-Junta die Debatte um die Frage entbrannt, ob der Massenmörder und Angriffskriegsverbrecher George W. Bush sowie seine regierungskriminellen Helfershelfer mit und ohne Uniform sich strafrechtlich werden verantworten müssen. Wenngleich Amtsnachfolger Barack Obama bislang lieber abwiegelt und nach eigener Aussage nicht in die Vergangenheit, sondern nach vorn blicken möchte, wird doch eben diese Entscheidung über eine Anklageerhebung gegen jene Bande von Politkriminellen, die allem Anschein nach mindestens drei der vier im Römischen Statut inkriminierten völkerrechtlichen Schwerstverbrechen – nämlich Aggressionsverbrechen, Kriegsverbrechen und Verbrechen gegen die Menschlichkeit – begangen haben, der Lackmustest für die Glaubwürdigkeit des im Wahlkampf groß angekündigten »Wandels« sein, zumindest was die Völkerrechtstreue der USA angeht. Denn wie hatte Robert H. Jackson, Hauptankläger der USA beim Internationalen Militärtribunal in Nürnberg 1945, damals formuliert: »Die Vernunft der Menschheit verlangt, daß das Gesetz auch die Männer erreicht, die eine große Macht an sich reißen und sich ihrer bedienen, um ein Unheil auszulösen, das kein Heim in der Welt unberührt läßt. Der letzte Schritt, um periodisch wiederkehrende Kriege zu verhüten, muß dahin führen, die Staatsmänner vor dem Gesetz verantwortlich zu machen. Dieses Gesetz wird hier zwar zunächst auf deutsche Angreifer angewandt, aber es muß auch, wenn es von Nutzen sein soll, den Angriff jeder anderen Nation einschließen und verdammen.« Now it's your turn, Mr. President!

Die Last des Völkerstrafgesetzbuchs

Am 26. Juni 2002 trat in Deutschland ein im öffentlichen Bewußtsein bislang noch weitgehend unbekannter völkerrechtlicher Normenkodex in Kraft: das sogenannte Völkerstrafgesetzbuch (VStGB). Mit diesem Gesetz werden wesentliche Vorgaben des im Juli 1998 verabschiedeten und mittlerweile nach Ratifizierung durch die erforderliche Anzahl von UNO-Mitgliedstaaten in Kraft getretenen »Römischen Statuts« für den Internationalen Strafgerichtshof in Den Haag in nationales deutsches Recht umgesetzt.

Das neue VStGB stellt völkerrechtliche Kapitalverbrechen unter Strafe: Völkermord, Verbrechen gegen die Menschlichkeit sowie Kriegsverbrechen. Das Aggressionsverbrechen, also die Vorbereitung und Durchführung von Angriffskriegen oder die Beteiligung an solchen, blieb unberücksichtigt – und zwar deswegen, weil dieser völkerrechtliche Straftatbestand auch im Römischen Statut noch nicht abschließend definiert ist. Man hofft, daß das auf einer zwischen den Vertragsstaaten vereinbarten Überprüfungskonferenz im Jahr 2010 gelingen wird.

Für die Bundesrepublik Deutschland ist die Einführung des VStGB ein Fortschritt, vor allem weil nun die einzelnen Personen – nicht mehr nur die Staaten – als Völkerrechtssubjekte gelten. Endlich kommt damit die schon 1945 vom Nürnberger Militärgerichtshof formulierte Erkenntnis zur Geltung, daß »Verbrechen gegen das internationale Recht von Menschen und nicht von abstrakten Entitäten begangen werden und daß die Bestimmungen des Völkerrechts nur dadurch durchgesetzt werden können, daß diejenigen Individuen, die solche Verbrechen begehen, bestraft werden«. Das VStGB ermöglicht es, nicht nur Täter auf der untersten Ebene zu belangen, wo Befehle unmittelbar ausgeführt werden, sondern auch die zivilen Vorgesetzten und militärischen Befehlshaber auf der Kommandoebene zur Rechenschaft zu ziehen. Beste Voraussetzungen also, um dem Völkerrecht uneingeschränkt Geltung zu verschaffen, könnte man meinen.

Getrübt wird die Genugtuung über das modernisierte völkerstrafrechtliche Instrumentarium nicht nur dadurch, daß es bislang keine Handhabe gegen die Angriffskriegsverbrecher in den Reihen von Regierung und Streitkräften bietet, sondern vor allem auch dadurch, daß seine bisherige Anwendung – oder besser: Nichtanwendung – es fast schon zur Bedeutungslosigkeit verdammt hat. Hauptverantwortlich hierfür ist ein alter Bekannter, nämlich der Generalbundesanwalt (GBA) beim Bundesgerichtshof. Der lehnte es nämlich mehrfach ab, auf der Grundlage des im VStGB verankerten Weltrechtsprinzips tätig zu werden, das die Möglichkeit eröffnet, gegen Völkerrechtsverbrecher unabhängig von ihrer Staatsangehörigkeit oder vom Tatort ihrer kriminellen Handlungen vorzugehen.

In diesem Zusammenhang sticht besonders ins Auge, wie der Generalbundesanwalt die Strafanzeige gegen den Kriegs- und Menschlichkeitsverbrecher Donald H. Rumsfeld, vormals Kriegsminister der USA, eine Reihe ihm damals unterstellter Schergen aus den Reihen des US-Militärs sowie den damaligen CIA-Chef George Tenet und weitere Mitglieder der US-amerikanischen Regierung behandelt hat. Der Berliner Rechtsanwalt Wolfgang Kaleck hatte die Anzeige gemeinsam mit dem in New York beheimateten Center for Constitutional Rights (CCR) sowie vier irakischen Staatsbürgern gestellt. Es ging um Mißhandlungen, Folterungen, Vergewaltigungen und Todesfälle im Gefängniskomplex von Abu Ghraib im Irak sowie im Gefangenenlager von Guantánamo Bay in den Jahren 2002 bis 2004. Begründet hatte Kaleck die Strafanzeige im wesentlichen damit, daß in den USA keine Strafverfolgung gegen die Angezeigten wegen dieser Taten stattfinde. Lediglich Militärangehörige der unteren Ränge seien geringfügig belangt worden. Hingegen seien die eigentlich Verantwortlichen auf der Planungs- und Kommandoebene sämtlich straflos geblieben. Zudem demonstriere der eigens erlassene »Military Commissions Act« die Absicht, den mutmaßlichen Tätern umfassende Immunität gegen strafrechtliche Verfolgung in den USA zu verschaffen. Schließlich sei, so die Anzeigeerstatter, der Internationale Strafgerichtshof in Den Haag unzuständig, da die USA dem Römischen Statut nicht beigetreten seien. Dagegen zwängen die gesetzlichen Vorschriften des VStGB, insbesondere das im § 1 verankerte Weltrechtsprinzip, die zuständigen deutschen Strafverfolgungsbehörden dazu, gegen die Angezeigten Ermittlungsverfahren einzuleiten. Außerdem sei die Bundesrepublik Deutschland selbst in mehrfacher Hinsicht in die zur Anzeige gebrachten Vorgänge verwickelt. Dies gelte unter anderem im Hinblick auf die Stationierung und Ausbildung von im Irak eingesetzten US-Soldaten in Garnisonen auf deutschem Boden, die Gewährung von Lande- und Überflugrechten für am Irakkrieg beteiligte Flugzeuge bis hin zur Schulung irakischer Soldaten durch die Bundeswehr.

Ungeachtet der von Kaleck, dem CCR und den Irakern wohlbegründeten Tatvorwürfe beschloß der Generalbundesanwalt (GBA), von der Einleitung eines Ermittlungsverfahrens abzusehen. Sein schriftlicher Vermerk vom 5. April 2007 hierzu verrät nicht nur peinliche Ignoranz, sondern auch deutlichen Unwillen, den aus dem VStGB entspringenden Rechtspflichten nachzukommen. So war dem GBA angeblich nicht geläufig, daß mit CIA-Flugzeugen Menschen über US-Militärbasen in Deutschland (namentlich Ramstein) nach Guantánamo verschleppt worden waren („Rendition Flights«). Auch vermochte er nicht zu erkennen, daß die konkret in Rede stehenden Delikte etwa in den Hauptquartieren des US-Militärs in Deutschland vorbereitet worden waren. Wider die Faktenlage behauptete der GBA, daß sich kein Tatverdächtiger auf deutschem Boden aufhalte – worauf es laut Gesetz gar nicht ankommt.

Waren diese Vorwände für sein Nichtstun schon schlimm genug, so schlug freilich folgende Einlassung, mit welcher der GBA seine Untätigkeit begründete, dem Faß den Boden aus: Seine Abwägung nach § 153f der Strafprozeßordnung (StPO) ergab aus seiner Sicht, daß »für ein Tätigwerden deutscher Ermittlungsbehörden kein Raum« war; denn, so der GBA, es müsse »der Gefahr (sic!!) vorgebeugt werden, daß sich Anzeigeerstatter bestimmte Staaten allein wegen ihres völkerrechtsfreundlichen Strafrechts als Ort der Verfolgung aussuchen«, also sogenanntes »Forum-Shopping« betreiben. Hierdurch könnten sich nämlich die Ermittlungsbehörden zu aufwendigen, aber letztlich nicht zielführenden Ermittlungen gezwungen sehen.

In solch mißlicher Lage eröffnet der genannte StPO-Paragraph praktischerweise »für die Staatsanwaltschaft ein Korrektiv, einer Überlastung durch unzweckmäßige Ermittlungsarbeit entgegenzuwirken«. Und zwar – Weltrechtsprinzip hin oder her – »unabhängig davon, ob eine andere Gerichtsbarkeit zur Verfolgung bereit ist«. Alles andere würde in den Augen des GBA »auf eine rein symbolische Strafverfolgung hinauslaufen« und die »ohnehin personell und finanziell begrenzten Strafverfolgungsressourcen zu Lasten sonstiger, Erfolg versprechender Strafverfolgung unnötig binden«. Fazit des obersten deutschen Anklagevertreters: »Die (straf-)rechtliche Aufarbeitung etwaiger Verstöße gegen das Folterverbot in Guantánamo Bay/Kuba oder im Zusammenhang mit dem Irakkrieg bleibt daher Aufgabe der hierzu berufenen und hierfür zuständigen Justiz der Vereinigten Staaten von Amerika.«

Armes Deutschland, wo die Weisheit eines Generalbundesanwaltes sich darin manifestiert, die Frösche mit der Trockenlegung des Sumpfes zu beauftragen!

Der ganze Abweisungssermon hätte sich indes auch viel einfacher formulieren lassen, nämlich: Der Generalbundesanwalt ist erstens zu faul, seinen ihm durchs VStGB auferlegten Ermittlungspflichten nachzukommen, und zweitens zu feige, sich mit der das internationale Recht verachtenden Imperialmacht anzulegen. Der eigentliche Skandal besteht freilich darin, daß die mustergültigen Normen des deutschen VStGB durch generalbundesanwaltschaftliche Willkür de facto außer Kraft gesetzt werden.

Mit gekreuzten Fingern

Wenn Kinder gegen ihren Willen den Eltern etwas versprechen müssen, kreuzen sie einfach ihre kleinen Finger. Dem Kinderglauben zufolge macht solche Magie das Gelübde unwirksam. Wenn ausgewachsene Regierungen solche Winkelzüge auf der Bühne der internationalen Politik vollführen, nennt man dies: einen förmlichen Vorbehalt erklären. Letzteres tat die Bundesregierung, als sie beschloß, daß sich Deutschland im Falle zwischenstaatlicher Streitfragen der Rechtsprechung des Internationalen Gerichtshofes (IGH) in Den Haag unterwirft. Sie machte nämlich zwei wesentliche Einschränkungen, welche fundamentale Fragen von Krieg und Frieden betreffen. Zum einen will die Bundesregierung sämtliche Streitigkeiten über »die Verwendung von Streitkräften im Ausland« der Zuständigkeit des IGH entziehen. Zum anderen soll in Den Haag auch nicht über die Streitfälle entschieden werden, welche »die Nutzung des Hoheitsgebietes der Bundesrepublik Deutschland einschließlich des dazugehörenden Luftraumes sowie von deutschen souveränen Rechten und Hoheitsbefugnissen unterliegenden Seegebieten für militärische Zwecke« betreffen. Angesichts der üblichen Praxis von Völkerrechts- und Verfassungsbruch, wie sie das Kanzleramt seit der Beteiligung am Angriffskrieg gegen die Bundesrepublik Jugoslawien 1999, der Invasion Afghanistans 2001 und der Unterstützung des Aggressionsverbrechens gegen den Irak 2003 pflegt, vermag auch der mit der 2008 abgegebenen Unterwerfungserklärung unter die IGH-Jurisdiktion verbundene Rechtsbruch nicht mehr zu überraschen. In der Hauptsache unterwirft sie sich nicht, sondern verweigert sich.

Zwar haben auch andere Staaten in ihren Unterwerfungserklärungen Vorbehalte erklärt, wodurch stets der eigentliche Sinn und Zweck einer internationalen Gerichtsbarkeit unterlaufen, ihre Wirksamkeit verwässert wird. Gerade im deutschen Fall ist das aber äußerst problematisch, weil das Grundgesetz ganz besondere Bindungswirkungen des Völkerrechts vorschreibt. Just dies lag in der Absicht des Parlamentarischen Rates, der nach dem Zweiten Weltkrieg die neue (zunächst west-)deutsche Verfassung erarbeitete. Carlo Schmid, Vorsitzender des Hauptausschusses jenes Gremiums, brachte dies während der abschließenden Beratungen unter allgemeiner Zustimmung auf den Punkt, als er erklärte:»Unser Grundgesetz verzichtet darauf, die Souveränität des Staates wie einen ›Rocher de bronze‹ zu stabilisieren, es macht im Gegenteil die Abtretung von Hoheitsbefugnissen an internationale Organisationen leichter als irgendeine andere Verfassung in der Welt; es macht die allgemeinen Regeln des Völkerrechts zu Bestandteilen des Bundesrechts und sieht darüber hinaus in der umfassendsten Weise den Anschluß Deutschlands an ein System internationaler Schiedsgerichtsbarkeit und kollektiver Sicherheit vor. Mit der Annahme dieser Bestimmungen wird unser Volk zeigen, daß es entschlossen ist, mit einer europäischen Tradition zu brechen, die in der ungehemmten Entfaltung der Macht des Nationalstaates den eigentlichen Beweger der Geschichte und ihren letzten Sinn sah.« Getreu diesen Maximen wurde in Artikel 24 Absatz 3 des Grundgesetzes die Verpflichtung niedergelegt, daß der Bund, um zwischenstaatliche Streitigkeiten zu regeln, »Vereinbarungen über eine allgemeine, umfassende, obligatorische, internationale Schiedsgerichtsbarkeit beitreten« wird.

Diese rigiden Festlegungen schließen die Möglichkeit aus, mittels windiger Vorbehaltserklärungen gerade diejenigen Kategorien völkerrechtlicher Streitigkeiten einer gerichtlichen Überprüfung durch den IGH zu entziehen, derentwegen in einem langen historischen Prozeß die internationale Gerichtsbarkeit hauptsächlich geschaffen wurde. Das Attribut »umfassend« nämlich impliziert, daß ohne Ausnahme alles, was zwischen Staaten streitig ist, unter die Zuständigkeit des IGH fällt. Und dies schließt zweifellos alle Streitigkeiten über die Rechtmäßigkeit militärischer Einsätze der Bundeswehr und der militärischen Nutzung des deutschen Staatsgebiets durch eigene oder fremde Truppen ein – gerade sie.

In einer Zeit, die durch eine rasante, äußerst besorgniserregende Erosion völkerrechtlicher Standards geprägt ist, sendet die Bundesregierung mit ihrem Verhalten verheerende Signale aus. Statt vorbehaltlos das Völkerrecht, so wie es in der Charta der Vereinten Nationen kodifiziert ist, zu stärken, machen die Friedensverräter an den Schalthebeln der Macht in der Berliner Republik deutlich, daß sie die juristische Auseinandersetzung um militärische Streitfragen vor dem Internationalen Gerichtshof scheuen wie der Teufel das Weihwasser – wobei sie zum Hohn auch noch die »gestiegene internationale Verantwortung Deutschlands« auf den Lippen führen. Ganz offensichtlich gedenkt, wer so handelt, auch weiterhin die Bundeswehr entgegen geltendem Völker- und Verfassungsrecht einzusetzen oder ausländischen Streitkräften deutsches Hoheitsgebiet inklusive Luft- und Seeraum für völkerrechtswidrige Aktionen zur Verfügung zu stellen.

Neben ihrem armseligen Rechtsbewußtsein offenbart die Bundesregierung damit erneut ihr erbärmliches Demokratieverständnis. Obwohl sich das Bundesverfassungsgericht schon mehrfach genötigt sah, die Verletzung der verfassungsmäßig verbrieften Beteiligungsrechte des Deutschen Bundestages seitens der Exekutive zu monieren, umging sie das Parlament auch dieses Mal wieder. Gemäß Artikel 59 Absatz 2 des Grundgesetzes muß der Gesetzgeber allen völkerrechtlichen Verträgen, welche die »politischen Beziehungen des Bundes« regeln und entsprechende völkerrechtliche

Rechte und Pflichten begründen, qua Zustimmungsgesetz beipflichten. Solche Konsequenzen zeitigt die Unterwerfungserklärung unter die IGH-Jurisdiktion zweifellos. Indessen vereitelt der Kabinettsbeschluß vom 30. April 2008 nicht nur die von der Verfassung geforderte Beteiligung des Parlaments, sondern bezeugt auch den Vorsatz, jegliche kritische Diskussion über Völkerrecht und Kriegsbeteiligung, Bundeswehreinsätze und Grundgesetz in der demokratischen Öffentlichkeit zu unterbinden.

Deutschlands Schattenkrieger

>*»Unsere Einsätze bedeuten aber sehr häufig: schießen um zu töten.*
>*Bei einem Kommandoeinsatz können wir uns Zweifel daran nicht leisten.«*
>Reinhard Günzel,
>Brigadegeneral a. D. und ehemaliger Kommandeur des Kommandos Spezialkräfte (KSK),
>in Loyal, *das deutsche Wehrmagazin*

>*»Das Völkerrecht kennt weder ein Recht auf Rache,*
>*noch auf Vergeltung, noch auf vorsorgliche Tötung ...«*
>Prof. Dr. Jörg Arnold,
>Max-Planck-Institut für ausländisches und internationales Strafrecht in Freiburg i. Br.

Schon bevor am 20. April 1996 in der Graf-Zeppelin-Kaserne im schwäbischen Städtchen Calw das Kommando Spezialkräfte (KSK)[133] offiziell in Dienst gestellt wurde, begannen sich Gerüchte, Spekulationen und Mythen um jene streng geheime »Elitetruppe« der Bundeswehr zu ranken. Eben dieser Umstand spiegelt indes die unter Demokratiegesichtspunkten äußerst prekäre Problematik wider, welche die schiere Existenz eines solchen Geheimverbandes aufwirft, und begründet zugleich die grundlegende Fragestellung, inwieweit ein solches militärisches Arkanum nicht nur potentieller, sondern auch ganz realer tödlicher Gewaltausübung im Auftrag der staatlichen Exekutive, deren Folgen tendenziell auf jeden Bürger und jede Bürgerin der res publica hierzulande buchstäblich existentiell zurückschlagen können, überhaupt mit den Strukturen, aber auch Normen und Werten eines entwickelten demokratischen Gemeinwesens kompatibel sind.

---

[133] Dieses Kapitel beschränkt sich thematisch auf das Kommando Spezialkräfte (KSK), das den Kern der deutschen Special Forces repräsentiert. Das KSK bildet ein Element der Division Spezielle Operationen, die am 1. April 2001 in Regensburg aufgestellt wurde. Deren Auftrag umfaßt die Durchführung von militärischen Evakuierungsoperationen in kurzer Zeit über weite Entfernungen sowie die Bereitstellung eines multinationalen und Teilstreitkräfte übergreifenden Gefechtsstands zur Führung von Operationen der Spezialkräfte. Die Division verfügt darüber hinaus mit der Fernspählehrkompanie 200 in Pfullendorf, die hauptsächlich Schlüsselinformationen durch Fernspähaufklärung für die operative und strategische Führungsebene gewinnen soll, weiteren Luftlandeeinheiten für Kampf- und Führungsunterstützung sowie mit den Luftlandebrigaden 26 und 31 in Saarlouis und Oldenburg, die mit ihren spezialisierten Fallschirmjägerbataillonen schwerpunktmäßig Operationen gegen Irreguläre Kräfte (OpIK) durchführen sollen, über weitere Verbände und Einheiten, die sich mit dem Prädikat »Elite« versehen ließen. Daneben werden häufig auch die »Spezialisierten Einsatzkräfte der Marine« unter diese Kategorie subsumiert. Hierzu zählen im einzelnen Kampfschwimmer, Minentaucher und Boardingsicherungssoldaten; außerdem ließen sich noch die Marineschutzkräfte (MSK) darunter verstehen. Nach Angaben der Bundesregierung werden »als Spezialkräfte der Bundeswehr (...) die Einsatzkräfte des Kommandos Spezialkräfte des Heeres und die Kampfschwimmerkompanie der Marine bezeichnet. Darüber hinaus verfügt die Bundeswehr über keine weiteren Spezialverbände.«

Eine Truppe in der Grauzone parlamentarischer Kontrolle

Ein an der Aufstellung von »Deutschlands kleiner Geisterarmee« (*Bittner, Jochen* in: *Die Zeit*, 9. November 2006) beteiligter Bundeswehroffizier warnte damals, im Jahr 1996: »Es soll Leute geben, die erst im Krieg entdecken, daß es Spaß macht, Menschen zu töten. Das KSK operiert in einer Grauzone sondergleichen. So etwas kann sich verselbständigen.« Ein anderer, der diese Gefahr frühzeitig erkannte, war der CDU-Abgeordnete Willy Wimmer, einst Parlamentarischer Staatssekretär im Verteidigungsministerium. Er sprach von einem »Schweigekartell«, das die Einsätze des KSK umgebe.

Der Verteidigungsminister unterrichtet lediglich einen ganz engen Kreis von Abgeordneten über KSK-Operationen – und dieser unterliegt dann selbst der Geheimhaltung. Wimmers Kollege Winfried Nachtwei, Obmann von Bündnis 90/Die Grünen im Verteidigungsausschuß, kritisierte: »Fragwürdig und eher kontraproduktiv ist eine Totalgeheimhaltung gegenüber der Öffentlichkeit: Wo es um potentiell schärfste und riskanteste Bundeswehreinsätze geht, wo nach aller Erfahrung mit Spezialeinsätzen anderer Verbündeter das Risiko von Geheimkriegen nahe liegt, fördert Rundumgeheimhaltung Spekulationen, Gerüchte sowie fahrlässige oder bewußte Desinformation. Sie erschwert zugleich die parlamentarische Kontrolle, die nach aller Erfahrung über die offizielle Unterrichtung hinaus selbstverständlich auch anderer Quellen bedarf. Rundumgeheimhaltung ist nicht zuletzt kaum im Interesse von KSK- und Bundeswehrangehörigen generell, die völlig zu Recht nicht ein ›Spielball der Politik‹ sein wollen und für die eine begrenzte Öffentlichkeit eine Rückversicherung dagegen wäre.« Nachtwei forderte: »Es muß Schluß sein mit der grundsätzlichen Haltung des Ministeriums, bei KSK-Einsätzen einfach zu sagen ›Kein Kommentar‹.« Als Konsequenz empfahl Nachtwei, künftig gemäß dem Vorbild der niederländischen Regierung zu verfahren, die nach Abschluß der Einsätze ihrer Elitekräfte Auskunft gebe. Ähnlich verlangte der SPD-Verteidigungsexperte Hans-Peter Bartels »neue Regeln zur Unterrichtung des Parlaments«. Es könne nicht angehen, daß »solche Operationen für ein lange Zeit der nachvollziehenden Kontrolle des Bundestages entzogen sind«. Der Völkerrechtler Norman Paech (DIE LINKE), 2005–2009 Mitglied des Auswärtigen Ausschusses des Bundestages, konstatierte drastisch: »Die Informationspolitik der Bundesregierung bezüglich des KSK wird immer dreister. Sie gibt nur das zu, was direkt nachgewiesen wird. Und sie scheut offensichtlich nicht einmal davor zurück, das Parlament zu belügen.« Für die Fraktion der FDP zog deren Verteidigungspolitikerin Birgit Homburger die Schlußfolgerung, nach dem Vorbild des Parlamentarischen Kontrollgremiums für die Geheimdienste (PKG) müsse ein eigenes Gremium geschaffen werden, in dem über Einsätze von Spezialkräften unterrichtet wird. Das Parlamentsbeteiligungsgesetz sei entsprechend zu ergänzen.

Schützenhilfe erhielten die kritischen Parlamentarier durch eine Studie der als regierungsnah geltenden Stiftung Wissenschaft und Politik[134]. Auch deren Autoren monieren die »Intransparenz der Einsätze des Kommandos Spezialkräfte« und stellen fest, daß »eine effektive parlamentarische Kontrolle nicht gegeben ist«. Daraus resultiere die berechtigte Sorge, daß Einsätze des KSK sich »verselbständigen« könnten. »In Deutschland ist diese Entwicklung nun an dem Punkt angelangt, an dem das Problem der parlamentarischen Kontrolle über diese Kräfte gelöst werden muß«, lautet auf den Punkt gebracht der Befund.

Die Berliner Wissenschaftler empfahlen, das existierende Parlamentsbeteiligungsgesetz um eine Regelung zum Einsatz von Spezialstreitkräften zu ergänzen. Außerdem sei ein neues Kontrollgremium einzurichten, das sich aus den Vorsitzenden und Obleuten der Ausschüsse für Auswärtiges, Verteidigung und Haushalt zusammensetzen und den Einsatz der Spezialstreitkräfte parlamentarisch begleiten könnte. Bei sensiblen Einsätzen des KSK könne eine vorzeitige Information des Gremiums unterbleiben und durch eine nachfolgende Berichterstattung ersetzt werden, wenn dies die Sicherheit der Soldaten gebiete. Und schließlich sei, angesichts der bisherigen Erfahrungen der Umgang mit Einsätzen deutscher Spezialstreitkräfte zu überdenken. Denn es liege ein Problem darin, daß das KSK auf kleine Einheiten und kurze Einsätze ausgelegt sei, die parlamentarische Praxis der Mandatserteilung für größere Kontingente über einen längeren Zeitraum aber dieser Konzeption widerspreche.

Als Reaktion auf diese Debatte kündigte Bundesverteidigungsminister Franz-Josef Jung im Herbst 2006 eine bessere Information des Bundestages über KSK-Einsätze an. Neben den bis dahin schon zuständigen Obleuten im Verteidigungsausschuß (je einem aus jeder Fraktion), die – soweit die Sicherheit der Soldaten dadurch nicht gefährdet wurde – über laufende Operationen unterrichtet worden waren, sollten künftig auch die Obleute im Auswärtigen Ausschuß regelmäßig informiert werden, was zuvor nur von Fall zu Fall geschehen war. Außerdem sollten die Obleute nunmehr auch ihre Fraktionsvorsitzenden unterrichten dürfen – bislang hatten sie das in einer rechtlichen Grauzone getan. Die einzig echte Neuerung gegenüber der bisherigen Praxis war die Bereitschaft des Verteidigungsministers, einen schriftlichen Bericht vorzulegen, der auch eine Auswertung der KSK-Mission enthalten sollte. Dies geschah erstmals am 15. Januar 2007, als Verteidigungsministerium und Auswärtiges Amt den Fraktionsvorsitzenden aller im Bundestag vertretenen Parteien einen zwölfseitigen Bericht mit dem sperrigen Titel »Evaluation des Einsatzes der Bundeswehr im Rahmen OEF« übersandten. Wer freilich von diesem Report Substantielles zur Sache erwartet hatte, wurde enttäuscht.

---

134 *Noetzel, Timo/Schreer, Benjamin*: Spezialstreitkräfte der Bundeswehr. Politischer Handlungsbedarf, in: Stiftung Wissenschaft und Politik, *SWP-Aktuell 50*, November 2006.

Die Forderungen der Parlamentarier wie auch die der sicherheitspolitischen Fachleute wurden nur unzureichend berücksichtigt. Vor allem blieb die Frage der notwendigen politischen Kontrolle offen. Nach wie vor ist das KSK eine Truppe der Exekutive und kein integraler Bestandteil einer Parlamentsarmee, wie das Bundesverfassungsgericht mit seinem Urteil vom 12. Juli 1994 zu Auslandseinsätzen der Bundeswehr kategorisch gefordert hat. Die Bundeswehrführung maßt sich weiterhin an, diese fundamentale Auflage des höchsten Gerichtes zu ignorieren, wonach alle wesentlichen Entscheidungen über den bewaffneten Einsatz deutscher Streitkräfte vom Parlament legitimiert werden müssen – die Zustimmung des Bundestages also zwingend erforderlich ist. Das Parlament in seiner Mehrheit von der Kontrolle der KSK-Einsätze auszuschließen, läuft zweifellos dem Grundgesetz zuwider und ist auch unvereinbar mit der in den deutschen Streitkräften offiziell weiterhin geltenden Konzeption der Inneren Führung, die den »Staatsbürger in Uniform« explizit als tragendes Element im Rahmen einer Parlamentsarmee definiert. Einzig die adäquate Information und Beteiligung des Bundestages vermag der schleichenden Aushöhlung dieses Leitbildes entgegenzuwirken. »Wer in Festreden die Innere Führung, den Staatsbürger in Uniform und die Parlamentsarmee beschwört, der muß dies dann auch mit Leben füllen. Geheimniskrämerei entspricht diesen Werten nicht. Darüber hinaus gilt auch in diesem Zusammenhang: ›Vertrauen ist gut, (parlamentarische) Kontrolle ist besser.‹«[135]

Wie entstand das KSK, mit welchem Auftrag? Unmittelbarer Anlaß für die Aufstellung des Kommandos Spezialkräfte war der Bürgerkrieg im zentralafrikanischen Ruanda 1994, in dessen Verlauf nach Schätzungen der UNO circa 800.000 Menschen massakriert worden waren. Im Laufe der Auseinandersetzungen waren auch deutsche Staatsbürger bedroht, nämlich sieben Mitarbeiter des Radiosenders *Deutsche Welle* sowie vier weitere, die in der Hauptstadt Kigali eingeschlossen waren. Da die Bundesrepublik Deutschland zu diesem Zeitpunkt noch nicht über militärische Einsatzkräfte verfügte, die eine Evakuierung ohne größere Vorbereitungszeit hätten durchführen können, mußten belgische Paracommandos die Deutschen evakuieren. In Deutschland brach daraufhin eine aufgeregte Debatte los. Der damals amtierende Verteidigungsminister Volker Rühe konstatierte: »Die Fähigkeit, im Notfall eigene Staatsbürger im Ausland aus Gefahr für Leib und Leben retten zu können, gehört zur grundlegenden Verantwortung eines jeden Staates«, und stellte alle Weichen zur Aufstellung eines eigenen militärischen Spezialverbandes, nämlich des Kommandos Spezialkräfte.

Von 1994 bis 1996 erfolgte die Ausbildung erster Kommandosoldaten in enger Zusammenarbeit mit den US Special Operation Forces und dem britischen Special Air

---

[135] *Fröhling, Hans-Günter*: Das Kommando Spezialkräfte (KSK) aus dem Blickwinkel der Inneren Führung, in: *Bald, Detlef/Fröhling, Hans-Günter/Groß, Jürgen/Rosen, Claus Freiherr von (Hrsg.)*: Zurückgestutzt, sinnentleert, unverstanden: Die Innere Führung der Bundeswehr, Baden-Baden 2008, S. 138.

Service (SAS), »berüchtigt für ausgesprochene Killermentalität« (*Bittner*), sowie mit der GSG 9 des Bundesgrenzschutzes. Die konzeptionellen Grundlagen für das KSK wurden unter dem Rubrum »Ziel- und Planungsvorstellungen Spezialkräfte« durch den damaligen Inspekteur des Heeres, Generalleutnant Helmut Willmann, der als treibende Kraft hinter den Kulissen wirkte, am 28. September 1995 erlassen. Mit der Außerdienststellung der Luftlandebrigade 25 begann am 1. April 1996 in der Graf-Zeppelin-Kaserne in Calw der Aufbau des KSK, das dann am 20. September 1996 mit einer Personalstärke von circa 960 Mann offiziell in Dienst gestellt wurde.

Die ersten Kommandosoldaten rekrutierten sich aus Fallschirmjägerkompanien, die intern auch als »Kommando-Bravo-Kompanien« bezeichnet wurden, sowie anderen Teilen der Fallschirmjäger- und Fernspähtruppe. Am 1. April 1997 war der erste Einsatzzug »Retten und Befreien« mit 20 Mann offiziell einsatzbereit, um künftig deutsche Staatsbürger weltweit aus Notsituationen zu retten.

Seine ersten Aufträge führte das KSK im Jahre 1998 durch, wobei fast alle Operationen im Verborgenen liefen. Erst im Jahr 2000 bestätigte Willmann offiziell in einer Fernseh-Reportage der *ARD*, daß das KSK bereits mehrfach in Bosnien-Herzegowina und im Kosovo zum Einsatz gekommen war, ohne jedoch auf irgendwelche Details einzugehen. Wiederum Jahre später gelangten Informationen über ein Unternehmen ans Licht der Öffentlichkeit, das am 15. Juni 1998 unter der Codebezeichnung »Kilo-1« im bosnischen Foca stattgefunden hatte und bei dem der vom Kriegsverbrechertribunal in Den Haag gesuchte Milorad Krnojelac festgenommen wurde. Bei einem ähnlichen Unternehmen zur Ergreifung des gesuchten Janko Janjic waren erste Verluste zu verzeichnen: Als der mutmaßliche Kriegsverbrecher festgesetzt werden sollte, sprengte er sich mit einer Handgranate in die Luft, wobei drei KSK-Soldaten schwer verletzt wurden.

Die »Rettung, Befreiung und Evakuierung deutscher Staatsbürger und anderer Personen aus kriegs- und/oder terroristisch bedingten Bedrohungslagen« bildete den legitimatorischen Kern der Argumentation für die Existenz des KSK gegenüber der Öffentlichkeit. Indes erschöpfte sich darin das Auftragsspektrum nicht, es war von Anfang an weitaus umfassender und komplexer konzipiert. Im einzelnen zählten (und zählen) hierzu gemäß offizieller Aufgabenbeschreibung des KSK:

- der Schutz deutscher Einrichtungen und Kräfte im Ausland sowie von Personen in besonderen Lagen. Hierzu gehören Aufklären und Überwachen auf Distanz, also weit entfernt von den zu schützenden Einrichtungen und Kräften, dazu die präventive und reaktionsschnelle Abwehr feindlicher Kräfte und verdeckt operierender Gegner, bevor sie eigene Kräfte und Einrichtungen erreichen und bedrohen können, sowie auch der direkte Schutz, also der offensive Kampf gegen subversive Kräfte;
- das Aufspüren, Befreien und Rückführen deutscher Soldaten aus Gefangenschaft oder Geiselnahme;

- militärische Spezialaufklärung zur Gewinnung von Schlüsselinformationen und Erlangung von Informationsüberlegenheit bezogen auf feindliche Kräfte und deren Führungssysteme, sensitive Objekte, wichtige Einrichtungen und Infrastruktur, Waffensysteme von hoher Bedeutung und für die eigene Operationsführung wichtige militärische Ziele in der Tiefe des gegnerischen Raumes und schließlich
- der Kampf in der Tiefe mit Einsätzen gegen militärische Ziele hoher Priorität auf gegnerischem Gebiet, worunter die Wegnahme, Lähmung oder Zerstörung von für die gegnerischen Operationsführung entscheidenden Objekten, Einrichtungen, Waffensystemen, Einsatzmitteln und Anlagen, die Lenkung weitreichenden Feuers, aber auch die Lenkung von Kampfflugzeugen sowie die Abwehr terroristischer Angriffe fallen.

In seiner Struktur und Gliederung unterscheidet sich das KSK nur unwesentlich von Spezialeinheiten anderer Staaten. Der Verband besteht aus vier Kommandokompanien, einer Fernspähkompanie zur Informationsgewinnung und Unterstützungseinheiten.

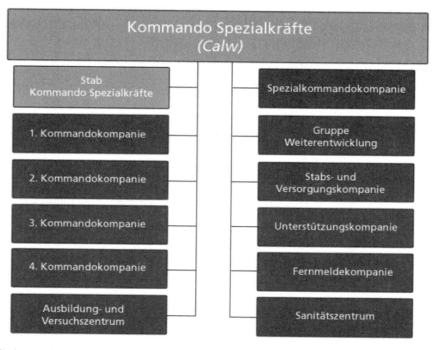

Gliederung des Kommandos Spezialkräfte, Stand: 21.01.2008, Quelle: http://www.deutsches-heer.de/portal/a/dso/dienststellen/ksk/gliederung

Jede Kommandokompanie umfaßt 80 Soldaten. Jeder der fünf Züge einer solchen Kompanie ist für eine bestimmte Transportart und ein spezielles Einsatzgebiet ausgebildet. Im einzelnen handelt es sich um den:

- Kommandozug Land: Er operiert hauptsächlich mit bodengestützten Fahrzeugen sowie zu Fuß und muß dies unter allen klimatischen und geographischen Bedingungen leisten können. Eine umfangreiche Fahrausbildung auf verschiedenen Fahrzeugtypen sowie Marsch- und Überlebensausbildung unter extremen Bedingungen sind daher unabdingbar.
- Kommandozug Luft: Er ist darauf spezialisiert, sein Ziel von oben zu erreichen. Für das vertikale Eindringen absolvieren die Kommandosoldaten eine umfangreiche Fallschirmsprungausbildung. Vom »Freifaller« aus großen Höhen mit Sauerstoff über den Tandemmaster bis hin zur Ausbildung für Lastensprünge reicht das Spektrum der Lehrgänge. Mit Hilfe unterschiedlicher Sprungverfahren sollen die Kommandotrupps unbemerkt vom Gegner in ihren Einsatzraum gelangen.
- Kommandozug Wasser: Er steht für amphibische Operationen bereit und kann über stehende oder fließende Gewässer in seinen Einsatzraum gelangen. Hierfür können die Kommandosoldaten auf eine umfangreiche Ausrüstung zurückgreifen – angefangen von Faltkajaks bis hin zu Schlauch- oder Sturmbooten.
- Kommandozug Gebirge: Er soll in großen Höhen sowie arktischen Regionen operieren. Neben einer umfangreichen Ausbildung für das Bewegen im Gebirge und das Klettern in Fels und Eis werden die Kommandosoldaten für die Fortbewegung auf Skiern und mit dem Schneemobil ausgebildet. Diese Ausbildung umfaßt auch ein intensives Arktistraining.
- Fernspähkommando- und Scharfschützenzug: Dieser stellt die Spezialisten für das unbemerkte Aufklären, die völlig autark operieren. Zu ihren wichtigsten Aufgaben gehören das Gewinnen von Schlüsselinformationen und das Überwachen von Räumen, auch hinter den feindlichen Linien. Der wichtigste Einsatzgrundsatz lautet: Sehen, aber nicht gesehen werden. Diese Kommandosoldaten führen sich zwar selbst, bekommen jedoch vom Verband Aufklärungs- und Observationsbereiche vorgegeben.

Die kleinste einsetzbare Kommandoeinheit bildet der aus vier jeweils speziell ausgebildeten Soldaten bestehende Trupp. Dieser setzt sich aus einem Waffenspezialisten, einem Pionierspezialisten, einem Fernmeldespezialisten und einem Fachmann für sanitätsdienstliche Versorgung zusammen.

Der Spezialkommandokompanie gehören weitere speziell ausgebildete Soldaten an, nämlich:

- Pionierkommandosoldaten: Zu deren Aufgaben gehören die Sabotage (vornehmer ausgedrückt: das Lähmen und Zerstören von Objekten) sowie die Beseitigung konventioneller Kampfmittel und Sprengvorrichtungen.
- Kommandosoldaten für Spezialaufklärung: Diese sollen Aufklärungs- und Erkundungsergebnisse durch Foto- und Videoaufnahmen dokumentieren und in Echtzeit übermitteln
- Kommandosoldaten für Luftunterstützung: Diese sind Spezialisten für das Erkunden, Einrichten und Betreiben von Lande-, Absetz- und Abwurfplätzen. Darüber hinaus unterstützen sie Luftlandeoperationen und lenken Luftangriffe von (Jagd-) Bombern gegen Erdziele.

Für die Auswahl der Bewerber und deren Basisausbildung zum Kommandosoldaten ist das Ausbildungs- und Versuchszentrum (AVZ) verantwortlich (s. *www.bundeswehr.de/portal/a/bwde/streitkraefte/heer/ksk*). Um in der Elitetruppe dienen zu dürfen, ist eine Mindestverpflichtungszeit von zwölf Jahren Voraussetzung. Die mehrjährige Ausbildung zum KSK-Kämpfer beginnt im Ausbildungszentrum Spezielle Operationen in Pfullendorf (Baden-Württemberg) und führt die Teilnehmer anschließend durch Trainingseinrichtungen auf allen Kontinenten in unterschiedlichsten Klima- und Vegetationszonen. Die Basisausbildung umfaßt unter anderem: Gleitfallschirmspringen, Schießen unter Streßbedingungen, Sprengen, Kampf Mann gegen Mann, medizinische Nothilfe, Überleben in Wüste, Dschungel und Arktis. Zur weiterführenden Ausbildung in den Kompanien gehört die individuelle Spezialisierung für eine der vier Spezialistenfunktionen im Kommandotrupp: Waffen-, Spreng-, Fernmelde- oder Sanitätsspezialist sowie die für internationale Einsätze unabdingbare Fremdsprachenausbildung.

Trotz des inbrünstig gepflegten, sowohl innerhalb der Streitkräfte als auch nach außen in die Öffentlichkeit transportierten Nimbus als der »Speerspitze der Bundeswehr« (so *Rauss, Uli*: »Kommando Spezialkräfte. Die Profis«, *stern*, 12. November 2004) ist es dem KSK niemals gelungen, genügend taugliche Kommandosoldaten zu rekrutieren, um die geplanten Dienstposten von 400 Einsatz- und 600 Unterstützungskräften zu besetzen. Hauptgrund dafür ist das extrem hart gestaltete Auswahlverfahren, das offiziellen Angaben zufolge nur acht bis zehn Prozent der Bewerber erfolgreich überstehen; in einem Jahr betrug die Durchfallerquote sogar 95 Prozent.

Schon das Motivations- und Anforderungsprofil der angehenden Kommandosoldaten hat es in sich, wie der Ex-Kommandeur Reinhard Günzel wissen läßt[136]: Von ihnen wird erwartet, daß sie das Leben in Extremsituationen und das Sich-Bewähren-Müssen in einer Elite verlockend finden, daß sie aus einer als satt und träge gewordenen Wohlstandsgesellschaft ausbrechen wollen, daß sie sich der extremsten Ausbildung in den Streitkräften in allen Klimazonen und Verbringungsarten stellen, daß sie bereit sind, die eigenen Leistungsgrenzen auszutesten und in einer eigenen, abgeschotteten Welt zu leben, und, vor allem, daß sie sich bedingungslos in den Dienst einer besonderen Sache stellen. Die Voraussetzung hierfür ist, daß die angehenden »Elite«-Kämpfer eine außerordentlich hohe psychische Belastbarkeit mitbringen. Entscheidend, so Günzel, sei der »Charakter, der Wille zum unbedingten Durchhalten, zum Sich-Durchsetzen-Wollen gegen den eigenen Körper, die Schmerzen, Hunger und Durst«. Die Ausbildung eines KSK-Mannes beschrieb Günzel mit den Worten: »Wir wollen ihn bis an die Grenzen der körperlichen Leistungsfähigkeit bringen, um zu sehen, ob er bereit ist weiterzumachen, wo andere aufhören. Ist er es nicht, schicken wir ihn heim … Wir verlangen von dem Mann Dinge, die ihn schier wahnsinnig machen … Er muß sich quälen können, teils bis zur Selbstaufgabe. Der Kopf aber muß Herr über den Körper bleiben. Er muß sagen: ›Du machst weiter!‹, selbst wenn das Blut in den Stiefeln steht. Den Satz ›Ich gebe auf!‹ gibt es nicht.«

Abgesehen davon, daß solche Heldenprosa in ihrer strotzenden Überheblichkeit ans Absurde grenzt, ist sie auch geeignet, ungute Reminiszenzen an längst vergangene Zeiten zu wecken, wo deutsche Männer »flink wie Windhunde, zäh wie Leder und hart wie Kruppstahl« sein und zudem an allen Fronten heroisch »bis zur letzten Patrone« kämpfen sollten. Hierzu paßt, daß Günzel den Kommandosoldaten in seiner von Kämpferideologie durchdrungenen Phantasiewelt zum »Übermenschen« stilisierte: »Wir brauchen – das ist die wichtigste Eigenschaft – den 200-prozentig verläßlichen Mann. Er muß seine Person einer höheren Sache unterordnen. Alle Einsätze sind lebensgefährlich. Jeder Soldat geht ein extrem hohes Risiko für Leben und Gesundheit ein. Das weiß er nicht zuletzt aus den Erfahrungen anderer im Kommando, die verstümmelt aus dem Einsatz zurückkamen. Der Mann muß geistig extrem flexibel und ständig hellwach sein. In gefährlicher Lage kommt es nur auf ihn und sein Team an. Er braucht die Fähigkeit, in nahezu aussichtsloser Situation clever, pfiffig und kreativ zu sein, nie aufgebend, stets den Ausweg suchend. Teamfähigkeit ist eine weitere Voraussetzung. Mancher lernt im tagelangen Ausharren im Spähposten den Kameraden besser kennen als die eigene Frau. Wer unfähig ist, das zu ertragen, ist falsch bei uns.« In

---

136 *Günzel, Reinhard*: »Wir wollen nur die Crème de la Crème«. Exklusiv-Interview mit dem Kommandeur des Kommando Spezialkräfte, Brigadegeneral Reinhard Günzel, über die schwierige Nachwuchsrekrutierung und das Leben als Kommandosoldat, in: *Loyal: das deutsche Wehrmagazin*, 9/2003, S. 14.

einer solchen, von geradezu idiosynkratischem Militarismus geprägten Konzeption liegt es nur allzu nahe, eine konkurrierende Bezugsgröße, wie sie die Familie darstellt, zur letztlich nur Probleme schaffenden Restgröße zu marginalisieren, denn, so Günzel, »die Familien müssen enorme Belastungen und lange Abwesenheiten nicht nur aushalten und überstehen, sie müssen auch Rückhalt und Stütze für unsere Männer sein ... Aber eine Frau, die ihren Mann liebt, kann nicht wollen, daß er in diese Einheit geht.« Aufgrund dieser Anforderungen waren zum Jahresende 2004 gerade einmal 110 KSK-Feldwebel »combat ready«. Im Frühjahr 2008 standen, wie der amtierende Kommandeur des KSK, Brigadegeneral Hans-Christoph Ammon, bestätigte, mit 200 Mann lediglich die Hälfte der eigentlich vorgesehenen 394 Kommandosoldaten für Kampfeinsätze bereit. Unverändert plagen den Eliteverband große Nachwuchssorgen. Nicht zuletzt deshalb versucht das Bundesverteidigungsministerium, der Rekrutierungsmisere dadurch entgegenzusteuern, daß zum einen die Entlohnung für den kräfte- und nervenzehrenden Job spürbar verbessert, zum anderen das Bewerberpotential durch die uneingeschränkte Zulassung von Frauen für sämtliche Tätigkeiten im KSK über die jetzt schon bestehenden Verwendungsmöglichkeiten im Unterstützungsbereich hinaus signifikant erhöht wird.

Um die Erhöhung der finanziellen Attraktivität des Dienstes im KSK wurde mehr als zwei Jahre lang zwischen Verteidigungs-, Innen- und Finanzressort gerungen. Bis Ende 2008 verdiente ein nach sechs Jahren zum Hauptfeldwebel beförderter Kommandosoldat im Monat etwa 2.000 Euro plus Kommando- und Springerzulage von 465 Euro. Letztere wurde mit Jahresbeginn 2009 auf 963 Euro erhöht. Hinzu kommen gestaffelte Prämien, die von 3.000 Euro für das Bestehen des Auswahlverfahrens bis 10.000 Euro für den erfolgreichen Abschluß der zweijährigen Ausbildung reichen; zudem wird nunmehr für jedes Jahr der Verwendung als Kommandosoldat über die Mindeststehzeit von sechs Jahren hinaus eine jährliche Prämie von 5.000 Euro gezahlt.

Zukünftig sollen auch die Frauen die Personaldecke verstärken. Der Inspekteur des deutschen Heeres, Generalleutnant Hans-Otto Budde, hält sie »auch beim KSK ... mittlerweile [für] unverzichtbar«. Bisher hat nur eine einzige Soldatin am Auswahlverfahren teilgenommen, ist allerdings zweimal bereits im ersten Sporttest durchgefallen. Im KSK wird daher geplant, Bewerberinnen künftig in speziellen Kursen vorzubereiten.

Die bisherigen Kampfeinsätze der deutschen »Schattenkrieger« förderten – trotz der angestrebten Totalgeheimhaltung – noch weitaus gravierendere Probleme als die personalstrukturellen Sorgen zutage. In den Grauzonen der Auslandseinsätze der Bundeswehr kam es nämlich »zu Regelverletzungen«, bei denen es sich um »Verstöße gegen den politisch gebilligten Auftrag gehandelt« habe (*Leyendecker, Hans*: »Operation Persilschein«, *Süddeutsche Zeitung* vom 27. Juni 2007). Einige der bekannt gewordenen Missionen des KSK sollen deshalb hier näher beleuchtet werden. Wie steht es um die demokratische Zuverlässigkeit des sogenannten Eliteverbandes?

Kollateralschäden im Anti-Terror-Krieg

Über die diversen Einsätze des KSK im Krieg am Hindukusch liegen mittlerweile vielfältige Informationen vor, anhand derer sich einige der Grundsatzprobleme zumindest exemplarisch illustrieren lassen, die aus der »Elitisierung« in der Bundeswehr resultieren. Es taucht zum Beispiel die Frage auf, wie deutsche Kommandosoldaten mit Kriegsgefangenen umgehen, die sie im Einsatz machen: »Überstellen sie Gefangene auch an solche Nationen, in denen ihnen die Todesstrafe droht ...? Sind sie beteiligt am System Guantánamo, an Verschleppungen durch US-Militärs?« (*Bittner*) Die brisanteste Frage schließlich lautet, ob es gar denkbar ist, daß »Todesschwadronen der Bundeswehr« im Auftrag des deutschen Staates gezielt feindliche Zielpersonen eliminieren. Daß sich solche Befürchtungen keineswegs als völlig abwegig vom Tisch wischen lassen, zeigt das Beispiel der atlantischen Führungsmacht. Wie der bekannte Investigationsreporter Seymour Hersh enthüllte, hatten US-Regierungskriminelle der Bush-Administration den Einsatz eines geheimen staatlichen Killerkommandos angeordnet. Vom Präsidenten autorisierte Kräfte des »Joint Special Operations Command« hätten im Ausland unter Umgehung der zuständigen Aufsichtsgremien des Kongresses sowie ohne Wissen der US-Botschafter und selbst der örtlichen CIA-Repräsentanten Mordanschläge verübt und seien dabei lediglich Vizepräsident Cheney gegenüber verantwortlich gewesen. Hersh spricht von einem »executive assassination ring«[137]. Ihr Kommandeur, der Drei-Sterne-Admiral William H. McRaven, habe inzwischen den Stopp der Einsätze befohlen, weil es »zu viele kollaterale Tote« gebe.

Erstmalig in Afghanistan im Einsatz waren KSK-Soldaten in den Jahren 2001, 2002 und 2003 im Rahmen der US-amerikanischen »Operation Enduring Freedom«. Das Mandat hierzu hatte der Deutsche Bundestag am 16. November 2001 erteilt, als er dem Antrag der Bundesregierung zur Beteiligung an der OEF zustimmte. Dieser Vorratsbeschluß ermöglichte es dem Bundesminister der Verteidigung als Inhaber der Befehls- und Kommandogewalt, bedarfsweise bis zu 100 deutsche Spezialkräfte im Gebiet gemäß Artikel 6 des Nordatlantikvertrags sowie auf der arabischen Halbinsel, in Mittel- und Zentralasien, Nord-Ost-Afrika sowie den angrenzenden Seegebieten einzusetzen. Einzelheiten des Verlaufs dieser Mission wurden zunächst nicht bekannt. Der damals amtierende Verteidigungsminister Peter Struck ließ anläßlich der Bundestagsdebatte über die Mandatsverlängerung der OEF am 7. November 2003 in Berlin lediglich verlauten, daß »bis zum 15. September Teile Spezialkräfte zur Verfolgung und Bekämpfung versprengter Reste von Kämpfern Al Qaida und Taliban in Afghanistan eingesetzt« waren, unter anderem, wie Rauss berichtet, im März und April 2002 im Rahmen der US-geführten »Operation Anaconda« in den Bergen von Tora Bora.

---

137 Mörderbande der Exekutive.

Ein Vorfall während dieser Mission sollte Jahre später den Anlaß für die Konstituierung eines unter Ausschluß der Öffentlichkeit tagenden Untersuchungsausschusses des Deutschen Bundestages liefern: die Begegnung zwischen dem – kurz darauf ins US-Folterlager Guantánamo Bay verschleppten – Deutschtürken Murat Kurnaz und Soldaten des KSK in Kandahar im Dezember 2001. Der in der Medienberichterstattung oftmals als »Bremer Taliban« Apostrophierte war zwar in Bremen-Hemelingen geboren und aufgewachsen, besaß aber einen türkischen Paß, keinen deutschen. Nach seiner Entlassung und Rückkehr aus fünfjähriger Folterhaft veröffentlichte Kurnaz einen Bericht, in dem er seine Erlebnisse und Erfahrungen als Opfer des gnadenlos und barbarisch geführten »Kreuzzugs gegen den Terror« schildert (s. S. 105). Dort beschreibt er sehr detailliert, wie er im südafghanischen Kandahar, einem Verhör- und Folterlager, in dem die US-Streitkräfte ihre für die Überstellung nach Guantánamo vorgesehenen Gefangenen selektierten, von zwei deutschen Kommandosoldaten mißhandelt worden war: »Ein KSK-Soldat habe ihn an den Haaren gepackt, auf den Boden geschlagen und getreten ... Ein zweiter Soldat habe danebengestanden.« Dabei habe einer der beiden gebrüllt: »Wir sind die deutsche Kraft, das KSK!« Im Verlaufe der von der zuständigen Staatsanwaltschaft in Tübingen eingeleiteten Ermittlungen gegen die tatverdächtigen »Elitesoldaten« identifizierte Kurnaz beide Täter auf ihm vorgelegten Fotos. Aufgrund dieser Geschehnisse konstituierte sich am 25. Oktober 2006 der Verteidigungsausschuß des Deutschen Bundestages als Untersuchungsausschuß, um sowohl die konkret im Raume stehenden Vorwürfe als auch die gesamten Aktivitäten des KSK zwischen November 2001 und November 2002 in Kandahar aufzuklären sowie herauszufinden, inwieweit die damals amtierende rot-grüne Bundesregierung Kurnaz eine mögliche Hilfeleistung verweigert hatte. Als gesichert kann sowohl nach Abschluß der staatsanwaltschaftlichen Ermittlungen als auch nach den Befragungen im Untersuchungsausschuß, der inzwischen vorliegt (Bundestagsdrucksache 16/ 13400 vom 18. Juni 2009), gelten, daß der behauptete Kontakt zwischen Kurnaz und den KSK-Männern tatsächlich stattgefunden hat. Allerdings hatte sich die Staatsanwaltschaft gezwungen gesehen, ihr Ermittlungsverfahren gegen die Verdächtigen einzustellen, da, »obwohl davon ausgegangen werden mußte, daß Kurnaz die Vorwürfe nicht frei erfunden« hatte, ein hinreichender Tatverdacht mangels hinreichender Akteneinsicht und mutmaßlicher Absprachen der Verdächtigen nicht zu erhärten war. Zu einer analogen Einschätzung gelangten fraktionsübergreifend die Oppositionsparteien im KSK-Untersuchungsausschuß, wobei insbesondere »die mangelnde Kooperation der Regierung und das Verhalten der KSK-Soldaten vor dem Ausschuß« gerügt wurden. Es sei »kein aktiver Aufklärungswille erkennbar« gewesen, monierte die FDP, die Grünen erinnern an die »Verschleppungsverfahren« im Verteidigungsministerium – Unterlagen waren »versehentlich« vernichtet worden, andere tauchten plötzlich und verspätet wieder auf. Zudem, so der Verteidigungsex perte der Grünen, Winfried Nachtwei, »hatten wir den Eindruck, daß Aussagen der KSK-Soldaten abgesprochen waren«.

Über den Fall Kurnaz hinaus gab es nach Aussagen eines nicht genannten KSK-Offiziers weitere Vorfälle, bei denen Kommandosoldaten sogenannte »illegale feindliche Kämpfer« gefoltert haben. Wörtlich kommentierte jener Offizier: »Es ist berauschend, Macht darüber zu haben, wer lebt und wer stirbt.«[138]

Von besonderer Brisanz im Hinblick auf die völkerrechtlichen und menschenrechtlichen Implikationen des politischen Handelns höchster Regierungsmitglieder der damaligen rot-grünen Koalition erscheint darüber hinaus der im Untersuchungsausschuß getroffene Befund, daß das Bundesministerium der Verteidigung und damit die Bundesregierung bereits am 10. Januar 2002 von der Funktion des Lagers [Kandahar] »als Durchgangsstation nach Guantánamo gewußt« habe. Dennoch hätten KSK-Kräfte an internationalen Militäreinsätzen mitgewirkt, bei denen Gefangene gemacht wurden, die nach Guantánamo gebracht worden seien. Dies, so die FDP-Wehrexpertin Elke Hoff, passe »nicht mit der damals medienwirksam inszenierten Politik der werteorientierten Friedensmacht Deutschland zusammen und verletzt die rechtsstaatlichen Standards«.

Aus der Perspektive des Völkerrechts, speziell der Genfer Konventionen, sowie des internationalen Menschenrechtsschutzes ergeben sich aus der Causa Kurnaz hinsichtlich der Terrorismusbekämpfung im Ausland relevante Fragen, die Wolfgang Heinz aufgelistet hat. »Für Bundeswehrangehörige, einschließlich von KSK-Angehörigen, stellt sich bei der Gefangennahme von mutmaßlichen Al-Qaida-Kämpfern und anderen Personen die Frage, wem diese überstellt werden und mit Bezug auf welche rechtlichen Regelungen? Bei einer Übergabe an die USA wäre etwa zu berücksichtigen die mögliche Verhängung der Todesstrafe oder auch eine mit den Menschenrechten nicht zu vereinbarende Strafverfolgung durch die sog. Militärkommissionen in Guantánamo oder die Verbringung in Haftzentren, die dem Zugriff der US-Justiz planmäßig entzogen werden. ... Und noch eine allgemeine Frage: Inwieweit ist die internationale Kooperation legitim und legal mit Staaten, die im Rahmen ihrer Terrorismusbekämpfung sog. Präventive Tötungen vornehmen, routinemäßig foltern und andere schwerwiegende Menschenrechtsverletzungen begehen? Wo müßte sie begrenzt werden bzw. welche Schutzmaßnahmen müßten ergriffen werden, um Schaden für den Menschenrechtsschutz abzuwenden?«[139]

---

138 Aussage des dem Autor persönlich langjährig bekannten Dozenten an der Führungsakademie der Bundeswehr, *Dr. Rudolf Hamann*, im Verlaufe einer sich an einen Vortrag des Verfassers anschließenden Diskussion während der Jahrestagung des »Arbeitskreises Militär und Sozialwissenschaften« in Bad Hersfeld am 30. Mai 2008.

139 *Heinz, Wolfgang S.*: Zu Auslandseinsätzen der Bundeswehr in der Terrorismusbekämpfung. Analysen und Empfehlungen aus der Sicht des internationalen Menschenrechtsschutzes, in: *Fleck, Dieter (Hrsg.)*: Rechtsfragen der Terrorismusbekämpfung durch Streitkräfte (Forum Innere Führung Band 24), Baden-Baden 2004, S. 86 f.

Hinsichtlich des Einsatzes der KSK-Truppe im Rahmen der »Operation Enduring Freedom« unter Kommando der US-Streitkräfte resultierte aus dieser Problematik das Dilemma, daß Gefangengenommene nicht an die Amerikaner hätten überstellt werden dürfen, da ihnen in den USA möglicherweise die Todesstrafe drohte.»Nach einem Schreiben der Rechtsabteilung des Verteidigungsministeriums vom 7. August 2002 zweifelten aus diesem Grund auch das Außenministerium und das Bundesjustizministerium an der ›völkerrechtlichen Statthaftigkeit unserer gesamten Mitwirkung an Enduring Freedom‹« (*Spiegel online* 30. Juni 2007). Diese delikate Problematik war auch den deutschen Spezialkriegern vollauf bewußt:»Im Grunde ist es eine Sauerei, unsere Jungs mit ungeklärter Rechtslage da reinzuschicken«, diktierte ein ehemaliger KSK-Offizier einem *stern*-Reporter in die Feder und fügte an: »Steht unser 28-jähriger Trooper mit einem Bein im Gefängnis, wenn die Amis seinen Gefangenen hinrichten?« (*Uli Rauss*)

Bis zum Frühjahr 2007 zog sich die Bundeswehrführung mit einem formaljuristischen Trick aus der Affäre: In Gewahrsam genommene Widerstandskämpfer wurden nämlich lediglich »festgehalten« – so lange, bis die US-Kameraden kamen, an die sie dann zur »Festnahme« übergeben wurden. Erst während einer Vernehmung des ehemaligen KSK-Kommandeurs Reinhard Günzel vor dem Untersuchungsausschuß des Deutschen Bundestages flog diese abenteuerliche Praxis auf. Dort gab Günzel am 9. Mai 2007 auf Frage des Abgeordneten Winkelmeier, wie denn den KSK-Angehörigen der Unterschied zwischen Festhalten und Festnehmen zur Kenntnis gebracht worden sei, zu Protokoll, daß dies »durch den Rechtsberater unmittelbar mündlich, persönlich in einem Rechtsunterricht in Calw ... im Dezember 2001 ..., bevor die Truppe in den Einsatz ging« stattgefunden habe. Auf die Frage der Abgeordneten Höger »Sind Sie sich einig mit mir, daß das trotzdem völkerrechtswidrig war?«, mußte Günzel einräumen: »Ja, es war zumindest ein dünnes Eis, auf das wir von unserem Dienstherren geschickt wurden«, um entschuldigend anzufügen: »Wir haben uns diesen Einsatz nicht ausgesucht. Wir sind in diesen Einsatz geschickt worden.« Aufgrund dieser Aussagen des ehemaligen KSK-Kommandeurs sah sich Staatssekretär Peter Wichert zum Einschreiten genötigt: Mit Datum 26. April 2007 gab er einen harsch formulierten schriftlichen Befehl an den Generalinspekteur der Bundeswehr, General Schneiderhan, zur »Behandlung von Personen, die bei Auslandseinsätzen von deutschen Soldatinnen oder Soldaten in Gewahrsam genommen werden«. In diesem Meisterwerk der Militärbürokratie wurde unter anderem geregelt, daß

- alle in Gewahrsam genommenen Personen Anspruch auf menschenwürdige Behandlung und Unterbringung, insbesondere auf Achtung ihrer Person und ihrer Ehre sowie Schutz vor Gewalttätigkeiten und Einschüchterung haben,

- in Gewahrsam genommene Personen unverzüglich entweder an die zuständigen Behörden zu übergeben oder freizulassen sind, sofern von ihnen keine Gefahr mehr ausgeht, und
- die Übergabe der in Gewahrsam genommenen Personen an Sicherheitskräfte von Drittstaaten untersagt ist, wenn Anhaltspunkte dafür vorliegen, daß die Beachtung menschenrechtlicher Mindeststandards nicht gewährleistet ist.

Der Umstand, daß derlei Selbstverständlichkeiten in einem Ministerialbefehl explizit betont werden mußten, legt die Frage nahe, wie denn deutsche Soldaten in solchen Situationen zuvor gehandelt hatten.

Weiteres Aufsehen erregte das KSK, nachdem es im Mai 2005 neuerlich an den Hindukusch entsandt worden war. Diesmal waren insgesamt 106 Mann im Rahmen der Mission »OEF-II-AFG« auf den zentralasiatischen Kriegsschauplatz befohlen worden. Angaben des Bundestagsabgeordneten Paul Schäfer (DIE LINKE) zufolge dauerte dieser Einsatz bis Ende Oktober 2005. Ab dem 6. Juli 2005 begannen die Dinge einen spektakulären Verlauf zu nehmen. An jenem Tag nämlich war auf der Homepage von *german-foreign-policy.com*, einer Gruppe unabhängiger Wissenschaftler, die sich im Internet der kritischen Beobachtung deutscher Großmachtambitionen widmet, eine Meldung mit dem Titel »Viele Tote« zu lesen. Deutschen Geheimdienstkreisen zufolge sollten bis zu diesem Zeitpunkt bis zu zwölf KSK-Angehörige im Kampfeinsatz in Afghanistan gefallen sein. Das für die Führung der Spezialkräfte zuständige Kommando in Potsdam lehnte jegliche Stellungnahme ab. Freilich erfolgte auch kein explizites Dementi. Gleichwohl hat es nach Angaben des bereits erwähnten anonymen KSK-Offiziers tatsächlich Tote (und auch Verwundete) in den Reihen der »Schattenkrieger« gegeben, freilich würden sämtliche Informationen darüber streng geheimgehalten.[140]

Auch der Brigadegeneral der Bundeswehr außer Diensten Heinz Loquai erhärtete den Verdacht, daß Todesfälle von Kommandosoldaten im Kampfeinsatz vor der deutschen Öffentlichkeit auf Anweisung von höchster Stelle vertuscht werden. Er selbst, schrieb er mir, habe aus glaubwürdiger Quelle bereits vor geraumer Zeit erfahren, »daß deutsche Soldaten bei KSK-Einsätzen ums Leben gekommen sind und die Familienangehörigen massiv unter Druck gesetzt werden, um zu verhindern, daß die Medien darüber etwas erfahren ... Es ist wohl auch zu vermuten, daß Parlamentarier hierüber informiert sind (wohl nicht PDS-Leute). Irgendwann wird der ganze Schwindel auffliegen.« Berücksichtigt man, daß der Dienstherr, wie mittlerweile durchgesickert ist, für seine KSK-Kämpfer Lebensversicherungspolicen in einer Höhe von 1,5 Millionen Euro abschließt, deren Auszahlung selbstredend an die Einhaltung gewisser Konditionen geknüpft ist, dann läßt sich erahnen, in welcher Form solcher Druck aufgebaut

---

140 *Hamann, Rudolf*: a. a. O. (Fußnote 138).

wird. Nachdenklich stimmen muß in diesem Kontext obendrein ein Kommentar des ehemaligen parlamentarischen Staatssekretärs auf der Hardthöhe, Willy Wimmer. Der nämlich sprach im Hinblick auf die Grabesstille im Bundesministerium der Verteidigung von einem »Schweigekartell zwischen Peter Struck und Friedbert Pflüger« (der CDU-Politiker Pflüger war unter Minister Struck Parlamentarischer Staatssekretär im Bundesverteidigungsministerium). Einer indes bürgte ohne Wenn und Aber dafür, daß die Todesmeldungen völlig aus der Luft gegriffen seien: Winni Nachtwei, Obmann der Fraktion von Bündnis90/Die Grünen im Verteidigungsausschuß. In seinen »Persönlichen Kurzmeldungen zur Friedens- und Sicherheitspolitik (11)« vom Juli 2005 konstatierte er, daß es sich bei der erwähnten Meldung von *german-foreign-policy.com* um »eine Unterstellung mit null Wahrheitsgehalt« handelt. Und, so Nachtwei wörtlich: »Als jemand, der die Rückkehr der in Kabul umgekommenen ISAF-Soldaten in Köln-Wahn am 25. Dezember 2002 und im Sommer 2003 miterlebt hat, bin ich davon überzeugt, daß Minister Struck Todesfälle von Soldaten nicht verheimlichen will und wird. Darüber hinaus wäre das ein aussichtsloses und politisch selbstmörderisches Unterfangen.« Diese Begründung klang plausibel und konnte durchaus der Wahrheit entsprechen. Konnte, mußte aber nicht. Denn es waren (und sind) Szenarien denkbar, die ein – zumindest temporäres – Verschweigen von Verlusten in den Reihen des KSK unter operativen Gesichtspunkten als ratsam oder gar unumgänglich erscheinen ließen und lassen.

So war angesichts der ministeriellen Geheimniskrämerei völlig unklar, ob es, wenn überhaupt, tatsächlich Tote oder ganz allgemein Verluste beim Einsatz der Kommandosoldaten gegeben hat. Beide Begriffe sind keineswegs synonym zu verstehen. Denn der Terminus Verluste umfaßt im militärischen Sprachgebrauch neben gefallenen auch verwundete, vermißte oder in Gefangenschaft geratene Kombattanten.

Ebenfalls im Dunkeln lagen die konkreten Operationen des KSK. Den vorliegenden Berichten zufolge sollen Teile dieser Truppe im Nordosten Afghanistans in der Region der beiden von der Bundeswehr geführten Provincial Reconstruction Teams in Kunduz und Feyzabad eingesetzt gewesen sein. Der Schwerpunkt des Einsatzes lag jedoch im Südosten, in der Region Paktika. Von eben dort waren bereits seit Monaten schwere und verlustreiche Kämpfe der eingesetzten Koalitionstruppen mit den wiedererstarkten, angeblich auch von weltweit rekrutierten Freischärlern der Al-Qaida unterstützten Kräften der Taliban gemeldet worden. Durchaus möglich, daß in dieser Region eine groß angelegte Operation des KSK stattgefunden hat, in deren Verlauf es zu verlustreichen Auseinandersetzungen gekommen sein mag, unter Umständen sogar zu einem militärischen Desaster, weil man in einen Hinterhalt feindlicher Kräfte geraten war. Allein dies hätte hinreichend Anlaß zum Schweigen geboten – auch für eventuell betroffene Angehörige, die über pauschale Erklärungen hinaus, wenn überhaupt, detailliertere Informationen nur erhalten, falls sie sich im Gegenzug zur Geheimhaltung gegenüber Dritten bereitfinden. Zudem unterliegen auch die Familienangehörigen der Kommandosoldaten, sollten sie entgegen der geltenden Vorschriften Kenntnisse über deren Einsätze erhalten haben, den einschlägigen Normen des deutschen Strafgesetzbuches zum Geheimnisverrat.

Denkbar war aber auch, daß eigene Soldaten dem Gegner in die Hände gefallen waren und hinter den Kulissen diskrete Verhandlungen liefen, um sie frei zu bekommen. Breite publizistische Aufmerksamkeit wäre diesem Unterfangen zweifellos alles andere als dienlich gewesen, gerade auch in den Augen von Familienangehörigen der Soldaten. Mittlerweile belegen Zeugenaussagen, daß am 26. April 2005 bei Gefechten mit feindlichen Kämpfern im Raum Feyzabad zahlreiche KSK-Soldaten verwundet und 15 von ihnen in Gefangenschaft geraten waren. Der deutschen Öffentlichkeit war dies damals von Verteidigungsminister Struck bewußt verschwiegen worden.

Ein weiterer Schweigegrund hätte auch darin bestehen können, daß es sich bei einem derartigen Einsatz um eine sogenannte»Combined Operation«, also ein gemeinsam mit Special Forces der Alliierten, etwa der US-amerikanischen Delta Force oder dem britischen SAS, durchgeführtes Unternehmen gehandelt hatte. In diesem Falle wäre unter allen Umständen geboten gewesen, aus bündnispolitischen Erwägungen eine Kompromittierung der Partner zu vermeiden. Und schließlich hätte in Anbetracht der grenzüberschreitenden Kampftaktik der gegnerischen Kräfte und der spezifischen topographischen Gegebenheiten eine Operation der Spezialkräfte auch jenseits der afghanischen Grenze auf dem Territorium Pakistans stattgefunden haben können. Ohne das Einverständnis der Regierung in Islamabad wäre dies zweifellos völkerrechtswidrig gewesen, anderenfalls aber reichlich prekär für die ohnehin angeschlagene Legitimität des damaligen Musharraf-Regimes. In beiden Fällen wäre Schweigen Gold, Reden nur Silber gewesen.

Was auch immer sich im Nebel des sogenannten Krieges gegen Terror ereignet haben mochte oder auch nicht – in jedem der zuvor skizzierten Szenarien hätte eine Offenlegung der Geschehnisse unweigerlich den Ruf nach Rücktritt des verantwortlichen Ministers nach sich gezogen und wäre somit weitaus riskanter – oder mit Nachtweis Worten »politisch selbstmörderischer« – gewesen als der Versuch, die Wahrheit unter der Decke der Verschwiegenheit zu halten. Im übrigen hat Minister Struck möglicherweise gar nicht gelogen, als er die Interviewfrage, ob, »wenn von der KSK-Truppe jemand getötet würde, ... das die Öffentlichkeit erfahren« würde, rundheraus bejahte. In diesem Kontext scheint interessant, daß der britische Special Air Service (SAS) in seiner mehr als sechzigjährigen Existenz nicht einen einzigen Gefallenen in seinen Reihen zu verzeichnen hat – was natürlich nicht daran liegt, daß SAS-Männer unsterblich sind, sondern vielmehr daran, daß getötete Kämpfer postum in die Militäreinheiten, denen sie ursprünglich entstammten, zurückversetzt und dann dort als Gefallene verbucht werden. Angesichts des Umstandes, daß das KSK in seiner Gründungsphase eingehend vom SAS beraten worden war, drängt sich die Frage auf, ob nicht hierzulande ebenso verfahren wird.

Als wäre die Hiobsbotschaft von den toten Kämpfern der KSK nicht schon fatal genug gewesen, veröffentlichte Uli Rauss am 7. Juli 2005 in der Illustrierten *stern* eine weitere, diesmal unter konspirativen Bedingungen entstandene Reportage über die geheimnisumwobene Calwer »Elite«-Truppe. Während seine im November 2004 mit offizieller Genehmigung des Verteidigungsministeriums produzierte erste Story eher den Charakter einer Eloge auf die »Speerspitze der Bundeswehr« hatte, barg der nun publizierte Bericht erhebliches Skandalpotential. Auffällig war zunächst, daß es dem Reporter offensichtlich gelungen war, einen dauerhaften und vertrauensvollen Zugang zu den Kommandosoldaten zu schaffen. Das ist bemerkenswert, da ja strengste Geheimhaltung zum Reglement der Spezialtruppe gehört. Die Soldaten müssen schriftlich versichern, mit niemandem außerhalb des Kommandos, auch nicht mit ihren Ehefrauen, über ihre Tätigkeit, geschweige denn über ihre Einsätze, zu reden. Verstöße gegen diese Bestimmungen erfüllen in aller Regel den Tatbestand des Geheimnisverrats. Dessen ungeachtet steht unbestritten fest, daß nicht nur einer, sondern mehrere Angehörige des KSK mit dem außenstehenden Journalisten Rauss über geheimhaltungsbedürftige Sachverhalte nicht nur geredet, sondern ihm darüber hinaus umfangreiches Bildmaterial sowie augenscheinlich sogar amtlich geheimgehaltene Dokumente wie den von ihm zitierten »Befehl Nr. 2 Verlegung EinsVbdSpezKr – Az 31-73-10« zugänglich gemacht hatten. Mit dieser Handlungsweise riskierten die Betreffenden nicht nur die Entfernung aus dem Dienstverhältnis, sondern gemäß der einschlägigen Paragraphen des Strafgesetzbuches auch empfindliche Freiheitsstrafen. Solche Risiken aber wären professionelle Soldaten nicht ohne triftige Gründe eingegangen – zumal jene, die, wie die »Elite«-Kämpfer des KSK, Anstrengungen und Entbehrungen weit jenseits des Gewöhnlichen hatten auf sich nehmen müssen, um überhaupt in diese Verwendung zu gelangen.

Angesichts der massiven Befürchtungen, als »Spielball der Politik verheizt zu werden«, wie die betroffenen Kommandosoldaten verlauten ließen, schien ihnen einzig die »Flucht in die Öffentlichkeit« erfolgversprechend. Denn unter ihnen herrschte, wie Rauss berichtet, Gewißheit, »daß es diesmal Verluste geben wird, tote deutsche Soldaten«. Aber den eigentlichen Skandal stellte der Auftrag dar, unter dem die Spezialkrieger aus Calw angeblich operieren sollten. Wörtlich gaben sie zu Protokoll, der Einsatz in Afghanistan laufe »aufs Ausschalten von Hochwertzielen im Drogengeschäft hinaus. Einige Offiziere haben uns nach Stabsbriefings klipp und klar gesagt, daß es um drug enforcement (Drogenbekämpfung) geht. Wir sollen Drahtzieher ausschalten, eliminieren.« Nie, so die Kommandosoldaten, hätten sich die KSK-Scharfschützen so intensiv auf »Assassination« vorbereitet: »Verdeckt ran an die Zielperson, ein Schuß, das war's.«

Dafür, daß diese Enthüllungen zutrafen, sprach einiges - nicht zuletzt die Antwort des verteidigungspolitischen Sprechers der SPD, Rainer Arnold, am 14. Juli 2005 auf die Frage, ob KSK-Soldaten auch gegen Drogenbosse im Einsatz seien: »Da gibt es Überschneidungen. Ein Terrorist kann sein Terrorgeschäft über Drogen finanzieren.« Ein Dementi hätte anders geklungen. Im Klartext folgte daraus, daß die damaligen Operationen des KSK in Afghanistan eindeutig die Begrenzungen des vom Bundestag erteilten Mandats zur Unterstützung der »Operation Enduring Freedom« sprengten. Denn eine direkte Teilhabe an den amerikanischen und britischen Militärmaßnahmen zur Drogenbekämpfung war durch das Mandat und die ergänzende Protokollerklärung der Bundesregierung kategorisch ausgeschlossen. Diese Auftragslage hatte der damals amtierende Bundesverteidigungsminister Peter Struck nochmals unmißverständlich in einem *Deutschlandfunk*-Interview am 12. Juni 2005 unterstrichen: »Deutsche Soldaten haben nichts mit Drogenbekämpfung oder Verfolgung von Drogenhändlern zu tun.« Darüber hinaus aber hätte ein Auftrag, wie ihn die Insider des KSK kolportierten, eklatant gegen jegliches Völkerrecht und erst recht gegen das Grundgesetz verstoßen. Beiden Einschätzungen pflichtete auch der bereits zitierte Winfried Nachtwei bei, als er kundtat, daß erstens »die Bundestagsmandate sowohl für ISAF wie für Enduring Freedom ... eindeutig jede direkte Bekämpfung der Drogenwirtschaft und ihrer Akteure aus[schließen]« und zweitens »solche Art ›Liquidierungseinsätze‹ ... vor allem aber die Bindung der Bundeswehr an Recht und Gesetz sprengen« würden. Gerade weil dies so war, mußte die Vorstellung, daß aus Deutschland entsandte Todesschwadronen der Bundeswehr in fremden Staaten aufgrund bloßen Tatverdachtes Mordaufträge ausführen könnten, ungeheuerlich erscheinen. Hätte die Darstellung des *stern*-Reporters zugetroffen, wäre klargewesen, daß Teile der Bundeswehr zur Mördertruppe verkommen waren.

Ob Gerhard Schröder dies im Sinn hatte, als er von der »Enttabuisierung des Militärischen« schwadronierte?

Die Männer des KSK schienen die Problematik des ihnen erteilten Auftrages nur zu genau erkannt zu haben. Alles sprach dafür, daß eine schriftlich nur unzureichend definierte, schwammige Mandatslage von militärischen Führungsverantwortlichen in der Calwer Kommandotruppe extensiv interpretiert und mündlich erweitert worden war – ganz nach dem Motto: Wer kann bei einem Toten denn schon wissen, ob unter der Paschtunen-Tracht ein Taliban, ein Al-Qaida-Terrorist oder ein Drogendealer steckt? Da der Eliminierte nicht mehr reden konnte, hätte es sich bei ihm im Zweifelsfalle stets um einen »illegalen Kämpfer« gehandelt. Hinzu kam, daß es sogenannte »Rules of Engagement«, also genau definierte Einsatzregeln, nur für die unter dem ISAF-Mandat operierende NATO-Truppe in Afghanistan gab, nicht aber für die im Rahmen der »Operation Enduring Freedom« unter US-Kommando kämpfenden Kräfte. Deren Aufträge und Einsatzverfahren unterlagen grundsätzlich den Vorgaben der US-Befehlshaber auf dem Kriegsschauplatz. Und was US-Militärs von (Kriegs-) Völkerrecht und Menschenrechten hielten (und halten), haben sie jahrelang tagtäglich in Guantánamo, Bagram, Abu Ghraib und anderen, geheimgehaltenen Folterzentren weltweit demonstriert.

Für die seinerzeit in Afghanistan eingesetzten KSK-Soldaten resultierte aus dieser Konstellation ein zweifaches Problem. Zum einen lief jeder von ihnen, der in der Grauzone zwischen Legalität und Illegalität agierte, Gefahr, persönlich für seine Handlungen haftbar gemacht und belangt zu werden. Denn wenn der Skandal ruchbar wird, hängt man erfahrungsgemäß die Kleinen – das sind die Akteure in der »Schlammzone« – und läßt die Großen, nämlich die verantwortlichen Schreibtischtäter, laufen. Letztere haben in aller Regel hinreichend Vorsorge getroffen, um sich gegebenenfalls aus ihrer Verantwortung winden zu können.

Zum anderen aber existieren Rechtsbewußtsein und Moralempfinden – vielleicht mehr noch als andernorts – auch in den Reihen des KSK. Gerade wer der Überzeugung ist, »das Recht und die Freiheit des deutschen Volkes« in solch extremer Form »verteidigen« zu müssen, wie es den Kommandosoldaten zugemutet wird, dürfte ein hinreichendes Maß an Sensibilität für Situationen entwickeln, in denen er mißbraucht wird.

In dieser prekären Lage lautete das Kalkül der Betroffenen wohl ungefähr folgendermaßen: Zunächst einmal über den bereits bekannten Kontaktmann in der *stern*-Redaktion versuchen, Öffentlichkeit herzustellen, um damit die Aufmerksamkeit der politisch verantwortlichen Entscheidungsträger auf die Problematik zu lenken. Spätestens wenn dann die politischen Kontroll- und Aufklärungsmechanismen zu wirken begonnen hätten, wäre auch die militärische Führung gezwungen gewesen, entsprechend zu reagieren. Im Fokus des geballten Interesses von Medien, Politik und Generalität wäre dann kein Handlungsspielraum mehr für schmutzige Operationen in der Grauzone geblieben, deren Risiken zuallererst der einzelne KSK-Soldat auf der Ausführungsebene zu tragen gehabt hätte.

Bemerkenswert daran ist auch, daß die seit langem etablierten Institutionen wie Vertrauenspersonen, Psychologen, Militärpfarrer oder selbst der Wehrbeauftragte offenbar keine geeigneten Optionen zur Konfliktlösung anzubieten vermochten und daß die Soldaten auch kein Vertrauen mehr in die Problemlösungsfähigkeit ihrer Vorgesetzten zu setzen schienen. Das wiederum wirft ein bezeichnendes Licht auf den inneren Zustand der Kommandotruppe[141].

---

141 Nicht gänzlich ausschließen läßt sich selbstverständlich, daß auch ein Selbstdarstellungsbedürfnis gegenüber der Öffentlichkeit im Spiele gewesen sein mag, als sich KSK-Soldaten an den stern wandten. Allerdings scheint doch sehr fragwürdig, inwieweit ein solch narzißtisches Bedürfnis die dafür eingegangenen nicht unerheblichen Risiken gelohnt hätte.

Jedenfalls wirkte es reichlich blauäugig, wenn der Abgeordnete Nachtwei verkündete: »Vom *stern* (7. Juli) verbreitete Behauptungen, deutsche KSK-Soldaten sollten zur direkten Tötung von Drogendealern eingesetzt werden, sind Gerüchte ohne jede politische Grundlage.« Ganz im Gegenteil: Alles, was bis dahin an die Öffentlichkeit gedrungen war, sprach dafür, daß etwas ganz gewaltig faul war – nicht im Staate Dänemark, sondern hierzulande.

Nicht zuletzt aber hatte im Lichte des möglichen Skandals um den aktuellen Afghanistan-Einsatz des KSK die schon erwähnte Forderung des Generalleutnants Hans-Otto Budde nach dem »archaischen Kämpfer« ungeahnte Aktualität gewonnen. Denn den sollte man sich ja »vorstellen als einen Kolonialkrieger, der fern der Heimat bei dieser Existenz in Gefahr steht, nach eigenen Gesetzen zu handeln«. Allem Anschein nach war diese Vision auf erschreckende Weise Realität geworden.

Das Selbstverständnis des KSK – Verbrecher als Vorbilder?

Daß sich unter den Rahmenbedingungen einer mehr oder weniger hermetischen Abschottung von der Öffentlichkeit in den Reihen der deutschen Spezialkrieger ein problematischer Korpsgeist und eine elitäre Subkultur entwickelt haben könnten, legen immer wieder auftretende skandalträchtige Vorfälle nahe. So gerieten beispielsweise im Jahr 2006 Bilder in die deutschen Medien, auf denen Kommandosoldaten der Bundeswehr martialisch auf ihren Geländefahrzeugen posierten, die sie nach dem Vorbild von Adolf Hitlers Afrikakorps mit weißen Palmensymbolen versehen hatten. Immerhin hatten die am Hindukusch operierenden »Helden« aus Calw das zu Zeiten des Generalfeldmarschalls Rommel in den Stamm integrierte Hakenkreuz der Nazi-Wehrmacht durch das Eiserne Kreuz der Bundeswehr ersetzt. »Ein paar unserer Jungs sind Ewiggestrige«, erklärte ein KSK-Mann dazu (*Bittner*).

Mag diese Wehrmachtsgraffitimalerei vielleicht noch als dummer Jungenstreich durchgehen, so muß schon erheblich mehr zu denken geben, daß die Calwer »Elitetruppe« jahrelang von einem General kommandiert wurde, den Verteidigungsminister Peter Struck schließlich wegen rechtsradikaler Gesinnung in den vorzeitigen Ruhestand expedierte – den konkreten Anlaß lieferten Günzels Beifallsbekundungen für antisemitische Äußerungen des später aus der CDU ausgeschlossenen Bundestagsabgeordneten Martin Hohmann. Unwahrscheinlich, daß ein derartiger Vorgesetzter nicht prägenden Einfluß auf seine Unterstellten ausgeübt hätte, zumal sich Günzel bei ihnen ausnehmender Beliebtheit erfreute.

Der General brachte seinen »Elite«-Soldaten auch gern mit markanten Formulierungen Geschichtsbewußtsein bei: »Ich erwarte von meiner Truppe Disziplin wie bei den Spartanern, den Römern oder bei der Waffen-SS.« Einen Grund, sich von dieser Aussage zu distanzieren, konnte er nicht erkennen; das KSK sei eben ein Eliteverband in historischer Kontinuität. Keinerlei Konsequenzen zog es auch nach sich, als Günzel wenig später einem Fernsehteam des *SWR* von *Report Mainz* in die laufende Kamera diktierte, daß er die Innere Führung in der Bundeswehr für völlig überflüssig halte und viele seiner Generalskameraden ebenso dächten wie er. Wes Geistes Kind dieser Brigadegeneral war, wurde dann nochmals erschreckend klar, als er zusammen mit General a. D. Ulrich Wegener, dem Gründer der Bundesgrenzschutzeinheit GSG 9, und Oberstleutnant a. D. Wilhelm Walther, der einstens als Regimentskommandeur in der berüchtigten Wehrmachtsdivision »Brandenburg« gedient hatte, im rechtsextremen Pour-le-Mérite-Verlag den Bildband »Geheime Krieger« veröffentlichte und bei diesem Anlaß kommentierte: »Das Selbstverständnis der deutschen Kommandotruppen hat sich seit dem Zweiten Weltkrieg nicht geändert.« Bei der Division »Brandenburg« hatte es sich um »eine dem Amt Abwehr unterstellte terroristische Sondereinheit der Wehrmacht, spezialisiert auf Kommandoeinsätze«, gehandelt (Bundestagsdrucksache 16/5380 vom 18. Mai 2007). Und noch einem weiteren Wehrmachtsverband fühlt sich das KSK eng verbunden: der 78. Sturm- und Infanteriedivision, für deren »Kameradenhilfswerk« es in seiner Heimatkaserne in Calw die Patenschaft übernommen hat. Dort pflegen Ehemalige von gestern und Aktive von heute die gute alte Tradition von 33 bis 45: Man trifft sich regelmäßig in der Kaserne zu Kameradschaftsabenden, veranstaltet dann auch schon mal ein freundschaftliches Übungsschießen und trinkt altersangemessen im von der Truppe bereitgestellten »Traditionsraum«. Die 78. Sturm- und Infanteriedivision war 1943 die einzige Sturmdivision der Wehrmacht, sozusagen das soldatische Pendant der mordenden SS-Divisionen. Sie gehörte zu den Speerspitzen der Nazi-Wehrmacht. Treffend also, daß die Eliteeinheit der Bundeswehr, das Kommando Spezialkräfte, die »Alten Kameraden« betreut. Während die Wehrmachtstradition offenbar unbeanstandet fortgeführt wurde, lieferte die Publikation der Altherrenriege über die Division »Brandenburg« den Anlaß für eine Kleine Anfrage im Bundestag, bei deren Beantwortung das zuständige Bundesministerium der Verteidigung die Bedeutung des Sachverhalts systematisch beschönigte und herunterspielte. Im Bendlerblock sah man explizit keinerlei Veranlassung für »intensivierte Maßnahmen, um die Angehörigen von Spezialeinheiten historisch und politisch zu schulen« (Bundestagsdrucksache 16/5380 vom 18. Mai 2007). Gleiches galt für etwaige »zusätzliche Maßnahmen, ... um zu verhindern, daß Rechtsextremisten als Soldaten oder Kommandeure im KSK aktiv werden können«.

Hingegen erkannte das Ministerium Handlungsbedarf, um das KSK künftig noch besser als bisher von der Öffentlichkeit abzuschirmen. Auf Anweisung von Staatssekretär Peter Wichert war zu prüfen, ob die KSK-Angehörigen nicht ähnlich wie die Geheimagenten des BND mit unter falschem Namen ausgestellten Tarndokumenten ausgestattet werden könnten, um sie und ihre Familien besser vor Ausspähung und gegen Bedrohungen zu schützen. In einer hausinternen Vorlage empfahlen die Ministerialen dem Verteidigungsminister darüber hinaus, »rigide gegen Journalisten vorzugehen, die über KSK-Angehörige berichtet haben, um damit ›ein deutliches Zeichen zu setzen‹«.

Angesichts dessen mußte es als blanke Ironie erscheinen, als ich am 28. Juli 2007 von einem Hauptmann der Bundeswehr, von dem sich kurze Zeit später herausstellte, daß er zum KSK gehörte, eine E-Mail-Nachricht folgenden Inhalts übermittelt bekam:

Guten Tag Herr Rose,

durch Zufall bin ich über die Seite des DS [Darmstädter Signal] gestoßen.

Mit Befremden registriere ich die strukturelle Ausrichtung Ihrer Vorfeldorganisation und distanziere mich als deutscher Offizier entschieden von diesem linken Zeitgeistkonglomerat uniformierter Verpflegungsempfänger. Nicht die Kritik an kritikwürdigen Themenfeldern kritisiere ich, sondern die Intention und Diktion dahinter. Sie wissen was ich meine und sie wissen auch, daß sie nicht das Sprachrohr einer, unserer Armee sind. Ich beurteile sie als Feind im Inneren und werde mein Handeln daran ausrichten, diesen Feind im Schwerpunkt zu zerschlagen. Die Phase des 68er Marsches ist beendet, kehren Sie um in den Gulag der politischen Korrektheit oder in die Sümpfe des Steinzeitmarxismus, dem Sie entkrochen sind. Sie werden beobachtet, nein nicht von impotenten instrumentalisierten Diensten, sondern von Offizieren einer neuen Generation, die handeln werden, wenn es die Zeit erforderlich macht.

Somit verbleibe ich mit vorzüglicher Geringschätzung und trefflicher Erheiterung in der Betrachtung Ihrer weiteren operativen Unfähigkeit.

Kaufhold, Daniel
Hauptmann

»Es lebe das heilige Deutschland« (Stauffenberg) [142]

Nach der daraufhin erfolgten Meldung an die zuständigen militärischen Stellen klärte sich sehr schnell auf, daß es einen Offizier dieses Namens tatsächlich gab – in Calw. Wenig später teilte das KSK selbst mit, daß man die Angelegenheit dort bearbeitete. Nachdem der Disziplinarvorgesetzte des Hauptmanns seine Ermittlungen abgeschlossen hatte, verhängte er gegen den Offizier eine einfache Disziplinarmaßnahme.

---

[142] Beim »Darmstädter Signal« handelt es sich um einen im September 1983 gegründeten Arbeitskreis von aktiven und ehemaligen Offizieren und Unteroffizieren der Bundeswehr, der sich als kritisches Sprachrohr der Bundeswehr versteht. Ziele des Ak DS sind: Absoluter Vorrang friedlicher Konfliktlösungen vor militärischen Einsätzen, Stärkung von UNO und OSZE, Abzug aller US-Atomsprengköpfe aus Büchel, Abbau aller Massenvernichtungsmittel weltweit, Verkleinerung der Bundeswehr auf ca. 120.000 Soldaten/-innen, Abschaffung der Wehrpflicht, strikte Einhaltung des Völker- und Verfassungsrechts, Landesverteidigung im Bündnis, Teilhabe an friedenserhaltenden Blauhelmeinsätzen – keine Beteiligung an friedenserzwingenden Kampfeinsätzen, Stopp der Rüstungsexporte, Demokratisierung der Streitkräfte, offene Diskussion ethischer Fragen des Soldatseins [www.Darmstaedter-Signal.de].

Eine parallel erfolgte Strafanzeige bei der bayerischen Polizei blieb folgenlos, da sich nach deren Ansicht laut telefonischer Auskunft aus dem Text der E-Mail-Nachricht kein hinreichend konkreter Straftatbestand ergab.

Ganz anders reagierte das Amt des Wehrbeauftragten des Deutschen Bundestages, das sich beunruhigt an das Bundesministerium der Verteidigung wandte. Als höchster truppendienstlicher Vorgesetzter des KSK wurde der Inspekteur des Heeres zu einer klärenden Stellungnahme aufgefordert. Der hierdurch ausgelöste militärbürokratische Bearbeitungsgang nahm dann etwa ein halbes Jahr in Anspruch, bis im Februar 2008 ein endgültiger Bescheid aus dem Amt des Wehrbeauftragten erfolgte. Darin teilte dieser mit, daß er die in der E-Mail-Nachricht des KSK-Hauptmanns enthaltenen Formulierungen »nicht nur für pflichtwidrig, sondern für unerträglich hält«. In bemerkenswerter Weise bewertete der Wehrbeauftragte die Reaktion des zuständigen Disziplinarvorgesetzten: »Für völlig unzureichend halte ich ... die disziplinare Würdigung des Verhaltens des Absenders der E-Mail.« In seinem dem Deutschen Bundestag im März 2009 zugeleiteten Jahresbericht bekräftigte der Wehrbeauftragte Reinhold Robbe seine Unzufriedenheit nochmals unmißverständlich, als er ausführte: »Bezogen auf die aus meiner Sicht unzureichende Maßnahme habe ich beim Bundesminister der Verteidigung die nachträgliche, rechtlich noch mögliche Einleitung eines disziplinargerichtlichen Verfahrens angeregt. Der Bundesminister der Verteidigung teilte zwar in Übereinstimmung mit dem Zwischenvorgesetzten die Auffassung, daß die verhängte Disziplinarmaßnahme der Schwere des Dienstvergehens nicht gerecht wird. Im Ergebnis sah er sich aber unter Würdigung aller Umstände und des mangelnden extremistischen Hintergrundes nicht veranlaßt, die Entscheidung der zuständigen Einleitungsbehörde, von der Einleitung eines gerichtlichen Disziplinarverfahrens abzusehen, zu revidieren. Nach Unterrichtung durch mich wurde der Vorfall auch im Verteidigungsausschuß behandelt.«

Mit seiner Auffassung stand der Wehrbeauftragte nicht allein. So äußerte sich der langjährige Abgeordnete des Deutschen Bundestags Willy Wimmer (CDU), der die Bundeswehr seit langem sehr genau kennt, in einem Telefongespräch mit mir dahingehend, daß man in früheren Zeiten – noch während des Kalten Krieges – einen Offizier wie Kaufhold umstandslos entlassen hätte.

Auch in den Medien erzeugte der Fall bundesweit erhebliche Resonanz, so berichteten unter anderem der *Spiegel*, die *Süddeutsche Zeitung, Bild*, der *General-Anzeiger, Neues Deutschland* und *Frankfurter Rundschau*. Der Freiburger Professor Wolfram Wette, einer der renommiertesten Militärhistoriker in der Bundesrepublik, zeigte die fatalen geschichtlichen Bezüge und Konnotationen der Causa Kaufhold aus den Zeiten der Weimarer Republik auf, als er konstatierte: »Da hören wir den Originalton der rechtsradikalen Freikorpskämpfer aus den frühen Jahren der Weimarer Republik, die später durchweg bei der NSDAP und der SS landeten. Wer sich damals zu Demokratie und Pazifismus bekannte und das Militär kritisierte, wer gar aus den Reihen der ewigen Krieger ausscherte und beispielsweise etwas über die geheimen und illegalen Rüstungen ausplauderte, konnte seines Lebens nicht mehr sicher sein. Die damalige Haß-Parole lautete: ›Verräter verfallen der Feme!‹ Mehr als 300 Menschen, die den rechtsradikalen Freikorpskämpfern als ›innere Feinde‹ galten, wurden in den Jahren 1919 bis 1923 ermordet« (*Wette, Wolfram* in: *Frankfurter Rundschau* vom 4. April 2008). Und ähnlich dem Wehrbeauftragten zeigte sich der Geschichtswissenschaftler, der zuvor lange Jahre am Militärgeschichtlichen Forschungsamt der Bundeswehr gewirkt hatte, konsterniert ob der lauen Reaktion im Apparat. Wette schrieb: »Umso mehr überrascht es, daß die militärischen Vorgesetzten den Fall niedrig hängten und den durchgeknallten Freikorps-Adepten mit einer geringfügigen Disziplinarmaßnahme mehr deckten als bestraften. Folgten sie damit der Vorgabe des Heeresinspekteurs General Hans-Otto Budde, der schon seit Jahren den ›archaischen Kämpfer‹ fordert? Man erinnert sich auch an den Brigadegeneral Reinhard Günzel, der als Kommandeur der KSK abgelöst wurde, weil er antisemitische Äußerungen des später aus der CDU ausgeschlossenen Abgeordneten Martin Hohmann bejubelt hatte. Haben er und seinesgleichen diese ›Offiziere einer neuen Generation‹ herangezogen, die einen rechtsradikalen Gesinnungsmilitarismus wiederbeleben möchten? Die unter dem Mantel der ›Neuen Normalität‹ und der ›gewachsenen internationalen Verantwortung‹ legitimierte Politik der weltweiten Bundeswehreinsätze hat, wie man sieht, einen hohen Preis.«

Politisch zog die Angelegenheit ebenfalls weitere Kreise, wie eine Kleine Anfrage im Deutschen Bundestag illustriert (Bundestagsdrucksache 16/9017 vom 30. April 2008), welche die Bundesregierung auf skandalöse Weise beantwortete. Sie teilte den Abgeordneten mit, bei dem Verfasser der Haßmail handele es sich nach verteidigungsministerieller Auffassung um einen »bewährten Soldaten«. Auf die Frage »Inwiefern sind KSK-Angehörige, die politisch andersdenkende Soldaten als ›Feind im Innern‹ bezeichnen und sie zu ›zerschlagen‹ drohen, nach Ansicht der Bundesregierung geeignet, die verfassungsmäßigen Werte und die Prinzipien der Inneren Führung umzusetzen?«, verwies das Ministerium lediglich ausweichend darauf, daß keine Anhaltspunkte dafür bestünden, daß innerhalb des Truppenteils Kommando Spezialkräfte eine Gruppe von Offizieren oder anderer Soldaten bestehe, von der rechtsextremistische Bestrebungen ausgehen bzw. die sich an solchen Bestrebungen beteiligen würden.

Die Beantwortung von Fragen nach der Verwendung des Offiziers Kaufhold wurden mit dem Hinweis, es handle sich um »Personalangelegenheiten«, abgelehnt. Auch ergab sich für die Bundesregierung aus diesem Vorgang keinerlei Anlaß, »intensiver als bisher gegen rechtsextreme Auffassungen und Organisationsansätze in der Bundeswehr und insbesondere im KSK vorzugehen« oder irgendwelche Maßnahmen diesbezüglich zu ergreifen. Da vermochte es dann auch nicht mehr zu überraschen, daß die Bundesregierung den Adressaten der Haßmail als »nicht gefährdet« einstufte.

Aus einschlägigen Internetforen ließ sich indes ein anderer Eindruck gewinnen. Dort fand, wie nachfolgende Auswahl illustriert, der KSK-Offizier Kaufhold viel Sympathie und Solidarität, während gegen die kritische Soldatenvereinigung »Darmstädter Signal« der Haß sprudelte:

- »Wozu braucht man eigentlich »Darmstädter-Signal«-Kämpfer in der Bundeswehr? Als Quoten-Kommunisten??? ... Das ›Darmstädter Signal‹ ist eine Gruppe von knapp 100 aktiven und ehem., Soldaten aller Dienstgrade und Zivilbedienstete, die nicht dem Sozialismus, sondern dem Kommunismus nahe stehen. Bis zur Wiedervereinigung war das D.S. der ›militärische Arm der DKP‹ und jetzt ist man ohne Wenn und Aber den ›gesamtdeutschen Kommunisten‹, also denjenigen, die sich SED=PDS=LINKE usw. usw. (Alter Wein in scheinbar neuen Schläuchen) nennen. Was will man von solchen Leuten erwarten? Mich wundert nur, daß sie überhaupt noch in der Bundeswehr dienen (dürfen)? Mit Neo-Nazis, den anderen Totalitaristen, hätte man eher kurzen Prozeß gemacht. DS das Bundeswehr-Reservat für altgediente Mauerdogmatiker?« (*Pseudonym (Preuße)*, Einzelbeitrag zum Thema: »Darmstädter Signal = 5. Kolonne der Kommunisten«, in: *Sondereinheiten.de. Das deutschsprachige Forum über deutsche und internationale Spezial- und Sondereinheiten aus Polizei und Militär, 28. März 2008).*

- »Diese linke Ratte von Oberstleutnant gehört wegen Wehrkraftzersetzung und unter Aberkennung seines Pensionsanspruches umgehend aus der Truppe entfernt. ... Der Herr Hauptmann gehört nach entsprechender Fronterfahrung sofort an die Führungsakademie zum Stabsoffizierlehrgang kommandiert. ... Solche jungen, verantwortungsvollen Deutschen Offiziere werden dringend als Kommandeure benötigt.« (*Pseudonym (Sloppy)*, Einzelbeitrag zum Thema: »KSK-Hauptmann wegen »Nazi-Mail« am Pranger«, in: *politikforen.net*, 26. März 2008).

- »Ich denke ich spreche im Namen meiner Fraktion, wenn ich Daniel K. als neuen Generalinspekteur der Bundeswehr empfehle.« (*Pseudonym (Bauhaus – Bürgerlich-Konservativ)*, Einzelbeitrag zum Thema: »KSK-Hauptmann wegen »Nazi-Mail« am Pranger«, in: *politikforen.net*, 26. März 2008).

- »Genau! Der Typ ist gut und spricht aus, was viele andere denken! Es wird Zeit, daß in unserer Armee wieder ein anderer Wind weht und sich die Soldaten offen zu ihrem Vaterland Deutschland bekennen!« (*Pseudonym (haihunter – demokratisch rechts)*, Einzelbeitrag zum Thema: »KSK-Hauptmann wegen »Nazi-Mail« am Pranger«, in: *politikforen.net*, 26. März 2008).

- »Recht hat der Mann, allerdings wird ja demnächst die BW von der Türkei übernommen, dann haben die Musel das Sagen und die halten von den 68ern rein gar nichts! Irgendwie sieht es so aus, die 68er können jetzt machen was sie wollen, aber anscheinend geht der Trend dahin, daß sie zum Schluß Laternenmasten zieren, egal wer zum Schluß das Ruder in Deutschland in die Hand nimmt. Ihrem Schicksal können sie wahrscheinlich nicht mehr entkommen! Es sieht sehr traurig für die 68er aus.« (*Anonym*, Einzelbeitrag zum Thema: »KSK-Hauptmann wegen »Nazi-Mail« am Pranger«, in: *politikforen.net*, 1. April 2008)

Der Deutsche BundeswehrVerband verurteilte Kaufholds Äußerungen. Sein damaliger Vorsitzender Oberst Bernhard Gertz schrieb: »... Aussagen wie die vorliegende überschreiten die Grenze der zulässigen freien Meinungsäußerung und verletzen die Rechte von Herrn Rose. ... Solche Entgleisungen müssen jedoch sorgsam registriert werden, um Fehlentwicklungen frühzeitig zu unterbinden. ... Dazu gehört sicher auch, daß ein solcher Vorfall in der Dienststelle des Betroffenen im Rahmen politischer Bildung eingehend erörtert wird.« Doch im Wehrbereichskommando IV – Süddeutschland – sah man hierzu keinerlei Notwendigkeit, ein schriftlich gestellter Antrag wurde noch nicht einmal einer Antwort gewürdigt. Meine Vorgesetzten oder gar der zuständige Befehlshaber hielten es nicht für nötig, mit mir darüber zu sprechen. Auch auf diese Weise ließ sich die im Soldatengesetz normierte Pflicht des Vorgesetzten zur Fürsorge offenkundig interpretieren.

Demokratische Kontrolle und Transparenz

Um so dringender stellt sich zum Schluß die Eingangsfrage, inwieweit ein solcher als elitär deklarierter Geheimverband wie das KSK mit den Strukturen, aber auch Normen und Werten eines entwickelten demokratischen Gemeinwesens vereinbar sein kann. Angesichts aller hier zusammengetragener Erkenntnisse läßt sich die These wagen, daß es sich beim KSK zumindest in seiner gegenwärtigen Verfassung um eine demokratiewidrige Truppe handelt. Mit Wissen und Willen einer Exekutive, die sich (so das Urteil des Bundesverfassungsgerichtes vom 7. Mai 2008) zumindest partiell von den verfassungsrechtlichen Vorgaben gelöst hat, erledigt diese Truppe nicht nur, aber auch schmutzige Aufträge im Rahmen eines völkerrechtswidrigen und gegen die Regeln des Humanitären Völkerrechtes geführten »Krieges gegen den Terror«. Ebenso wie ihre Pendants aus den US-amerikanischen, britischen und israelischen Streitkräften bilden auch die deutschen Special Forces einen integralen Bestandteil des Systems Guantánamo. Dies unter anderem deswegen, weil, wie bereits dargelegt, auch KSK-Soldaten Aussagen von Insidern zufolge selbst gefoltert haben. Auch bietet die mittlerweile ergangene ministerielle Weisung, Gefangene an die »zuständigen Behörden« – gemeint sind die afghanischen, aber auch andere – zu überstellen, keinerlei Gewähr dagegen, daß diese nicht gefoltert und ermordet werden. Verschärfend tritt hinzu, daß die Führungsverantwortlichen in den deutschen Streitkräften die Kommandosoldaten einem professionellen Anforderungsprofil unterworfen haben, das Züge eines extremen Militarismus, eines überhöhten Kriegerkultes und eines ins Faschistoide changierenden Männlichkeitsbildes aufweist.

Die Gefahr, die von dieser Truppe ausgeht, ist um so größer, als dem steuerzahlenden Volk, das »Deutschlands kleine Geisterarmee« (*Bittner*) unterhält und das auch die unkalkulierbaren Risiken der Geheimoperationen zu tragen hat, jegliche demokratische Kontroll- und Einflußmöglichkeit vorenthalten ist. So kann, um nur ein Szenario zu benennen, heutzutage keinesfalls ausgeschlossen werden, daß deutsche Kommandosoldaten unter OEF-Mandat nicht schon im Iran operieren, um den angeblich von dort drohenden Nuklearterrorismus präventiv zu bekämpfen. Verteidigt das KSK die Sicherheit Deutschlands vor den Toren Teherans, und hierzulande wissen die Bürger und Bürgerinnen nichts davon? Eine solche Lage erscheint sowohl unter demokratischen als auch rechtlichen, insbesondere menschenrechtlichen Gesichtspunkten als unhaltbar. Die Kautelen, unter denen die schwäbische Elitetruppe zukünftig zum Einsatz gelangen darf, müssen daher gründlich reformiert werden.

So müssen sämtliche Operationen des KSK sowohl im Parlament als auch gegenüber der demokratischen Öffentlichkeit offengelegt werden. Unbenommen davon bleibt selbstredend, daß der persönliche Schutz der beteiligten Soldaten und auch die Wahrung taktischer Verfahrensweisen im Einsatz – um zukünftige Operationen nicht zu gefährden – gewährleistet bleiben muß. Geheimhaltung aus Gründen der sogenannten Staatsräson ist in einer Demokratie, die sich selbst ernst zu nehmen beansprucht, systemwidrig.

Der Auftrag des KSK ist strikt defensiv zu limitieren und darf daher lediglich Geiselrettung und Nachrichtengewinnung umfassen. Offensive militärische Aktivitäten wie der »Kampf in der Tiefe«, der »Kampf gegen subversive Kräfte« auf fremdem Territorium, die Zielidentifizierung und -beleuchtung für Luftangriffsoperationen dürfen nicht mehr Bestandteil des Auftrags des KSK bilden, da hierdurch der erste Schritt in die Völkerrechtswidrigkeit und in den Verfassungsbruch bereits getan wird. Daher ist auch die Beteiligung der Bundesrepublik Deutschland mit Kräften des KSK am illegalen »Kreuzzug« (George W. Bush) gegen den Terror und am System Guantánamo unverzüglich und bedingungslos einzustellen.

Das höchst problematische Anforderungsprofil für den Kommandosoldaten ist zu modifizieren und zu entschärfen – der Kommandosoldat darf sich nicht primär als Spezialkrieger betrachten, sondern muß zuallererst seinem Selbstverständnis nach dem in Wolf Graf von Baudissins Konzeption der Inneren Führung verankerten Leitbild vom »Staatsbürger in Uniform« entsprechen.

Und schließlich müssen auch die Soldaten des KSK akzeptieren, daß nicht mehr das Schlachtfeld der Ort ist, wo sie sich zu bewähren haben – denn an der Erkenntnis, daß nun einmal der Frieden und nicht der Krieg den Ernstfall darstellt, führt auch unter den Vorzeichen des neuartigen Risikospektrums nach dem Ende des Kalten Krieges kein Weg vorbei – auch nicht für die im schwäbischen Calw beheimatete »Speerspitze der Bundeswehr« (*Uli Rauss*).

Die Stärke des Rechts gegen die Gewalt des Angriffskrieges

Zum Abschluß meiner Überlegungen zur Ächtung des Angriffskriegs gilt es, nochmals auf jene scheunentorgroße Lücke im deutschen Strafgesetzbuch zurückzukommen, die es all den regierungskriminellen Drahtziehern der in den Jahren 1999, 2001 und 2003 mit teils unmittelbarer, teils indirekter Unterstützung durch die Bundesrepublik Deutschland geführten Angriffskriege erlaubt, sich völlig unbehelligt dem Zugriff der Strafjustiz zu entziehen. Denn, so die Diagnose: Der Paragraph 80 StGB stellt in seiner jetzigen Fassung das Verbrechen des Angriffskriegs und die Beihilfe dazu von Strafe frei. Sowohl dem Wortlaut nach als auch nach der Auslegung des Generalbundesanwaltes macht sich zwar strafbar, wer einen Angriffskrieg vorbereitet, nicht aber, wer ihn auslöst und führt – auch wenn es noch so absurd und unverständlich erscheint, daß ein Verbrechen, dessen Vorbereitung schon strafbar ist, selbst nicht unter Strafe stehen soll.

Daß auch die Bundesregierung diese Lücke klar erkannt hat, ergibt sich aus der Antwort des Parlamentarischen Staatssekretärs im Bundesministerium der Justiz, Alfred Hartenbach, vom 22. März 2006 auf eine entsprechende Anfrage des Abgeordneten Rolf Mützenich (SPD). Im Hinblick auf das völkerrechtlich normierte Gewaltverbot vertritt die Bundesregierung nämlich die Auffassung, daß »die UN-Charta ein … Gewaltverbot, aber keine Verpflichtung der UN-Mitgliedstaaten [enthält], Verstöße dagegen im innerstaatlichen Recht unter Strafe zu stellen. Der Tatbestand des Verbrechens der Aggression wurde bisher völkerrechtlich nicht definiert. Die Mitgliedstaaten haben daher keine Verpflichtung der Umsetzung in innerstaatliches Recht.« Auf die insistierende Nachfrage, ob denn die Bundesregierung angesichts dieser Sachlage die Notwendigkeit sehe, den § 80 StGB zu präzisieren, fällt die Antwort des Staatssekretärs Hartenbach, gelinde gesagt, lakonisch aus: »Nein.« Woraus denn zu folgern ist, daß die Bundesregierung an ihrer seit dem Sündenfall des sogenannten Kosovo-Krieges im Jahre 1999 geübten Praxis des Völkerrechts- und Verfassungsbruchs unbeirrt festzuhalten gedenkt. Angesichts dessen muß es naiv erscheinen, auf einen eigeninitiativen Sinneswandel der politischen Klasse dieser Republik zu hoffen. Remedur verspricht allein eine breite Mobilisierung der Öffentlichkeit für eine Novellierung der bislang völlig unzureichend gefaßten strafgesetzlichen Bestimmungen. Allfälliger deutscher Beteiligung an Angriffskriegen und der weiteren Militarisierung der deutschen (und europäischen) Außenpolitik muß ein Riegel vorgeschoben werden.

Erste Überlegungen und Vorschläge für eine legislatorische Therapie sind in den Reihen der Bundestagsfraktion Die LINKE diskutiert worden. Die Absicht bestand darin, sicherzustellen, daß künftig nicht nur die Vorbereitung eines Angriffskrieges, sondern auch dessen Auslösung, Durchführung oder Unterstützung einen Straftatbestand darstellen würden. Mit der Bundestagsdrucksache 16/6379 hat die Fraktion dann im Herbst 2007 einen Gesetzentwurf für die Änderung des Strafgesetzbuches vorgelegt. § 80 Abs. 1 soll danach folgenden Wortlaut erhalten: »Wer einen Angriffskrieg oder die Beteiligung an einem Angriffskrieg (Artikel 26 Abs. 1 GG) vorbereitet, auslöst oder durchführt, wird mit lebenslanger Freiheitsstrafe oder mit Freiheitsstrafe nicht unter zehn Jahren bestraft.« Abgesehen von dem a priori zu erwartenden Ergebnis, das darin bestand, daß die übrigen im Bundestag vertretenen Fraktionen diesen Gesetzentwurf schon allein deshalb ablehnten, weil er von der Linkspartei stammte, blieb er auch inhaltlich defizitär. Denn der schon in den Regelungen des Art. 26 GG und des bestehenden § 80 StGB enthaltene Schwachpunkt – was eigentlich ist überhaupt ein strafbarer Angriffskrieg? – wurde auch mit jener zur Abstimmung gestellten Neufassung nicht beseitigt.

Wie also müßte eine Strafrechtsnorm beschaffen sein, die den aus Art. 26 Abs. 1 Satz 2 GG resultierenden verbindlichen Verfassungsauftrag erfüllt? Zuallererst darf nicht mehr lediglich der Angriffskrieg strafrechtlich inkriminiert sein, sondern, entsprechend der grundgesetzlichen Vorgabe, sämtliche friedensstörenden Handlungen. Dementsprechend müßte der erste Absatz einer den Friedensverrat betreffenden novellierten Strafrechtsnorm folgendermaßen lauten:

StGB § 80 Störung des Staaten- und Völkerfriedens

(1) Wer vorsätzlich eine Handlung vornimmt, die gegen die in Kapitel I Artikel 1 und Artikel 2 ihrer Satzung kodifizierten Ziele und Grundsätze der Vereinten Nationen verstößt und dadurch eine Gefahr für den Weltfrieden und die internationale Sicherheit herbeiführt, wird mit Freiheitsstrafe nicht unter zehn Jahren oder mit lebenslanger Freiheitsstrafe bestraft.

Hervorzuheben ist, daß diese Regelung nicht nur friedensstörende Handlungen inkriminiert, die das Verhältnis von Staaten als Völkerrechtssubjekten im internationalen System betreffen, sondern darüber hinaus auch die Möglichkeit eröffnet, Handlungen zu bestrafen, durch die beispielsweise soziale, soziokulturelle oder auch ethnisch-religiös fundierte Konfliktlagen innerhalb von Staaten in friedensstörender Weise von außen politisch instrumentalisiert werden.

Im nächsten Schritt gilt es, den Komplex der friedensstörenden Handlungen im Sinne des verfassungsrechtlich normierten Bestimmtheitsgebotes (Art. 103 Abs. 2 GG) so konkret und zugleich so umfassend wie möglich zu umschreiben. Demgemäß wäre der Absatz 2 des novellierten § 80 StGB wie folgt zu formulieren:

(2) Zu den friedensstörenden Handlungen im Sinne dieser Regelung zählen insbesondere:

1. Handlungen, die der Sicherheitsrat der Vereinten Nationen aufgrund seiner aus Artikel 39 der Satzung der Vereinten Nationen resultierenden Kompetenzen als Bedrohung oder Bruch des Friedens oder als Angriffshandlung qualifiziert hat,

2. jegliche Androhung oder Anwendung militärischer Gewalt, die nicht im Rahmen und nach den Regeln der Satzung der Vereinten Nationen (Kapitel VII Artikel 42 und Artikel 51) erfolgt,

3. sämtliche Handlungen, die den Tatbestand der Aggression gemäß der Entschließung 3314 (XXIX) der Generalversammlung der Vereinten Nationen vom 14. Dezember 1974 erfüllen,

4. sämtliche Handlungen, welche die im Römischen Statut des Internationalen Strafgerichtshofs vom 1. Juli 2002 inkriminierten Tatbestände (Völkermord, Kriegsverbrechen, Verbrechen gegen die Menschlichkeit, Aggressionsverbrechen) erfüllen,

5. sämtliche Handlungen, welche durch das deutsche Völkerstrafgesetzbuch unter Strafe gestellt sind, sowie

6. sämtliche Handlungen, welche durch die Fortentwicklung des Völkerrechts zukünftig als friedensstörende Handlungen inkriminiert werden, ab dem rechtskräftigen Inkrafttreten der entsprechenden völkerrechtlichen Vereinbarungen.

Im dritten Schritt ist die Spannbreite der friedensstörenden Handlung zu definieren. Dementsprechend müßte es im neuen § 80 Absatz 3 StGB heißen:

(3) Als friedensstörende Handlung im Sinne dieser Regelung gilt nicht nur deren Auslösung und Durchführung, sondern auch deren Vorbereitung, Unterstützung oder Förderung sowie die Beteiligung an einer solchen Handlung.

Schließlich bleibt noch der mögliche Täterkreis abzugrenzen, der den vorstehend dargelegten Tatbestand zu verwirklichen vermag. Hierbei ist zu berücksichtigen, daß beginnend mit dem Nürnberger Strafgerichtshof über den »Verhaltenskodex zu politisch-militärischen Aspekten der Sicherheit« und das Römische Statut bis hin zum deutschen Völkerstrafgesetzbuch Schritt für Schritt die individuelle Zurechenbarkeit völkerrechtlicher Delikte verfestigt wurde und somit bloßes Handeln auf Befehl keinen Schuldhinderungsgrund mehr konstituieren kann. Es darf eben nicht mehr nur darum gehen, ausschließlich staatliche, politische, wirtschaftliche und militärische Führungspersonen wegen friedensstörender Handlungen zur Rechenschaft zu ziehen, sondern es gilt sicherzustellen, daß jeder und jede Tatbeteiligte entsprechend seiner oder ihrer individuell zurechenbaren Verantwortlichkeit von der Strafrechtsnorm des § 80 StGB erfaßt wird. Erst dadurch können die innerhalb der Institutionen agierenden Personen wirksam zu Widerständigkeit gegen ihre Inanspruchnahme zu illegalen friedensstörenden Zwecken angehalten werden. Daher wäre Absatz 4 des geänderten § 80 StGB wie folgt zu fassen:

(4) Der vorliegenden Regelung unterliegen sämtliche Bewohner/-innen des Bundesgebietes entsprechend ihrem jeweiligen Tatbeitrag und ihrer individuellen Verantwortlichkeit, die durch ein ordentliches Gericht festzustellen sind.

Hätte die von der politischen Klasse dieser Republik phasenweise ins Werk gesetzte Politik des Angriffskrieges die Novellierung der strafgesetzlichen Friedensverratsnorm gemäß dem hier dargelegtem Muster zur Folge, so fände sich jene Erkenntnis bestätigt, die Immanuel Kant in seinem Traktat zum »Ewigen Frieden« schon 1795 gewonnen hatte, nämlich: »Das moralisch Böse hat die von seiner Natur unabtrennliche Eigenschaft, daß es in seinen Absichten (vornehmlich gegen andere Gleichgesinnte) sich selbst zuwider und zerstörend ist und so dem (moralischen) Prinzip des Guten, wenngleich durch langsame Fortschritte Platz macht.« Im Hinblick auf die notwendige Voraussetzung, dem Prinzip des Guten zum Durchbruch zu verhelfen, verweist der große Rechtsgelehrte aus Königsberg auf den »wackeren, alle durch Arglist und Gewalt vorgezeichneten Wege abschneidenden Rechtsgrundsatz«, der da lautet: »Fiat iustitia, pereat mundus, das heißt zu deutsch: ›Es herrsche Gerechtigkeit, die Schelme in der Welt mögen auch insgesamt darüber zugrunde gehen‹, …«. Gerechtigkeit schafft Frieden, lautet also die Maxime, die Kant indessen keinesfalls als Freibrief mißverstanden wissen will, »sein eigenes Recht mit der größten Strenge zu benutzen«, also etwa hemmungslos mit aller (Militär-)Gewalt Frieden schaffen zu wollen. Ganz im Gegenteil kommt es ihm darauf an, daß die Mächtigen der Welt keinem Menschen die ihm zukommenden Rechte verweigern dürfen, denn, wie er wenige Jahre später in seiner Schrift *Streit der Fakultäten (1798)* konstatierte: »Wenn nie eine Handlung der *Gütigkeit* ausgeübt, aber stets das Recht anderer Menschen unverletzt geblieben wäre, so würde gewiß kein großes Elend in der Welt sein.« Die »vorzüglichsten« Voraussetzungen, dies zu gewährleisten, bilden einerseits »eine nach reinen Rechtsprinzipien eingerichtete Verfassung des Staats«, andererseits die »Vereinigung desselben mit anderen benachbarten oder auch entfernten Staaten zu einer (einem allgemeinen Staat analogischen) gesetzlichen Ausgleichung ihrer Streitigkeiten«. Wem bei der Lektüre dieser im wahrsten Sinn des Wortes richtungsweisenden Erkenntnisse das deutsche Grundgesetz mit seinem Friedensgebot, der friedenstiftende europäische Einigungsprozeß oder auch die Friedensordnung der Vereinten Nationen in den Sinn geraten, der mag den genialen Königsberger Philosophen wohl recht verstanden haben.

Nachwort von Detlef Bald

Einsatzdoktrinen und Meinungsfreiheit in der Bundeswehr

Jeder politisch Interessierte wird erfreut sein, diese großenteils in der Zeitschrift *Ossietzky* publizierten Beiträge zur Bundeswehr und zu den deutschen militärischen Interventionen zu lesen. Seit Jahren meldet sich dort der Stabsoffizier und Publizist Jürgen Rose zu Wort. Er erhebt seine Stimme gegen die Einsatzdoktrin und die Kampfeinsätze – wie ein einsamer Rufer in der Wüste. Doch die Ohren der schweigenden Mehrheit sind taub, auch wenn einzelne Staatsbürger in Uniform den öffentlichen Diskurs zur Sicherheits- und Außenpolitik anmahnen. So ist es kein Zufall, daß sogar der Bundespräsident beklagte, Bundeswehr und Sicherheitspolitik müßten aus dem Schattendasein der öffentlichen Nicht-Beachtung heraus in die Mitte der Gesellschaft gestellt werden. Daran ist in diesem Kontext zu erinnern; das allgemeine Interesse ist aufgerufen. Jürgen Roses Buch wendet sich an ein breites Leserforum und leistet damit einen Beitrag zur gesellschaftlichen Erörterung des Militärs in der Politik der Berliner Republik. Der Fokus wurde auf die völkerrechtliche Legitimierung der militärischen Einsätze »out of area« gerichtet; seit dem Angriff auf Serbien, an dem die Bundeswehr 1999 beteiligt war, sind sie besonders strittig.

Das Thema hat in doppelter Hinsicht Brisanz. Zunächst ist Militär das stärkste Mittel des staatlichen Regierungshandelns; seit jeher war es in Deutschland der kritischen und der kontroversen Darstellung in den Medien weitgehend entzogen. Gleichwohl gab es zu allen Zeiten in der modernen Geschichte Opposition und Widerstand in der Bevölkerung gegen die auf »Blut und Eisen« gegründete Politik. Immer engagierten sich pazifistische Strömungen gegen die Übersteigerung des Militärischen, gegen den Militarismus, für Abrüstung und gegen Krieg.[143] Eine militärische deutsche Außenpolitik war nach drei innerhalb von hundert Jahren europaweit geführten Kriegen und nach der totalen Kapitulation der Wehrmacht vielfältig desavouiert und diskreditiert. Daher fand in der Bonner Republik die »Wiederbewaffnung« einer, wie es zunächst hieß, »neuen Wehrmacht« erhebliche Gegnerschaft, die trotz großer Regierungskampagnen nur mühselig überwunden werden konnte.[144] Die weitgehend verschleierte Atombewaffnung der Bundeswehr tat ein übriges, Unbehagen und Ablehnung in der Bevölkerung zu schüren, ja der aufkeimenden Friedensbewegung Zulauf zu verschaf-

---

[143] Vgl. *Wette, Wolfram*: Militarismus in Deutschland. Geschichte einer kriegerischen Kultur, Darmstadt 2008; *Holl, Karl*: Pazifismus in Deutschland, Frankfurt/M. 1988.

[144] Erste Einblicke in die Anti-Militär-Haltung gibt *Jacobsen, Hans-Adolf*: Zur Rolle der öffentlichen Meinung bei der Debatte um die Wiederbewaffnung 1950–1955, in: Aspekte der Wiederbewaffnung bis 1955, Boppard 1975. Zu einzelnen Trägern in Kirche und Politik vgl. *Bald, Detlef/Wette, Wolfram (Hrsg.)*: Alternativen zur Wiederbewaffnung. Friedenskonzeptionen in Westdeutschland 1945–1955, Essen 2008.

fen – auch dann nicht, als sich seit den 1970er Jahren die Beziehungen zwischen Militär und Gesellschaft in mancher Hinsicht normalisierten.

Das Thema ist aber auch deswegen brisant, da der Autor dieser Essays und Analysen, Jürgen Rose, in der Bundeswehr als aktiver Offizier dient. Diese Tatsache muß nicht von vornherein ein Ausweis der Fachlichkeit sein. Doch der Offizier Rose kennt sich in Bündnis- und Sicherheitspolitik sowie in der militärischen Zeitgeschichte aus.

Die Karriere dieses Soldaten hat aber einen Bruch. Seine schriftstellerische Aktivität im dienstlichen Betrieb führte zu Unbehagen und Unverständnis, zu Mißverständnis und disziplinarer Maßregelung. Aus Meinungsäußerungen des Jürgen Rose wurde der »Fall Rose«.[145] Der amtliche Apparat nahm nicht hin, was an Freiheit zu publizieren sich da einer herausnahm und wie er publizistisch die aktuelle Sicherheits- und Interventionspolitik kritisierte, gerade wenn die Frage anstand, ob ein Bundeswehreinsatz völkerrechtlich durch einen Auftrag des Sicherheitsrats der Vereinten Nationen legitimiert war.

Rose vertritt keine parteipolitisch dezidierte Position. Aber er trat aus geschlossenen Reihen heraus; statt zur Waffe griff er zur Feder und zielte auf Probleme; häufig allerdings attackierte er nur, was vielfach landauf, landab in Kreisen der Völkerrechtler und Politikwissenschaftler – von Offizieren zumeist nur im vertrauten Kreis – kontrovers erörtert wird. Doch der Militärapparat war irritiert, reagierte ablehnend. Der Kern der Sache – die Rechtfertigung der Einsätze im Ausland – wurde nicht Thema einer öffentlichen Diskussion. Man wählte statt dessen die interne Konfrontation, gewissermaßen den Nebenkriegsschauplatz zermürbender bürokratischer Auseinandersetzungen.

Die reife Einsicht von Bertolt Brecht aus dem berühmten Gedicht »An die Nachgeborenen« – »Auch der Zorn über das Unrecht macht die Stimme heiser« – gilt auch für Jürgen Rose. Einzelne sprachliche Zuspitzungen, wo sich Zorn und Entrüstung Bahn brachen, boten der Hardthöhe willkommenen Anlaß, einzugreifen. Im Ministerium in der Bendlerstraße (Berlin) und auf der Hardthöhe (Bonn) pochte man auf Konsens zu den amtlichen Auffassungen, auf administrierte Geschlossenheit und Einheitlichkeit.

Die Einsatzdoktrinen der Bundeswehr waren in ihrer gesamten Geschichte strittig. In Zeiten militärpolitischer Ausrichtung boten sie häufig Anlaß zu heftigen Kontroversen. Das Militär aber nahm abweichendes Verhalten in den eigenen Reihen nicht hin und reagierte rigide darauf. Dieses Verhalten hat Tradition. Mehrere Etappen lassen sich seit Beginn des Kalten Krieges unterscheiden.

Zu einem ersten Grundkonflikt über die operative Ausrichtung und Ausrüstung der Streitkräfte der Bonner Republik kam es noch vor der offiziellen Gründung der

[145] *Richter, Hans-Peter:* Von deutschem Boden geht Krieg aus. Die Funktion der ausländischen Militärstützpunkte, in: Dossier 59, Beilage zu *Wissenschaft und Frieden* 4/2008, S. 14.

Bundeswehr.[146] Damals, als im Herbst 1954 in London die Verträge mit Bonn über den Beitritt zur NATO ausgehandelt wurden, entbrannten heiße Debatten um alternative Formen der Verteidigung, da das westliche Bündnis die Ausstattung aller Kampftruppen in Europa mit Atomwaffen beschlossen hatte. Dagegen erhob sich Widerspruch von versierten Militärs. Beispielsweise schlug der ehemalige Oberst i. G. Bogislaw von Bonin die militärpolitische Alternative vor, mit massiven Befestigungsgürteln und mit mobilen Panzerabwehreinheiten Westdeutschland zu sichern.[147] Diese Strategie sollte eine defensive Ausrichtung signalisieren – und die nukleare Selbstvernichtung vermeiden. Ein ähnliches auf Panzerabwehr eingestelltes System der Verteidigung strebte Oberst Gerd Ruge an.[148] Vizeadmiral Hellmut G. Heye entwickelte eine küstengebundene Verteidigung; Gerhard Graf Schwerin, der berühmte Panzergeneral, verfolgte ein Konzept konventioneller Verteidigung auf der Basis milizartiger Komponenten; an solchen Überlegungen knüpfte auch General Geyr von Schweppenburg an.[149] Allen war gemeinsam, daß sie gegenüber dem NATO-Denken einer massiven nuklearen Vergeltung, welches die Regierung Adenauer übernahm, Doktrinen ohne Atombewaffnung vertraten. Um eine glaubwürdige konventionelle Verteidigung wurde gerungen. Doch alle ihre Vertreter wurden, nachdem ihre Ansätze bekannt waren, sogleich ausgegrenzt; Bonin schließlich, einen der wichtigsten Planungsexperten im Amt Blank, feuerte die Hardthöhe vor der Aufstellung der ersten Verbände mit großem Eklat.

In Bonn wiesen machtpolitische Kategorien den Weg in den »Westblock«. Doch die alte Elite der Wehrmacht als Führungsgruppe der Bundeswehr hatte sich, wie Ralf Dahrendorf früh bemerkte, nicht ausreichend auf »die Verfassung der Freiheit« vorbereitet.[150] Damit wurden die Denkmuster des »Ostfeldzuges« und des traditionellen militärischen Milieus leichter akzeptabel. Diese seit 1955 bestehenden Mängel an gesellschaftlicher und politischer Integration griff Minister Helmut Schmidt 1969 auf, um gesetzliche und verfassungsrechtliche Defizite aufzufangen: Die Bundeswehr müsse »in das Gefüge von Verfassung und Staat« unzweideutig eingefügt werden.[151]

---

[146] Vgl. *Friedeburg, Ludwig von*: Zum Verhältnis von Militär und Gesellschaft in der Bundesrepublik, in: *Pich, Georg (Hrsg.)*: Studien zur politischen und gesellschaftlichen Situation der Bundeswehr, Folge 2, Witten 1967.

[147] Vgl. *Brill, Heinz*: Bogislaw von Bonin im Spannungsfeld zwischen Wiederbewaffnung – Westintegration – Wiedervereinigung. Ein Beitrag zur Entstehungsgeschichte der Bundeswehr 1952–1955, 2 Bände, Baden-Baden 1988.

[148] Ruge, Träger des Ritterkreuzes mit Eichenlaub, war Kommandeur in Munsterlager, wurde aber wegen dieser Auffassungen nicht zum General befördert.

[149] Graf Schwerin hat mehrere Studien, z. B. über den Begriff >Volksheer< (1951), vorgelegt; eine Dokumentation in *Bald, Detlef (Hrsg.)*: Miliz als Vorbild?, Baden-Baden 1987, S. 71 ff.

[150] *Dahrendorf, Ralf*: Gesellschaft und Demokratie in Deutschland, München 1968, S. 276.

[151] *Bundesminister der Verteidigung (Hrsg.)*: Weißbuch 1970. Zur Sicherheit der Bundesrepublik Deutschland und zur Lage der Bundeswehr, Bonn 1970, S. 115.

Der Erfolg dieser Militärreform führte aber nicht zu mehr Liberalität im Umgang mit Kritikern in den eigenen Reihen. Das zeigen die heftigen Kämpfe zwischen Generalität und Politik an der Wende zu den 70er Jahren: Das Militär suchte sich mit dem postulierten »Eigengewicht« vom Primat der Politik abzusetzen; und im Offizierskorps wurde die Forderung laut, die Republik brauche eine »Umformung der zivilen Gesellschaft an Haupt und Gliedern« nach militärischem Maß.[152]

Erste Maßnahmen der Hardthöhe zeigten 1979 den Beginn einer neuen Phase, als sich Militärs und Politiker zusammenschlossen, um die aufkommende Debatte über die nukleare Abschreckungs- und Einsatzdoktrin möglichst im Keim zu ersticken. Der sogenannte Doppelbeschluß der NATO sah eine intensivierte Atombewaffnung vor, dagegen organisierten sich Proteste in der Bevölkerung. Generalinspekteur Jürgen Brandt sah in der Weisung »für Ausbildung, Erziehung und Bildung« die kommunikative Antwort. Die militärpädagogische Triade (Kriegstüchtigkeit, realistische Ausbildung und soldatische Erziehung) sollte den Schulterschluß herbeiführen. Mit »moralischer Aufrüstung« der Soldaten wollte man wieder die (in den Reformen von Schmidt vermißte) militärische »Einheitlichkeit und Homogenität« absichern.[153] Man wappnete sich so gegen die vielfachen Vorstöße der Friedensbewegung. Ihre großen Demonstrationen kratzten an der inneren Legitimation der Bundeswehr, auch viele Offiziere erkannten das Dilemma einer Verteidigung Europas mit Atomwaffen, und sie warnten öffentlich vor Selbstabschreckung durch nukleare Selbstvernichtung. Nachdem Präsident Ronald Reagan noch die nukleare Doktrin als »impotent und obsolete« und als unmoralisch bezeichnet hatte, schien auf den Punkt gebracht: Das Sicherheitsdilemma resultierte daraus, daß die nukleare Abschreckung nicht garantieren konnte, was sie verhieß: Kriegsverhinderung. Doch auch nachdem der Bundestag eine Anhörung zu alternativen, nämlich konventionellen Lösungen veranstaltet hatte, hielt die Bundeswehrführung an dem einmal eingeschlagenen Weg fest.[154] Innere Geschlossenheit wurde die Voraussetzung für die Parole: »Mut zur Rüstung!«

Reihenweise traten Offiziere aus ihren Reihen heraus und forderten eine Revision und Reformulierung der amtlichen Sicherheitspolitik. Einige Kritiker aus den Führungsrängen seien namentlich genannt: Oberst Klaus von Schubert, die Generale

---

152 Gedanken zur Verbesserung der inneren Ordnung des Heeres (sog. »Schnez-Studie«) vom Juni 1969, in: *Heßler, Klaus*: Militär – Gehorsam – Meinung (Dokumente zur Diskussion in der Bundeswehr), Berlin 1971, S. 50 ff; eine Fallstudie zum Anspruch, den Primat des Militärs beim Atomeinsatz durchzusetzen bei *Bald, Detlef*: Politik der Verantwortung. Das Beispiel Helmut Schmidt. Der Primat des Politischen vor dem Militärischen 1965 bis 1975, Berlin 2008.

153 *Wust, Harald*: ... den Frieden sichern. Daten und Fakten zur Sicherheitspolitik, Bonn 1983, S. 70.

154 Vgl. *Biehle, Alfred (Hrsg.)*: Alternative Strategien. Das Hearing im Verteidigungsausschuß des Deutschen Bundestages – Die schriftlichen Gutachten und Stellungnahmen, Koblenz 1986 oder *Weizsäcker, Carl Friedrich von (Hrsg.)*: Die Praxis der defensiven Verteidigung, Hameln 1984.

Eckart Afheldt, Christian Krause, Jochen Löser, Franz Uhle-Wettler und – politisch stark engagiert – Gert Bastian wie auch Flottilenadmiral Elmar Schmähling.[155] Die Probe aufs Exempel, inwieweit die »Innere Führung« Spielraum bot, einen politisch argumentierenden Offizier in der Truppe zu halten, stand an. Gerade Bastian und Schmähling gegenüber versagte die Bundeswehr jegliche Toleranz. Mit der drastischen Reglementierung im »Fall Bastian« hatte die Hardthöhe gehofft, den Bazillus der Atomkritik außen vor den Kasernentoren halten zu können. Doch es gelang nicht. Jüngere Offiziere gingen mit einem Aufruf an die Öffentlichkeit, in dem sie die Sinn- und Ausweglosigkeit einer auf Atombomben gestützten Verteidigung anprangerten. Der Hauptmann der 10. Panzerdivision, Karl-Alfred Fechner, formulierte seine Zweifel an der Atomdoktrin als einer der ersten. Major Helmuth Prieß, Hauptmann Volker Thomas und viele andere folgten. Im »Darmstädter Signal« griffen sie die Losung »Frieden schaffen mit immer weniger Waffen« auf. Dieser Protest wurde disziplinar geahndet, die Kritik als Dienstvergehen gewürdigt. Als sie in einer Presseerklärung dem »Soldaten-sind-Mörder«-Urteil des Bundesverfassungsgerichts beipflichteten, wurden sie degradiert. Der Bannstrahl der Hardthöhe traf sie scharf: Solidarität mit den »Alternativen« sollte nicht sein.

Im Zeichen der eigenen Sinnkrise grenzte die Bundeswehr sie aus. Erst ein Urteil des Bundesverfassungsgerichts beendete die vom Verteidigungsministerium veranlaßten maßlosen Strafaktionen gegen das »Darmstädter Signal«. Beobachter mit Durchblick meinten damals, die Bundeswehr habe »wichtige Bewährungsproben nicht bestanden«.[156]

Die Krise um die Atompolitik der 1980er Jahre ist so etwas wie ein Paradebeispiel dafür, wie eine als anachronistisch erkannte Verteidigungsdoktrin mit aller Gewalt innerhalb des Militärapparates erhalten und durchgesetzt wurde. Sie ist zugleich ein Kennzeichen des langen Kalten Krieges.

Die gegenwärtige Einsatzdoktrin der Bundeswehr hat ihre konzeptionellen Anfänge schon in den 1980er Jahren. Der Boden für die restaurativen Entwicklungen wurde von den Entscheidungen der »geistigen Wende« bereitet, für die Minister Wörner persönlich und ideologisch an den traditionalistischen Positionen der 1960er Jahre anknüpfte.[157] General Karst wies der »Kriegsbundeswehr« die Richtung. Plakativ griff er auf die mentale Abschottung aus der Nachkriegszeit zurück: Die »Integration in die pluralistische Gesellschaft« sei ein »verhängnisvolles Konzept«, das zur »Desintegration aus der militärischen Gemeinschaft« führe. Indem die »spezifisch soldatischen

155 Zum Überblick *Kade, Gerhard (Hrsg.)*: Generale für den Frieden. Interviews, Köln 1981.

156 *Potyka, Christian*: Der Fall Bastian, NDR, 22. Februar 1980.

157 Vgl. *Borkenhagen, Franz H. U. (Hrsg.)*: Bundeswehr. Demokratie in Oliv? Streitkräfte im Wandel, Berlin 1986; im Überblick *Bald, Detlef*: Die Bundeswehr. Eine kritische Geschichte 1955–2005, München 2005, S. 110 ff.

Normen« wiederbelebt wurden[158], konnte man nun endlich alle Last abstreifen: »Auf die Kriegstüchtigkeit der Bundeswehr ist alles auszurichten, Ausbildung, Ausrüstung und Struktur.« Daher sei die Devise des Kalten Krieges – »kämpfen können, um nicht kämpfen zu müssen« – nutzlos und durch die Parole: »Kämpfen wollen!« zu ersetzen.[159] Die Auslegung von General Christian Millotat, den »Kämpfer« als Ideal des Soldaten zu wählen und »Kriegsfähigkeit« und »Gefechtstüchtigkeit« zur Maxime zu erheben, fand Beifall.[160]

Die mentalen Wälle zur Absicherung der Einsatzdoktrin wurden weiter erhöht. Als typisch kann eine Weisung des Inspekteurs des Heeres angesehen werden: Das Militär sei durch »unterschiedliche Werthierarchien, Leitbilder, Normen und Verhaltensweisen« von der Gesellschaft getrennt. In jener Welt der Gesellschaft hätten die Normen der »freiheitlichen, pluralistischen Staats- und Gesellschaftsordnung« Bedeutung, »dagegen« nicht in der Armee. Hier herrschten die Regeln der »Ein- und Unterordnung«.[161] Geschlossenheit und Homogenität, Korpsgeist und Kommiß standen an. Entsprechend der Ideologie vom Beruf sui generis propagierten die Traditionalisten in der Bundeswehrführung ein »einheitliches« Bild vom Militär. In krassem Kontrast zu den pluralistisch-freiheitlichen Werten der Verfassung beriefen sie sich auf »das zentrale Berufsleitbild des Soldaten«.[162]

Die letzte Phase der Ausrichtung der Bundeswehrdoktrin in Richtung Intervention »out of area« begann bereits 1991 mit der Ansage, die Berliner Republik werde ihre Interessen weltweit auch militärisch durchsetzen müssen.[163] Die politische Leitung – Minister Volker Rühe (CDU) – und die militärische Führung – an der Spitze General Klaus Naumann sowie die Admirale Dieter Wellershoff und Ulrich Weisser – stellten die Weichen für den Kursschwenk. Die neuen »Grundlagen« der Militärpolitik vom Januar 1992 wiesen auf das weite Feld der globalen »Herausforderungen«: »Förderung und Absicherung weltweiter politischer, wirtschaftlicher, militärischer und ökologischer Stabilität; die Aufrechterhaltung des freien Welthandels und des Zugangs zu strategischen Rohstoffen.«[164]

158 *Hubatschek, Gerhard*: Wertewandel in der Bundeswehr, in: Die Welt, 11. November 1982, S. 7.

159 *Broicher, Andreas*: »Nebenkriegsschauplatz«. Vom Nutzen der Kriegsgeschichte für die Aus- und Weiterbildung des Offiziers, in: Truppenpraxis, 3/1991, S. 296; vgl. *Rose, Jürgen/Buchholz, Frank*: Ernstfall Frieden – Ernstfall Krieg? Rekonstruktion eines Diskurses zum soldatischen Selbstverständnis und Innerer Führung, Neubiberg 1993.

160 *Millotat, Christian*: Gefechtstüchtigkeit, in: Truppenpraxis, 2/1987, S. 181ff.

161 Weisung von General Hartmut Bagger, Inspekteur des Heeres: Anforderungen an den Offizier des Heeres, Bonn 29. Juli 1994.

162 *Rubbert-Vogt, Ingeborg/Vogt, Wolfgang R.*: Soldaten – auf der Suche nach Identität, in: *Vogt, Wolfgang R.*: Militär als Lebenswelt. Streitkräfte im Wandel der Gesellschaft, Opladen 1988, S. 43.

163 Vgl. den Bericht: *Unabhängige Kommission für die künftigen Aufgaben der Bundeswehr (Hrsg.)* Die künftigen Aufgaben der Bundeswehr. Abschlußbericht und Empfehlungen vom 24. September 1991.

164 Militärpolitische und militärstrategische Grundlagen und konzeptionelle Grundrichtung der Neugestaltung der Bundeswehr, Januar 1992.

Schon bald hatte die Generalität die neue Ausrichtung des Auftrags der »Armee im Einsatz« akzeptiert: »Die deutsche Führungselite hat anscheinend gleich mehrere wichtige Schritte unternommen, um die (...) ›Kultur der Zurückhaltung‹ abzulegen und die überholte Beschränkung Deutschlands als reine Zivilmacht aufzugeben.«[165] Die Enttabuisierung von Einsätzen der Bundeswehr im Ausland stand an. Die Bereitschaft zum internationalen Auftrag wurde mental flankiert. Der Mythos der Wehrmacht sollte die Tugenden der Kriegstüchtigkeit, der Einsatzbereitschaft und des soldatischen Ethos verfügbar machen. Die Wehrmacht hatte sinnstiftende Funktion. Daher war die Ausstellung des Hamburger Instituts für Sozialforschung, »Vernichtungskrieg – Verbrechen der Wehrmacht 1941 bis 1944«, aus der Sicht der Hardthöhe kontraproduktiv.[166] Denn nicht nur die Spitze der Wehrmacht war »verstrickt« gewesen, viele Einheiten und Soldaten hatten sich an Verbrechen in europäischen Ländern beteiligt.[167] Auch der Konflikt um die Namensgebung von Kasernen zeigte die ideologische Beschränktheit des militärischen Milieus.[168] Man griff auf die Wehrmacht zurück, obwohl auch die amtliche Militärforschung längst erkannt hatte, daß die Wehrmacht solche Verbrechen begangen hatte[169], wie sie in der inkriminierten Ausstellung dokumentiert waren. Die Bundeswehrführung fürchtete, daß historische Fakten über die Wehrmacht als Vorwurf an die Bundeswehr wahrgenommen würden. Eine solche Debatte sollte in der Truppe nicht aufkommen. Wie in den 50er Jahren suchte man eine »saubere« Wehrmacht.

Ein politisch und moralisch glatt poliertes historisches Vorbild wurde für die neue Doktrin der »Armee im Einsatz« benötigt. Daher grenzte man alle jene aus, die es wagten auszusprechen, was die historischen Fakten besagten. Prominentes Beispiel war Herwig Pickert, der eine harsche Reaktion des Apparates erfuhr: Weder der zuständige Kommandeur noch die Hierarchie der Generale bis zum Generalinspekteur waren bereit, seine Beschwerde gegen den verhängten Maulkorb anzunehmen. Erst das Urteil des zuständigen Senats beim Bundesverwaltungsgericht stellte die Meinungsfreiheit wieder her.[170] Pickert war nicht irgendein Soldat, er war renommiert: Oberst im Generalstab, leitender Dozent an der Führungsakademie, Mitglied der Synode der Evange-

---

[165] *Asmus, Ronald D.*: Das Meinungsbild der Elite in Deutschland zur Außen- und Sicherheitspolitik. Dokumentation, Infratest Burke Berlin, März 1996, S. VIII.

[166] Vgl. den Überblick bei *Bald, Detlef/Klotz, Johannes/Wette, Wolfram*: Mythos Wehrmacht. Nachkriegsdebatten in der Bundeswehr, Berlin 2000, S. 116f.

[167] *Heer, Hannes/Naumann, Klaus (Hrsg.)*: Vernichtungskrieg. Verbrechen der Wehrmacht 1941-1944, Hamburg 1995.

[168] Vgl. *Knab, Jakob*: Falsche Glorie. Das Traditionsverständnis der Bundeswehr, Berlin 1995; *Giordano, Ralph*: Die Traditionslüge. Vom Kriegerkult in der Bundeswehr, Köln 2000.

[169] Vgl. das letzte Überblicksprojekt des Militärgeschichtlichen Forschungsamtes der Bundeswehr (MGFA) von *Müller, Rolf-Dieter/Volkmann, Hans-Erich (Hrsg.)*: Die Wehrmacht. Mythos und Realität, München 1999.

[170] Vgl. *Schueler, Hans*: Maulkorb für den Oberst, in: *Die Zeit*, 2. April 1998.

lischen Kirche in Deutschland. Die positive Bewertung der Wehrmacht, die negative Bewertung von Deserteuren, die Bejahung der Wehrpflicht sollten das meinungssichernde ideologische Ferment der Einsatzdoktrin bleiben; darum ging die militärische Führung in diesen Jahren gegen all die Abweichler vor.[171] Wenige nur wagten es, das verordnete Schweigen zu durchbrechen.

In Sachen Einsatzdoktrin hat die Bundeswehr niemals gezögert, ihre Macht zu demonstrieren. Militär und Politik nahmen den Standpunkt ein, abweichende Meinungen innerhalb der Institution nicht zu dulden. Strikte Geschlossenheit war die Parole, muffige Bedrückung das Ergebnis. Die Hardthöhe blieb sich treu. Wie schon so oft: Ein »Verfall« der Inneren Führung wurde attestiert – wie 1955 so nach 2000.[172] Die Funktion eines organisierten Systems der Meinungseinhegung zeigt sich: »Kritik ist unerwünscht und schädigt die Karriere.«[173] Erkennbar ist das Bestreben, abweichende Haltungen zu reglementieren, wo immer sie an einen Kern der für sakrosankt erklärten offiziellen Politik stoßen: In der Gegenwart konzentriert sich alles auf die Doktrin des globalen Einsatzes.

---

171 Vgl. auch die Episode um die Wehrpflicht-Diskussion im Dienst: *Reinhardt, Charima*: Abkommandiert zum Sokkenzählen, in: *Frankfurter Rundschau*, 23. Dezember 1997, S. 3 oder (den Bericht von Flottillenadmiral) *Schmähling, Elmar*: Kein Feind, kein Ehr. Wozu brauchen wir noch die Bundeswehr?, Köln 1994.

172 *Hamann, Rudolf*: Abschied vom Staatsbürger in Uniform. Fünf Thesen zum Verfall der Inneren Führung, in: *Klein, Paul/Walz, Dieter (Hrsg.)*: Die Bundeswehr an der Schwelle zum 21. Jahrhundert, Baden-Baden 2000.

173 *Fleckenstein, Bernhard*: 25 Jahre AMS, in: *Klein, Paul/Prüfert, Andreas (Hrsg.)*: Militär und Wissenschaft in Europa. Kritische Distanz oder hilfreiche Ergänzung?, Baden-Baden 1998, S. 15.

Dank

Immer wieder haben Leser meiner zahlreichen Beiträge zur Außen-, Sicherheits-, Verteidigungs- und Militärpolitik der Bundesrepublik Deutschland, die ich in unterschiedlichsten Medien publiziert habe, ebenso wie Zuhörer meiner Vortragsveranstaltungen zu dieser Thematik nachgefragt, ob und wann es denn möglich wäre, meine Überlegungen Schwarz auf Weiß zwischen zwei Buchdeckeln nach Hause zu tragen. Nachdem mein Redakteur und Lektor Eckart Spoo mich mit sanfter, aber umso unabweisbarerer Bestimmtheit davon überzeugt hatte, daß ich nicht länger umhin käme, diesem Begehr zu folgen, ist vorliegender Band entstanden. Ihm, der mir mittlerweile zum guten Freund geworden ist, gebührt für seine freundliche Unterstützung, seinen klugen Rat und seine unermüdliche Lektorenmühe der allergrößte Dank, hätte doch ohne ihn der vorliegende Band nicht seine Gestalt gefunden. Mein Dank gebührt aber auch Werner Ruf, der mich vor vielen Jahren einmal zu einer Diskussionsveranstaltung an seine Kasseler Hochschule gebeten hatte – in vielen friedenspolitischen Veranstaltungen haben wir seitdem mit thematisch manchmal durchaus unterschiedlicher Akzentuierung, aber stets einig im Geiste, zusammengearbeitet. Mit seinem Geleitwort ist es ihm auf hervorragende Weise gelungen, den politikwissenschaftlichen Rahmen aufzuspannen, in den meine Überlegungen sich nachfolgend fügen. Detlef Bald, meinem langjährigen Freund und Mentor, danke ich für sein fulminantes Nachwort, mit dem er, der Jahrzehnte das System Bundeswehr wissenschaftlich erforscht und publizistisch bearbeitet hat, das Elend der Inneren Führung in den deutschen Streitkräften deutlich macht. Danken möchte ich auch Bernd C. Hesslein, dem journalistischen Doyen der kritischen Auseinandersetzung mit der sogenannten Wiederbewaffnung Deutschlands, für seine freundschaftlichen Ratschläge bei der Erarbeitung meiner Thematik. Als Zeitgenosse, der die »Scheiße des Krieges«, wie Altbundeskanzler Helmut Schmidt zu formulieren beliebt, am eigenen Leibe in Rußland und Italien durchlitten, einen Bauchschuß überlebt und die englische Kriegsgefangenschaft in der libyschen Wüste erlebt hat, bezeugt er höchst authentisch die Notwendigkeit politischer und publizistischer Anstrengungen zur Bewahrung des Friedens. Dasselbe gilt für meinen Vater, Hans-Joachim Rose, der, als Jagdflieger verheizt, abgeschossen, notgelandet und in Gefangenschaft geraten, mit viel Glück den verbrecherischsten Angriffskrieg der jüngeren deutschen Geschichte überleben durfte. Zum Schluß danke ich von ganzem Herzen meiner Frau Edith, die mit viel Geduld nicht nur die Entstehung dieses Buches begleitet hat, sondern mit noch mehr Liebe seit drei Jahrzehnten an meiner Seite steht.

J. R.

Biographische Angaben

Jürgen Rose, geboren am 18. Juli 1958 in Worms, ist Diplom-Pädagoge, Oberstleutnant der Bundeswehr und Publizist, seit November 2006 Vorstandsmitglied im Arbeitskreis Darmstädter Signal, dem »kritischen Forum für StaatsbürgerInnen in Uniform«. Studium der Pädagogik an der Universität der Bundeswehr München; nach der militärischen Ausbildung, unter anderem in Fort Bliss in Texas/USA, von 1988 bis 1991 Mitarbeiter an der Akademie der Bundeswehr für Information und Kommunikation in Waldbröl im Forschungsbereich Sicherheits- und Verteidigungspolitik, Ausbildungsleiter für die interaktive Simulation Politik und Internationale Sicherheit (POL&IS), von 1991 bis 1995 Wissenschaftlicher Mitarbeiter am Institut für Internationale Politik und Völkerrecht an der Universität der Bundeswehr München, von 1995 bis 1998 Wissenschaftlicher Mitarbeiter am George C. Marshall European Center for Security Studies in Garmisch-Partenkirchen, außerdem External Fellow am Institut für Friedensforschung und Sicherheitspolitik an der Universität Hamburg.

Zahlreiche Veröffentlichungen in wissenschaftlichen Fachbüchern und Fachzeitschriften im In- und Ausland sowie in Zeitungen und Magazinen zu Themen der Internationalen Sicherheitspolitik, des Völkerrechts, der Verteidigungspolitik, der Theorie und Praxis der Inneren Führung in der Bundeswehr, der Allgemeinen Wehrpflicht u. a.. Vorträge unter anderem an der Berlin-Brandenburgischen Akademie der Wissenschaften, der Universität der Bundeswehr München, der Universität Oldenburg, der University of Birmingham, der Wirtschaftsuniversität Budapest, der Universität Kassel, am Institut für Friedensforschung und Sicherheitspolitik der Universität Hamburg (IFSH), an der österreichischen Landesverteidigungsakademie, an den Evangelischen Akademien Tutzing, Arnoldshain, Iserlohn, der Georg-von-Vollmar-Akademie, der Hessischen Stiftung Friedens- und Konfliktforschung, bei der Friedrich-Ebert-Stiftung, bei der Rosa-Luxemburg-Stiftung, am Centre for the Democratic Control of Armed Forces Geneva (DCAF), dem österreichischen Studienzentrum Frieden und Konfliktlösung (ÖSFK) sowie bei der Deutschen Sektion der Internationalen Ärzte für die Verhütung des Atomkrieges (IPPNW).

In der Bundeswehr zunächst mustergültiger militärischer Werdegang: 1978 Abschluß des Unteroffizierlehrgangs an der Raketenschule der Artillerie als Hörsaalbester, Zuerkennung der Eignung zum Reserveoffizieranwärter; 1979 Abschluß der Offizierausbildung an der Offizierschule der Luftwaffe als Inspektionsbester mit Bestpreisverleihung; 1981 Ausbildung zum Jugendoffizier sowie Fallschirmsprungausbildung; 1983 Studienabschluß an der Universität der Bundeswehr München mit Bestnote »sehr gut«; 1984 Lehrgangsbester in der Ausbildung zum Flugabwehrraketenoffizier in Fort Bliss; 1985/86 Erster Preis im Wettbewerb »Winterarbeiten« mit dem Thema »SDI und EUREKA – Möglichkeiten und Risiken«; 1986 Ernennung zum Berufssoldaten; 1990 Jahresbester der Luftwaffe im Stabsoffiziergrundlehrgang an der Führungsakademie der Bundeswehr Hamburg, 1991 Bestpreisverleihung »für hervorragende Leistungen« durch den Inspekteur der Luftwaffe, Generalleutnant Jörg Kuebart; 1996 im Alter von 37 Jahren Beförderung zum Oberstleutnant.

Nach der Publikation des Artikels »Die allgemeine Wehrpflicht ist nicht mehr zu halten« in der Frankfurter Allgemeinen Zeitung vom 2. Oktober 1997 erstmals strafversetzt ans Luftwaffenamt in Köln-Wahn – »EdeKa«: Ende der Karriere. Nach einer Rede zur Illegalität und Immoralität von nuklearen Massenvernichtungswaffen am Atomwaffenstandort Büchel (»Posaunen gegen Nuklearwaffen«) zweite Strafversetzung im Januar 2003 zum Wehrbereichskommando IV – Süddeutschland – in München. Dort 2006 erste Disziplinarbuße von 750,- Euro wegen Kritik am Handeln der Bundeswehrgeneralität während des angloamerikanischen Angriffskriegs gegen den Irak; nach Abschluß des militärjustiziellen Beschwerdeverfahrens Verfassungsbeschwerde in Karlsruhe, nach Nichtannahmeentscheidung Klage beim Europäischen Gerichtshof für Menschenrechte in Straßburg; Entscheidung offen.

Zweite Disziplinarbuße von zunächst 750,- Euro wegen Kritik an einem Kameraden, der vorbehaltlos die Ehre der Wehrmachtsgeneralität verteidigte; im anschließenden Beschwerdeverfahren hob das Truppendienstgericht Süd die groteske Disziplinarbuße trotz vehementer Einsprüche von Prof. Dr. Manfred Messerschmidt, Prof. Dr. Wolfram Wette und Ralph Giordano, die als sachverständige Gutachter herangezogen waren, sowie einer Stellungnahme des ehemaligen Bundesministers Dr. Norbert Blüm nicht auf, sondern setzte diese lediglich auf 100 Euro herab.

Am 15. März 2007 aus Gewissensgründen Verweigerung der Mitarbeit an allen Unterstützungsleistungen für den beabsichtigten Einsatz von Tornado-Jets zur Kampfunterstützung in Afghanistan sowie generell der Mitwirkung am sogenannten »Krieg gegen den Terror« (Operation Enduring Freedom). Daraufhin »gewissensschonende« Blitz-Versetzung »zur besonderen Verwendung« zum Kasernenkommandanten der Bayern-Kaserne München, zuständig für die Liegenschaftsverwaltung und -betreuung.

Im Juli 2007 Adressat einer Droh- und Haßmail eines Offiziers aus dem Kommando Spezialkräfte der Bundeswehr in Calw. Der Wehrbeauftragte des Deutschen Bundestages bewertete die disziplinare Würdigung des Verhaltens des Absenders der E-Mail als völlig unzureichend. Stellungnahmen in Interviews sowie Kritik an einem kriegspropagandistischen Artikel im Intranet der Bundeswehr im März 2008 wurden mit einer Disziplinarbuße von 3.000 Euro geahndet. Das Beschwerdeverfahren vor dem Truppendienstgericht Süd in München brachte wiederum keinen Erfolg.

Im Sommer 2009 Einleitung eines disziplinargerichtlichen Verfahrens wegen Kritik in der Zweiwochenschrift Ossietzky am »friedensverräterischen« Handeln der Bundeswehrgeneralität während des angloamerikanischen Angriffskrieges gegen den Irak.

Dr. Detlef Bald, geboren am 1. Mai 1941 in Plettenberg, ist Historiker, Politikwissenschaftler und Publizist; Studium der Geschichte und Politikwissenschaft in Freiburg, 1967 wissenschaftlicher Mitarbeiter am Arnold-Bergstraesser-Institut, 1968 wissenschaftlicher Assistent an der Universität Frankfurt am Main. 1969 Promotion in Freiburg bei Dieter Oberndörfer mit einer Studie über Verwaltung, Interessengruppen und wirtschaftliche Erschließung in Deutsch-Ostafrika 1900-1914; von 1971 bis 1996 Wissenschaftlicher Direktor für »Militär und Gesellschaft« am Sozialwissenschaftlichen Institut der Bundeswehr; seit 1996 freischaffender Historiker und Publizist in München, außerdem Mitarbeiter am Institut für Friedensforschung und Sicherheitspolitik an der Universität Hamburg; Autor vieler militär- und zeitgeschichtlicher sowie friedenspolitischer Studien und Aufsätze. Veröffentlichungen: Der deutsche Generalstab. Reform und Restauration in Ausbildung und Bildung 1859-1939, Bonn 1977; Vom Kaiserheer zur Bundeswehr. Sozialstruktur des Militärs: Politik der Rekrutierung von Offizieren und Unteroffizieren, Frankfurt/Bern 1981; Der deutsche Offizier. Sozial- und Bildungsgeschichte des deutschen Offizierkorps im 20. Jahrhundert, München 1982; Die Reformkonzeption des Lebenskundlichen Unterrichts. Kirche, Staat und Militär in den Verhandlungen 1950-1956, Bonn 1983; Generalstabsausbildung in der Demokratie. Die Führungsakademie der Bundeswehr zwischen Traditionalismus und Reform, Koblenz 1984; Berlinhilfe. Internationale Interessenverflechtungen von Politik und Finanzen seit 1949, München 1989; Militär und Gesellschaft 1945-1990. Die Bundeswehr der Bonner Republik, Baden-Baden 1994; Die Atombewaffnung der Bundeswehr. Militär, Öffentlichkeit und Politik in der Ära Adenauer, Bremen 1994; Hiroshima, 6. August 1945. Die atomare Bedrohung, München 1999; Die »Weiße Rose«: von der Front in den Widerstand, Berlin 2004; Die Bundeswehr: eine kritische Geschichte 1955–2005, München 2005; Politik der Verantwortung. Das Beispiel Helmut Schmidt: Das Primat des Politischen über das Militärische 1965-1975, Berlin 2008 u.a..

Prof. Dr. Werner Ruf, geboren 1937 in Sigmaringen, Professor für Internationale und intergesellschaftliche Beziehungen und Außenpolitik; Studium der Politikwissenschaft, Soziologie, Geschichte und Romanistik an den Universitäten Freiburg, Paris, Saarbrücken, Tunis; 1964-1972 (mit Unterbrechungen) wissenschaftlicher Assistent am Arnold-Bergstraesser-Institut für kulturwissenschaftliche Forschung, Freiburg, und Lehrbeauftragter an der Albert-Ludwigs-Universität Freiburg; 1967 Promotion zum Dr. phil. in Freiburg mit der Dissertation »Der Burgibismus und die Außenpolitik des unabhängigen Tunesien«; 1968/1969 Gastprofessur am Center for International Studies der New York University; 1971-1975 Gastprofessur an der Universität Aix-Marseille III und Leiter der Forschungsabteilung des Centre de Recherches et d'Etudes sur les Sociétés Méditerranéennes (heute: sur le Monde Arabe et Musulman), Aix-en-Provence; 1974-1982 Professor für Soziologie an der Universität Gesamthochschule Essen; 1982 Berufung zum Professor für Internationale und intergesellschaftliche Beziehungen und Außenpolitik an der Universität Kassel; 1985/1986 Akademiestipendium der Stiftung Volkswagenwerk und Research Fellow am St. Anthony's College, Oxford; 1964-2003 zahlreiche Lehrtätigkeiten, kurz- und mittelfristige Forschungsaufenthalte (auch Berater- und Gutachtertätigkeit, u. a. für die Gesellschaft für Technische Zusammenarbeit, das Bundesministerium für Wirtschaftliche Zusammenarbeit und die Kulturabteilung des Auswärtigen Amtes im Rahmen der Entwicklungszusammenarbeit) in Nordafrika; seit April 2003 im Ruhestand; Autor vieler politikwissenschaftlicher und friedenspolitischer Studien, Buchbeiträge, Zeitschriftenaufsätze und Artikel. Veröffentlichungen: Bilder in der Internationalen Politik, Saarbrücken 1974; Die neue Welt-UN-Ordnung. Vom Umgang des Sicherheitsrates mit der Souveränität der »Dritten Welt«, Münster 1994; Die algerische Tragödie: Vom Zerbrechen des Staates einer zerrissenen Gesellschaft, Münster, 1997 u.a..

Das *Ossietzky*-Friedenskonto

»Militarismus contra Grundrechte« war die Überschrift eines Beitrags in *Ossietzky* 12/2008. Bernd C. Hesslein berichtete darin über Jürgen Rose:»Der diskussionsfreudige und sattelfeste Oberstleutnant – *Ossietzky*-Leserinnen und Leser kennen ihn – empört sich darüber, daß sich die Politiker haben verleiten lassen, das Völkerrecht zu brechen und an Kriegsverbrechen teilzunehmen. Die Bundesrepublik und vor allem die Generäle als Berater der Regierung wie als verantwortliche Kommandeure müßten sich nach den Lehren aus dem moralischen Versagen der Wehrmacht richten, fordert er. Doch die Angesprochenen haben jahrelang nur geschwiegen. Dann verlangten sie eine Disziplinarbuße von 750 Euro (*Ossietzky* berichtete darüber). Im Sommer 2008 schlugen sie heftiger zu: Rose mußte 3.000 Euro Disziplinarbuße zahlen – eine Abschreckungsaktion, wo Aufklärung und Rechtfertigung dringend geboten sind.«

Ossietzky-Leser Dietrich L. schrieb daraufhin:»Herrn Rose und anderen Soldaten, die sich entsprechender ›Dienstpflichtverletzungen‹ schuldig machen, kommt öffentlich bekundete Solidarität in der Weise zu, daß *Ossietzky* ein ›Spendenkonto Jürgen Rose‹ einrichtet. In der Sache sollte einerlei sein, ob betroffene Soldaten für die gegen sie jeweils verhängte Geldbuße aufkommen können oder nicht. *Ossietzky* darf davon ausgehen, daß ich unverzüglich auf ein ›Friedenskonto‹ einzahlen würde.«

Und tatsächlich hat sich gegen die Sanktionswut einer neofeudalistisch verfaßten Militärgerichtsbarkeit inzwischen zivilgesellschaftliche Solidarität entwickelt. Bürgerinnen und Bürger, die am grundgesetzlichen Friedensgebot und den verfassungsmäßig garantierten Grundrechten festhalten, wollen Soldatinnen und Soldaten, die aufgrund ihrer Widerständigkeit gegen die völkerrechts- und grundgesetzwidrige Kriegspolitik der Bundesregierung(en) der Bestrafung durch die militärische Sonderjustiz zum Opfer gefallen sind, helfen, die gegen sie verhängten Disziplinarbußen zu entrichten und die Kosten juristischer Auseinandersetzungen zu tragen. Zugleich soll hierdurch ein Zeichen gesetzt werden für den Frieden und gegen Globalisierungskriege, für das Leitbild vom »demokratischen Staatsbürger in Uniform« und gegen autoritäre Willkür in den Streitkräften, für die Gewissensfreiheit und gegen bedenkenlosen Kadavergehorsam.

Das »Friedenskonto« ist eingerichtet bei der Sparkasse Hannover (Bankleitzahl 250 501 80), die Kontonummer lautet 900 369 426 (*Ossietzky*-Friedenskonto).